■2025年度高等学校受験用

昭和学院秀英高等学校

収録内容一覧

★この問題集は以下の収録内容となっています。また、編[illegible]、解説、解答用紙を省略させていただいている場合もございますのでご了承ください。

（○印は収録、一印は未収録）

入試問題と解説・解答の収録内容		解答用紙
2024年度	英語・数学・社会・理科・国語	○
2023年度	英語・数学・社会・理科・国語	○
2022年度	英語・数学・社会・理科・国語	○
2021年度	英語・数学・社会・理科・国語	○
2020年度	英語・数学・社会・理科・国語	○

★当問題集のバックナンバーは在庫がございません。あらかじめご了承ください。

リスニングテストの音声は、下記のIDとアクセスコードにより当社ホームページ
https://www.koenokyoikusha.co.jp/pages/cddata/listening で聴くことができます。
（実際の入試で使用された音声です）
ユーザー名：koe　アクセスコード（パスワード）：04691　使用期限：2025年3月末日

※ユーザー名・アクセスコードの使用期限以降は音声が予告なく削除される場合がございます。あらかじめご了承ください。

●凡例●

【英語】

≪解答≫

〔　〕　①別解
②置き換え可能な語句（なお下線は置き換える箇所が2語以上の場合）
（例）I am〔I'm〕glad〔happy〕to ~

（　）　省略可能な言葉

≪解説≫

1，**2**… 本文の段落（ただし本文が会話文の場合は話者の１つの発言）

〔　〕　置き換え可能な語句（なお〔　〕の前の下線は置き換える箇所が 2 語以上の場合）

（　）　①省略が可能な言葉
（例）「（数が）いくつかの」
②単語・代名詞の意味
（例）「彼（＝警察官）が叫んだ」
③言い換え可能な言葉
（例）「いやなにおいがするなべにはふたをするべきだ（＝くさいものにはふたをしろ）」

//　訳文と解説の区切り

cf.　比較・参照

≒　ほぼ同じ意味

【数学】

≪解答≫

〔　〕　別解

≪解説≫

（　）　補足的指示
（例）（右図１参照）など

〔　〕　①公式の文字部分
（例）〔長方形の面積〕＝〔縦〕×〔横〕
②面積・体積を表す場合
（例）〔立方体 ABCDEFGH〕

∴　ゆえに

≒　約、およそ

【社会】

≪解答≫

〔　〕　別解

（　）　省略可能な語

＿＿　使用を指示された語句

≪解説≫

〔　〕　別称・略称
（例）政府開発援助〔ODA〕

（　）　①年号
（例）壬申の乱が起きた（672 年）。
②意味・補足的説明
（例）資本収支（海外への投資など）

【理科】

≪解答≫

〔　〕　別解

（　）　省略可能な語

＿＿　使用を指示された語句

≪解説≫

〔　〕　公式の文字部分

（　）　①単位
②補足的説明
③同義・言い換え可能な言葉
（例）カエルの子（オタマジャクシ）

≒　約、およそ

【国語】

≪解答≫

〔　〕　別解

（　）　省略してもよい言葉

＿＿　使用を指示された語句

≪解説≫

〈　〉　課題文中の空所部分（現代語訳・通釈・書き下し文）

（　）　①引用文の指示語の内容
（例）「それ（＝過去の経験）が ～」
②選択肢の正誤を示す場合
（例）（ア，ウ…×）
③現代語訳で主語などを補った部分
（例）（女は）出てきた。

／　漢詩の書き下し文・現代語訳の改行部分

昭和学院秀英高等学校

所在地	〒261-0014 千葉県千葉市美浜区若葉1-2
電　話	043-272-2481
ホームページ	https://www.showa-shuei.ed.jp/
交通案内	JR京葉線 海浜幕張駅より徒歩10分　JR総武線 幕張駅より徒歩15分 京成線 京成幕張駅より徒歩15分

普通科

男女共学

くわしい情報は
ホームページへ

応募状況

年度	募集数	受験数	合格数	倍率
2024	80名	1219名	729名	1.7倍
2023	80名	1247名	670名	1.9倍
2022	80名	1237名	672名	1.8倍

試験科目　（参考用：2024年度入試）

国語・英語・数学・理科・社会

沿　革

昭和学院は，昭和15年４月，千葉県私学の先達である伊藤友作（1881～1964）により，市川市東菅野の地に創立される。昭和58年４月，地域社会の発展に対応して，千葉市に，新たに昭和学院秀英高等学校（普通科，男女）を設置する。昭和60年度より中学校を併設し，中学，高校の一貫教育を実現して，さらによりよい教育内容の充実発展につとめている。

校　訓

「明朗謙虚」
―明るく健康的な生活に努めるとともに自己を形成するため他の人の立場を尊び，人の意見を素直に聞くことのできる人になること。
「勤勉向上」
―常日頃から勉学に励み現状に満足することなく，より優れた自己を目指し，新しい可能性を持つ自分を創造していくこと。

学習の特色

○高校入学生の３年間は独自のシラバスで展開

高校入学生は，内進生と同じカリキュラムのもと，３年間で効率よく目標に導く独自のシラバスで展開している。高校１年はクラス別授業で実力を養成，高校２年から文系・理系のコース制を導入し，高校３年では受験対策を徹底。内進生と変わらない学習指導により，確かな合格実績を上げている。

○実践力を養う「補習・講習」「総合学習」

放課後や長期休暇中に行う高校の「補習・講習」は，入試問題に対応した実践的な学習を徹底して行っているため，３年間で効果的に学習できる。また「総合学習」では，キャリア甲子園など対外的なコンテストへの参加をとおして，探究学習にも力を入れている。

合格実績

◎2024年度・主な大学合格者数

（2024年・既卒含む）

東京大６名，京都大３名，一橋大11名，東京工業大10名，北海道大５名，東北大３名，名古屋大１名，大阪大１名，九州大１名，筑波大４名，千葉大39名，お茶の水女子大３名，東京外国語大２名，東京医科歯科大２名，早稲田大69名，慶應大52名，上智大54名，東京理科大111名，明治大115名，青山学院大36名，立教大62名，中央大46名，法政大72名，学習院大20名ほか

編集部注―本書の内容は2024年6月現在のものであり，変更されている場合があります。正確な情報は，学校のホームページ等で必ずご確認ください。

出題傾向と今後への対策

出題内容

	2024	2023	2022
大問数	9	9	9
小問数	35	35	35
リスニング	○	○	○

◎近年は大問９題で，小問数は35問程度である。

2024年度の出題状況

1・2 放送問題
3 適語（句）選択・語形変化
4 整序結合
5 和文英訳―完全記述
6 読解総合（英問英答形式）
7 長文読解総合―スピーチ
8 長文読解総合―説明文
9 テーマ作文

解答形式

2024年度	記述／マーク／併用

出題傾向

基本的な文法問題から難しめの読解問題まで幅広く出題されている。ふだんからコツコツ勉強していないと高得点は難しいだろう。長文の長さは標準からやや長めであり，設問は適語選択，指示語，文脈把握，英問英答など内容を問うもの。文法問題は整序結合などである。放送問題は英問英答形式で，英作文は和文英訳とテーマ作文。

今後への対策

基礎力をつけることが肝要である。教科書の重要文法事項をきっちり理解し，基本文を全て覚えて正確に書けるようにすること。問題集に取り組む際は，短めの英文をたくさん読み込み，英文の感覚をつかむとともに，キーワードに印をつけるなど要領よく読む工夫をするとよい。放送問題や英作文への備えも怠らないこと。

◆◆◆◆ 英語出題分野一覧表 ◆◆◆◆

分野			2022	2023	2024	2025予想※
音声	放送問題		■	■	●	◎
	単語の発音・アクセント					
	文の区切り・強勢・抑揚					
語彙・文法	単語の意味・綴り・関連知識			●	●	◎
	適語（句）選択・補充		●	●	●	◎
	書き換え・同意文完成					
	語形変化		●		●	◎
	用法選択					
	正誤問題・誤文訂正					
	その他					
作文	整序結合		●	●	●	◎
	日本語英訳	適語（句）・適文選択				
		部分・完全記述	●	●	●	◎
	条件作文					
	テーマ作文		●	●	●	◎
会話文	適文選択					
	適語（句）選択・補充					
	その他					
長文読解	内容把握	主題・表題	●		●	◎
		内容真偽	●	●	●	◎
		内容一致・要約文完成	●	●	●	◎
		文脈・要旨把握	●	●	●	◎
		英問英答	●	●		◎
	適語（句）選択・補充			●	●	◎
	適文選択・補充		●	●		◎
	文（章）整序					
	英文・語句解釈（指示語など）		●	●	●	◎
	その他（適所補充）					

●印：１～５問出題，■印：６～10問出題，★印：11問以上出題。
※予想欄　◎印：出題されると思われるもの。　△印：出題されるかもしれないもの。

出題傾向と今後への対策

出題内容

2024年度 証

大問４題，16問の出題。1は小問集合で６問。方程式，数と式，空間図形，データの活用からの出題。2は関数で，放物線と直線に関するもの。図形の知識も要する。3は平面図形の計量題３問と証明問題１問。三角形に内接する円と外接する円を題材に，円周角の定理や合同な図形，三平方の定理などの理解を問われた。証明問題は線分の長さが等しいことを証明するもの。4は２個のさいころを用いた確率題３問。約数の個数に関するもの。

2023年度

大問４題，16問の出題。1は小問集合で５問。数と式，確率，空間図形，データの活用からの出題。2は関数で，放物線と直線に関するもの。回転体の体積を求める問題も見られた。3は数の性質から，自然数の２乗の数を，複数の自然数の２乗の数の和で表すもの。4は平面図形の計量題４問。円に内接する四角形を題材に，円周角の定理や相似な図形の理解について問われた。

作…作図問題　証…証明問題　グ…グラフ作成問題

解答形式

2024年度　記述／マーク／併用（記述）

出題傾向

大問４題，総設問数14～17問で，1は小問集合，2以降は関数と図形が必出。これらに確率など他分野の問題が加わることがある。全体的にレベルが高く，多くの手順を踏むものや複雑なものもあるので，問題を見きわめ，要領よく解いていくことが大事になる。

今後への対策

まずは標準レベルの問題集などで演習を積んで問題に慣れるようにしていこう。一つ一つの問題に対して，正解を導き出して満足するのではなく，他のアプローチの仕方などを常に考えるようにしよう。また，かなりの計算力を要するので，複雑な計算に対応できるよう計算力も強化していこう。

◆◆◆◆◆ 数学出題分野一覧表 ◆◆◆◆◆

分野		2022	2023	2024	2025 予想※
数と式	計算，因数分解	■	■	■	◎
	数の性質，数の表し方		★	●	△
	文字式の利用，等式変形				
	方程式の解法，解の利用			●	△
	方程式の応用				
関数	比例・反比例，一次関数				
	関数$y=ax^2$とその他の関数	★	★	★	◎
	関数の利用，図形の移動と関数				
図形	（平面）計量	★	★	★	◎
	（平面）証明，作図			●	△
	（平面）その他				
	（空間）計量	●	●	●	◎
	（空間）頂点・辺・面，展開図				
	（空間）その他				
データの活用	場合の数，確率	★	●	★	◎
	データの分析・活用，標本調査	●	●	●	◎
その他	不等式				
	特殊・新傾向問題など				
	融合問題				

●印：１問出題，■印：２問出題，★印：３問以上出題。
※予想欄　◎印：出題されると思われるもの。　△印：出題されるかもしれないもの。

出題傾向と今後への対策

論…論述問題

出題内容

2024年度

地理・東南アジアの宗教や産業，気候等に関する問題。（論）
・九州の地形や産業等に関する問題。

歴史・古代～近世の交易を題材とした問題。（論）
・近現代の日本と世界の社会や政治等に関する問題。

公民・金融政策等の経済に関する問題。
・時事的動向を題材に政治や司法に関する問題。（論）

2023年度

地理・世界の自然災害と地球環境に関する問題。（論）
・オーストラリアの人口密度，産業等に関する問題。

歴史・古代～中世の仏教の影響に関する問題。（論）
・中世～現代の日本と世界の社会，政治，文化等に関する問題。

公民・政治や経済に関する問題。
・時事的動向を題材に政治や司法に関する問題。（論）

2022年度

地理・西アジア・中央アジアの産業などを資料から読み取る問題。災害，環境，世界の気候に関する問題。（論）

歴史・古代から現代までの日本と世界の政治や経済，社会，文化に関する問題。（論）

公民・憲法改正と新型コロナウイルスの感染拡大を題材にして人権や政治，経済，環境問題などについて幅広く扱う問題。（論）

解答形式

2024年度　**記述**／マーク／併用

出題傾向

大問数は4～9題，小問数は40～50問程度である。24年度よりマークシートを加えた併用式から記述式に解答形式が戻った。

地理は地図やグラフを読み取り，基礎的な知識を問う内容，歴史はテーマに基づき世界の事柄も幅広く扱った内容，公民は人権・政治・経済等の幅広い範囲から出題され，やや歴史に比重が置かれている。

今後への対策

まずは実際に入試問題を解いて，問題の特徴をつかんでおこう。この時点での得点は気にしなくてもよい。最低限，教科書レベルの問題は確実に正解できるようにしたい。単語の暗記で終わらせず因果関係や周辺知識も併せて覚え，文章で説明できるようにしておこう。地図や資料等も使い，十分な準備が求められる。

◆◆◆◆◆ 社会出題分野一覧表 ◆◆◆◆◆

分野 ＼ 年度		2022	2023	2024	2025予想※
地理的分野	地形図	●			△
	アジア	産人総		産人	◎
	アフリカ				△
	オセアニア		地産人総		△
	ヨーロッパ・ロシア				△
	北アメリカ		地産		△
	中・南アメリカ				△
	世界全般	地　人	人	産　総	◎
	九州・四国			地産	△
	中国・近畿				△
	中部・関東				△
	東北・北海道				△
	日本全般	地産　総	地	産	◎
歴史的分野	旧石器～平安	●	●	●	◎
	鎌倉	●	●	●	◎
	室町～安土桃山	●	●	●	◎
	江戸	●	●	●	◎
	明治	●	●	●	◎
	大正～第二次世界大戦終結	●	●	●	◎
	第二次世界大戦後	●	●	●	◎
公民的分野	生活と文化				△
	人権と憲法	●	●	●	◎
	政治	●	●	●	◎
	経済	●	●	●	◎
	労働と福祉				△
	国際社会と環境問題	●			◎
時事問題					△

※予想欄　◎印：出題されると思われるもの。　△印：出題されるかもしれないもの。
地理的分野については，各地域ごとに出題内容を以下の記号で分類しました。
地…地形・気候・時差，　産…産業・貿易・交通，　人…人口・文化・歴史・環境，　総…総合

出題傾向と今後への対策　理科

出題内容

2024年度　作　記

1気体の発生と性質に関する問題。　2化学変化と原子・分子から，酸化に関する問題。化学反応式や反応する物質の質量の関係について問われた。　3は電流と磁界に関する問題。電流が磁界から受ける力について問われた。　4運動とエネルギーから，小球の運動や力学的エネルギーについて問われた。　5消化酵素に関する問題。遺伝の規則性についても問われた。　6気象と天気の変化に関する問題。地層についても問われた。

作…作図・グラフ作成問題　記…文章記述問題

2023年度　記

1化学変化と原子・分子から，鉄と硫黄の反応に関する問題。　2運動とエネルギーから，水圧に関する問題。水中の物体にはたらく水圧について問われた。　3滑車を用いた力のつり合いに関する問題。　4生命・自然界のつながりから，エンドウを用いた遺伝の規則性に関する問題。植物の有性生殖についても問われた。　5地球と宇宙から，南半球での1日の太陽の動きに関する問題。南中高度の変化について問われた。

	2024	2023	2022
大問数	6	5	4
作図問題	1	0	1

解答形式

2024年度	記　述（○）／マーク／併　用

出題傾向

大問4～6題，総小問数40問程度の出題で，各分野から幅広い知識や考察力を問われている。正確な知識を必要とするものも多く，問題の難度は高い。また，作図問題が出題されることもある。

今後への対策

まずは，正確な知識を身につけること。そのうえで，応用力や考察力といった，科学的な考え方を身につけたい。

そのためには，できるだけ早い時期に基本的な知識を身につけ，その後，本校や難関高校の過去問題を解き，実践的な練習を積みたい。

◆◆◆◆ 理科出題分野一覧表 ◆◆◆◆

分野	年度	2022	2023	2024	2025 予想※
身近な物理現象	光　と　音				◎
	力のはたらき(力のつり合い)		●	●	◎
物質のすがた	気体の発生と性質	●		●	◎
	物質の性質と状態変化				◎
	水　溶　液	●			◎
電流とその利用	電流と回路	●			◎
	電流と磁界(電流の正体)			●	△
化学変化と原子・分子	いろいろな化学変化(化学反応式)	●	●	●	◎
	化学変化と物質の質量	●	●	●	◎
運動とエネルギー	力の合成と分解(浮力・水圧)	●	●		◎
	物体の運動	●		●	◎
	仕事とエネルギー			●	◎
化学変化とイオン	水溶液とイオン(電池)				◎
	酸・アルカリとイオン				△
生物の世界	植物のなかま				◎
	動物のなかま				◎
大地の変化	火山・地震	●			◎
	地層・大地の変動(自然の恵み)			●	◎
生物の体のつくりとはたらき	生物をつくる細胞				
	植物の体のつくりとはたらき				◎
	動物の体のつくりとはたらき	●		●	◎
気象と天気の変化	気象観察・気圧と風(圧力)				◎
	天気の変化・日本の気象			●	◎
生命・自然界のつながり	生物の成長とふえ方				◎
	遺伝の規則性と遺伝子(進化)		●	●	◎
	生物どうしのつながり				△
地球と宇宙	天体の動き		●		◎
	宇宙の中の地球				△
自然環境・科学技術と人間					△
総　合	実験の操作と実験器具の使い方		●	●	◎

※予想欄　◎印：出題されると思われるもの。　△印：出題されるかもしれないもの。
分野のカッコ内は主な小項目

出題傾向と今後への対策

出題内容

2024年度

- 一 漢字
- 二 論説文
- 三 小説
- 四 古文

課題文

- 二 内田　舞『ソーシャルジャスティス』／永田和宏『知の体力』
- 三 佐藤多佳子『明るい夜に出かけて』
- 四『今昔物語集』

2023年度

- 一 漢字
- 二 論説文
- 三 小説
- 四 古文

課題文

- 二 原　研哉『日本のデザイン』
- 三 まはら三桃『ひかり生まれるところ』
- 四『たはれ草』

2022年度

- 一 論説文
- 二 小説
- 三 古文

課題文

- 一 森先一貴・近江俊秀『境界の日本史』
- 二 宮本　輝『泥の河』
- 三 兼好法師『徒然草』

解答形式

2024年度	記　述／マーク／併　用

（「記述」に○印）

出題傾向

課題文は，現代文・古文ともに分量は標準的だが，内容は比較的高度なものが選ばれている。設問は，現代文に８問程度，古文に６問前後付されており，そのうちの約８割以上が内容理解に関するものとなっている。また，記述式解答の設問は，60～90字程度のものが複数出題され，総字数は200字前後となっている。

今後への対策

記述式解答の字数が多く，解答の作成に時間がかかるので，速く正確に読む力と表現する力を養うことが重要である。そのためには，日頃から問題集で訓練を積むことに加え，自分が解いた問題の課題文の要旨を100字程度でまとめたりするのも有効である。

◆◆◆◆◆ 国語出題分野一覧表 ◆◆◆◆◆

分野			2022	2023	2024	2025 予想※
現代文	論説文 説明文	主題・要旨	●			△
		文脈・接続語・指示語・段落関係	●			△
		文章内容	●	●	●	◎
		表現	●	●		◎
	随筆 日記 手紙	主題・要旨				
		文脈・接続語・指示語・段落関係				
		文章内容				
		表現				
		心情				
	小説	主題・要旨				
		文脈・接続語・指示語・段落関係		●		△
		文章内容	●	●	●	◎
		表現	●		●	◎
		心情	●	●	●	◎
		状況・情景				
韻文	詩	内容理解				
		形式・技法				
	俳句 和歌 短歌	内容理解				
		技法				
古典	古文	古語・内容理解・現代語訳	●	●	●	◎
		古典の知識・古典文法	●	●	●	◎
	漢文	(漢詩を含む)		●		△
国語の知識	漢字 語句	漢字	●	●	●	◎
		語句・四字熟語	●	●		◎
		慣用句・ことわざ・故事成語	●			△
		熟語の構成・漢字の知識				
	文法	品詞				
		ことばの単位・文の組み立て				
		敬語・表現技法				
	文学史				●	△
作文・文章の構成・資料						
その他						

※予想欄　◎印：出題されると思われるもの。　△印：出題されるかもしれないもの。

2025年度 高校受験用

昭和学院秀英高等学校　5年間スーパー過去問

をご購入の皆様へ

お詫び

本書、昭和学院秀英高等学校の入試問題につきまして、誠に申し訳ございませんが、以下の問題文は著作権上の問題により掲載することができません。設問と解説、解答は掲載してございますので、ご必要とされる方は原典をご参照くださいますよう、お願い申し上げます。

記

2024年度　英語　6 (3)~(5) の問題文

2024年度　英語　7 の問題文

以上

株式会社　声の教育社　編集部

2024年度 昭和学院秀英高等学校

【英　語】（50分）〈満点：100点〉

リスニングテストの音声は，当社ホームページで聴くことができます。（実際の入試で使用された音声です）
再生に必要な ID とアクセスコードは「収録内容一覧」のページに掲載しています。

※　チャイムが鳴って１分後にリスニング問題が開始されます。

1　［リスニング問題］ それぞれの問いについて，対話の場面が日本語で書かれています。高校生で，兄妹である John と Mary の対話を聞き，それぞれの問いの答えとして最適なものを，４つの選択肢から１つ選び，その数字を答えなさい。対話は一度ずつ流れます。

(1)　Mary の旅行について話しています。

Q：　What present did Mary get for John ?

１．A pen.　　２．A small Tokyo Tower.

３．A book about his name.　　４．Some Japanese food.

(2)　２人の両親について話しています。

Q：　When is their parents' special day ?

１．In thirty years.　　２．Right now.

３．This weekend.　　４．Thursday.

(3)　今日の夕飯の買い物について話しています。

Q：　Where is John now ?

１．He is at the supermarket.　　２．He is on his way to the supermarket.

３．He is at home.　　４．He is with Mary.

(4)　近所に住む友人の Tom とのピクニックについて話しています。

Q：　Why does John suggest a different park ?

１．Eating is not allowed at Green Park.　　２．The picnic tables are small.

３．Green Park is usually full of people.　　４．He does not like the sea.

(5)　John の予定について話しています。

Q：　What is John going to do next month ?

１．Work at a Japanese restaurant.

２．Learn about Japanese culture.

３．Go to Japan.

４．Start taking a Japanese class.

2　［リスニング問題］ 放送を聞き，次の問いに答えなさい。状況，ワークシートを読む時間が与えられた後，音声が一度流れます。

Q：ワークシートの空欄［１］，［２］，［４］，［５］には算用数字を，［３］には英単語を１語で記入しなさい。

> 状況
> 　あなたは大学で土星の輪（Saturn's rings）に関する講義を，ワークシートにメモをとりながら聞いています。

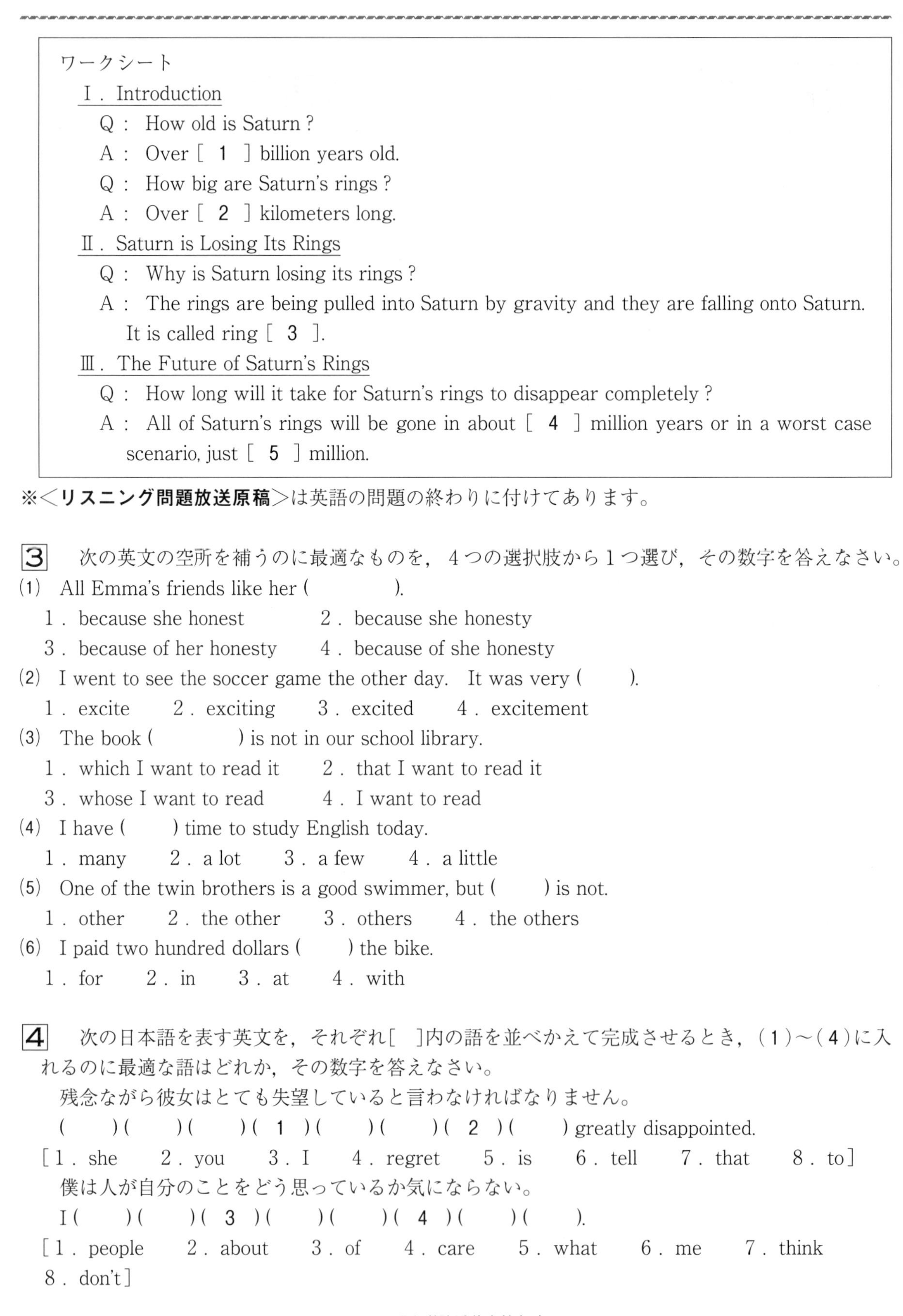

ワークシート

Ⅰ. Introduction

Q : How old is Saturn ?

A : Over [1] billion years old.

Q : How big are Saturn's rings ?

A : Over [2] kilometers long.

Ⅱ. Saturn is Losing Its Rings

Q : Why is Saturn losing its rings ?

A : The rings are being pulled into Saturn by gravity and they are falling onto Saturn. It is called ring [3].

Ⅲ. The Future of Saturn's Rings

Q : How long will it take for Saturn's rings to disappear completely ?

A : All of Saturn's rings will be gone in about [4] million years or in a worst case scenario, just [5] million.

※＜**リスニング問題放送原稿**＞は英語の問題の終わりに付けてあります。

3 次の英文の空所を補うのに最適なものを，4つの選択肢から1つ選び，その数字を答えなさい。

(1) All Emma's friends like her ( ).

1. because she honest 2. because she honesty
3. because of her honesty 4. because of she honesty

(2) I went to see the soccer game the other day. It was very ( ).

1. excite 2. exciting 3. excited 4. excitement

(3) The book ( ) is not in our school library.

1. which I want to read it 2. that I want to read it
3. whose I want to read 4. I want to read

(4) I have ( ) time to study English today.

1. many 2. a lot 3. a few 4. a little

(5) One of the twin brothers is a good swimmer, but ( ) is not.

1. other 2. the other 3. others 4. the others

(6) I paid two hundred dollars ( ) the bike.

1. for 2. in 3. at 4. with

4 次の日本語を表す英文を，それぞれ[ ]内の語を並べかえて完成させるとき，(1)～(4)に入れるのに最適な語はどれか，その数字を答えなさい。

残念ながら彼女はとても失望していると言わなければなりません。

( )( )( )(1)( )( )(2)( ) greatly disappointed.

[1. she 2. you 3. I 4. regret 5. is 6. tell 7. that 8. to]

僕は人が自分のことをどう思っているか気にならない。

I( )( )(3)( )( )(4)( )( ).

[1. people 2. about 3. of 4. care 5. what 6. me 7. think 8. don't]

5 次のAとBの会話が成立するように，次の日本語を表す英文を書きなさい。(　)内の単語を必ず使用すること。

(1) A： You seem to be ill.
　B： 昨日の夜窓を閉めるのを忘れてしまって，風邪をひいてしまったんだ。 (because)

(2) A： What are you doing here？
　B： トムを１時間待ってるんだけど，まだ来ないんだよ。 (but)

6 次の英文を読んで，設問の答えとして最適なものを，４つの選択肢から１つ選び，その数字を答えなさい。

(1) It's really difficult to find a gift for my dad. He always tells me he doesn't want anything. In the end, I usually get him something boring like a sweatshirt or socks. This year I'm going for something a little different. I'm buying him an experience—a gift card, for one hour of driving a really fast sports car. I hope he likes it. It wasn't cheap！

Q： Which statement is true？

1．The writer's father wanted to get a sweatshirt and socks.
2．The writer's father wants to have so many things.
3．The writer is going to buy a sports car for his father.
4．The writer is not satisfied with the gifts she gave to her father.

(2) Dr. Charles Gerba, a germ expert from the University of Arizona, did a study of more than 100 offices (law offices, call centers, accountant services, etc.) and found keyboards with 3,295 microbes per square inch. For toilet seats, that number is usually about 49 microbes！ Why？ Food falls into your keyboard and produces bacteria. Dr. Gerba calls the keyboard a "bacteria cafeteria." Next lunchtime, ask yourself: "Do I really have to eat at my desk？"

Q： Which is the best title for the passage？

1．Some keyboards are as dirty as toilet seats
2．Some keyboards are dirtier than toilet seats
3．Some keyboards are not as dirty as toilet seats
4．Toilet seats are much dirtier than some keyboards

(1), (2)

(3)

〔編集部注…課題文は著作権上の問題により掲載しておりません。作品の該当箇所につきましては次の内容を参考にしてください〕

News in Levels World News for Students of English「Elephants eat plastic (Level2)」
https://www.newsinlevels.com/products/elephants-eat-plastic-level-2/

第１段落冒頭～第２段落最終文(一部改変あり)

Q： Which has the closest meaning of the word "**landfills**" in the passage？

1．the places where wild animals and plants live
2．the places where human beings have lived
3．the places where people throw away unnecessary things
4．the places where people get what they really need

(4)
〔編集部注…課題文は著作権上の問題により掲載しておりません。作品の該当箇所につきましては次の内容を参考にしてください〕

British Council「What is Earth Hour?」(「Earth Hour」所収)
https://learnenglish.britishcouncil.org/general-english/magazine-zone/earth-hour

第1段落冒頭～第1段落最終文

Q： Which is true about the passage？
1．Millions of people as well as governments join in the action.
2．People switch off all the lights for sixty minutes at night.
3．People try to support the climate crisis and loss of biodiversity.
4．Switching off the lights is less useful than we thought.

(5)
〔編集部注…課題文は著作権上の問題により掲載しておりません。作品の該当箇所につきましては次の内容を参考にしてください〕

British Council「Why pancakes?」(「Pancake Day」所収)
https://learnenglish.britishcouncil.org/general-english/magazine-zone/pancake-day

文章全文

Q： Which is NOT true about the passage？
1．Fat Tuesday is also known as Shrove Tuesday.
2．Mardi Gras is 40 days before Easter Sunday.
3．Milk, eggs and butter seemed special once.
4．People all over the world eat pancakes during Lent.

7　以下は，あるスピーチ原稿の一部です。英文を読み，後に続く問いに答えなさい。
〔編集部注…課題文は著作権上の問題により掲載しておりません。作品の該当箇所につきましては次の内容を参考にしてください〕

TED TALKS「The danger of a single story」内「Transcript」
https://www.ted.com/talks/chimamanda_ngozi_adichie_the_danger_of_a_single_story/transcript

02:50 冒頭～05:47 最終文(一部改変あり)

注　*yam(s)　ヤムイモ　　*raffia　ヤシの葉

(1)　下線部(1)について，「私」が驚いた理由として最適なものを，4つの選択肢から1つ選び，その数字を答えなさい。
1．フィデとその家族は貧しかったが，「私」が彼らの助けになっていたとわかったから。
2．フィデとその家族は貧しいだけでなく，何もできない人たちだったとわかったから。
3．フィデとその家族が貧しかったのは，「私」の母親が助けなかったせいだとわかったから。
4．フィデとその家族は貧しかったが，それは彼らの一面でしかなかったとわかったから。

(2)　下線部(2)について，ルームメイトがショックを受けた理由として最適なものを，4つの選択肢から1つ選び，その数字を答えなさい。
1．「私」が，英語圏ではない地域から来たのにアメリカ人である自分より英語が上手だったから。
2．「私」が，戦争や災害や貧しさに困窮するアフリカから来たのに，英語が話せたから。
3．「私」を，自分より下に見ていたので，同室になってどう接したらいいかわからなかったから。
4．「私」を，今まで関わったことがない人種として考えていたので，こわかったから。

(3)　空所(3)に入れるのに最適なものを，4つの選択肢から1つ選び，その数字を答えなさい。
1．Nigerian
2．American
3．African
4．Western

(4)　空所(4)に当てはまる英語を本文中から抜き出したとき，最適なものを，4つの選択肢から1つ選び，その数字を答えなさい。
1．Fide's family
2．my mother
3．Fide's mother
4．a new helper boy

(5)　このスピーチのタイトルとして最適なものを，4つの選択肢から1つ選び，その数字を答えなさい。
1．My African Memories
2．The True Story of Africa
3．My Single Stories
4．The Danger of a Single Story

8 以下の英文を読み，後に続く問いに答えなさい。

Not so long ago, if you wanted to watch a drama or a sporting event, you'd have to watch it from your television. As Internet technology improves, more and more shows and movies are becoming available online. Broadcasting companies are putting their primetime shows directly on the Internet, and movie rental stores are changing their DVD collections to digital libraries.

This is probably a good change—at least for viewers. People can now pick exactly what they want to watch, and decide when and how they want to watch it. A study done by Harris Interactive found that more than half of Americans surf the Internet while "watching" television, and about 40 percent say that they read blogs or go on social networking sites at the same time. But this trend could be a problem for television stations. Advertisers aren't getting a response from viewers, and they don't want to pay money if their commercials aren't being seen.

Changing people's habits takes time. Even though many people are interested in watching television on the Internet, some may not want to make the switch completely. And some might be persuaded to, but only under certain circumstances. According to Harris, almost half of television viewers would cancel their cable television if they could get the same programs for free online. However, the number fell to 16 percent when people were told they had to pay a small fee for online viewing. This is strange, since most households' monthly cable bills are the same or even more than what they would pay for the same shows online. (2)<u>People have become so used to getting online entertainment for free that they might not value it.</u>

Even with growing interest in online entertainment, (3)<u>people still think it is important to watch television shows with their friends and family.</u> People used to think that watching television would make families spend less time together, but it actually brought families closer for a few hours each night. Now it's feared that viewing shows online could make people more isolated. Who knows? Perhaps as online programming becomes more popular, people will find a way to make it into a social activity.

(1) 第１段落と第２段落を要約すると次のようになる。下線部に50字以上70字以内の日本語を入れ，要約を完成させなさい。

「様々な放送番組がテレビだけでなくオンラインでも視聴できるようになったことは，視聴者にとっては好きな番組をいつでも見られるので良い変化と言える。一方，テレビ放送局にとっては＿＿＿＿＿＿＿＿＿＿＿＿＿＿＿＿＿＿＿＿＿＿＿＿＿＿＿＿＿＿。」

(2) 下線部(2)を和訳しなさい。

(3) 下線部(3)のように考えられている理由を日本語で書きなさい。

9 以下の【意見】について，デジタル教科書の欠点を２つ挙げ，反対の立場を述べる英文を完成させなさい。それぞれ15語以上25語以下で書くこと。空所内の英文は２文以上になってもよい。

【意見】 Digital textbooks are good for high school students to study with.

I disagree with the statement that digital textbooks are good for high school students to study with. That is because digital textbooks have two disadvantages.

First, [1]

Second, [2]

In conclusion, when high school students study, digital textbooks are not good for them.

（記入例）

__I__ __can't__ __go__ , __sorry__ . __We__

＜リスニング問題放送原稿＞

1

(1) M : John, I bought you something from Japan.

J : Really ? That's so nice of you. Is it food ?

M : No. I thought about getting you a small Tokyo Tower, but then I decided on a pen. I know you love writing letters.

J : Wow ! This has my name on it ! It's a great present. Thank you.

(2) M : John, don't forget that Thursday is Mom and Dad's wedding anniversary.

J : Right, but what should we get them, Mary ?

M : Let's get Mom a nice necklace and Dad a pair of shoes.

J : Great idea. It's hard to believe that they've been together for 30 years.

(3) J : Hello. This is John.

M : Hi, John. I'm at the supermarket, but I didn't bring my shopping list for today's dinner. I think it's on the refrigerator.

J : Oh. It's right here. You need to buy potatoes, carrots, onions, and rice.

M : Thanks a lot. I'll be home in about thirty minutes.

(4) J : Let's have a picnic with Tom this weekend.

M : All right. Shall we go to Green Park ? There are picnic tables and chairs there.

J : I know. But it's usually crowded. West Park is much quieter, and we can see the sea from there.

M : That sounds nice. I'll tell him about it.

(5) M : I heard you're going to work part-time at a Japanese restaurant next month.

J : Yes, I learned about Japanese culture at school and I especially want to know about Japanese food.

M : Are you excited ?

J : Of course, but I'm also worried about my Japanese.

2

Good morning, everyone. We will be learning about a planet. As you know, there are several planets in space, including Venus, Mars, Jupiter, and others. For this class, we will focus on Saturn. Do you know how old Saturn is ? Saturn is over 4 billion years old. Can you imagine the planet ? It's the 6th planet from the sun and is famous for its large rings. You must have seen the images of it before. The rings are beautiful. Now, can you guess how big the rings are ? Their length is over 70,000 kilometers. That's really surprising !

However, new NASA research shows that Saturn is losing its rings very quickly. Why ? The rings are made of billions of pieces of dust, rock, and ice. In fact, they are 99.9 percent ice. But, under the influence of Saturn's magnetic field, the rings are being pulled into Saturn by gravity and they are falling onto Saturn.

It is called ring rain. As you can imagine, the amount of water in Saturn's ring rain is so huge that it could fill an Olympic-sized swimming pool in half an hour.

Can anyone guess how long it will take for Saturn's rings to disappear completely ?

Surprisingly, because of the ring rain alone, all of Saturn's rings will be gone in about 300 million years. Or, in a worst case scenario, just 100 million.

What do you think about this ? Will you feel sad if Saturn loses its rings ?

【数　学】（50分）〈満点：100点〉

1　次の問いに答えよ。

(1)　2次方程式 $(4x+3)^2-7(4x+3)+11=0$ を解け。

(2)　$(a-2b-1)(a-3b-1)-12b^2$ を因数分解せよ。

(3)　$(3\sqrt{5}+\sqrt{3})\div\left(\dfrac{2\sqrt{5}}{\sqrt{5}-\sqrt{3}}-\dfrac{\sqrt{3}}{\sqrt{5}+\sqrt{3}}-6\right)$ を簡単にせよ。

(4)　$n+7$ が11の倍数であり，$n+11$ が7の倍数であるような正の整数 n の中で，最小となるものを求めよ。

(5)　右の図のように，半球の底面の円に内接する正方形を底面とし，半球に内接する四角錐を考える。四角錐の体積が最大になるとき，半球と四角錐の体積比を求めよ。

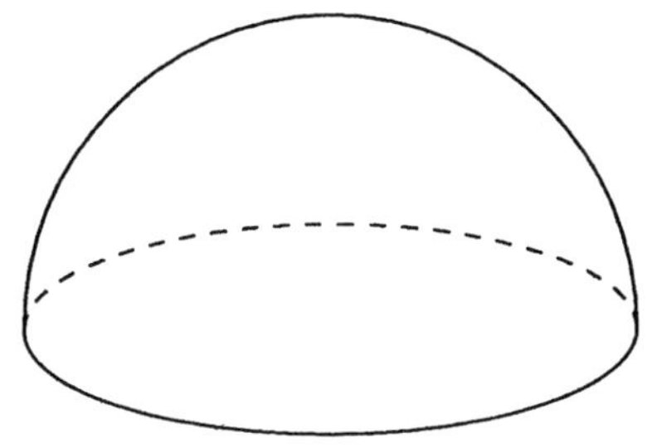

(6)　次の図は50人の10点満点のテストの結果を箱ひげ図にしたものである。これから読み取れることとして正しいものを下の①～⑤からすべて選べ。ただし，得点は0から10までの整数である。

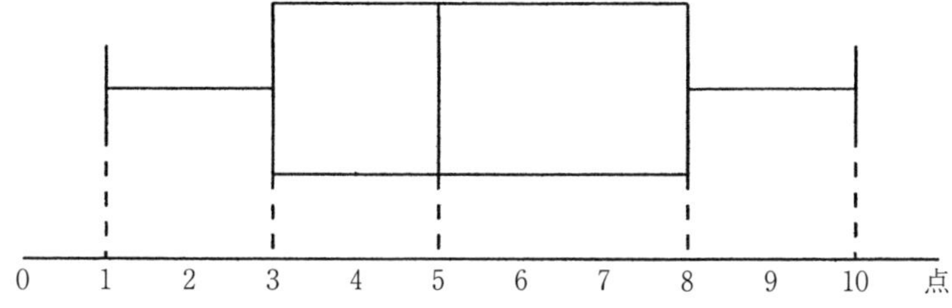

①　平均点は5点以上である。

②　7点以上の人数は13人以上である。

③　第2四分位数と第1四分位数の差は5である。

④　第25位の人の得点は5点である。

⑤　平均点が7点以上になることはない。

2　図のように，放物線 $y=x^2$ が傾き2の直線と2点A，Bで交わっている。点Bの x 座標を $t(t>0)$ とするとき，次の問いに答えよ。

(1)　点Aの x 座標を t を用いて表せ。

(2)　$AB=4\sqrt{5}$ のとき，t の値を求めよ。

(3)　(2)のとき，原点をOとし，直線OAと平行な直線 l が△OABの面積を2等分するとする。直線 l と直線OBの交点の x 座標を求めよ。

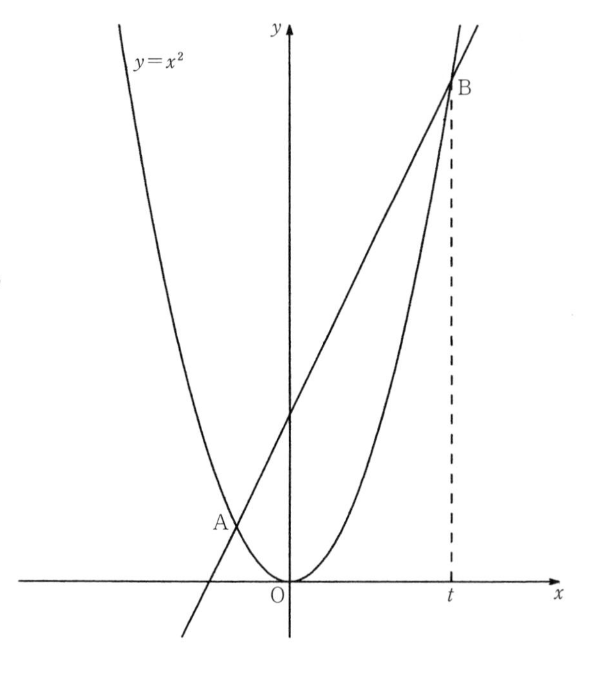

3　図の△ABCの外接円の中心をO，内接円の中心をIとし，直線AIと△ABCの外接円の点Aと異なる交点をDとする。△ABCの面積が$90\sqrt{3}$，AB＝15，BC＝21，CA＝24のとき，次の問いに答えよ。

(1)　△ABCの内接円の半径を求めよ。

(2)　DB＝DIであることを証明せよ。

(3)　△ABCの外接円の半径が$7\sqrt{3}$のとき，AI×DBを求めよ。

(4)　(3)のとき，OIの長さを求めよ。

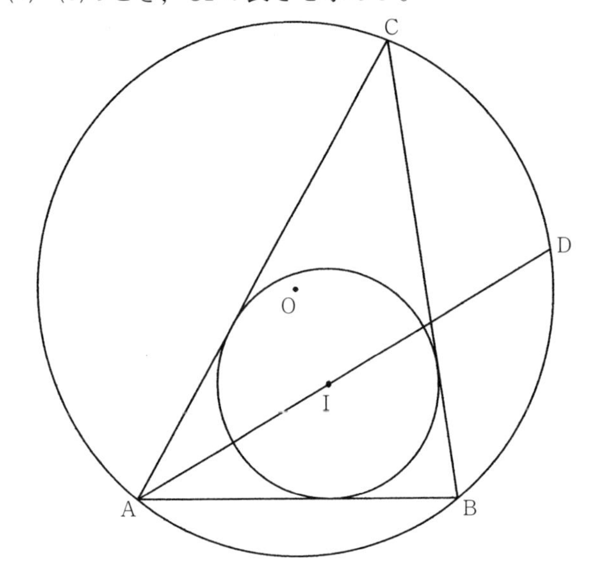

4　1個のさいころを2回投げて出た目の積をxとし，xの正の約数の個数を$D(x)$で表すとき，次の問いに答えよ。ただし，さいころの1～6の目が出る確率は，すべて等しいとする。

(1)　$D(x)=2$となる確率を求めよ。

(2)　$D(x)=3$となる確率を求めよ。

(3)　$D(x)=6$となる確率を求めよ。

【社　会】（40分）〈満点：60点〉

※全ての問題について，特に指定のない限り，漢字で答えるべきところは漢字で答えてください。

1　東南アジアに関する以下の設問に答えなさい。

問1　次の図1は，東南アジアのいくつかの国の宗教別人口の割合(%)を示したものであり，ア～エは，インドネシア，シンガポール，タイ，フィリピンのいずれかです。シンガポールに当てはまるものをア～エより一つ選び，記号で答えなさい。

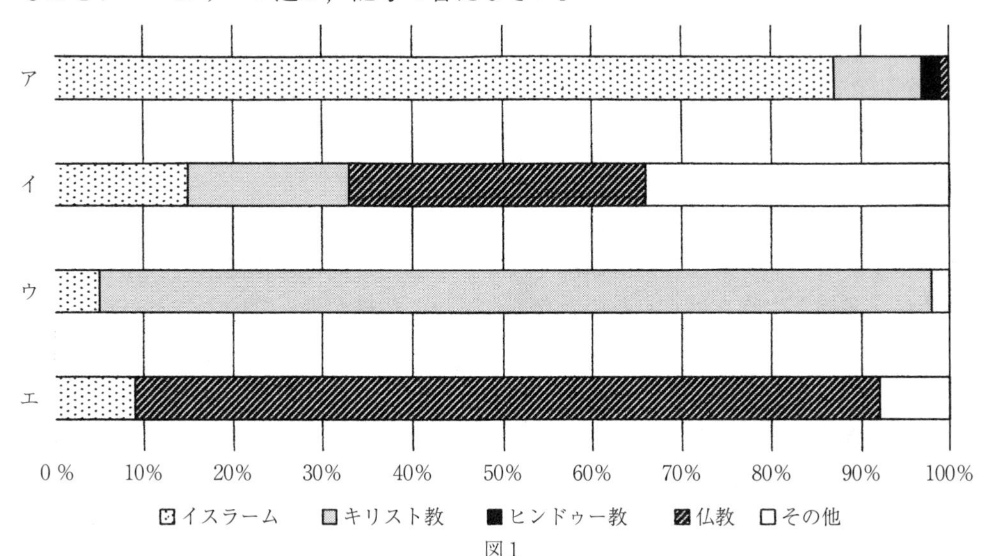

図1

統計年次は2021年。『データブック オブ・ザ・ワールド』により作成。

問2　右の表1は，世界の主な自由貿易圏の人口，GDP，貿易額(輸出額＋輸入額)を示したものであり，①～③はASEAN，EU，*USMCAのいずれかです。①～③と自由貿易圏との正しい組み合わせを次のア～カより一つ選び，記号で答えなさい。

*NAFTAにかわるアメリカ合衆国，メキシコ，カナダの3国による貿易協定。

表1

	人口	GDP	貿易額(輸出額＋輸入額)
①	4億4,695万人	17兆0,866億ドル	10兆4,623億ドル
②	5億0,040万人	26兆2,799億ドル	5兆3,271億ドル
③	6億7,333万人	3兆3,433億ドル	2兆7,960億ドル

統計年次は2021年。外務省の資料により作成。

	ア	イ	ウ	エ	オ	カ
ASEAN	①	①	②	②	③	③
EU	②	③	①	③	①	②
USMCA	③	②	③	①	②	①

問3　右の表2は，ある作物の生産上位4カ国と世界生産に占める割合(%)を示したものです。この作物に当てはまるものを次のア～エより一つ選び，記号で答えなさい。

ア　カカオ　　イ　コーヒー

ウ　サトウキビ　　エ　テンサイ

表2

国名	千トン	%
ブラジル	3,700	34.6
ベトナム	1,763	16.5
コロンビア	833	7.8
インドネシア	773	7.2

統計年次は2020年。『データブック オブ・ザ・ワールド』により作成。

問4　次の表3は，いくつかの国の主要輸出品と輸出額に占める割合(%)を示したものであり，①～③はそれぞれインドネシア，タイ，フィリピンのいずれかです。①～③と国名との正しい組み合わせを下のア～カより一つ選び，記号で答えなさい。

表3

①	機械類31.4　自動車9.9　金(非貨幣用)5.8　プラスチック3.4　野菜と果実3.1
②	機械類63.7　野菜と果実3.8　銅3.2　精密機械2.9　ニッケル鉱2.6
③	パーム油11.5　石炭11.5　鉄鋼9.2　機械類7.9　衣類4.0

統計年次は2021年。『データブック オブ・ザ・ワールド』により作成。

	ア	イ	ウ	エ	オ	カ
インドネシア	①	①	②	②	③	③
タイ	②	③	①	③	①	②
フィリピン	③	②	③	①	②	①

問5　次の文章の空欄X，Yに当てはまる語句を答えなさい。

近年，インドネシアやベトナムなどの沿岸部では，日本などに向けた輸出用の（ X ）の養殖場をつくるために，多様な生物をはぐくむ場となる（ Y ）の伐採が進んでいることが問題になっている。

問6　バナナは年降水量1200mm以上の温暖な気候下で生育し，霜の降りるような寒冷な気温では成長が止まります。そのため主に熱帯～亜熱帯地域で栽培される作物です。フィリピンにおけるバナナ栽培の中心はミンダナオ島です。下に示した図3中A，Bの＊気温と降水量，また月別の最大風速を参考にして，ミンダナオ島が栽培の中心となる自然的理由を以下の語句を使用して30字以内で述べなさい。語句は繰り返し用いてもよいですが，使用した箇所に下線を引くこと。

＊気温と降水量はいずれも1990年～2020年の平均。

【語句】　収穫量

【地点A】
最暖月平均気温　29.4℃　　最寒月平均気温　24.3℃　　年降水量　1892.7mm
月別最大風速　（m/秒　1951～2021年）

1月	2月	3月	4月	5月	6月	7月	8月	9月	10月	11月	12月
26	30	25	34	22	55	50	45	50	58	53	26

【地点B】
最暖月平均気温　28.9℃　　最寒月平均気温　27.3℃　　年降水量　1835.5mm
月別最大風速　（m/秒　1951～2021年）

1月	2月	3月	4月	5月	6月	7月	8月	9月	10月	11月	12月
22	20	15	18	31	21	19	15	20	16	15	15

フィリピン大気地球物理天文局(PAGASA)のデータにより作成。

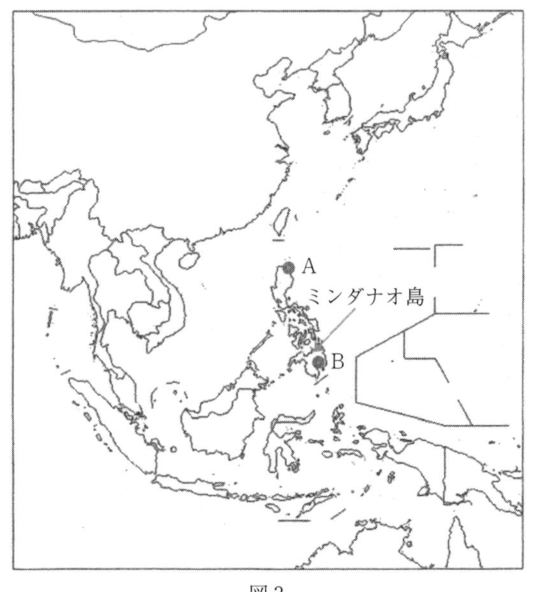

図3

2　花子さんと太郎くんの九州地方に関する会話を読み，以下の設問に答えなさい。

花子：九州地方では，各地で気候や $_a$地形を生かした特色ある $_b$農業が行なわれています。

太郎：農業だけではなく，九州地方は日本の近代工業の発展においても重要な地域です。1901年に八幡製鉄所が操業を開始しました。鉄鉱石の輸入先の中国に近く，また付近に炭田もあったことから，$_c$北九州は鉄鋼業を中心とする工業地帯として発展しました。

花子：しかし1960年代に炭鉱が相次いで閉山し，鉄鋼の生産量も減少しました。その後，九州地方は機械工業への転換をはかりました。かつてとは様変わりしましたが，九州地方では現在も $_d$様々な工業が盛んです。

問1　下線部ａに関して，次の図１は，九州南部の地形図である。図中の ◯ で囲まれた人工構造物について述べた以下の文章中の空欄Ｘ，Ｙに当てはまる語句の正しい組み合わせを下のア～エより一つ選び，記号で答えなさい。

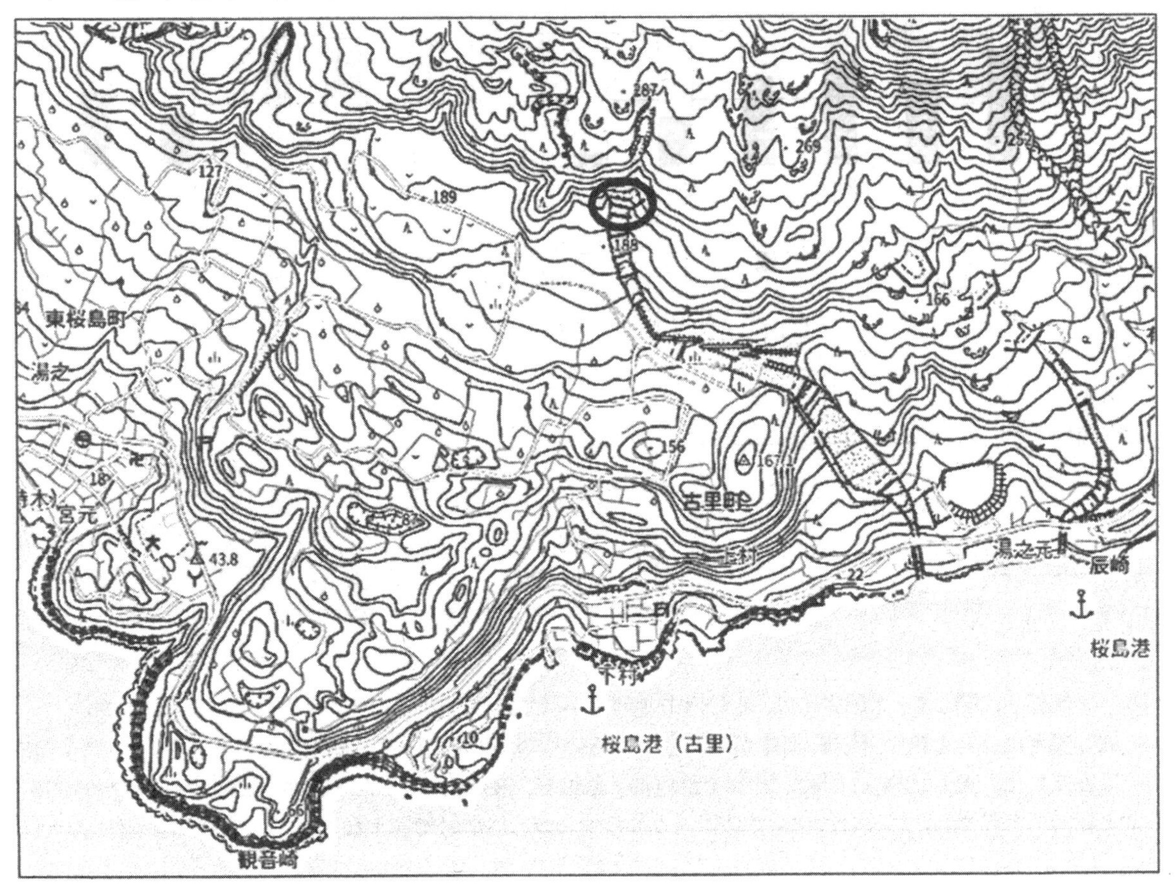

図１

地理院地図により作成。

九州南部には，白色で水が浸透しやすい（　Ｘ　）で覆われた土地が広がっている。図中の構造物は（　Ｙ　）のためにつくられたものである。

	ア	イ	ウ	エ
Ｘ	火山堆積物	火山堆積物	泥炭	泥炭
Ｙ	発電	土石流防止	発電	土石流防止

問2　下線部bに関して，次の図2は，東京市場のピーマンの入荷量を示したものであり，①～③は茨城県，岩手県，宮崎県のいずれかです。①～③と県名との正しい組み合わせを下のア～カより一つ選び，記号で答えなさい。

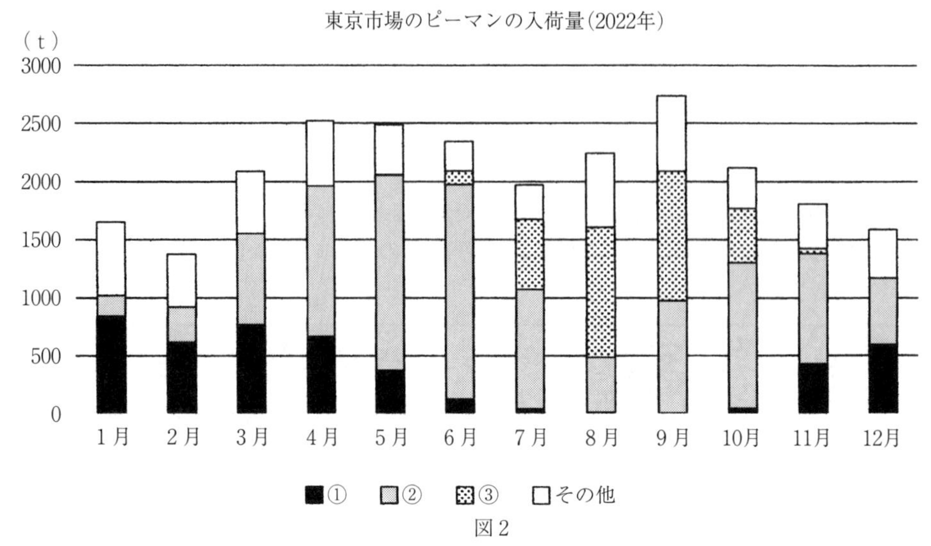

図2

東京都中央卸売市場資料により作成。

	ア	イ	ウ	エ	オ	カ
茨城県	①	①	②	②	③	③
岩手県	②	③	①	③	①	②
宮崎県	③	②	③	①	②	①

問3　下線部cに関して，太郎さんは，北九州市北部がかつて筑豊炭田で産出された石炭の積み出し港として発展してきたことを知り，現在，日本が輸入しているいくつかの鉱産資源の輸入先の上位5カ国について調べてみました。表1中の①～③は，それぞれ原油，鉄鉱石，液化天然ガス(LNG)のいずれかです。①～③と資源名との正しい組み合わせを下のア～カより一つ選び，記号で答えなさい。

表1

①	オーストラリア58.8　ブラジル26.6　カナダ6.3　南アフリカ共和国3.3　アメリカ合衆国1.2
②	サウジアラビア39.7　アラブ首長国連邦34.7　クウェート8.4　カタール7.6　ロシア3.6
③	オーストラリア35.8　マレーシア13.6　カタール12.1　アメリカ合衆国9.5　ロシア8.8

単位は%。統計年次は2021年。『データブック オブ・ザ・ワールド』により作成。

	ア	イ	ウ	エ	オ	カ
原油	①	①	②	②	③	③
鉄鉱石	②	③	①	③	①	②
LNG	③	②	③	①	②	①

問4　下線部dに関して，次の図3中の①～③は，IC工場，自動車工場(自動二輪を含む)，製鉄所のいずれかの主な分布を示したものです。①～③と工場名との正しい組み合わせを下のア～カより一つ選び，記号で答えなさい。

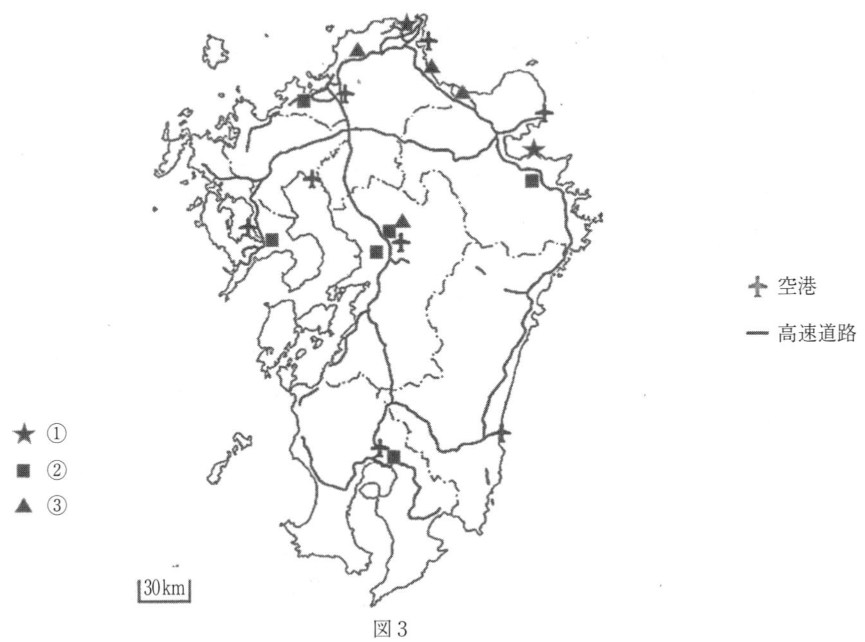

図3
工場の分布は2021年。『新詳高等地図』などにより作成。

	ア	イ	ウ	エ	オ	カ
IC工場	①	①	②	②	③	③
自動車工場	②	③	①	③	①	②
製鉄所	③	②	③	①	②	①

3 交易に関する次のA～Eの文章を読み，設問に答えなさい。

A　縄文時代には地球環境の変化や道具の発達で，季節を通じて食料を獲得できるようになり，人々は住みやすい土地に定住するようになった。①当時の人々は遠い地域と物の交換を行っていたことがわかっている。

問1　下線部①に関して，当時の人々が遠い地域と物の交換を行っていたことは，どのようなことからわかるのか，考古学的な知見から説明しなさい。

B　8世紀にはいり②律令国家が確立すると，③各地からの交易品が都に集められ，市で売買された。市では中国にならって発行された貨幣が使われることもあったが，主に稲や布が貨幣のかわりに用いられていた。

問2　下線部②に関連して，律令国家が確立するまでの出来事について述べた以下の文章を**古い順**に並べ替えた際に，**3番目**になるものとして適当なものを，次のア～オより一つ選び，記号で答えなさい。

ア　豪族による土地と人々の支配をやめて，「改新の詔」により公地公民制が採用された。
イ　百済を支援するために大軍が送られたが，唐と新羅の連合軍に白村江で大敗した。
ウ　正式な国の名前が，遣唐使派遣に際してこれまでの「倭」から「日本」へと改められた。
エ　隋と国交を結んで朝鮮半島の国々に対して影響力を強めるため，遣隋使が派遣された。
オ　天皇のあとつぎをめぐる戦いが起こり，乱に勝利した天武天皇が大きな権力をにぎった。

問3　下線部③に関連して，律令国家の税制度について述べた次の文X・Yについて，その正誤の組み合わせとして適当なものを，下のア～エより一つ選び，記号で答えなさい。

X　男性に課せられた調(特産物)や庸(布)は自分たちで都まで運ぶ必要があった。

Y　6年ごとに作成される戸籍にもとづき，性別や身分に応じて荘園という土地が与えられた。

	ア	イ	ウ	エ
X	正	正	誤	誤
Y	正	誤	正	誤

C　鎌倉時代になると，④農業生産力の上昇によって，みずから食料をつくらずにすむ人々が増加した。毎月決められた日に開かれる定期市が設けられ，⑤商人が各地の市を行き来して交易を行った。

問4　下線部④に関連して，鎌倉時代から室町時代にかけての時代の農業生産力の向上に関して述べた以下の文章のうち，**誤りのもの**を，次のア～エより一つ選び，記号で答えなさい。

ア　農業技術を記した農書が木版印刷によって広がり，作物栽培の工夫が行われた。

イ　水車によって河川から水を引いたり，ため池をつくるかんがいの技術が普及した。

ウ　米や麦の二毛作が西日本を中心に広がっていき，稲の品種も増加した。

エ　作物に人の糞尿を肥料としてほどこすようになり，牛馬による耕作も広がった。

問5　下線部⑤に関連して，秀多さんは，鎌倉・室町時代の商人の働きに関するレポート課題で以下のような考察を行った。次の空欄(Z)に当てはまる用語として，適当なものを，下のア～エより一つ選び，記号で答えなさい。

各地の町や市をめぐって交易を行う商人のもとには，人々の需要をみたすため様々な地域の情報が集まったと考えられる。商人が共通の利害をもつ者どうしのヨコの結びつきを強めたとすると，畿内で多くの(　Z　)が発生した理由として，商人が様々な地域の不満をつなぎあわせてまとめた影響があったのではないか，と私は考える。

ア　町衆　　イ　惣(惣村)　　ウ　徳政一揆(土一揆)　　エ　悪党

D　⑥15世紀から16世紀にかけて，ヨーロッパ人による航路の開拓が進み，世界の一体化が進んだ。日本にも多くの来航者が訪れ交易が行われたが，江戸幕府のもとで交易を制限し貿易統制を行う⑦「鎖国」体制が築かれた。

問6　下線部⑥の時期に世界で起きた出来事について述べた以下の文章のうち，**誤りのもの**を，次のア～エより一つ選び，記号で答えなさい。

ア　ドイツでは，ルターが教皇や教会の権威を否定し，宗教改革がはじまった。

イ　アジアでは，明が朝貢使節にのみ貿易を許す体制をとり，日明貿易がはじまった。

ウ　イギリスでは，王政を廃止して共和政を実現するピューリタン革命が起こった。

エ　アメリカ大陸ではスペインによりインカ帝国が滅ぼされ，植民地が築かれた。

問7　下線部⑦に関連して，「鎖国」体制下の日本における交易について述べた以下の文章のうち，適当なものを，次のア～エより一つ選び，記号で答えなさい。

ア　長崎では，主に日本産の生糸が輸出され，ヨーロッパで絹織物に加工された。

イ　琉球では，幕府や土佐藩の管理の下で交易が続けられ，中国との朝貢貿易が行われた。

ウ　大坂(大阪)では，諸藩の蔵屋敷が置かれ，年貢米や特産品が集められて商人により換金された。

エ　蝦夷地では，東廻り航路を通る北前船が就航し，サケや昆布の交易を行った。

E　⑧日米修好通商条約が結ばれ，横浜をはじめとする港が開かれると，日本を取り巻く交易環境は一変した。交易の開始は物価の上昇を招くことになり，物価の高騰を止めることができない江戸幕府への反発が強まることになり，⑨幕府の崩壊を早めることとなった。

問8　下線部⑧に関連して，日米修好通商条約締結後の交易について述べた以下の文章のうち，**誤りのもの**を，次のア～エより一つ選び，記号で答えなさい。

ア　日本と外国の金銀の交換比率が異なっていたことから金が流出したため，幕府は貨幣を改鋳した。

イ　貿易により品不足が発生し生活必需品の米や菜種油も値上がりしたことで，人々の生活は苦しくなった。

ウ　ヨーロッパで大量に生産された綿糸や綿織物が日本に輸入され，国内の生産が打撃を受けた。

エ　貿易は主にアメリカを相手にして行われ，太平洋に面した横浜での取引が貿易額の大半を占めた。

問9　下線部⑨に関連して，江戸幕府の崩壊に至るまでに起こった出来事について述べた以下の文章を**古い順**に並べ替えた際に，**4番目**になるものとして適当なものを，次のア～オより一つ選び，記号で答えなさい。

ア　坂本龍馬らのなかだちにより，薩摩藩と長州藩が薩長同盟を締結した。

イ　水戸藩などの元藩士により，江戸城登城中の井伊直弼が殺害される事件が発生した。

ウ　イギリスなどの4カ国の連合艦隊により下関の砲台が砲撃され，占領される事件が発生した。

エ　徳川慶喜の勢力を政治の中心から追い出すため，王政復古の大号令が出された。

オ　薩摩藩士によるイギリス人殺傷事件の報復として，薩英戦争が発生した。

4　以下の文章を読み，設問に答えなさい。

近代の国家は，国境と領土を定め，そこに住む人々を「国民」とした。このような近代国家作りの背景には，イギリスで生じた①産業革命や，アメリカやフランスで起こった市民革命がある。諸外国では，国家統一や国内改革を行うことで，近代国家作りを行った。

19世紀になり多くの国で産業革命が成功すると，製品市場の獲得が重要となった。②ヨーロッパ諸国は競い合うようにしてアジアやアフリカに植民地を獲得し，自国の工業製品を販売した。

ヨーロッパ諸国の動きにあわせて，③明治時代の日本も国家の領土を定めるために様々な国と交渉を行い，領土を画定させた。また，日清戦争や日露戦争を経て韓国を併合し，植民地を獲得した。アジアの諸国でもヨーロッパ諸国や日本にならい，④新たな国家作りを目指す動きが生まれた。

⑤二度の世界大戦を経て，世界では多くの植民地がヨーロッパ諸国から独立し，新たな国が誕生した。一方で，産業革命以降植民地となった国々の中には，ヨーロッパ諸国による一方的な植民地化や外交の影響を受けて，⑥現在に至るまで紛争が絶えない地域も存在している。

問1　下線部①に関連して，産業革命を牽引した綿工業で，綿花から綿糸を生産する工業を何といいますか，答えなさい。

問2　下線部②に関連して，ヨーロッパ諸国の植民地支配とその影響について，授業の中で中学生がまとめた以下の文章のうち，適当なものを，次のア～エより一つ選び，記号で答えなさい。

ア　ドイツの植民地となった南洋諸島は，第一次世界大戦が始まると日本に占領され，二十一カ条の要求の結果，日本が委任統治権を得て支配することになりました。

イ　アフリカでは，イギリスやフランスが植民地化を進め，第二次世界大戦後も植民地が残りました。アジア・アフリカ会議が開催された年には，多くの国が独立を果たし，「アフリカの年」とよばれました。

ウ　ガンディーはインドで非暴力・不服従運動を指導し，独立運動を発展させました。第二次世界大戦後，インドはインドとパキスタンにわかれて独立を達成しました。

エ　アメリカの植民地だったベトナムでは，独立を目指すベトナム戦争が行われました。ソ連はこの戦争に際しベトナムを支援して，ベトナムの独立を達成するとともに，社会主義国とすることに成功しました。

問3　下線部③に関連して，明治時代初期の日本で結ばれた領土の画定に関する条約のうち，ロシアとの間で締結された条約を何といいますか，答えなさい。

問4　下線部④に関連して，中国では孫文らによる革命が起こり，清が滅亡し新たに中華民国が生まれました。この革命の名称を何といいますか，答えなさい。

問5　下線部⑤に関連して，以下のア～エは，二度の世界大戦の間に日本や世界で起こった出来事に関する画像です。この４枚の画像を**古い順**に並べ替えた際に，**３番目**になるものとして適当なものを，次のア～エより一つ選び，記号で答えなさい。

ア

紙幣で遊ぶドイツの子供

イ

第一回男子普通選挙の際，投票所で列をつくる人々

ウ

ニューヨークにある株式取引所へ集まる人々

エ

南満州鉄道を調べるリットン調査団

山川・二宮 ICT ライブラリより引用

問6　下線部⑥に関連して，中東地域では，現在に至るまで地域紛争が絶えず起こっています。例えば，1990年にはイラク軍がクウェートに侵攻する紛争が発生しました。この出来事をきっかけとして，翌1991年にアメリカ軍を主体とする多国籍軍がイラクを攻撃した争いの名称を答えなさい。

5 社会の授業で，近年の日本の経済状況についての発表をすることになり，Xさんは「円安のしくみと影響」をテーマに設定し，その内容を次のメモにまとめました。Xさんの作成したメモを読み，以下の設問に答えなさい。

> 日米間の金利差が拡大
>
> ↓ アメリカの中央銀行が金利を引き上げたのに対し，日本銀行は①景気回復のための低金利政策をとっている。
>
> ②金利の高いアメリカのドル高が進む
>
> ↓ 為替レートは③農産物や工業製品と同様に需要と供給の関係で決まる。
>
> 輸入品価格の上昇
>
> エネルギー資源や穀物など原材料・燃料費の高騰により物価が上昇し，④家計への大きな負担となっている。

問１　下線部①に関連して，日本銀行の低金利政策についての次の文章を読み，空欄 A ～ C に当てはまる語句の組み合わせとして適当なものを，下のア～クより一つ選び，記号で答えなさい。

日本銀行は，かつては公定歩合操作を金融政策の中心としていた。経済活動が停滞したときには，日本銀行が公定歩合を［ A ］ることによって，市中に流通する資金量を増加させた。しかし，金融の自由化に伴い，1990年代半ば以降の政策の中心は［ B ］操作となった。

2013年１月以降，日本銀行は２％のインフレ目標を達成するまで，通貨量を増加させることを決定した。この政策により，日本銀行の保有する国債はこの10年で大幅に［ C ］している。

	ア	イ	ウ	エ	オ	カ	キ	ク
A	引き上げ	引き上げ	引き上げ	引き上げ	引き下げ	引き下げ	引き下げ	引き下げ
B	公開市場	公開市場	預金準備率	預金準備率	公開市場	公開市場	預金準備率	預金準備率
C	増加	減少	増加	減少	増加	減少	増加	減少

問２　下線部②に関連して，アメリカの金利が高くなると，日本で資金を運用しようとする投資家が減り，アメリカで資金を運用しようとする投資家が増えるため，ドル高が進みます。右の図は，外国為替市場におけるドルの需給曲線を表すものとします。このときドルの需要とはドル買い円売りの動き，ドルの供給とは円買いドル売りの動きを示すものとします。当初の需要曲線はD，供給曲線はS，均衡価格がP_0であったとします。今アメリカの金利が高くなったとき，需給曲線はどのように変化するか，次のア～エより一つ選び，記号で答えなさい。

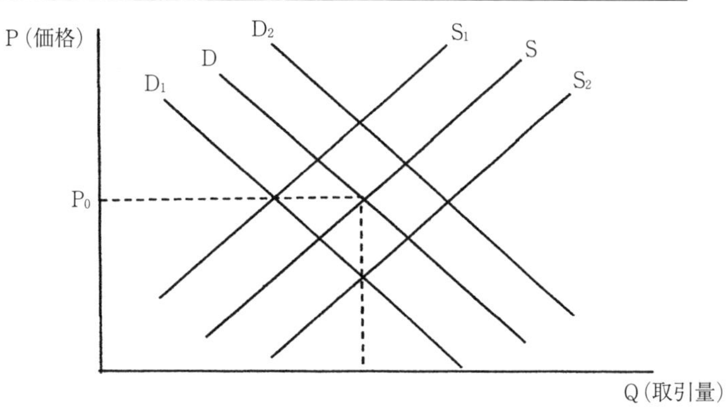

ア　需要曲線はD_1,供給曲線はS_1へシフトする　　イ　需要曲線はD_1,供給曲線はS_2へシフトする

ウ　需要曲線はD_2,供給曲線はS_1へシフトする　　エ　需要曲線はD_2,供給曲線はS_2へシフトする

問３　下線部③に関連して，日本の農業の現状についての記述として適当なものを，次のア～エより

一つ選び，記号で答えなさい。

ア　生産から小売りまでの食品の流通経路を把握できるようにしたフードマイレージの取り組みが，法律によって義務づけられている。

イ　農産物を生産するだけでなく，加工品の製造までを手掛けることによって付加価値を高める取り組みを６次産業化と呼ぶ。

ウ　TPP(環太平洋経済連携協定)などEPAが締結されると，海外からの安価な農産物流入によって日本の食料自給率が拡大する一方で，日本の農業は打撃を受ける。

エ　農地貸借の規制が法改正によって緩和され，株式会社が農業へ本格的に参入することが可能となった。

問４　下線部④に関連して，次のグラフはある二つの世帯の家計の収支を表したものである。グラフから読み取れる内容として適当なものを，下のア～エより一つ選び，記号で答えなさい。

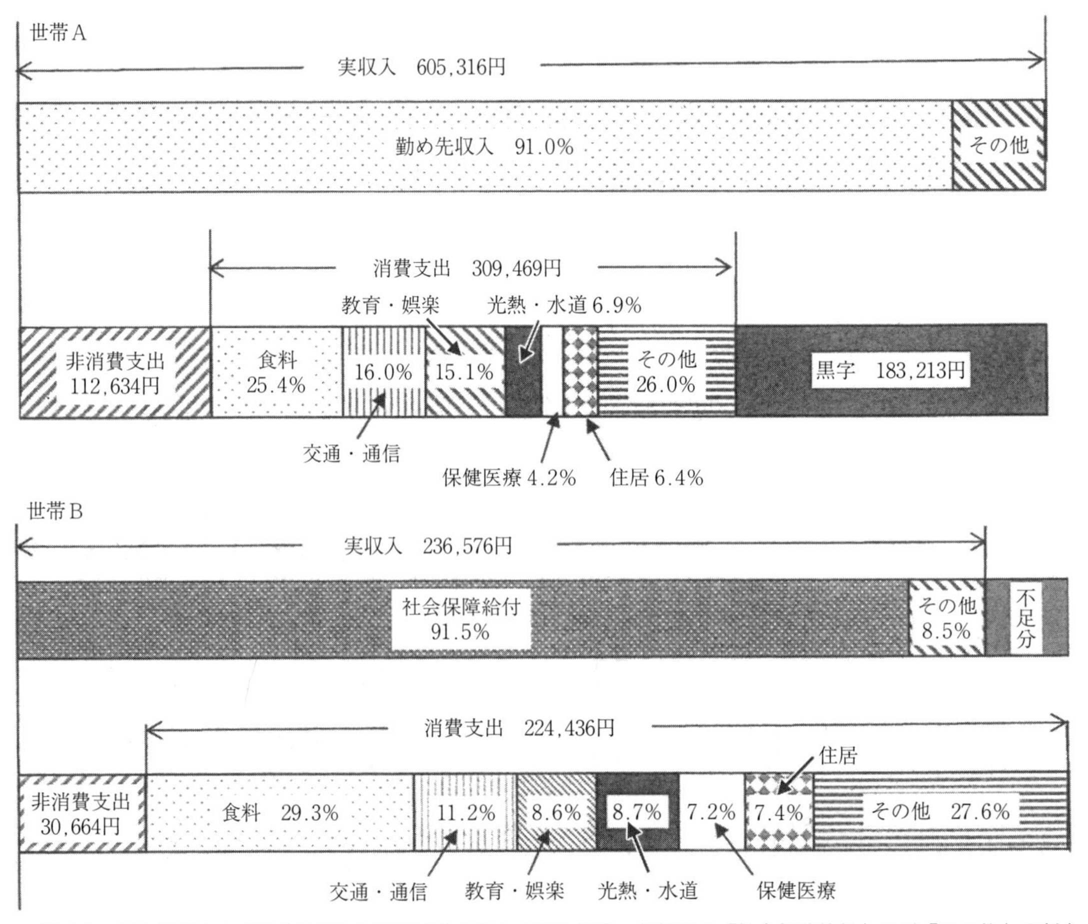

（注１）　図中世帯Aの「勤め先収入」及び「その他」の割合(%)，世帯Bの「社会保障給付」及び「その他」の割合(%)は実収入に占める割合である。
（注２）　図中の「食料」から「その他」までの割合(%)は消費支出に占める割合である。
（注３）　非消費支出とは，社会保険料や税金など，消費以外の支出のことである。
（注４）　エンゲル係数とは，消費支出に占める食料費の割合のことである。

ア　世帯Aでは実収入の約30%が，世帯Bでは約７%が貯蓄に回されている。

イ　世帯Aと比べると，世帯Bの方が社会保険料や税金の額は多い。

ウ　世帯Bと比べると，世帯Aの方が光熱・水道費の額は多い。

エ　世帯Bと比べると，世帯Aの方が食料の支出額もエンゲル係数も高い。

6　次の年表はXさんが2024年に過去の出来事を調べて作成したものです。これを見て，以下の設問に答えなさい。

年	出来事
10年前	閣議で（ 1 ）容認 憲法上認められないとされてきた（ 1 ）が限定的に行使できるように法整備が進められた。
20年前	裁判員法の成立 国民の感覚を裁判に反映させるために，①裁判員制度の導入が定められた。
30年前	公職選挙法改正 衆議院議員総選挙に，現行の（ 2 ）制が導入された。
40年前	新紙幣発行 １万円札が福沢諭吉，５千円札が新渡戸稲造，千円札が夏目漱石の紙幣となった。
50年前	国連資源特別総会 ②資源の恒久主権や発展途上国への貿易上の特恵的措置などが主張された。
60年前	③「宴のあと」事件の地裁判決 原告側が勝訴し，原告の主張する権利の侵害が初めて認められた。

問１　年表中の空欄（１）～（２）に当てはまる語句を漢字で答えなさい。

問２　下線部①に関連して，現行の裁判員制度についての記述として適当なものを，次のア～エより一つ選び，記号で答えなさい。

ア　裁判員制度の対象となるのは，民事裁判の第一審のみであり，第二審から裁判員は参加しない。
イ　裁判員制度では，裁判員が有罪・無罪を決定し，量刑は職業裁判官のみで判断する。
ウ　裁判員の候補者は18歳以上の有権者から選ばれ，一定の理由があっても辞退することはできない。
エ　評議での意見内容には守秘義務があり，違反した場合，懲役や罰金刑が科されることもある。

問３　下線部②に関連して，世界の資源は先進国の大企業に占有されてきましたが，1950年代ころから資源保有国が自国の資源を利用する権利を主張するようになりました。こうした動きを受け，アラブ諸国が主導して1970年代前半に資源の価格を大幅に引き上げ，世界各国にインフレなどの混乱を引き起こしました。この出来事を何というか，答えなさい。

問４　下線部③に関連して，次の文章は「宴のあと」事件の概要です。この訴訟で原告側が主張した，日本国憲法には記されていない新しい人権を明記した上で，その人権を保護することによって起こる問題点を，権利の衝突に着目して簡単に説明しなさい。

> 三島由紀夫の小説『宴のあと』は，特定の人物をモデルとしたことがわかる作品であった。このため，原告は小説で私生活が公開されたとして，作家と出版社に対し，損害賠償と謝罪を求める訴訟を起こした。

【理　科】（40分）〈満点：60点〉

〈編集部注：実物の入試問題では，1の問5の図はカラー印刷です。〉

1　次の文章を読んで，以下の各問いに答えよ。

4種の気体A～Dを加熱せずに発生させる実験を行った。これらの気体は酸素・水素・アンモニア・二酸化炭素のいずれかである。この実験に使う薬品と特徴を以下の表にまとめた。

表

気体	A	B	C	D
薬品	a	b	c	d
特徴	気体の中で最も軽い	e	刺激臭	助燃性がある

問1　4種の気体を発生させるために使用した薬品を，表の空欄a～cに適するように次のア～キから2つずつ選び，記号で答えよ。なお，記号は複数回用いてよい。また，dで使用した薬品によって気体Dが発生する化学反応式を答えよ。

ア．塩酸　　イ．過酸化水素水(H_2O_2)

ウ．水酸化ナトリウム水溶液　　エ．塩化アンモニウム

オ．二酸化マンガン(MnO_2)　　カ．マグネシウム

キ．石灰石

問2　気体Cはある方法で捕集する。その捕集方法を用いる理由をまとめた次の文の空欄(あ)～(う)にあてはまる適切な語句を答えよ。

気体Cは水に溶け（　あ　）く，（　い　）より（　う　）い気体だから。

問3　上の表の空欄eにあてはまる文を次のア～オからすべて選び，記号で答えよ。

ア．この気体が入った試験管に火のついたマッチを近づけると大きな音がする。

イ．この気体が入った試験管にインクのついたろ紙を入れるとインクの色が消える。

ウ．この気体が入った試験管に石灰水を加えると白く濁る。

エ．この気体が溶けた水溶液に赤色リトマス紙を浸しても色の変化はない。

オ．この気体が溶けた水溶液にフェノールフタレイン溶液を加えても色の変化はない。

問4　気体Aはある温度・圧力条件下での質量が2.00g，体積が22.4Lであった。この条件下での気体Aの密度は何g/Lか。小数第四位を四捨五入して第三位まで答えよ。

問5　丸底フラスコに気体Cを入れ，右図のような装置を組み立てる。ここにスポイトから丸底フラスコ内に水を入れることにより噴水ができる。この噴水実験を考察する。次の文章の空欄(あ)～(う)にあてはまる語句を下のア～ウからそれぞれ1つずつ選び，記号で答えよ。なお，記号は複数回用いてよい。また，空欄(＊)にあてはまる語句を10字以内で答えよ。

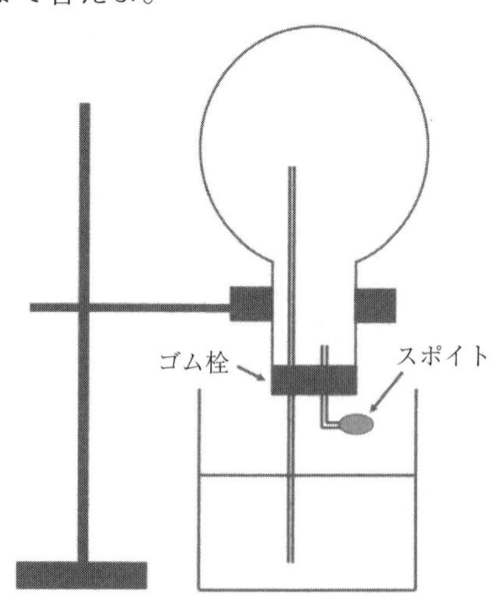

スポイトから水を入れる前は，（　あ　）い。スポイトから水を入れると（　＊　），（　い　）くなるので，噴水現象がおこる。やがて，フラスコ内部に水が一定量入ってくると（　う　）くなるので，噴水現象が止まる。

ア．フラスコ内部の圧力の方が大気圧より大き

イ．フラスコ内部の圧力の方が大気圧より小さ

ウ．フラスコ内部の圧力と大気圧は等し

2　次の文章を読んで，以下の各問いに答えよ。

空気中で単体Xを加熱する実験を行った。単体Xの粉末の質量を変えて，加熱前の単体Xの粉末と加熱後に生成した物質の質量を測定すると右のグラフのような結果となった。加熱後に生成した物質の，酸素の原子数と単体Xの原子数の比は1:1であった。ただし，反応は完全に進行したものとする。

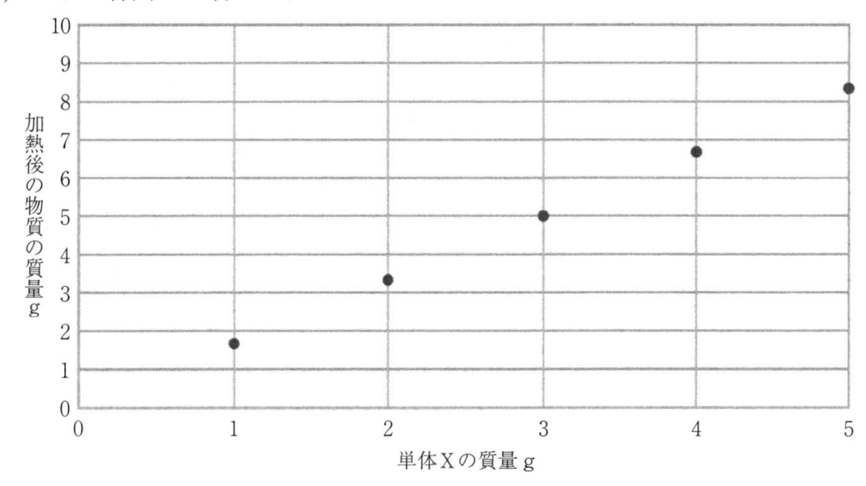

問1　次のア～オの文のうち正しいものをすべて選び，記号で答えよ。

ア．化学反応式における各物質の係数の比は各物質の粒子の数の比に等しい。

イ．化学反応式における各物質の係数の比は各物質の質量の比に等しい。

ウ．化学反応式における各物質の係数の和が大きくなるほど化学反応が起こりやすくなる。

エ．単体Xの質量と反応する酸素の質量は比例の関係にある。

オ．反応する酸素の質量と加熱後の物質の質量は比例の関係にある。

問2　単体X10gを加熱したとき，何gの酸素と反応したか。小数第二位を四捨五入して第一位まで答えよ。

問3　以下の表を参考にして，単体Xは何であるかを考え，Xを使わずに表中の元素記号を用いて，今回の実験の化学反応式を書け。

元素記号	C	O	Mg	Al	S	Ca	Fe	Cu
原子の質量比	12	16	24	27	32	40	56	64

3　次の文章を読んで，以下の各問いに答えよ。

図1は数万Vの電圧を発生させることができる誘導コイルである。この誘導コイルの2つの電極をそれぞれa，bとする。十字板入りクルックス管(放電管の一種)の端子Aを誘導コイルのaに，端子Bをbにつないだ。そして，電圧を端子AB間に加えると，ガラス壁が黄緑色に光り，図2のように十字形の影がみられた。

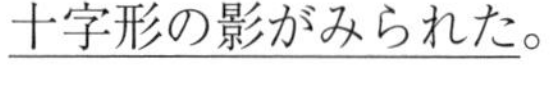

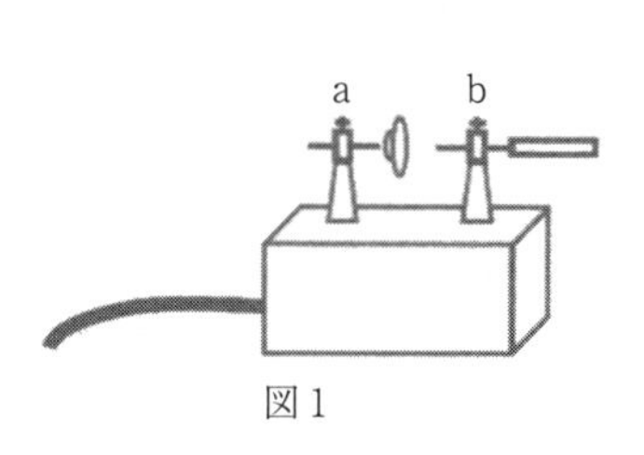

図1

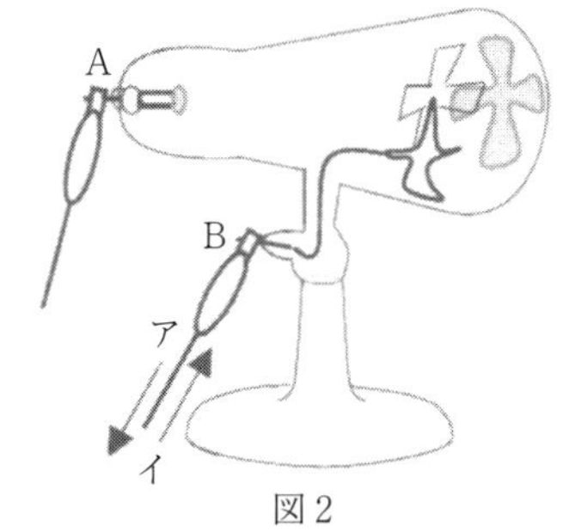

図2

問1　文章中の下線のとき，図2の端子Aは何極か。また，電流の向きはア，イのどちらか。

問2　誘導コイルを電源として，図3のようなクルックス管に変え，端子Aを図1の誘導コイルのa

に，端子Bをbに接続した。すると陰極線が見られた。なお，図3はクルックス管を真横から見た図を表している。

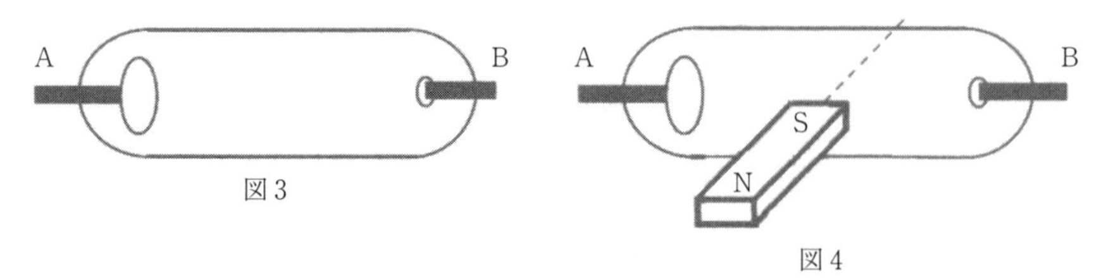

図3

図4

図4のようにクルックス管の手前側に棒磁石のS極を近づけたところ，陰極線が曲がった。このとき陰極線が曲がる方向を次のア～カから1つ選び，記号で答えよ。

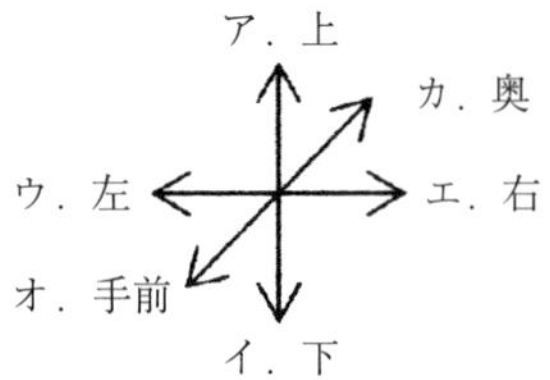

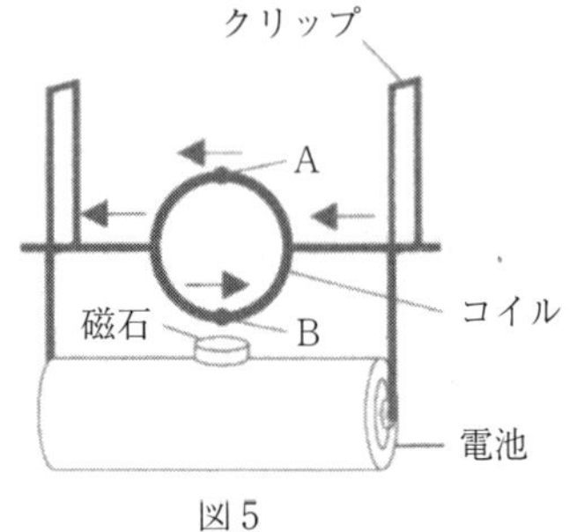

図5

問3　電池(右が＋極，左が－極)，磁石(上がN極，下がS極)を設置し，図5のようなクリップモーターを製作した。コイルはエナメル線を巻いてつくり，クリップにのせた。図5は電流が流れている，あるときの状態を示している。これについて，以下の各問いに答えよ。

(1)　コイル中を流れる電流の向きが図5の矢印の方向であるときのコイルの上部(A点)，下部(B点)はどちら向きに力を受けるか。次のア～エから1つ選び，記号で答えよ。

ア．A点が手前向き，B点も手前向きに力を受ける。
イ．A点が手前向き，B点は奥向きに力を受ける。
ウ．A点が奥向き，B点は手前向きに力を受ける。
エ．A点が奥向き，B点も奥向きに力を受ける。

(2)　このクリップモーターを製作する際，コイルの両側のエナメル線の被覆(エナメル)を，コイルが連続して1方向に回転し続けるように加工した。その際の加工の仕方を表した模式図としてあてはまるものを，次のア～カからすべて選び，記号で答えよ。ただし，斜線部が被覆がはがされている箇所であるものとする。また，コイルとクリップとの接点は，アに示した位置ですべて共通である。

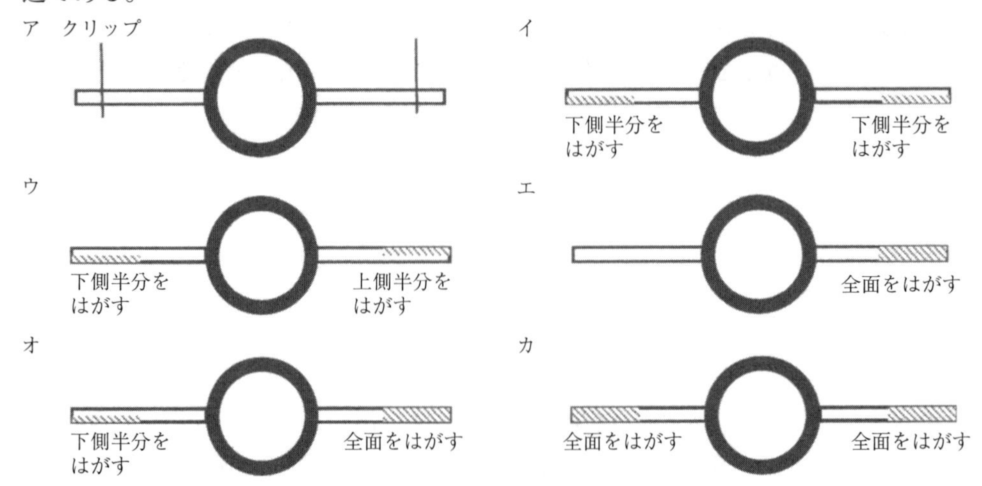

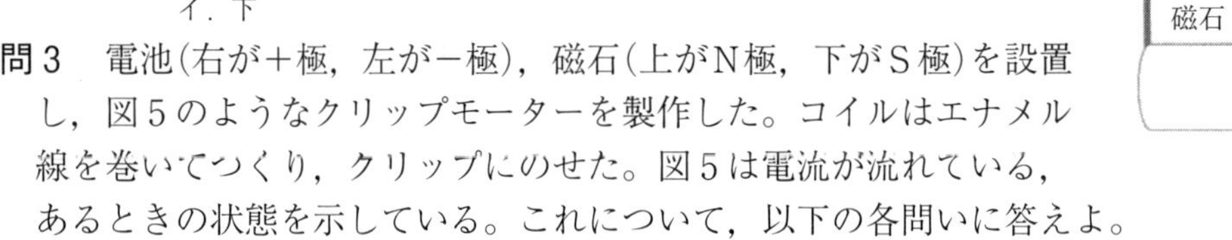

(3) 正しくコイルが回転するように加工したとき，コイルのA点を流れる電流はどのようになるか。正しいものを次のア～オから１つ選び，記号で答えよ。ただし，コイルが回転し，A点が下，B点が上側に来たときも含めて考えよ。

ア．常に左向きに流れる。

イ．「左向きに流れるとき」と「流れないとき」を繰り返す。

ウ．「左向きに流れるとき」と「右向きに流れるとき」を繰り返す。

エ．「右向きに流れるとき」と「流れないとき」を繰り返す。

オ．常に右向きに流れる。

4 次の文章を読んで，以下の各問いに答えよ。

力学実験用のレールと小球で，下図のような装置をつくった。ただし，レールはなめらかで，小球とレールの摩擦や空気の抵抗は考えないものとする。

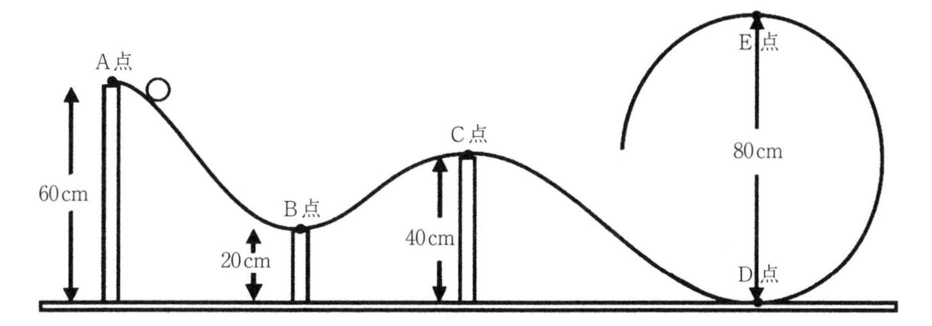

問１　A～D点で最も位置エネルギーの大きな点はどこか。

問２　A～D点で小球が最も速くなる点はどこか。

A点に置いた小球を静かに離すと，小球は運動し始め，レールから飛び出すことなく，B点，C点を通過し，D点へと向かった。

問３　B点の運動エネルギーを１とすると，C点の運動エネルギーはいくらか。

問４　小球はD点を通った後にどの高さまで到達することができるか。次のア～オから１つ選び，記号で答えよ。また，その理由を「運動エネルギー」という言葉を使用して簡潔に書け。

ア．レールから離れる高さによって最高点の高さは違うのでわからない。

イ．E点と同じ高さ

ウ．A点より高い高さ

エ．A点と同じ高さ

オ．A点より低い高さ

問５　解答欄の小球にあわせて，C点での小球にはたらく力をすべて矢印で描け。矢印は，作用点を黒点●で示し，向き，長さは大きさの等しい力は同じ長さになるように注意して太い実線で描き，矢印が重なる場合には矢印を左右にわずかにずらして記入すること。

5 次の文章を読んで，以下の各問いに答えよ。

酵素は，化学反応を促進するはたらきがある。酵素によって反応する物質を基質という。ある基質が分解される反応の例を図１に示す。

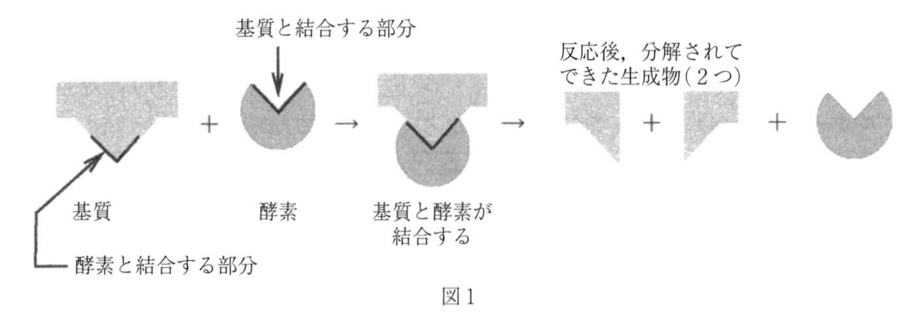

図１

酵素は，基質との関係が鍵と鍵穴のように，結合する部分にぴったりと適合しないと，基質を分解しない。酵素の種類が多い理由は，基質と結合する部分の構造が，基質によって異なるからである。酵素と基質とのこのような関係を$_{ア}$基質特異性という。

酵素は，主成分であるタンパク質の特徴を持つ。生卵を加熱するとかたさが変わることからわかるように，タンパク質は熱によって性質が変わる。また，酸やアルカリによっても性質が変わる。酵素は，熱やpHによって性質が変わり，酵素としてのはたらきを無くす。

酵素は，はたらくのに適した温度とpHがあり，それぞれ$_{イ}$最適温度，$_{ウ}$最適pHという。

問１ 酵素のはたらきについて，以下の(1)(2)のようなことがらは，酵素のどのような特性によるものか。正しいものを，上の文章中ア～ウから１つずつ選び，記号で答えよ。

(1) アミラーゼは，だ液の中ではよくはたらくが，胃液の中でははたらきが悪くなる。また，ペプシンは胃液の中ではよくはたらくが，すい液の中でははたらきが悪くなる。

(2) アミラーゼはデンプンを分解するが，ペプシンは，デンプンを分解しない。また，リパーゼもデンプンを分解しない。

問２ ヒトの消化管内ではたらく酵素の最適温度は約何℃か。次のア～カから１つ選び，記号で答えよ。

ア．０～10℃　　イ．10～20℃　　ウ．20～30℃

エ．30～40℃　　オ．40～50℃　　カ．50～60℃

ヒトの消化では，デンプンがアミラーゼによってマルトース（炭水化物の一種）になり，マルトースがマルターゼ（酵素）によってブドウ糖（グルコース）になるというように，複数回の酵素反応の結果，デンプンが最終的にブドウ糖になる反応がある。

ヒトと同じようにデンプンを２回の酵素反応で最終的にブドウ糖をつくる生物Xの反応の流れを図２のように示す。

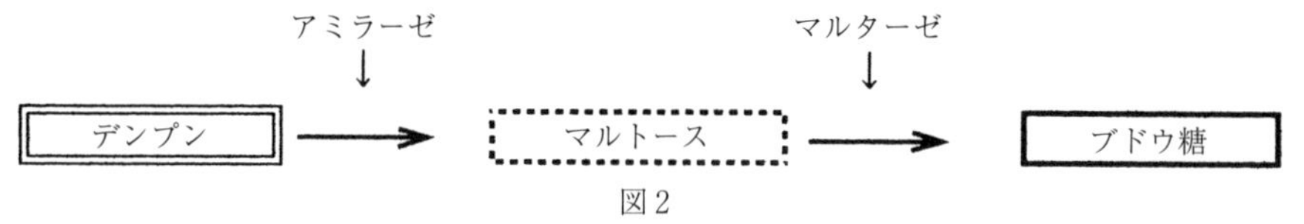

図２

図２の流れを確認するために，生物Xを何世代も育ててアミラーゼとマルターゼのはたらきの実験をしていたところ，ブドウ糖がつくれない変異した生物Xが現れた。変異した生物Xは，アミラーゼまたは，マルターゼをつくれなくなった生物Xで，その他の生命活動に必要な部分は異常がないことが確認できている。

問３ 変異した生物Xには，「生物X_1：アミラーゼがつくれなくなったグループ」と「生物X_2：マルターゼがつくれなくなったグループ」の2種類が存在する。生物X_1と生物X_2それぞれに栄養源としてデンプンだけを与えた場合，デンプン・マルトース・ブドウ糖はどのような量の変化が見られるか，最も適当な変化を次のア～カから1つずつ選び，記号で答えよ。

ア．デンプンの量は減少し，マルトースの量およびブドウ糖の量は増加した後，減少した。

イ．デンプンの量は減少し，マルトースの量およびブドウ糖の量は変化しなかった。

ウ．デンプンの量は減少し，マルトースの量は増加したが，ブドウ糖の量は変化しなかった。

エ．デンプンの量，マルトースの量，ブドウ糖の量ともに変化しなかった。

オ．デンプンの量は変化しなかったが，マルトースの量およびブドウ糖の量ともに減少した。

カ．デンプンの量は変化しなかったが，マルトースの量およびブドウ糖の量ともに増加した。

生物Xは，有性生殖で増殖し，生物Xと生物X_1との間でも交雑が可能である。その子孫も有性生殖で増殖することが確認できた。生物Xと生物X_1を交雑し得られた子(雑種第一代　生物X_3とする)は，すべてアミラーゼのはたらきが見られた。生物Xと生物X_1および生物X_3は，メンデルの法則に従うことがわかっている。

問4　デンプンをマルトースに変化させることが，「できる」か「できない」かの形質は，アミラーゼをつくる遺伝子で決定される。アミラーゼをつくる遺伝子は，【ア．顕性遺伝子　　イ．潜性遺伝子】のどちらか。【ア，イ】から選び，記号で答えよ。

問5　変異した生物Xは，ブドウ糖がつくれないため短命となる。生物X_3どうしを交雑した場合，その子どもが短命となる確率は，計算上何％になるか。整数で答えよ。

6

次の文章を読んで，以下の各問いに答えよ。

図1はある日時における日本周辺の天気図である。等圧線は4hPaごとに引かれており，破線は高気圧，または低気圧の中心を示している。また，数字は中心気圧の値をそれぞれ示している。

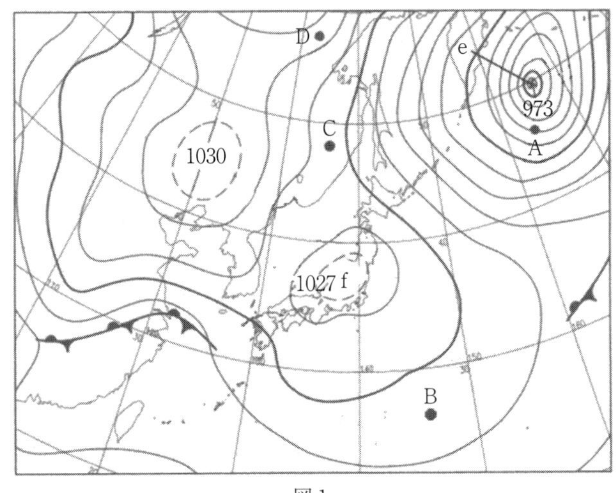

図1

問1　図1中のA点，C点の気圧は何hPaか，考えられる値を答えよ。

問2　図1中のA～D点を，風力の強い順に答えよ。

問3　図1中のC点の風向を次のア～エから1つ選び，記号で答えよ。

ア．北東

イ．北西

ウ．南東

エ．南西

問4　図1中のe，fは高気圧または低気圧である。e，f付近の風の吹き方を次のア～クから1つずつ選び，記号で答えよ。

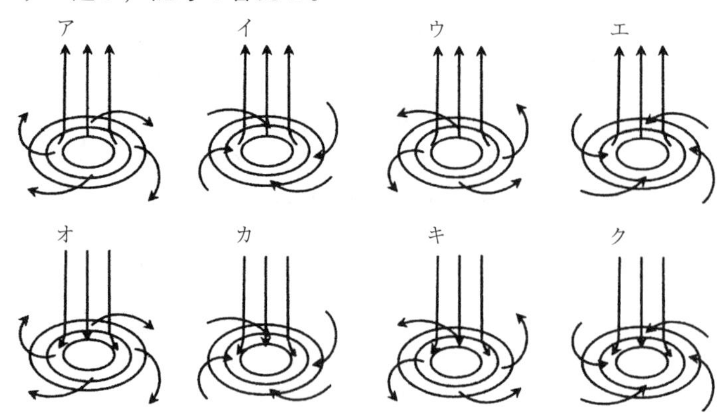

台風と温帯低気圧は，どちらも中心に向かって風が吹いている点は同じである。このことを前提に以下の問いに答えよ。

問5　北半球のある海域で船に乗っていたGさんは，途中で台風に遭遇し，風で船が転覆しないよう船首から船尾に向かって風が吹くように船の向きを変えた。いま，図2のように船首を時計の文字盤の12時，船尾を6時としたとき，台風の中心は何時の方角にあるか。次のア～エから1つ選び，記号で答えよ。

ア．12～3時　　イ．3～6時

ウ．6～9時　　エ．9～12時

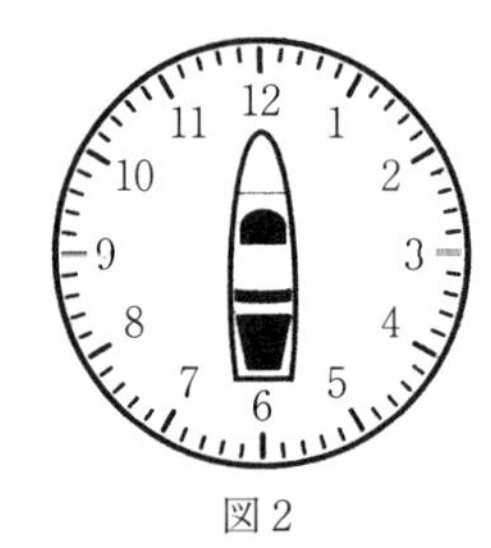

図2

その後，Gさんは小さな無人島にたどり着いた。Gさんは，この島が地球上のどこにあるのか確かめようと思った。この日は秋分の日であった。そこで，太陽を観測することにした。太陽が最も高くなったときの高度は54.3度であり，日本時間に合わせていた時計は午前10時を示していた。やがて夜が来て空を眺めていたところ，北極星が地平線から（ あ ）度の位置にあるのが見えた。

問6　この場所の緯度と経度を答えよ。

問7　(あ)にあてはまる適切な数字を答えよ。

Gさんは堆積学に覚えがあり，島にある河川Hの河口付近において，台風が来ていた期間の川底の堆積物を調べたところ，図3のように堆積物の粒子の大きさが変化していることが確認できた。

問8　図3の地層が形成された期間の河川Hの流量の変化を表したグラフとして最もふさわしいものを次のア～エから1つ選び，記号で答えよ。

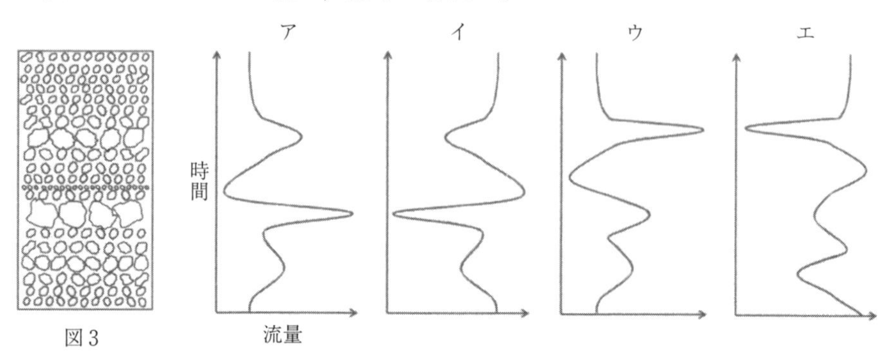

図3

に、箱の主aあからさまに立ち去るやうにて箱を棄て失せぬ。尋ぬといへども行き方を知らず。「bはやく逃げぬるなりけり。」と知りて、その後箱を開きて見れば、中に盗まれにし絵仏の像まします。尼これを見て涙を流して喜びかなしむで、市人らに向かひていはく、「我さきにこの仏の像を失ひて、日夜に求め恋ひ奉るに、今思はざるに会ひ奉れり。うれしきかなや。」と。市人らこれを聞きて、尼をほめたふとび、箱の主の逃げぬることを、「ことわりなり。」と思ひて、にくみそしりけり。尼これをよろこびて、いよいよはうじやうをおこなひて帰りぬ。仏をばもとの寺に③率て奉りて安置し奉りてけり。

（『今昔物語集』より）

※ 知識を引きて…寄付を募って
※ はうじやう…捕らえた生き物を逃がしてやること。

1 二重傍線部「はうじやう」を現代仮名遣いに直しなさい。

2 傍線部a「あからさまに」・b「はやく」の本文中の意味として適当なものを下のア～オからそれぞれ一つずつ選び、記号で答えなさい。

a ア あらわに　イ ちょっと　ウ 公式に
　エ だんだん　オ 明瞭に

b ア もともと　イ 急に　ウ とっくに
　エ かならず　オ おそらく

3 傍線部①「これ」が指すものを本文中の語句（3字～5字）で答えなさい。

4 傍線部②「その虚実を見るべし」の説明として最も適当なものを次のア～オから選び、記号で答えなさい。

ア 箱の中に何か入っているのか、それとも空っぽなのか調べてみようということ。
イ 箱の中に実際には何も入っていないことを開けてみて確かめてみようということ。
ウ 箱の中に生き物が入っているのか、いないのか開けて見てみようということ。
エ 箱の中に本当に仏様の絵が入っているか、開けて調べてみようということ。
オ 箱の中身についてどちらがうそを言っているのか、はっきりさせようということ。

5 傍線部③「率て奉りて」の主語を次のア～オから一つ選び、記号で答えなさい。

ア 箱の主　イ 尼　ウ 市の人々
エ 作者　オ 山寺の僧

6 次のア～オのうち、本文の内容と合致するものを一つ選び、記号で答えなさい。

ア 文中の尼は信仰心が強かったので、絵の仏が盗まれるまでのあいだ、欠かさずお参りをしていた。
イ 文中の尼は盗まれた絵の仏が摂津国、難波あたりにあるらしいと聞いて、探すために出向いていった。
ウ 文中の尼は市場で見つけた箱の中に盗まれた絵の仏があると知って、箱の主を捕まえようと待っていた。
エ 文中の尼は箱の中からさまざまな生き物の声がしたので、それを買って逃がすために箱の主を待っていた。
オ 文中の尼は、絵の仏が動物の鳴き真似をして居場所を教えてくれたのだと悟って一層信仰心が高まった。

7 『今昔物語集』と同じジャンル（文学形態）の作品を次のア～オの中から一つ選び、記号で答えなさい。

ア 平家物語　イ 徒然草　ウ 竹取物語
エ 宇治拾遺物語　オ おくのほそ道

エ　家族と共に生活していた時は自分の苦しさばかりに気が向いていたが、一度家を離れたことで心に多少なりと余裕が生まれ、家族や自分を客観視できるようになったから。

3　傍線部②「でも、いいんだよ」とあるが、これはどういうことか。その説明として最も適当なものを次のア～エから選び、記号で答えなさい。

ア　今の彼らが自分にとってすべてなのだから、過去にどんなことが彼らにあって、どんなふうに彼らをつくりあげてきたかは知らなくてもいいのだ、ということ。

イ　友人とは自分が一緒に居て心地よい人間なのだから、母親が友人としてふさわしいと考える性質に、彼らが当てはまるかどうかなどどうでもいいのだ、ということ。

ウ　普通知っているような相手の情報を知らず母親の質問に答えられなくても、彼らがどういう人間なのか自分はちゃんと知っているからそれでいいのだ、ということ。

エ　一緒にコンビニで働いてきた仲間なのに知らないことがたくさんあったものの、何も問題なく一緒に働き続けることができたのだからこれでいいのだ、ということ。

4　傍線部③「俺はしばらく口がきけなかった」とあるが、この時の一志の心情を100字以内で答えなさい。

5　空欄Xに入る語句として最も適当なものを次のア～エから選び、記号で答えなさい。

ア　孤独だって気持ちが湧き上がってきた

イ　鹿沢のさびしい気持ちも分かった

ウ　知っても仕方ないって感じた

エ　もう知らなくてもいいとも思った

6　登場人物の心情・人物像に関する説明として適当ではないものを次のア～エから一つ選び、記号で答えなさい。

ア　一志は、基本的に一人でいることを好んでおり、誰かと一緒に何かをすることが得意なタイプではない。

イ　一志の家族は、この一年黙って一志を見守ってきたものの、彼自身の未来を思うと、そろそろここで立ち直って欲しいと考えている。

ウ　一志は、家族が自分のことを真剣に考えてくれているとは分かっているが、やはり父母や兄のテンポと自分のそれは合わないと感じている。

エ　アニさんは、寡黙であり少し誤解されるような口調で話すが、相手の気持ちをくむことのできる人間である。

四

次の文章を読んで、後の問いに答えなさい。

> ある尼（あま）が仏を絵に描いてもらい、それを山寺に安置し、つねにその山寺に詣でて礼拝していた。

しかる間、尼いささかに身に営むことあるによりて、しばらく寺に詣でざるほどに、その絵像盗人（ぬすびと）のために盗まれぬ。尼これを悲しび嘆きて、たふるに随ひて東西を求むといへども、尋ねうることなし。しかるに、このことを嘆き悲しむで、また、※知識を引きて※はうじやうを行（ぎやう）ぜむと思ひて、摂津（せつつ）の国の難波（なには）のほとりに行きぬ。川のほとりに徘徊（はいくわい）する間、市より帰る人多かり。見れば、担（にな）へる箱を植木の上に置けり。主は見えず。尼聞けば、この箱の中にくさぐさの生類の声あり。「これ、畜生の類を入れたるなりけり。」と思ひて、「必ず①これを買ひてはなたむ。」と思ひて、暫（しばら）く留（とど）まりて、箱の主の来たるを待つ。やや久しくありて、箱の主来たれり。尼これに会ひていはく、「この箱の中にくさぐさの生類の声あり。我はうじやうのために来たれり。これを買はむと思ふ故（ゆゑ）に汝（なんじ）を待つなり。」と。箱の主答へていはく、「これ、さらに生類を入れたるにあらず。」と。尼なほ固くこれを乞（こ）ふに、箱の主、「生類にあらず。」と争ふ。

その時に、市人（いちびと）ら来たり集まりて、このことを聞きていはく、「すみやかにその箱を開きて、②その虚実を見るべし。」と。しかるただ、世の中の、一人はいけないという空気に負ける。ダメなヤツだと、ミジメだと思わされる。どうでもいいといくら意地を張っても、どっかで頭を垂れてしまう。

孤独でもいいのにね。

でも、本当に孤独を愛する人間なら、夜の闇から響いてくる明るい声に、こんなに心を揺さぶられるものかな。人の声、明るい声、笑い、笑いを作る人々のざわめき。深夜ラジオ。

鹿沢に、彼の人生のことをあれこれ聞いてみたくなったよ。同時に、［ X ］。ここを離れて、ラインしたり、ライブを聴きに行ったり交流することはあっても、深夜の八時間、十時間を、夜の中に浮かぶ奇妙に明るいコンビニで一緒に働くこととは違う。

俺は感傷的になってるのかな。普通に忙しい、昼夜逆転で、きつい仕事だよ。しゃべったりもするけど、ほとんど黙ってそれぞれ働いてる時間ばっか。特別な時間とか、そんなこと言ったら※センチすぎる。

ただ、俺、二人で長い時間一緒にいて、イヤじゃない相手って、めったにいない。共通点とかなんもないようなヤツなのに。

（佐藤多佳子『明るい夜に出かけて』より）

※ 復活デフォルト…ここでは「復活して当然」の意味。

※ スウィーティー・ポップな曲…音楽のジャンルの一種。

※ やべえネタ…佐古田も一志同様、ラジオで話す人の話のネタになるメールを送っているが、その内容が過激なものであることを示す。

※ アニさん…バイト先の副店長。

※ 荒井さん…バイト先の同僚の一人。

※ センチ…センチメンタル。感傷的。

1 空欄A・Bに入る言葉として最も適当なものを下のア～オからそれぞれ選び、記号で答えなさい。

A　ア　悲観的　イ　客観的　ウ　内向的　エ　根本的　オ　一時的

B　ア　空虚な　イ　神妙な　ウ　漠然と　エ　つつがない　オ　ひなびた

2 傍線部①「ヒトゴト感」とあるが、これについて後の問いに答えなさい。

(i) 「ヒトゴト感」の説明として最も適当なものを次のア～エから選び、記号で答えなさい。

ア　自分の進路ではあるものの自分ではどうしたら良いか分からず、結局親や兄のいうような進路に進んでいくだろうことを思うと、自分のことのように思えないということ。

イ　自分としてはちゃんと大学に復帰できるか分からないのに、復帰するのが当たり前として家族の話が進むため、自分についての話をしているように感じないということ。

ウ　自分の考えていることを聞こうとしないくせに自分のことを分かっているように話す家族の会話のテンポについていけず、自分は何なのか分からなくなってきたということ。

エ　自分のことを自分で決めさせてくれないことにはがゆさやしんどさを感じ、家族が当たり前とすることについていけず、もうどうにでもなれと感じているということ。

(ii) なぜこのように感じたと考えられるか。その説明として最も適当なものを次のア～エから選び、記号で答えなさい。

ア　コンビニバイトで精神的・身体的に大変な思いをしてきたことで、かつて苦しめられてきた家族からのプレッシャーにも動じない心を手に入れることができたから。

イ　少し実家を離れて一人で生活してみた結果、家族の顔すらおぼつかないほどに家族を忘れることができ、何を言われても第三者から言われているようにしか感じなくなったから。

ウ　一度道を外れたことで、兄貴のように「大多数が知ってる企業」への道が閉ざされたからこそ、後はもうどうなっても親の思い通りにはならないと高をくれるようになったから。

俺は事務的に報告した。家族がみんな沈黙を守っていただけなのに、口に出すと、こんなに立派な話になっちゃう。
「店長にはちゃんと伝えます。ご迷惑かけることになって、すみません」
辞めるってことは、どんな理由でも喜ばれないだろうと思う。
一年って時間は、コンビニ的に、どうなんだ？　長いのか短いのか？　バイトの入れ替わりは激しい。鹿沢クラスになると致命的な戦力ダウンだけど、俺くらいだと流動する雑多なコマの一つに過ぎない。もちろん、トロいミスる使えない時間を我慢して育ててもらい、やっとちょっとマシになると辞めるわけで、店的には……。
俺がごちゃごちゃ考えていると、
「問題は解決したのか？」
アニさんは俺のほうを見ずにいきなり尋ねた。
「え？」
そんなこと聞かれると思ってなくて、驚いて聞き返す。
「何かわけがあったんだろう」
アニさんは、怒った口調になる。この口調だからって怒ってるとは限らないことは、学んだ。
わけ？　理由？　休学の理由。
「はい」
俺は緊張して答えた。これだけで済ますわけにもいかなくて、
「わけはあったんですが、解決したかどうかは、よくわからなくて」
口ごもりながらつぶやく。
「大丈夫なのか？」
家族に聞かれなかったことをアニさんに質問されて、なんだか頭が白くなっちまった。
「わ……かんないんですけど」
声がかすれる。
わかんない、大丈夫かどうかなんて。でも、その質問が欲しかった。強烈に欲しかった。実際に聞かれてみて初めて気づいた。
「副店長、ありがとうございます」
その質問をしてくれて、を省くと、なに言ってるんだかわかんねえだろうな。
アニさんはしばらく黙っていた。もう、この会話は終了と思ったくらいのタイミングで、
「やり直しがきかないこともあるが、君の年だと色々なチャレンジができる。何度でもできる」
相変わらず、こっちを見ないが、強い声ではっきりと言った。
「金が必要になったら、また、ここで働けばいい」
③俺はしばらく口がきけなかった。
「ありがとうございます」
やっと、それだけ言って頭を下げた。
アニさんに言ってもらったことに意味があった。この人は、いらないヤツに来いとは言わない。アニさんのコンビニ人生の中の小さなワンピースにすぎない俺でも、信頼してくれた。気にかけてくれた。
両親や兄の心配や思いを軽く考えるわけじゃない。口にしたくてもできないこと、口にしないほうがいいと判断すること、むしろ身内だから色々あるんだ。もともと、俺は親に甘えて、ここでの一年を与えてもらってる。
でも、アニさんが俺を心配してくれた気持ちは、ありがたかった。心から。本当に。
三月末にバイトを辞めて実家に帰ることを鹿沢にも話すと、「そう」とうなずいたあと、「さびしくなるね」と言われた。
さびしいという気持ちを俺はこれまで感じたことがあるのかなと、ふと思った。さびしくなるねと言われて心に浮かんできた思い、未知のもののようにも、既知のもののようにも感じる。
俺は、一人でもけっこう平気だ。

と俺は言った。
「そうかあ。よかったなあ」
兄貴、真剣にうなずくのをやめろ。
俺、そんなに笑ってなかったか？　笑う要素なくね？　実家に。それ普通じゃね？
バイトはどうだという話になり、俺がコンビニのことをほそぼそしゃべり、鹿沢のことに触れるとオフクロに色々質問される。ほとんど答えられなくて、自分でビックリした。
鹿沢は、年末年始もシフト入れてたな。実家に帰らないのかな。そもそも、出身どこだよ。ほんとに何にも知らねえな。家族構成も、出身も、最終学歴も。鹿沢、訛りはないよな。
佐古田の家族構成も知らない。永川は同級生でうちに来てたりしたから、さすがにわかるけど、あとの二人のことを何も知らないし、知らないことに気づいてすらいなかった。
ちょっとビックリ。
②でも、いいんだよ。
鹿沢がどんなふうに※スウィーティー・ポップな曲を歌うのか知ってるし。どんなふうにレイヤーの彼女にはっ倒されるか知ってるし。スネ出したカラフルな私服知ってるし。
佐古田がどんな※やべえネタ書くか知ってるし。小動物みたいな目がピカピカするの知ってるし。女子高でギリいじめられてないの知ってるし。
いいんだよ。
永川は、思ってたより、四倍くらいいいヤツだし。
【中略　一志は、結局進路の話をまったくしないまま、自分のアパートに戻る。】
二日の金曜日にバイトに行くと、鹿沢じゃなくて※アニさんがいた。俺の親父とは違うタイプの、この無口な男は、実家はどうだった、正月はどうだったでもなく、相変わらずもくもくと働き、働かされる。アニさんが自分チの大掃除も徹底してやるのか聞いてみたかった。でも、話しかける隙なんかなくて、離婚して一人暮らしの男に家事のことを聞くのもどうかと思った。ていうか、俺、どんな相手でも、自分から世間話をしかけるのって、たぶん無理。
「あの……俺、三月末に、東京、帰ることに」
自分のことを口にした。別に、今、ここで、副店長に言う必要はなかった。店長に正式に辞める意志と時期を伝えればいい。でも、なんか、ふっと口をついて出てきたんだ。
富山家では、既定路線が当たり前のように遂行され、俺が拒否らなければ、そのままって感じ。話題に出して、ゴネられるのがイヤで、両親も兄貴も黙ってるんだろう。黙ってれば、自動的に、俺がハズれた道から戻ってきて、めでたしめでたし、丸くおさまるって。
その目に見えない圧のある家庭の空気を、実家の空気を、NO！とぶち破るほどの意志も理論も方向性も、俺は持ってなかった。ある意味、その程度には回復していた。絶対ダメなら、ダメって言う。どっかで、しょうがねえかって思ってる。もともとそういう流れで、流されるしかないかって。でも、OKって気分には程遠くて、
B 不安はあるけど、その不安を口にする根拠がない。
なんか怖い。
なんかイヤ。
ほんとは、ここでバイトしてたい。※荒井さんみたいなモンスターにイビられてつらくても、身体がしんどくても眠くても、それでも、ここがいい。
でも、言えないよ、ここがいいとか。
「そうなのか」
アニさんは、もっさり答えた。
バイトは一年縛りという話を面接の時、店長にしてない。鹿沢にも言ってない。
「大学を休学中でしたけど、復学することになりました」

わり方が望ましくない方向に進んでいることを指摘しているよ

イ　【文章Ⅰ】では海外と日本の教育を比較して、日本の教育の問題点を指摘しているのに対し、【文章Ⅱ】では現在の大学における保護者の関わりを取り上げて、現在の保護者の関わり方は学生の成長にとって問題があることを主張しているよ

ウ　【文章Ⅰ】では筆者の海外での経験を踏まえて、日本における親子の関わり方のあるべき姿を提案しているのに対し、【文章Ⅱ】では筆者の国内での経験に基づいて、現在は大学と保護者が協力して学生の支援にあたるべきだと述べているよ

エ　【文章Ⅰ】では海外と日本の親子関係の違いに焦点を当てて、それぞれの強みを考察しているのに対し、【文章Ⅱ】では現在の大学で発生していることを確認しながら、筆者が感じる親子関係の問題点をわかりやすく説明しているよ

(2)　空欄Yに入る発言として最も適当なものを次のア～エから選び、記号で答えなさい。

ア　【文章Ⅰ】の内容に基づくと、【文章Ⅱ】で述べられた過度な学生への支援が生じる背景には、保護者と子どもとの間にくつがえすことのできない力関係が存在する可能性がある

イ　【文章Ⅰ】の内容に基づくと、【文章Ⅱ】で述べられた大学の小学校化が生じる背景には、保護者から子どもへの過度な働きかけによって子どもの主体性が育たないことがある

ウ　【文章Ⅰ】の内容に基づくと、【文章Ⅱ】で述べられた過度な保護者の関わりが生じる背景には、保護者が自身の子どもを独立した他者として尊重することに馴（な）れていないことがある

エ　【文章Ⅰ】の内容に基づくと、【文章Ⅱ】で述べられた大学への過度な保護者の要求が生じる背景には、子どもを自らの所有物だと考えてしまう誤ったオーナーシップのとらえ方がある

三　次の文章を読んで、後の問いに答えなさい。

「俺」（富山一志（かずし））は、友人関係のもつれがもとで心を閉ざし、大学を一年間限定という約束で休学して、自分でコンビニバイトを決め、一人暮らしを始めた。バイトリーダーの鹿沢、一志と同じ深夜ラジオ好きの佐古田、旧友の永川と交流するうちに、心情に変化が生まれてきていた。次の場面は、一志が久しぶりに実家に一時帰省した場面である。

親、こんな顔してんだなって思った。兄貴もね。普通、顔なんか見ねえし。久しぶりに帰ると、うっかり見る。よく知ってるのに、ぜんぜん知らない気がする、真逆のダブル感覚で、めっちゃ混乱する。緊張する。

兄貴がよくしゃべるヤツで助かった。この感じも忘れてたな。親父（おやじ）が無口で、俺はしゃべんないし、オフクロのトークを兄貴がサポートして場がもってるんだよ。誰もが知ってる大学を卒業して、大多数が知ってる企業に勤めてる二十五歳って偉大だな。親父もそうだし、ここんチじゃ、それが基本線。俺が今ハズれてても、単に［　A　］なエラーと見なされてる。※復活デフォルトなわけよ。そういう前提で、すべての会話が進む。この①ヒトゴト感すげえよ。前はしんどいって思ったけど、今は、なんかぽかーんとする。え？って感じ。

親父は、俺の考えてること聞こうとしないくせに、顔色だけは見るんだよな。「一志も少し落ちついたんじゃないか」なんて言う。俺、自分のファーストネーム忘れかけてたよ。カズシだっけね。カズシ、フー？　って、うすらおかしくなってたら、オフクロが「笑うようになったわね」って。兄貴が真剣にうなずく。

ちょっと待て。これ、いいとこ探し？　俺の回復の無理やり証明？　ていうか、ガチで心配されてるなあ。そうだったな。それもイヤだったんだよな。

「笑うよ、普通に」

エ　アドボカシーとは日常的な会話の中で自然なやりとりとして行われることである。
オ　アドボカシーとは意見の異なる他者だけでなく自らに対しても行われることである。
カ　アドボカシーとは対立姿勢を鮮明にせずに相手の意見を受け入れることである。

2　空欄Aに当てはまる内容として最も適当なものを次のア～エから選び、記号で答えなさい。
ア　私が上司としてのあり方を考えるきっかけとなることがほとんどです。
イ　私は彼らが深く考えずに意見することは認められないと感じています。
ウ　私は彼らが臆せず上司に意見できるほど成長したことに喜びを感じます。
エ　私は彼らが率直に言ってくれて良かったと感じることがほとんどです。

3　傍線部②「スポーツチームなどでも監督の決断にプレイヤーが唯々従うスタイル」とあるが、筆者はこのスタイルを望ましくないととらえている。筆者がこのようなスタイルを望ましくないと考える理由が最もよく表れている一文を本文中から抜き出し、その最初の5字を答えなさい。

4　傍線部③「私にとっては、日常の中で何かを要求することや、他者へ意見することへのハードルがやはりまだ高く感じられることもあるのです」とあるが、筆者がこのように感じるのはなぜだと考えられるか。その理由として最も適当なものを次のア～エから選び、記号で答えなさい。
ア　医師としての自分の経験に自信がないことから、自分の意見が治療を誤った方向に進めてしまうかもしれないという不安にさいなまれるから。
イ　自分の意見を主張することは望ましいことであり、かつそれが他者から尊重されるという経験を、子どものころからは積めていなかったから。
ウ　他者に対して主体的に意見することが、自分だけでなく他者にとっても望ましいことであるか否かについて自信を持っては判断できないから。
エ　他者の意見に対して、主体的に意見を述べることは特別なことであると感じており、日常の中でそれを行うことは難しく感じられているから。

5　傍線部④「『親に言われたから』という他人任せの姿勢でいては得ることができない自己肯定感をもってほしい」とあるが、筆者は、子どもたちが「自己肯定感」をもつことによって、どのようなことが可能になると考えているか。本文全体を踏まえて、「ことが可能になると考えている」に続くように80字以内で説明しなさい。

6　次に示すのは【文章Ⅰ】と【文章Ⅱ】を読んだ生徒が話し合っている場面である。これを読んで後の問いに答えなさい。

生徒A…【文章Ⅰ】と【文章Ⅱ】を比べると、親子の関わりについて述べている部分があるということが共通しているね。
生徒B…そうだね。でもその述べ方には違いがあるようだよ。
生徒C…本当だ。［　X　］。
生徒A…なるほどね。ところで、二つの文章には違いがある一方で、両者を関連させるとわかることもありそうだよ。
生徒B…［　Y　］と考えられるということだね。
生徒C…そうか。関連するテーマの文章を比較するというのは面白いことだね。

(1)　空欄Xに入る発言として最も適当なものを次のア～エから選び、記号で答えなさい。
ア　【文章Ⅰ】では海外の事例を取り上げながら、より望ましい親子の関わり方を模索しているのに対し、【文章Ⅱ】では現在大学で起きていることを取り上げて、保護者の子どもへの関ることへのハードルがやはりまだ高く感じられることもあるのです。
自分のコントロール下にない他人の判断が自分の状態、成績や評価などに影響した場合、その人への怒り、また「あのとき自分はこう思っていたのに」と消化しにくい思いが湧くこともありますし、自分には自分の世界をコントロールする力はないと無力感を抱いてしまうこともあります。
逆に最終的に上手く行かなかった場合に、その責任を問う相手が自分しかいない状況は辛いこともありますが、自分で考えて、自分のコントロール下でできることをやり尽くした結果の成功はもちろん、失敗もまた「自分のものなんだ」と思えて納得しやすいものです。
だから私自身もどんなにハードルが高く感じられても、自分のことは少しずつでも自分の判断でオーナーシップを持ってアドボカシーをしていかなければ、と頑張ってみようと思っています。そして私の息子たちには、どんな状況であっても自分のことは自分で判断し、それを主張し、自分のためにアドボカシーをしてもいいと感じてもらいたい。そのために、日常の小さな決断や問題解決に、子どもたちも参加させるよう意識して、子どもたちの考えを聞き、アイディアを募り、共に決断していくことで、④「親に言われたから」という他人任せの姿勢でいては得ることができない自己肯定感をもってほしいと願っています。

（内田　舞『ソーシャルジャスティス　小児精神科医、社会を診る』より）

【文章Ⅱ】
大学で保護者に対する個別面談が行われていることを知ったときは、さすがに度肝を抜かれた。現に全国の多くの大学で開催されている。耳を疑うような話であるが、「大学の保護者面談」などというキーワードでインターネット検索をしてみれば、その多さに驚くだろう。
※わが大学でも例に漏れず開かれているが、大学当局からお叱りを覚悟で個人的な考えを言えば、私は、このような大学の小学校化には反対である。ある大学のホームページには、保護者と大学が連携しながら学生をサポートすることを謳って いるし、ある大学では成績通知書持参を求めていて、こうなるとなんともハヤと言うしかない。
つまり如何に大学が、学生の面倒をしっかり見ているかが、セールスポイントとなっているようなのである。落ちこぼれのないように、単位が取れていないと保護者にも通知し、低単位指導というものを行って留年防止に努める。そのような大学の手厚い保護、面倒見の良さをアピールすることが学生獲得につながるようなのである。大学と保護者が一体となって、お子様の学業を支えましょうと謳っているホームページもあり、やれやれである。
これだけしっかりとわが子を監視してくれ、その面倒を見てくれる大学になら、安心して子を預けられるという親の心理を慮っての制度設計なのであろう。

（永田和宏『知の体力』より）

※親子の間における「同意」・真の意味での「同意」…【文章Ⅰ】の前に、筆者は、「さまざまな関係において、安心と信頼をベースに自分の意思を伝え、互いの意思を尊重すること」を「同意」だと述べている。
※インターン…インターンシップの略。学生が企業の中に一定期間在籍し、自分の将来に関連のある就業体験を行える制度のこと。
※サジェスチョン…ここでは「提案・提言」のこと。
※わが大学…【文章Ⅱ】の筆者は現在、ある大学で教授を務めている。

1　傍線部①「アドボカシー」とは何かを説明したものとして適当なものを次のア～カから二つ選び、記号で答えなさい。
ア　アドボカシーとは自分と考えの異なる他者に対して不満を伝えることである。
イ　アドボカシーとは自らや組織をより良く変えるために意見を発信することである。
ウ　アドボカシーとは自らの要望を他者に伝えるために公的に働きかけることである。

また、自分のために臆さずアドボカシーをすることです。
私の研究に関して、「ここはこういうアプローチのほうがいいのではないか」と※サジェスチョンがくることもあれば、任せている論文添削などの仕事量に関して「今やらなければならないことが多すぎると感じる」などと相談に来ることもあります。その際には、一緒にタスクへ優先順位をつけたり、他の人を頼って配分できるタスクはないか、効率化できる部分はないかなどを話し合います。
もちろん上司として要望を聞き入れられない場合もあり、私から彼らの仕事のやり方を変えるようお願いすることもありますし、彼らの研究へのサジェスチョンに反対する場面もあります。しかし、それでも研究に関する意見にしても、仕事に関する相談にしても、［A］。
こういった意見を、抗議や文句の形ではなく、普通の会話の中で当たり前の相談事として持ちかけられる能力というのは、子どものころから自分の意見を主張し、それがリスペクトされる経験を積んだ結果、身につくのだろうなと感じています。
こうして「アドボカシー」が自然に身についている若い人たちに接していると、それは「オーナーシップ」とも深く関係していることを実感します。「オーナーシップ（ownership）」とは直訳すると「所有」という意味で、自分に関わる選択、行動、そして結果を「自分のもの」として「所有」することを意味します。
親子間、あるいは上司と部下の関係などで、上の立場と捉えられる側から下に付く人たちに決断のオーナーシップを持たせてあげることも、弱い立場にいる人が周りに意思を伝えることも勇気がいることです。しかし、②スポーツチームなどでも監督の決断にプレイヤーが唯々(ただただ)従うスタイルよりも、プレイヤーが意見を出して戦略や判断に関わる方が、勝っても負けても皆がその結果を「自分のもの」として受け止め、それぞれの個人が、また長期的にチームが前進するきっかけになることも多いのです。
もちろんそれをまとめるだけの監督やキャプテンのリーダーシップと、「自分の意見は受け入れられることもあれば受け入れられないこともある」と選手たちが納得できるようなサポートが必要ですが、そのようなオーナーシップが機能したときのチームの爆発力は目を見張るものですし、なによりも個々人の精神状態や選手間の関係にも良い影響を与えるものです。
近年この素晴らしい例だと感じたのが、２０２２年のサッカーワールドカップで日本中を熱狂させた日本代表チームでした。自分たちの運命は自分たちでコントロールするという意思の共有、年齢やポジションに関係なくチームとしての戦い方に意見を出し合い、その意見が採用されうる環境があったこと。それを可能にした監督と選手間の信頼も素晴らしいと感じましたし、そのプロセスを促しサポートするベテラン選手の存在も大きかったと思います。
私の仕事の臨床現場でも、アメリカの患者さんのオーナーシップとアドボカシーに感心させられることが多くあります。
たとえ子どもであっても、多くの場合、自分の症状がこうであるとか、日常生活でどんな不都合が生じているかについて自分の言葉で説明しようとします。中高生であれば、「〇〇の効果は感じるが、××の症状には効いていないから△△のような治療を試してみたい」といったように、治療方針に関しても主体性をもって診察に関わる子どもも多いのです。そのような患者さんに関わると、それまでの治療経過も含めて患者さんがどう感じ、何を求めているのかが明確なため、提案できる治療法もより精度を上げることが可能になり、医師の私自身もありがたいと感じています。
一方で私自身が患者になった場合には、どこか患者側から医療者に対して意見してはならないような気がしてしまって、自分の身体の治療に関して未(いま)だにうまくアドボケートできないところがあります。医師側に立ったときには患者さんの主体的な意見がとてもありがたいと感じるのだから、と不調を感じる機会も多かった妊娠中などは自分で自分の背中を押して意見するようにしていましたが、
③私にとっては、日常の中で何かを要求することや、他者へ意見す

二〇二四年度 昭和学院秀英高等学校

【国語】〈五〇分〉〈満点：一〇〇点〉

＊字数制限のある場合は、句読点・記号なども字数に含めます。
＊設問の関係上、原文を一部省略しています。

一 次の1～5の傍線部のカタカナは漢字に直し、漢字は読みをひらがなで答えなさい。

1 リタの心を持つことが世界をよい方向に進める。
2 ジャッカン二十歳での偉業に世界がおどろく。
3 新しい対策をチクジ行ってゆく。
4 地域の昔話が現代にクデンで残っている。
5 メイン・コンピュータがシステム全体を統御する。

二 次の【文章Ⅰ】・【文章Ⅱ】を読んで後の問いに答えなさい。

【文章Ⅰ】

①アドボカシーは社会としての変化をめざして働きかける大きなものもあれば、日常生活の中で感じるモヤモヤを解消しようと、望む変化に向けて誰かに対して働きかける個人的で小さなものもあります。

例えば、私の子どもたちが通う学校で、学校側から保護者への連絡手段はメールにしてほしいとお願いしたり、生徒のひとりが遊具でケガをしてしまったとき、安全に作り直してほしいと保護者たちが学校に要請したり、あるいは学校の運営に問題を感じた保護者たちが理事会に働きかけ、その結果理事長が解任されたりしたこともありましたが、これは親として学校に働きかけるアドボカシーでした。

でも、アドボカシーは対立姿勢を鮮明にしたり怒ったり、ケンカしたりすることとは違います。学校の運営の件について言えば、校長先生や運営に関わる先生たちと相互にコミュニケーションできる雰囲気の中で、あくまで「こうしてほしい」という日常会話として伝えることができていました。

要望が聞き入れられる場合もあれば、聞き入れられない場合はなぜできないのかの説明がある。これも※親子の間における「同意」と同じで、学校と保護者との間に日々のコミュニケーションがあることが基盤になっています。その基盤があるからこそ、いざというときに臆さず意見を伝えられ、また意見を受ける側は聞き入れるか否かにかかわらず、その意見を受け止めるという姿勢が成立するのだと思います。

前に語ったように※真の意味での「同意」とは、「自分の身体や意思は自分のもの」という自分を尊重する力を与えてくれるものであると同時に、「相手の身体や意思は相手のもの」と相手をリスペクトすることです。そのような自分と相手へのリスペクトを持ちながらのコミュニケーションこそがアドボカシーの本質なのだと思います。

私はマサチューセッツ総合病院の小児うつ病センター長として、企業における※インターンのようなポジションである、研究のアシスタントを雇うことがありますが、彼ら彼女らと接するなかでも、早期からのアドボカシー教育の力を感じることがあります。

リサーチアシスタントは大抵大学を卒業したばかりの若者で、近い将来、大学院の心理学の博士課程や、医師になるためのメディカルスクールなどへの進学を志している人たちです。精神医学に関わる研究の仕事をした経験、履歴が大学院やメディカルスクールの選考過程で加味されるために、こうした職に就くことが多く、私の研究はこのようなリサーチアシスタントに支えられており、我がセンターには必要不可欠なポジションです。

歴代のリサーチアシスタントと接するなかで、何度も「凄(すご)いなぁ」と感心させられることがあったのですが、それは大学を卒業したばかりの若さで、ボスである私にためらわずに意見を言うところ、

英語解答

1 (1) 1 (2) 4 (3) 3 (4) 3
(5) 1

2 1…4 2…70,000 3 rain
4…300 5…100

3 (1) 3 (2) 2 (3) 4 (4) 4
(5) 2 (6) 1

4 (1)…6 (2)…1 (3)…2 (4)…7

5 (1) (例) I caught a cold because I forgot to close the window last night.
(2) (例) I have been waiting for Tom for an hour but he has not come yet.

6 (1) 4 (2) 2 (3) 3 (4) 1
(5) 4

7 (1) 4 (2) 2 (3) 3 (4) 1
(5) 4

8 (1) (例)視聴者がブログを読んだりSNSを見たりして番組内の広告を見なくなる傾向を広告主が嫌がり，広告料を払わなくなるので，問題になりうる。(65字)
(2) (例)人々はオンラインの娯楽を無料で手に入れることにあまりにも慣れてしまったので，そこに価値を見出さないのかもしれない。
(3) (例)テレビを家族や友人とともに見ることが，人間関係をより強く結びつけることにつながるから。

9 1 (例) digital textbooks always need electricity, so if they are short of it, the students suddenly will not be able to use them. (22語)
2 (例) the students cannot easily write down what they want to write or copy digital textbooks like paper textbooks. They are not handy.(22語)

1・2〔放送問題〕解説省略

3〔適語(句)選択・語形変化〕

(1)‘理由’を表す because は‘because＋主語＋動詞’の形か‘because of＋名詞’の形で使う。1にある honest「正直な」は形容詞なので be動詞の is が必要。honesty は「正直，誠実」の意味の名詞。　「エマの友人たちは皆，彼女の正直さが好きだ」

(2)形容詞の exciting は「(物事が人を)興奮させる」，excited は「(人が物事に)興奮している」の意味。　「私は先日サッカーの試合を見に行ってきた。それはとても興奮させるものだった」

(3)book「本」を修飾する適切な関係代名詞節を選ぶ。先行詞の The book が read の目的語に当たるので it は不要。目的格の関係代名詞は省略できる。　「僕が読みたい本は僕たちの学校の図書館にはない」

(4)a little「少量の」は，time「時間」のような‘数えられない名詞’につく。a few も同じ意味を表すが‘数えられる名詞’につく。　「今日は英語を勉強する時間が少しある」

(5)twin brothers は「双子の兄弟」。2つあるもの〔人〕のうち1つ〔1人〕を代名詞 one で表した場合，残りの1つは特定できるので the other となる。　「その双子の兄弟のうち1人は上手に泳げるが，もう1人はそうではない」

(6)‘pay＋お金＋for＋物事’「〈物事〉(を買うため)に〈お金〉を払う」の形。　「私はその自転車に200ドル払った」

4 〔整序結合〕

(1)・(2)「残念ながら～する」は regret to ～の形で表せる。‘～’に当たる「彼女はとても失望していると言う」は「あなたに」を補って‘tell＋人＋that ～’「〈人〉に～と言う」の形で表す。「失望している」は be disappointed。　I regret to tell you that she is greatly disappointed.

(3)・(4)「～を気にしない」は care about ～「～を気にかける」を否定形で用いる。「人が自分のことをどう思っているか」は‘疑問詞＋主語＋動詞...’の間接疑問で what people think of me とまとめる。　I don't care about what people think of me.

5 〔和文英訳―完全記述〕

(1)「～するのを忘れる」は forget to ～。forget ～ing「～したことを忘れる」と混同しないこと。「風邪をひく」は catch a cold で表せる。　catch－caught－caught

(2)「1時間待っている」は have/has been ～ing「(現在まで継続して)～している」の現在完了進行形で表せる。「まだ来ない」は「まだ来ていない」ということなので，現在完了形の‘have/has not＋過去分詞＋yet’「(現在まで)まだ～していない」で表せばよい。

6 〔読解総合(英問英答形式)〕

(1)＜**内容真偽**＞≪**全訳**≫私の父へのプレゼントを見つけるのは本当に難しい。彼はいつも私に何もいらないと言う。結局，たいていトレーナーや靴下のようなつまらないものを贈る。今年，私は少し変わったものにしようと思っている。私は彼に体験を買ってあげることにしている。本当に速いスポーツカーを1時間運転できるギフトカードだ。父がそれを気に入ってくれるといいと思う。安くはなかったけれど！

Q：「どの文が正しいか」―4．「筆者は彼女が父親へ贈ったものに満足していない」　第3文で，自分が贈ったものを something boring「つまらないもの」と言っている。

(2)＜**表題選択**＞≪**全訳**≫アリゾナ大学の微生物専門家であるチャールズ・ゲルバ博士が100以上のオフィス(法律事務所，コールセンター，会計士事務所など)を調査したところ，1平方インチ当たり3295個の微生物がいるキーボードを見つけた。便座の場合でも，その数は通常49個程度だ。なぜか。食べ物がキーボードの中に落ちて細菌を生み出すのだ。ゲルバ博士はキーボードを「細菌の食堂」と呼ぶ。次の昼食の時間には，自分自身にこう尋ねてみるといい。「私は本当にデスクで食事をしなければならないのだろうか」と。

Q：「この文章に最もふさわしいタイトルはどれか」―2．「便座より汚いキーボードがある」　キーボードと便座の microbe(s)「微生物」の数を比べる。

(3)＜**単語の意味**＞≪**全訳**≫スリランカのゾウは，通常生息している地域がだんだん狭くなっているため，食べる物がない。ゾウの数は19世紀の1万4000頭から，2011年には6000頭にまで減少した。違法に動物を殺す密猟者が原因の1つだ。2つ目の理由は，動物の場所が狭くなっていることだ。ゾウは農場や人家に近づいている。彼らは埋立地に行き，廃棄されたプラスチックを食べることさえある。それを食べすぎてしまう動物たちもいて，彼らは死んでしまう。

Q：「文章中の landfills という語に最も近い意味を持つものはどれか」―3．「人々が不要な物を捨てる場所」　waste plastic「廃棄プラスチック」がある場所である。

⑷＜内容真偽＞≪全訳≫毎年３月下旬になると，人々や団体が集まり，現地時間の午後８時30分から60分間，必要のない明かりを全て消す。彼らがこうするのは，気候危機と生物多様性の損失に対する闘いへの支持を示すためだ。政府や企業，団体と同じように，世界中の何百万人もの人々が参加する。明かりを消し，使われているエネルギーの削減量を測定することで，人々は変化をもたらすことが可能だと示している。

Q：「この文章に関して正しいものはどれか」―１．「政府だけでなく，何百万人もの人々がこの行動に参加している」　最後から２文目に一致する。２．「人々は夜に60分間，全ての明かりを消す」は，第１文に non-essential lights「必要のない明かり」とあるので正しくない。

⑸＜内容真偽＞≪全訳≫パンケーキデーは，実は復活祭の祝日の40日前に行われるざんげの火曜日の別名で，四旬節の始まりである。他の国では，この日はマルディグラ，あるいは脂肪の火曜日と呼ばれることもあるが，それは人々が四旬節で40日にわたる宗教上の断食を始める前に，あらゆるおいしいものを食べられるときだからだ。牛乳，卵，油やバターは，今では特別なものと思えないかもしれないが，何百年も前には，小麦粉と水を使ったありふれたレシピをより豊かなものに変える数少ない方法の１つだったのだ。

Q：「この文章に関して正しくないものはどれか」―４．「四旬節の間，世界中の人々がパンケーキを食べる」　このような記述はない。１．「脂肪の火曜日はざんげの火曜日としても知られている」，２．「マルディグラは復活祭の祝日の40日前に行われる」，３．「牛乳，卵，バターは，かつては特別なものと思われていた」はどれも本文の内容に一致する。

７ 〔長文読解総合―スピーチ〕

≪全訳≫❶私はナイジェリアのありふれた中流家庭の出身です。父は大学教授でした。母は管理職でした。だから住み込みのお手伝いさんたちがいて，彼らは多くの場合，近くの農村から来ていました。そして私が８歳になった年，私たちは新しいお手伝いの男の子を迎えました。彼の名前はフィデといいました。彼について母が私たちに話したのは，彼の家がとても貧しいということだけでした。母はヤムイモと米，そして私たちの古着を彼の家族に送りました。そして私が夕食を食べ終わらないと，母はこう言いました。「全部食べなさい！　あなたは知らないの？　フィデの家族のような人たちは何も持っていないのよ」　だから私はフィデの家族にとても同情していました。❷その後，ある土曜日，私たちは彼の村を訪ねました。そのとき彼の母親が，染めたヤシの葉でできている，彼の弟がつくった美しい模様のかごを見せてくれたのです。私はとても驚きました。彼の家族の中に実際に何かをつくれる人がいるとは思っていなかったからです。私が彼らについて聞いていたのは，彼らがいかに貧しいかということだけだったので，彼らをただ貧しいと見なすことしか私にはできませんでした。彼らの貧しさが，私にとって彼らの唯一の物語だったのです。❸何年かたって私がこのことを思い出したのは，ナイジェリアを離れてアメリカの大学に進学したときです。私は19歳でした。私のアメリカ人のルームメートは私にショックを受けていました。彼女は，私がどこでそんなに上手に英語を話せるようになったのかと尋ね，ナイジェリアでは英語が公用語の１つだと私が言うと困惑していました。彼女は私の「部族の音楽」と彼女が呼ぶものを聴いてもいいかと尋ね，私が自分のマライア・キャリーのテープを見せるととてもがっかりしました。❹彼女は私が料理用こんろの使い方を知らないに違いないと思っていました。❺これは私が驚いたことですが，彼女は私と会う前から私を気の毒に思っていたのです。アフリカ人である私に対する彼女の決まった立場は，ある種の悲しい，親切心からくる哀れみでした。私のルームメートはアフリカについて唯一の物語を持っていました。悲惨さという唯一の物語です。この唯一の物語の中では，彼女とアフリカ人の間には類似したものはなく，哀れみ以上の感情も，対等な人間としてのつながりもありませんでした。❻アメリカへ行く前，自分がアフリカ人だということを私は意識していなかったと言わなくてはなりません。しかしアメリカでは，アフリカの話が出ると，いつも人々は私に視線を向けました。私はナミビアのような場所については何も知りませんでした。でも私はこの新しいアイデンティティを理解するようになり，今では多くの点で自分をアフリカ人なのだと考えています。とはいえ，アフリカが国として言及されると，今でもかなり腹立たしく思いますが。最近の例はチャリティー活動に関する２日前の飛行機内のアナウンスで，「インド，アフリカ，その他の国々で」というものでした。❼アメリカでアフリカ人として何年か過ごした後，私はルームメートの反応を理解するようになりました。もし私がナイジェリアで育っていなかったら，そしてもし私がアフリカについて知っていることが一般的なイメージからくるものだけだったら，アフリカが美しい風景，美しい動物，理解しがたい人々，そして無意味な戦争を戦い，貧困とエイズで死に，自らのために声を上げることもできず，親切な白人の外国人に救われるのを待っている場所だと私も思っていたでしょう。私はアフリカ人を，子どもの頃にフィデの家族を見ていたのと同じように見ていたでしょう。

(1)<**文脈把握**>下線部に続く３文で，「私」が驚いた理由が述べられている。筆者はフィデの家族は何もできない貧しい人々だとしか考えていなかったから，かごを上手につくるという別の一面を見て驚いたのである。

(2)<**文脈把握**>ルームメートがショックを受けた直接の理由は，アフリカ出身の筆者が上手な英語を話せるような高い教育を受けていたこと。そしてその背景にはアフリカが悲惨な状況にあるという一般的なイメージがあったことが第５段落よりわかる。

(3)<**適語選択**>空所(3)の後で，「私」は「アフリカ人」という自分のアイデンティティを認識したのはアメリカに来た後であると述べている。

(4)<**適語句選択**>空所(4)を含む最終段落は，人々がアフリカを「美しい自然」や「悲惨な政治状況」といった先入観や固定観念に基づいた見方でしか見ていないことを指摘している。これは第２段落後半で述べられた，筆者がかつてフィデの家族を見ていたときの見方と共通する。

(5)<**表題選択**>物事を固定観念で見る(本文の言葉で言えば single story を持つ)のが適切でないことを，フィデの家族に対する自分の見方やアフリカに対する一般の人々の見方を例に挙げて説明したスピーチである。よって，タイトルとして適切なのは，４．「唯一の物語という危険性」。

8 〔長文読解総合―説明文〕

≪**全訳**≫❶もしドラマやスポーツイベントを見たければ，テレビで見るしかなかったのは，それほど遠い昔ではない。インターネットの技術が向上するにつれ，オンラインで見られる番組や映画がどんどん増えている。放送局は最も視聴率の高い時間帯の番組を直接インターネットで放映し，映画レンタル店は店のDVDをデジタルのコレクションに変えつつある。❷これは少なくとも視聴者にとってはおそらく良い変化なのだろう。今では人々は見たいものを正確に選び，いつ，どのように見るかを決められる。ハリスインタラクティブ社によって行われた調査によると，アメリカ人の半数以上がテレビを「見ている」間にネットサーフィンをしており，約40％が同時にブログを読んだり，SNS を見たりしているという。だが，この傾向はテレビ局にとっては問題かもしれない。広告主は視聴者からの反応を得られておらず，もしコマーシャルが見られていないのであれば彼らはお金を払おうとは思わない。❸人々の習慣を変えるのは時間がかかる。たとえ多くの人がインターネットでテレビを見ることに興味を持っていても，完全に切りかえたくはないという人もいるかもしれない。また，そうすることに納得するかもしれないが，特定の状況のみでという人もいるだろう。ハリス社によれば，テレビ視聴者のほぼ半数は，もし同じ番組をオンラインで無料で見られるならケーブルテレビを解約するということだ。だが，オンラインでの視聴に少額の料金を支払わねばならないと言われると，その数は16%に減少した。これは奇妙なことだ，なぜならほとんどの家庭のケーブルテレビの月額料金は，インターネット上の同じ番組に支払う料金と同じか，あるいはそれ以上でさえあるからだ。人々はオンラインの娯楽を無料で手に入れることにあまりにも慣れてしまったため，それに価値を見出さないのかもしれない。❹たとえオンライン・エンターテインメントへの関心が高まっていても，いまだに人々は友人や家族と一緒にテレビ番組を見ることが大切だと考えている。かつて人々は，テレビを見ることは家族が一緒にいる時間を減らしてしまうと考えていたが，それは実際には毎晩数時間の間，家族をより親密にさせていたのだ。今では番組をオンラインで見ることが人々を以前より孤立させるかもしれないと心配されている。何が起こるかは誰にもわからない。オンラインで編成された番組が普及するにつれて，人々はそれを社会的な活動にする方法を見つけるかもしれない。

(1)<**要約文完成**>第2段落最後から2文目の this trend could be a problem for television stations に着目し，その内容を具体的に述べる。this trend「この傾向」の内容は前文に，could be a problem「問題かもしれない」の理由は次の文で説明されている。

(2)<**英文和訳**>‘so ～ that …’「とても～なので…」の構文。 become used to ～「～に慣れる」 entertainment「エンターテインメント，娯楽」 for free「無料で」 value(動詞)「～を高く評価する」

(3)<**文脈把握**>家族や友人と一緒にテレビを見ることが大切だと考える理由は，次の文の but 以下に書かれているので，この部分の内容をわかりやすくまとめる。 actually「実際は」 ‘bring＋目的語＋形容詞’「～を…(の状態)に至らしめる」

9〔テーマ作文〕

≪**全訳**≫【**意見**】「デジタル教科書は高校生が勉強の際に使うのに良い」 ❶デジタル教科書は高校生が勉強の際に使うのに良いという主張には賛成できない。それはデジタル教科書には2つの欠点があるからだ。❷まず，(例)デジタル教科書はいつも電気を必要とするので，電気が足りないと学生たちは突然それを使えなくなってしまう。❸第二に，(例)学生たちが自分の書きたいことを書きとめたり，デジタル教科書をコピーしたりすることが紙の教科書のように簡単にはできない。それは便利なものではない。❹結論として，高校生が勉強するとき，デジタル教科書は彼らにとって良いものではない。

<**解説**>デジタル教科書の使用に反対する理由を書く。解答例の他にも，「目によくないといった健康への影響」「壊れる恐れがある」などが考えられる。解答例の1では electricity「電気」，be short of ～「～を欠いている」，be able to ～「～できる」，2では write down ～〔write ～ down〕「～を書きとめる」，like ～「～のように」，handy「役に立つ」といった表現が用いられている。

数学解答

1 (1) $x=\dfrac{1\pm\sqrt{5}}{8}$
(2) $(a+b-1)(a-6b-1)$　(3) $2\sqrt{3}$
(4) 59　(5) $\pi:1$　(6) ②，⑤

2 (1) $-t+2$　(2) 3　(3) $\dfrac{6-3\sqrt{2}}{2}$

3 (1) $3\sqrt{3}$
(2) (例)点Ｉは△ABCの内接円の中心だから，∠BAI＝∠CAI……①，∠ABI＝∠CBI……②　△ABIで内角と外角の関係より，∠DIB＝∠BAI＋∠ABI……③　$\overset{\frown}{\mathrm{CD}}$に対する円周角より，∠CBD＝∠CAIだから，∠DBI＝∠CBD＋∠CBI＝∠CAI＋∠CBI……④　①，②，③，④より，∠DIB＝∠DBI　よって，△DIBは二等辺三角形だから，DB＝DI
(3) 126　(4) $\sqrt{21}$

4 (1) $\dfrac{1}{6}$　(2) $\dfrac{5}{36}$　(3) $\dfrac{2}{9}$

1〔独立小問集合題〕

(1)＜二次方程式＞$4x+3=X$とおくと，$X^2-7X+11=0$となるから，解の公式より，$X=\dfrac{-(-7)\pm\sqrt{(-7)^2-4\times1\times11}}{2\times1}=\dfrac{7\pm\sqrt{5}}{2}$となる。よって，$4x+3=\dfrac{7-\sqrt{5}}{2}$より，$8x+6=7-\sqrt{5}$，$x=\dfrac{1-\sqrt{5}}{8}$，$4x+3=\dfrac{7+\sqrt{5}}{2}$より，$8x+6=7+\sqrt{5}$，$x=\dfrac{1+\sqrt{5}}{8}$である。

(2)＜式の計算―因数分解＞与式＝$(a-1-2b)(a-1-3b)-12b^2$として，$a-1=A$とおくと，与式＝$(A-2b)(A-3b)-12b^2=A^2-5bA+6b^2-12b^2=A^2-5bA-6b^2=(A+b)(A-6b)$となる。$A$をもとに戻して，与式＝$(a-1+b)(a-1-6b)=(a+b-1)(a-6b-1)$である。

(3)＜数の計算＞$\dfrac{2\sqrt{5}}{\sqrt{5}-\sqrt{3}}-\dfrac{\sqrt{3}}{\sqrt{5}+\sqrt{3}}-6=\dfrac{2\sqrt{5}(\sqrt{5}+\sqrt{3})}{(\sqrt{5}-\sqrt{3})(\sqrt{5}+\sqrt{3})}-\dfrac{\sqrt{3}(\sqrt{5}-\sqrt{3})}{(\sqrt{5}+\sqrt{3})(\sqrt{5}-\sqrt{3})}-6=\dfrac{10+2\sqrt{15}}{5-3}-\dfrac{\sqrt{15}-3}{5-3}-6=\dfrac{10+2\sqrt{15}-(\sqrt{15}-3)-12}{2}=\dfrac{10+2\sqrt{15}-\sqrt{15}+3-12}{2}=\dfrac{\sqrt{15}+1}{2}$，$3\sqrt{5}+\sqrt{3}=\sqrt{3}\times\sqrt{3}\times\sqrt{5}+\sqrt{3}=\sqrt{3}(\sqrt{15}+1)$より，与式＝$\sqrt{3}(\sqrt{15}+1)\div\dfrac{\sqrt{15}+1}{2}=\sqrt{3}(\sqrt{15}+1)\times\dfrac{2}{\sqrt{15}+1}=2\sqrt{3}$である。

(4)＜数の性質＞a，bを整数とすると，$n+7=11a$……①，$n+11=7b$……②と表せる。①の両辺に11をたすと，$n+7+11=11a+11$，$n+18=11(a+1)$となり，②の両辺に7をたすと，$n+11+7=7b+7$，$n+18=7(b+1)$となる。よって，$n+18$は11と7の公倍数であり，nは11と7の公倍数から18をひいた数となる。11と7の最小公倍数は77だから，正の整数nの中で最小のものは$77-18=59$である。

(5)＜空間図形―体積比＞右図で，半球の中心をO，半径をr，底面の円に内接する正方形の頂点をA，B，C，Dとする。このとき，半球の体積は$\dfrac{4}{3}\pi r^3\times\dfrac{1}{2}=\dfrac{2}{3}\pi r^3$と表せる。また，BD⊥OAで，BD＝$2r$，OA＝OC＝$r$だから，〔正方形ABCD〕＝2△ABD＝$2\left(\dfrac{1}{2}\times2r\times r\right)=2r^2$となる。四角錐の残り1つの頂点をPとすると，四角錐PABCDの体積が最大になるのは高さが最大のときだから，四角錐PABCDの高さは半球の半径と等しくrとなる。よって，〔四角錐PABCD〕＝$\dfrac{1}{3}\times$〔正方形ABCD〕×OP＝$\dfrac{1}{3}\times2r^2\times r=\dfrac{2}{3}r^3$

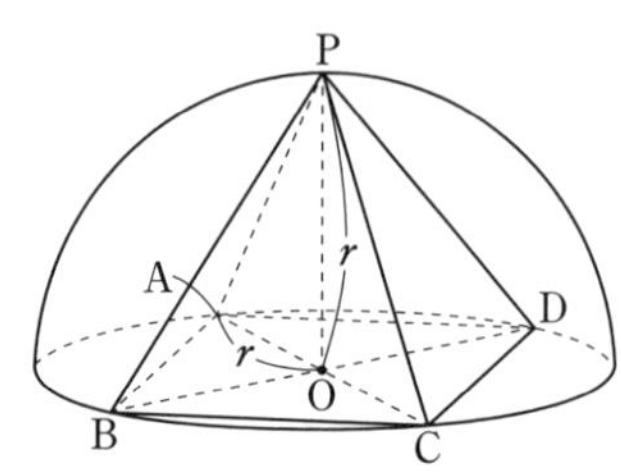

となる。したがって，求める体積比は $\frac{2}{3}\pi r^3:\frac{2}{3}r^3=\pi:1$ である。

(6)＜データの活用―正誤問題＞①…誤。この箱ひげ図には平均値は示されていないので，平均点は読み取れない。　②…正。人数が50人であり，$50\div2=25$，$25\div2=12$ あまり 1 より，第 3 四分位数は得点の高い方から，$12+1=13$(番目)の得点となる。箱ひげ図より，第 3 四分位数は 8 点だから，高い方から13番目の得点は 8 点であり，7 点以上の人は13人以上いる。　③…誤。箱ひげ図より，第 2 四分位数は 5 点，第 1 四分位数は 3 点だから，その差は $5-3=2$(点)である。　④…誤。$50\div2=25$ より，第 2 四分位数の 5 点は，第25位の人と第26位の人の得点の平均となる。その 2 人が同じ得点であれば，第25位の人の得点は 5 点となるが，第25位の人の得点が 6 点で第26位の人の得点が 4 点の場合なども考えられる。　⑤…正。平均点が最も高くなるのは，50人の合計点が最も高くなるときである。箱ひげ図より，得点の高い方から 1 番目の得点は10点，13番目の得点は 8 点，25番目と26番目の得点の和は $5\times2=10$(点)，38番目の得点は 3 点，50番目の得点は 1 点なので，2～12番目の得点が10点，14～24番目の得点が 8 点，27～37番目の得点が 5 点，39～49番目の得点が 3 点のとき，50人の合計点は最も高くなる。このとき，10点の人は12人，8 点の人は12人いる。また，25番目と26番目の得点はともに 5 点になるので，5 点の人は13人いる。さらに，3 点の人は12人，1 点の人は 1 人いる。よって，最も高い場合の平均点は，$(10\times12+8\times12+5\times13+3\times12+1\times1)\div50=318\div50=6.36$(点)だから，平均点が 7 点以上になることはない。

2 〔関数―関数 $y=ax^2$ と一次関数のグラフ〕

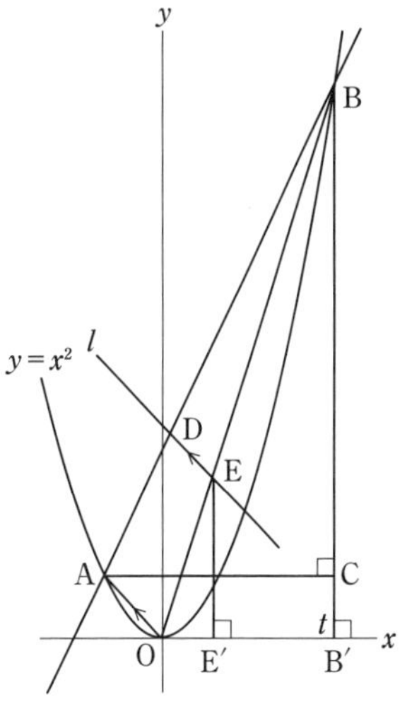

(1)＜x 座標＞右図で，点 B は放物線 $y=x^2$ 上の点で x 座標が t だから，$B(t,\ t^2)$ と表せる。直線 AB は傾きが 2 だから，その式は $y=2x+b$ とおける。点 B はこの直線上の点でもあるから，$x=t$，$y=t^2$ を代入すると，$t^2=2t+b$，$b=t^2-2t$ となり，直線 AB の式は $y=2x+t^2-2t$ と表せる。点 A は，この直線と放物線 $y=x^2$ の交点だから，2 式から y を消去して，$x^2=2x+t^2-2t$，$x^2-t^2-2x+2t=0$，$(x+t)(x-t)-2(x-t)=0$，$(x-t)\{(x+t)-2\}=0$，$(x-t)(x+t-2)=0$　$\therefore x=t,\ -t+2$　よって，点 A の x 座標は $-t+2$ である。

(2)＜x 座標＞右図のように，点 A を通り x 軸に平行な直線と点 B を通り y 軸に平行な直線の交点を C とする。直線 AB の傾きが 2 より，$AC:BC=1:2$ である。よって，$AC=p$ とおくと，$BC=2p$ と表せるから，$AB=4\sqrt{5}$ のとき，△ACB で三平方の定理 $AC^2+BC^2=AB^2$ より，$p^2+(2p)^2=(4\sqrt{5})^2$ が成り立つ。これを解くと，$p^2+4p^2=80$，$5p^2=80$，$p^2=16$　$\therefore p=\pm4$　$p>0$ だから，$p=4$ である。したがって，2 点 A，B の x 座標より，$AC=t-(-t+2)=2t-2$ と表せるから，$2t-2=4$ が成り立ち，$t=3$ となる。

(3)＜x 座標＞右上図で，直線 l と辺 AB，OB との交点をそれぞれ D，E とする。l // OA より，△OAB∽△EDB となる。また，△OAB：△EDB＝2：1 である。よって，相似比は $\sqrt{2}:\sqrt{1}=\sqrt{2}:1$ だから，$OB:EB=\sqrt{2}:1$ より，$OE:OB=(OB-EB):OB=(\sqrt{2}-1):\sqrt{2}$ となる。2 点 E，B から x 軸に垂線 EE′，BB′ を引くと，EE′ // BB′ より，$OE':OB'=OE:OB=(\sqrt{2}-1):\sqrt{2}$ である。(2)より，$OB'=3$ だから，$OE':3=(\sqrt{2}-1):\sqrt{2}$ が成り立ち，$\sqrt{2}OE'=3(\sqrt{2}-1)$，$OE'=\frac{3\sqrt{2}-3}{\sqrt{2}}=\frac{(3\sqrt{2}-3)\times\sqrt{2}}{\sqrt{2}\times\sqrt{2}}=\frac{6-3\sqrt{2}}{2}$ となる。したがって，求める x 座標は $\frac{6-3\sqrt{2}}{2}$ である。

3 〔平面図形―三角形と円〕

≪基本方針の決定≫(1)　△ABC を 3 つに分けて面積を求める。　(3)　△AEI に着目する。

⑴<**長さ**>右図のように，△ABC の内接円と辺 AB，BC，CA の接点をそれぞれE，F，Gとし，中心Ｉと点E，F，Gをそれぞれ結ぶ。円Ｉの半径を r とおくと，IE＝IF＝IG＝r となる。このとき，IE⊥AB, IF⊥BC, IG⊥CA だから，△IAB＋△IBC＋△ICA＝△ABC より，$\frac{1}{2}\times15\times r+\frac{1}{2}\times21\times r+\frac{1}{2}\times24\times r=90\sqrt{3}$ が成り立つ。よって，$\frac{15}{2}r+\frac{21}{2}r+12r=90\sqrt{3}$，$30r=90\sqrt{3}$，$r=3\sqrt{3}$ となる。

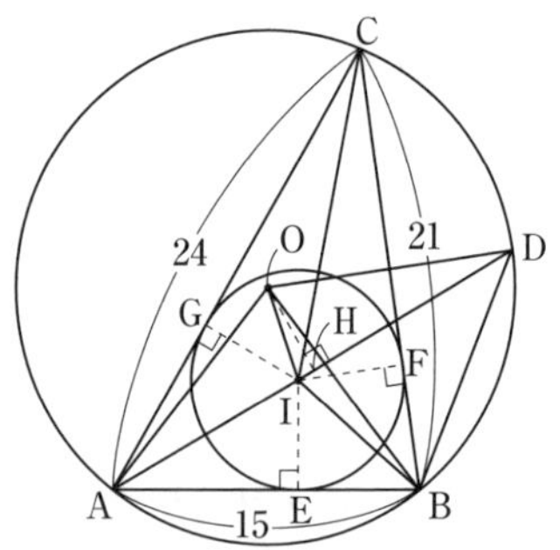

⑵<**証明**>△ABC の内接円の中心Ｉは，3つの内角の二等分線の交点である。これと，$\overset{\frown}{CD}$ に対する円周角が等しいことから，∠DIB＝∠DBI を示す。解答参照。

⑶<**長さの積**>右上図で，点Oと2点B，Dをそれぞれ結ぶ。△AEI と△AGI において，∠AEI＝∠AGI＝90°，AI＝AI，∠IAE＝∠IAG より，直角三角形で，斜辺と1つの鋭角がそれぞれ等しいから，△AEI≡△AGI である。よって，AE＝AG であり，同様に，△BEI≡△BFI より BE＝BF，△CFI≡△CGI より CF＝CG である。ここで，AE＝AG＝x とおくと，BE＝BF＝15－x，CF＝CG＝24－x となり，BF＋CF＝BC だから，$(15-x)+(24-x)=21$ が成り立つ。これを解くと，$39-2x=21$，$x=9$ より，AE＝9 となる。したがって，△AEI は直角三角形で，EI：AE＝$3\sqrt{3}:9=1:\sqrt{3}$ だから，3辺の比が $1:2:\sqrt{3}$ であり，AI＝2EI＝$2\times3\sqrt{3}=6\sqrt{3}$，∠IAE＝30°である。これより，$\overset{\frown}{BD}$ に対する円周角と中心角の関係より，∠BOD＝2∠BAI＝2×30°＝60°となり，△OBD は1辺が $7\sqrt{3}$ の正三角形だから，DB＝OB＝$7\sqrt{3}$ である。以上より，AI×DB＝$6\sqrt{3}\times7\sqrt{3}=126$ となる。

⑷<**長さ**>右上図で，2点O，Aを結び，点Oから AD に垂線 OH を引く。OA＝OD より，点Hは辺 AD の中点である。DI＝DB＝$7\sqrt{3}$ より，AD＝AI＋DI＝$6\sqrt{3}+7\sqrt{3}=13\sqrt{3}$ となるから，AH＝$\frac{1}{2}$AD＝$\frac{1}{2}\times13\sqrt{3}=\frac{13\sqrt{3}}{2}$ となる。よって，△OAH で三平方の定理より，OH＝$\sqrt{\mathrm{OA}^2-\mathrm{AH}^2}=\sqrt{(7\sqrt{3})^2-\left(\frac{13\sqrt{3}}{2}\right)^2}=\sqrt{\frac{81}{4}}=\frac{9}{2}$ となる。また，IH＝AH－AI＝$\frac{13\sqrt{3}}{2}-6\sqrt{3}=\frac{\sqrt{3}}{2}$ である。したがって，△OIH で三平方の定理より，OI＝$\sqrt{\mathrm{OH}^2+\mathrm{IH}^2}=\sqrt{\left(\frac{9}{2}\right)^2+\left(\frac{\sqrt{3}}{2}\right)^2}=\sqrt{21}$ となる。

4 〔データの活用―確率―さいころ〕

⑴<**確率**>1個のさいころを2回投げるときの目の出方は，全部で 6×6＝36(通り)ある。このうち，D(x)＝2となる数，つまり出た目の積の正の約数の個数が2個となるとき，出た目の積は素数であり，さいころの1～6の目のうち，素数は2，3，5である。よって，1回目に出た目を a，2回目に出た目を b とすると，積が素数となる目の出方は，$(a,\ b)$＝(1，2)，(1，3)，(1，5)，(2，1)，(3，1)，(5，1)の6通りある。したがって，求める確率は $\frac{6}{36}=\frac{1}{6}$ である。

⑵<**確率**>D(x)＝3となる数は，m を素数とすると，m^2 と表される数で，約数は1，m，m^2 の3個ある。出た目の積が，このような数になるのは，m^2 が $2^2=4$，$3^2=9$，$5^2=25$ となるときで，目の出方は，$(a,\ b)$＝(1，4)，(2，2)，(3，3)，(4，1)，(5，5)の5通りある。よって，求める確率は $\frac{5}{36}$ である。

⑶<**確率**>D(x)＝6となる数は，m，n を異なる素数とすると，m^2n と表される数で，約数は1，m，n，mn，m^2，m^2n の6個ある。出た目の積が，このような数になるのは，m^2n が $2^2\times3=12$，$2^2\times5=20$，$3^2\times2=18$ となるときで，目の出方は，$(a,\ b)$＝(2，6)，(3，4)，(3，6)，(4，3)，(4，5)，(5，4)，(6，2)，(6，3)の8通りある。よって，求める確率は $\frac{8}{36}=\frac{2}{9}$ である。

社会解答

1 問1 イ　問2 オ　問3 イ
問4 オ
問5 X…エビ　Y…マングローブ
問6 (例)地点Bは台風による強風の影響が少なく，収穫量が安定するから。(30字)

2 問1 イ　問2 エ　問3 ウ
問4 エ

3 問1 (例)特定の場所でしか産出しないものが，各地の遺跡から発掘されている。
問2 イ　問3 イ　問4 ア
問5 ウ　問6 ウ　問7 ウ
問8 エ　問9 ア

4 問1 紡績　問2 ウ
問3 樺太・千島交換条約〔千島・樺太交換条約〕
問4 辛亥革命　問5 ウ
問6 湾岸戦争

5 問1 オ　問2 ウ　問3 エ
問4 ウ

6 問1 (1)…集団的自衛権
(2)…小選挙区比例代表並立
問2 エ　問3 石油危機
問4 (例)プライバシーの権利の保護によって，表現・報道の自由が過剰に制限される可能性がある。

1〔地理―東南アジア〕

問1＜東南アジアの宗教＞多民族国家であるシンガポールは，国教となる宗教は存在せず，仏教，キリスト教，イスラム教などを中心に，多くの宗教が混在している(イ…○)。また，東南アジアは，地理的，歴史的な要因から宗教の分布に大きな特徴が見られ，インドネシアにおけるイスラム教(…ア)，フィリピンにおけるキリスト教(…ウ)，タイにおける仏教(…エ)は，宗教別人口の割合でいずれも8割を超えている。

問2＜自由貿易圏＞③に着目すると，他の2つの自由貿易圏に比べ，人口は多いが，GDPと貿易額は小さいため，経済規模が比較的小さいことがわかる。したがって，③は多くの人口を抱え，近年経済発展が進んできたASEANが当てはまる。残る①と②を比較すると，GDPは②が大きく，貿易額は①が大きいことがわかる。したがって，②は世界最大の経済大国であるアメリカ合衆国を含むUSMCA，①はヨーロッパの27か国によって構成され(2024年4月現在)，それぞれの国の貿易額が大きいEUが該当する。

問3＜コーヒーの生産＞ブラジル，ベトナム，コロンビア，インドネシアではいずれもコーヒーの生産が盛んであり，特にブラジルとベトナムを合わせると，世界生産の約5割を占める(イ…○)。なお，他の選択肢について，アのカカオの生産量世界第1位はコートジボワール，ウのサトウキビの生産量は1位がブラジル，2位がインドであり，エのテンサイの生産量は1位がロシアである(2021年)。

問4＜東南アジア各国の輸出品目＞タイは1960年代の日系自動車メーカーの進出以降，自動車産業を発展させ，東南アジアにおける自動車産業の集積地となっており，ASEAN諸国やオセアニア地域への自動車の輸出が盛んである(…①)。フィリピンは銅，ニッケル，コバルトなどの金属が多く埋蔵されている資源国である(…②)。また，アブラヤシからとれるパーム油は，加工食品や生活用品の原材料として幅広く使われており，インドネシアとマレーシアが世界の輸出量の大部分を占めている（…③）。

問５＜東南アジアの水産業＞Ｘ．インドネシアやベトナムでは，日本などに向けた輸出用のエビの養殖が盛んである。日本のエビの輸入相手国は，インドネシア，ベトナム，インドの３か国で全体の５割以上を占めている（2019年）。　**Ｙ．**良質なエビを養殖するのに適している，海水と淡水が混ざり合う環境には，多様な生物を育むマングローブの林が広がっている。インドネシアやベトナムでは，養殖場の整備によるマングローブの伐採が問題となっている。

問６＜資料の読み取り＞ミンダナオ島に位置する地点Ｂは，フィリピン北部に位置する地点Ａと同様に年降水量が多く，１年を通して温暖である。一方で地点Ｂは，地点Ａに比べ，特に６月～11月にかけて月別最大風速が弱いことが読み取れることから，台風による影響を受けづらい環境であることがわかる。バナナの栽培は，強風の環境下では収穫量が安定しなくなるため，台風の影響を受けづらい地点Ｂのあるミンダナオ島を中心に行われている。

２〔地理―九州地方〕

問１＜火山と防災＞図１は，鹿児島県の桜島の地形図である。桜島は，現在も噴火活動が日常的に見られ，地域住民の生活に影響を与えている火山である。桜島を含め九州南部は，過去に火山噴火が繰り返されたことから，火山堆積物で覆われたシラスと呼ばれる土地が広がっている。また，図１中の◯で囲まれた部分の地図記号は，「せき」を表しており，問題の地形図の場合は，大雨などの影響で大量の土砂が低地に流れ出る，土石流を防止するためにつくられた砂防えん堤（砂防ダム）を表している。

問２＜ピーマンの産地と出荷時期＞ピーマンは，夏につくられる野菜であるため，夏～秋にかけては東北～関東の露路ものが，冬～春にかけては比較的温暖な西日本の太平洋側の促成栽培でつくられたものの流通が増える。したがって，７月～９月の夏季を中心に出荷が見られる③は岩手県，11月～４月の冬季を中心に出荷している①は宮崎県，４月～６月，９月～11月に多く東京市場に出荷している②は茨城県を表している。

問３＜鉱産資源の輸入先＞①は，第２位にブラジルが含まれていることから，鉄鉱石を示している。ブラジルは世界有数の鉄鉱石の生産国である。②は，上位４か国が西アジアの国であることから，原油であると判断できる。③は，第２位がマレーシアであることから，液化天然ガス〔LNG〕を表している。日本のLNGは，近年オーストラリアからの輸入が増加しているが，マレーシアは古くから日本のLNG輸入先となっている。

問４＜九州の工業分布＞①の★は福岡県，大分県のいずれも臨海部に立地しており，船舶を利用した輸出入が便利であるという特徴がある。したがって，原料として海外から大量の資源を輸入する必要がある製鉄所の分布を示している。②の■は空港へのアクセスが良好な場所に立地しており，比較的輸送コストの高い航空輸送が可能な製品をつくるのに便利である。したがって，小型・軽量で付加価値の高いIC〔集積回路〕を製造する工場の分布を示している。③の▲は高速道路沿いに立地しており，部品の輸送等に便利な自動車工場が当てはまる。特に福岡県宮若市や大分県中津市などには大規模な自動車工場が進出しており，それに伴って周辺地域で自動車関連産業の集積が進んでいる。

３〔歴史―交易〕

問１＜縄文時代の交易＞青森県の三内丸山遺跡を含め，全国各地の縄文時代の遺跡からヒスイが出土しているが，日本におけるヒスイの主な原産地は新潟県の糸魚川である。したがって，糸魚川のヒスイは，人々が交換，すなわち交易を繰り返したことで各地に広まったと考えられる。このように，当時の人々が交易を行っていたことは，ヒスイや黒曜石といった特定の場所でしか産出しないものが，各地の遺跡から発掘されていることから推察することができる。

問２＜年代整序＞年代の古い順に，エ(遣隋使の派遣―607年)，ア(改新の詔―646年)，イ(白村江の戦い―663年)，オ(壬申の乱―672年)，ウ(正式な国名が「倭」から「日本」に改められる―700年頃)となる。

問３＜律令国家の税＞律令制のもと，成人男性に課せられた調(特産物)，庸(布)はいずれも自分たちで都まで運ばなければならず，大変重い負担であった(X…正)。また，６年ごとに戸籍がつくられ，性別や身分に応じて与えられた土地は，荘園ではなく口分田である(Y…誤)。

問４＜鎌倉～室町時代の農業＞農業技術を記した農書が木版印刷によって広がったのは，鎌倉～室町時代ではなく，江戸時代のことである。江戸時代は優れた農具や肥料が開発されるなど，農業技術が大きく発展したが，農書はその先進的な農業技術を各地に広める役割を果たした。

問５＜鎌倉・室町時代の商人＞1428年に発生した正長の土一揆をはじめ，室町時代には借金の帳消しなどを求めて土倉などを襲う徳政一揆(土一揆)が畿内で数多く起こった。問題中の秀多さんの考察の中にも「商人が様々な地域の不満をつなぎあわせてまとめた影響があった」とあり，民衆が団結して要求を通そうとする動きが高まったことが読み取れるため，空欄に当てはまるのはウの徳政一揆(土一揆)であるとわかる。なお，アの町衆は，応仁の乱後，京都などで町の地域ごとに自治を行った商工業者，イの惣〔惣村〕は，鎌倉時代後期～室町時代にかけて，畿内を中心に形成された農民の自治的な組織，エの悪党は，鎌倉時代後期～南北朝時代にかけて，幕府や荘園領主と対立した武士たちである。

問６＜15～16世紀の出来事＞イギリスで王政を廃止して共和政を実現するピューリタン革命が起きたのは1642年で，17世紀の出来事である。

問７＜鎖国下の日本の交易＞江戸時代，大坂〔大阪〕には諸藩の蔵屋敷が置かれ，全国から大量の年貢米や特産物が運び込まれるとともに，米や特産物の取り引きが行われた。そのため大阪は当時の日本における商業の中心地であり，「天下の台所」と呼ばれた(ウ…○)。なお，長崎では，銀や銅，海産物などが輸出され，中国産の生糸を輸入していた(ア…×)。琉球において交易を管理していたのは，土佐藩ではなく薩摩藩である(イ…×)。蝦夷地に就航していた北前船は，東廻り航路ではなく，主に西廻り航路を通って，昆布などの交易を行った(エ…×)。

問８＜開国後の貿易＞日米修好通商条約締結後に始まった貿易は，アメリカではなく主にイギリスを相手にして行われた。当時のアメリカは，南北戦争が勃発するなど，国内の政情が不安定であり，日本との貿易に力を入れる状況ではなかった(エ…×)。

問９＜年代整序＞年代の古い順に，イ(桜田門外の変―1860年)，オ(薩英戦争―1863年)，ウ(欧米４か国による下関砲台の占領―1864年)，ア(薩長同盟―1866年)，エ(王政復古の大号令―1867年)となる。

4〔歴史―近代～現代の世界〕

問１＜紡績＞18世紀後半にイギリスで起こった産業革命を牽引(けんいん)した綿工業の中で，綿花から綿糸を生産する工程は紡績と呼ばれる。産業革命期には数々の優れた紡績機が登場し，綿糸の生産力は格段に上昇した。

問２＜ヨーロッパ諸国の植民地支配＞第一次世界大戦後，ガンディーはインドで非暴力・不服従運動を指導し，イギリスからの独立を目指す運動を展開した。第二次世界大戦後にインドは独立を果たすが，ヒンドゥー教徒の国インドと，イスラム教徒の国パキスタンに分離して独立した(ウ…○)。なお，二十一カ条の要求は，第一次世界大戦中に日本が中国に対して行ったものであり，中国山東省のドイツ権益を継承することなどを求めたもので，中国領でない南洋諸島についてはこれに含まれていない。日本が南洋諸島の委任統治権を得たのは，パリ講和会議でのことである(ア…×)。アジア・アフリカ会議が開催されたのは1955年であるが，アフリカで17か国が植民地からの独立を果たした「アフリカの年」は1960年である(イ…×)。ベトナムは，1884年にフランスによって植民地化されており，アメリカの植民地ではなかった(エ…×)。

問３＜明治時代の国境画定＞明治時代初期の日本では，近隣諸国との国境の画定が進んだ。そのうち，ロシアとの間で1875(明治８)年に締結された樺太・千島交換条約〔千島・樺太交換条約〕において，樺太はロシア領，千島列島は全て日本領と定められた。

問４＜辛亥革命＞1911年，中国では民族の独立，民権の伸張，民生の安定からなる三民主義を唱えた孫文らが中心となって清朝を倒し，1912年に孫文を臨時大総統とする中華民国を樹立した。この一連の革命を辛亥革命と呼び，革命により誕生した中華民国は，アジアで最初の共和政国家となった。

問５＜年代整序―二度の世界大戦＞年代の古い順に，ア(第一次世界大戦後のドイツにおける急激なインフレ―1923年)，イ(日本の第１回男子普通選挙の実施―1928年)，ウ(ニューヨーク株式市場の暴落を契機とした世界恐慌の発生―1929年)，エ(リットン調査団による満州事変調査―1932年)となる。

問６＜湾岸戦争＞1991年，アメリカ合衆国を主体とした多国籍軍とイラクの間で起こった戦争は湾岸戦争である。この戦争において日本では，多国籍軍への支援のあり方をめぐって国内外から議論が起こり，その後自衛隊の海外派遣が始まるなど，国際貢献のあり方が転換されることとなった。

5〔公民―経済〕

問１＜金融政策＞景気や物価の安定をはかるため，日本銀行が行う政策を金融政策と呼ぶ。経済活動が停滞している状態のときは，原則として市中に流通する資金量や通貨量を増加させることで景気を刺激する政策がとられる。かつては，日本銀行が一般の銀行などに貸し付けを行う際の基準となる金利である公定歩合を引き下げることで，市中に流通する資金量を増加させていた。ところが金融の自由化に伴い，1990年代半ば以降は，日本銀行が金融機関と国債の売買などを行うことで市中の通貨量を調整する，公開市場操作と呼ばれる手法が金融政策の中心となった。直近の10年では，日本銀行は市場から大量に国債を買い入れることで市中の通貨量を増加させており(買いオペレーション)，日本銀行の保有する国債は大幅に増加している。

問２＜需要曲線，供給曲線＞アメリカの金利(ドル金利)が高くなると，アメリカで資金を運用することによる利益が大きくなるため，ドルの需要が高くなる。したがって，同じ価格で比較すると，ドルの需要量は増えるため，需要曲線はD_2へシフトする。一方で，ドル金利の上昇局面では，ドルを売って円に替える動きは抑制されるため，ドルの供給量は減少し，供給曲線はS_1へシフトする。

問３＜日本の農業＞2009年に農地法が改正され，企業による農地の貸借に関わる規制が緩和されたことで，株式会社などが農業に参入できるようになった(エ…○)。なお，生産から小売りまでの食品の流通経路を把握できるようにする取り組みは，フードマイレージではなく，トレーサビリティと呼ばれる。フードマイレージは，食品の輸送距離と食品の量とかけあわせて数値化したもので，二酸化炭素排出量など環境負荷の大きさを計る指標として注目されている(ア…×)。６次産業化とは，農産物の生産(1次産業)，加工品の製造(2次産業)，流通・販売(3次産業)を一体的に手掛け，付加価値を高める取り組みである(イ…×)。TPP〔環太平洋経済連携協定〕などのEPAは，原則として加盟国間の自由貿易を推進する協定であるため，海外からの安価な農産物流入によって日本の食料自給率は低下すると考えられる(ウ…×)。

問4＜資料の読み取り＞光熱・水道費の額は，世帯Aが309469円×0.069＝21353.3…より約21353円，世帯Bが224436円×0.087＝19525.9…より約19526円となり，世帯Aの方が多い(ウ…○)。なお，貯蓄とは所得のうち，支出されずに残ったものを指すが，世帯Bでは，所得は全て支出されており，貯蓄には回っていない(ア…×)。社会保険料や税金の支出を指す非消費支出は，世帯Aでは112634円，世帯Bでは30664円であるため，世帯Aの方が社会保険料や税金の支出額は多い(イ…×)。消費支出に占める食料費の割合を示すエンゲル係数は，世帯Aが25.4%であるのに対して世帯Bは29.3%にのぼるため，世帯Bの方が高い(エ…×)。

6〔公民―政治〕

問1＜集団的自衛権，選挙制度＞(1)2014年，第二次安倍内閣は，これまでは憲法上認められないとされてきた集団的自衛権の行使について，限定的に容認する閣議決定を行った。集団的自衛権とは，自国と密接な関係にある外国に対する武力攻撃を，自国が直接攻撃されていない場合でも，実力をもって阻止する権利のことを指す。　(2)1994年，公職選挙法が改正され，衆議院議員総選挙において，1つの選挙区から1人を選ぶ小選挙区制と，全国を11ブロックに分けて政党名で投票する比例代表制を組み合わせた，小選挙区比例代表並立制が導入された。

問2＜裁判員制度＞裁判員制度において裁判員は，評議において裁判員や裁判官が述べた意見の内容や，事件関係者のプライバシーに関する事項などについて漏らしてはならないという守秘義務が課せられており，違反した場合懲役や罰金刑が科される場合がある(エ…○)。なお，裁判員制度は，刑事裁判の第一審のみを対象としており(ア…×)，裁判員が有罪・無罪および有罪の場合の量刑まで評議して判断する(イ…×)。また，裁判員の候補者に選ばれても，法律などで認められた事情がある場合には裁判員を辞退することができる(ウ…×)。

問3＜石油危機＞1973年，第四次中東戦争をきっかけに，アラブ諸国が原油価格の大幅な引き上げと石油の減産を打ち出したため，世界経済は大きく混乱した。この出来事は石油危機〔オイル・ショック〕と呼ばれ，日本もそれまで続いていた高度経済成長が終わるなど，大きな経済的打撃を受けた。

問4＜新しい人権，人権の衝突＞「宴のあと」事件は，三島由紀夫の小説『宴のあと』について，そのモデルとされた人物が，私生活を公開されるような描写によってプライバシーを侵害されたとして，損害賠償と謝罪を求めて訴訟を起こした事件である。プライバシーの権利は，私生活をみだりに公開されない権利として現在は確立されているが，憲法上明記されているものではなく，憲法第13条の幸福追求権を根拠とする，いわゆる新しい人権と呼ばれるものである。一方で，プライバシーの権利を保護することは，情報を発信することに対して規制をかけるという意味において，憲法第21条の表現の自由，ひいてはこれをもととする報道の自由を過剰に制限することにつながる可能性があるといえる。

理科解答

1 問１　a…ア，カ　b…ア，キ
c…ウ，エ
D…$2H_2O_2 \longrightarrow 2H_2O + O_2$
問２　あ…やす　い…空気　う…軽
問３　ウ，エ，オ　　問４　0.089g/L
問５　あ…ウ　い…イ　う…ウ
＊…(例)気体Ｃが水に溶け

2 問１　ア，エ，オ　　問２　6.7g
問３　$2Mg + O_2 \longrightarrow 2MgO$

3 問１　A…－極　電流の向き…イ
問２　ア
問３　(1)…ウ　(2)…イ，オ　(3)…イ

4 問１　A　　問２　D　　問３　0.5
問４　記号…オ
理由…(例)運動エネルギーが０にならないから。
問５
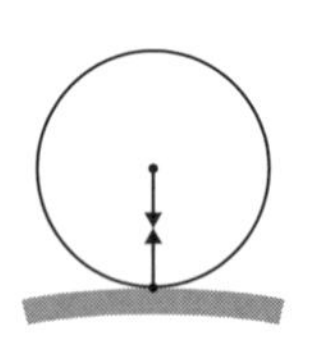

5 問１　(1)…ウ　(2)…ア　　問２　エ
問３　X_1…エ　X_2…ウ　　問４　ア
問５　25％

6 問１　A…992hPa　C…1022hPa
問２　A＞D＞C＞B　　問３　イ
問４　e…エ　f…オ　　問５　イ
問６　北緯35.7°，東経165°
問７　35.7　　問８　ア

1〔物質のすがた〕

問１＜気体の発生＞表より，気体Aは気体の中で最も軽いから水素で，マグネシウムに塩酸を加えると発生する。気体Cは刺激臭を持つからアンモニアで，水酸化ナトリウム水溶液に塩化アンモニウムを加えると発生する。気体Dは助燃性があるから酸素で，二酸化マンガンに過酸化水素水を加えると発生する。このとき，二酸化マンガンは反応を進めやすくするための触媒で，それ自身は変化しない。よって，過酸化水素水(H_2O_2)が，水(H_2O)と酸素(O_2)に分解することで，酸素が発生する。化学反応式は，矢印の左側に反応前の物質の化学式を，右側に反応後の物質の化学式を書き，矢印の左右で原子の種類と数が等しくなるように化学式の前に係数をつける。また，気体Bは残った二酸化炭素で，石灰石に塩酸を加えると発生する。

問２＜アンモニアの捕集方法＞問１より，気体Cはアンモニアで，水に溶けやすく，空気より軽いため，上方置換法で集める。

問３＜二酸化炭素の性質＞表の空欄eには，二酸化炭素の性質が当てはまる。二酸化炭素は石灰水に通すと，石灰水が白く濁る。また，二酸化炭素が水に溶けた水溶液(炭酸水)は酸性を示すから，赤色リトマス紙を浸しても変化せず，フェノールフタレイン溶液を加えても変化しない。よって，当てはまるのは，ウ，エ，オである。なお，赤色リトマス紙はアルカリ性の水溶液に浸すと青色に変化し，フェノールフタレイン溶液はアルカリ性の水溶液に加えると赤色に変化する。

問４＜密度＞気体Aの質量が2.00g，体積が22.4Lのとき，密度は，〔密度(g/L)〕＝〔質量(g)〕÷〔体積(L)〕より，2.00÷22.4＝0.0892…となるから，0.089g/Lである。

問５＜アンモニアの噴水＞問１より，気体Cはアンモニアである。図の装置で，スポイトから丸底フラスコ内に水を入れる前は，フラスコ内部の圧力と外側の大気圧は等しいから，噴水はできない。スポイトから水を入れると，アンモニアが急激に水に溶けるため，フラスコ内部の圧力が大気圧より小さくなり，水が吸い上げられて噴水現象が起こる。しばらくすると，フラスコ内部の圧力と外

側の大気圧が等しくなるため，噴水現象が止まる。

2〔化学変化と原子・分子〕

問１＜化学変化＞ア…正しい。分子をつくらない物質ならば原子が粒子となり，分子をつくる物質ならば分子が粒子となる。よって，各物質の係数の比は，各物質の粒子の数の比に等しい。　エ…正しい。２種類の物質が結びつく場合，各物質の質量の比は一定になる。　オ…正しい。２種類の物質が結びつく場合，各物質の質量と，できる化合物の質量の比は一定になる。　イ…誤り。物質の質量は物質の種類によって異なり，化学反応式における各物質の係数は各物質の粒子の数を表すため，質量は関係しない。　ウ…誤り。化学反応式の係数は各物質の粒子の数を表し，化学反応の起こりやすさには関係しない。

問２＜反応する酸素の質量＞グラフより，単体Xの質量が３gのとき，加熱後の物質の質量は５gだから，このとき結びついた酸素の質量は，$5-3=2$(g)である。よって，単体X10gを加熱したときに反応した酸素の質量をxgとすると，$10:x=3:2$が成り立つ。これを解くと，$x\times3=10\times2$より，$x=6.66\cdots$となるから，反応した酸素の質量は6.7gである。

問３＜単体Xの判別＞加熱後に生成した物質の，酸素の原子数と単体Xの原子数の比は１：１だから，問２より，単体Xの原子１個と酸素の原子１個の質量の比は３：２である。これより，表で，酸素原子１個の質量比が16だから，単体Xの原子１個の質量比は，$16\times\frac{3}{2}=24$である。よって，表より，単体XはMgであることがわかる。したがって，この実験では，加熱により，マグネシウム(Mg)が空気中の酸素(O_2)と結びついて，酸化マグネシウム(MgO)が生成している。

3〔電流とその利用〕

問１＜真空放電＞図２のように十字形の影が見られたことから，端子Aからクルックス管内に電子が飛び出していることがわかる。電子は－の電気を持っていて，－極から＋極へ移動するから，端子Aは－極，端子Bは＋極につながれている。また，電流が流れる向きは＋極から－極だから，イの向きである。なお，電流が流れる向きは，電子が移動する向きと逆である。

問２＜電流が受ける力＞図４で，問１より，クルックス管内を流れる電流の向きは，B→Aである。また，棒磁石のS極を手前から近づけたとき，クルックス管内にできる磁界の向きは，奥→手前である。よって，右プラスαのフレミングの左手の法則より，電流が受ける力の向きは上向きとなる。

プラスα

フレミングの左手の法則

磁界の向き
力の向き
電流の向き

問３＜クリップモーターのしくみ＞⑴図５で，A点の電流の向きは右→左，磁界の向きは下→上だから，フレミングの左手の法則より，電流が受ける力の向きは奥向きとなる。一方，B点の電流の向きは左→右，磁界の向きは下→上であるから，電流が受ける力の向きは手前向きとなる。　⑵コイルに電流を流し続けると，コイルのA点の位置，B点の位置では，コイルが半回転するごとに電流の向きが逆になる。このとき，A点，B点が受ける力の向きも逆になるため，連続して回転し続けることができない。よって，コイルが連続して回転し続けることができるようにするには，半回転したときにコイルに電流が流れないようにすればよい。よって，エナメル線の被覆(エナメル)があると電流は流れないから，イのように両端とも同じ側の半分をはがすか，オのように片側は半分をはがし，もう片側は全面をはがせばよい。
⑶⑵より，コイルが連続して回転し続けるとき，コイルが半回転したときにコイルに電流が流れな

いようにしたので，電流は，図５のようにＡ点が上側にきたときに左向きに流れ，下側にきたときには流れない。

4〔運動とエネルギー〕

問１＜位置エネルギー＞図のＡ～Ｄ点で，位置エネルギーが最も大きいのは，位置が最も高いＡ点である。

問２＜運動エネルギー＞位置エネルギーと運動エネルギーの和を力学的エネルギーといい，位置エネルギーと運動エネルギーは移り変わるが，力学的エネルギーの大きさは常に一定に保たれる(力学的エネルギーの保存)。よって，図のＡ～Ｄ点で，小球が最も速くなるのは，運動エネルギーが最も大きいときで，位置エネルギーが最も小さいときだから，位置が最も低いＤ点である。

問３＜運動エネルギー＞位置エネルギーは高さに比例するから，図のＢ点では，最初にＡ点で持っていた位置エネルギーの$\frac{60-20}{60}=\frac{2}{3}$が運動エネルギーに移り変わり，Ｃ点では，最初にＡ点で持っていた位置エネルギーの$\frac{60-40}{60}=\frac{1}{3}$が運動エネルギーに移り変わっている。よって，Ｃ点の運動エネルギーの大きさはＢ点の運動エネルギーの$\frac{1}{3}\div\frac{2}{3}=\frac{1}{2}$である。よって，Ｂ点の運動エネルギーを１とすると，Ｃ点の運動エネルギーは，$1\times\frac{1}{2}=0.5$となる。

問４＜力学的エネルギー＞図で，小球がレールから離れ落下する地点では，小球は運動を続け，運動エネルギーは０にならない。そのため，小球が落下する地点で持つ位置エネルギーの大きさは，Ａ点で持っていた大きさより小さい。よって，小球はＡ点と同じ高さまで上がらない。

問５＜小球にはたらく力＞図のＣ点で，小球にはたらく力は，重力と垂直抗力で，これらはつり合っている。重力を表す力の矢印は，小球の中心から下向きにかき，垂直抗力を表す力の矢印は，小球とレールが接する点から上向きにかく。また，それぞれの矢印の長さは同じにする。

5〔生物の体のつくりとはたらき，生命・自然界のつながり〕

問１＜酵素のはたらき＞(1)だ液，胃液，すい液は，よくはたらくときのpHの値が異なる。これは，それぞれの消化液に含まれる酵素の最適pHの違いによるものである。　(2)酵素がはたらく基質が決まっているのは，基質特異性によるものである。

問２＜最適温度＞ヒトの体温は36℃前後で，ヒトの消化管内ではたらく酵素の最適温度は30～40℃である。

問３＜デンプンの分解＞生物X_1はアミラーゼがつくれないので，デンプンを分解することができず，マルトースがつくれないため，ブドウ糖もつくれない。よって，デンプンを与えても，デンプン，マルトース，ブドウ糖のいずれの量も変化しない。また，生物X_2はアミラーゼをつくれるため，デンプンをマルトースに変えるが，マルターゼがつくれないので，マルトースを分解することができず，ブドウ糖はつくれない。よって，デンプンを与えると，デンプンの量は減少して，マルトースの量は増加するが，ブドウ糖の量は変化しない。

問４＜顕性遺伝子と潜性遺伝子＞アミラーゼをつくる生物Ｘとアミラーゼをつくらない生物X_1を交雑したとき，子の生物X_3にアミラーゼのはたらきが見られたことから，アミラーゼをつくる遺伝子は顕性遺伝子であることがわかる。

問５＜遺伝の規則性＞アミラーゼをつくる遺伝子をＡ，つくらない遺伝子をａとすると，生物Ｘの遺伝子はＡＡ，生物X_1の遺伝子はaaと表すことができ，生物X_3は，生物ＸからＡ，生物X_1からａを受け継ぐので，その遺伝子はAaとなる。よって，生物X_3どうしを交雑すると，その子どもの遺伝子の組み合わせと数の比は，AA：Aa：aa＝１：２：１となる。このうち，ブドウ糖をつくれずに短命となるのはaaの遺伝子を持つアミラーゼがつくれない個体だから，その確率は，$\frac{1}{1+2+1}\times100=$ 25(%)となる。

6〔気象と天気の変化，地球と宇宙，大地の変化〕

問１＜気圧＞図１で，Ａ点は，太い線の1000hPaの等圧線から低気圧へ向かって２本目の等圧線上にあるから，$1000-4\times2=992$(hPa)である。また，Ｃ点は，太い線の1020hPaの等圧線と細い線の1024hPaの等圧線の中間にあるから，$1020+4\times\frac{1}{2}=1022$(hPa)である。

問２＜風力＞風力は，等圧線の間隔が狭い所ほど強くなる。よって，図１より，Ａ＞Ｄ＞Ｃ＞Ｂとなる。

問３＜風向＞風は高気圧から低気圧に向かって吹き，北半球では等圧線に垂直な方向に対して右に少しそれて吹く。よって，図１のＣ点の風向は北西である。

問４＜気圧と風＞図１のｅは低気圧で，地表付近の風は中心へ向かって反時計回りに吹き込み，中心では上昇気流が起こる。また，ｆは高気圧で，地表付近の風は中心から時計回りに吹き出し，中心では下降気流が起こる。

問５＜台風の風＞台風は低気圧の一種で，地表付近の風が中心へ向かって反時計回りに吹き込む。図２で，船首の12時から船尾の６時の向きに吹いた風は，反時計回りに台風の中心に向かう。よって，台風の中心は船の右後方，つまり，３～６時の方角にある。

問６＜緯度と経度＞秋分の日の南中高度は，〔南中高度(°)〕＝90°－〔緯度(°)〕で求めることができる。よって，南中高度が54.3°の島の緯度は，90°－54.3°＝35.7°より，北緯35.7°となる。また，日本時間の基準は東経135°の地点で，太陽が最も高くなる時刻は正午(午後０時)である。この島は，太陽が最も高くなる時刻が日本時間の午前10時と，東経135°の地点より２時間早いから，東へ$360°\times\frac{2}{24}$ $=30°$移動した場所にある。よって，135°＋30°＝165°より，この島の経度は東経165°となる。

問７＜北極星の高度＞北極星の高度は，北半球では緯度と同じになる。問６より，この島の緯度は35.7°だから，北極星の高度も35.7°である。

問８＜流量と粒の大きさ＞流量が多いほど流れが速くなり，堆積物の粒は大きくなる。よって，求めるグラフとしてふさわしいのは，図３で，堆積物の粒が大きいほど流量が多くなっているアである。

国語解答

一 1 利他　2 弱冠　3 逐次
4 口伝　5 とうぎょ

二 1 イ，エ　2 エ
3 自分のコン　4 イ
5 自分と他者を尊重してコミュニケーションをとるとともに，自分のことを自分で判断できるようになることによって自らの人生に納得して向き合い長期的な成長を実現する(77字)
［ことが可能になると考えている］
6 (1)…ア　(2)…ウ

三 1 A…オ　B…ウ
2 (i)…イ　(ii)…エ　3 ウ
4 ふだん仕事に厳しく仕事に無関係な話をしないアニさんの，自分を認めてくれたことを意味する言葉と，辞めて迷惑をかける身なのに心配してくれた気持ちが思いがけないものでうれしく，感極まっている。(93字)
5 エ　6 ア

四 1 ほうじょう　2 a…イ　b…ウ
3 畜生の類　4 ウ　5 イ
6 エ　7 エ

一〔漢字〕

1．自分の利益よりも，他人の利益を優先させること。　2．男子の数え年二十歳のこと。古代中国で，その年に冠をかぶり，成人したとされたことから。　3．順を追って，次から次へと物事が行われること。　4．口頭で伝えること。　5．全体をまとめて支配すること。

二〔論説文の読解─教育・心理学的分野─教育〕出典：内田舞『ソーシャルジャスティス　小児精神科医，社会を診る』／永田和宏『知の体力』。

≪**本文の概要**≫【文章Ⅰ】アドボカシーは，自分と相手へのリスペクトを持ちながら，こうしてほしいという意見を表明することである。私は，アメリカの病院の小児うつ病センター長として，アシスタントを雇うことがあるが，彼らと接する中でも，早期からのアドボカシー教育の力を感じることがある。大学を卒業したばかりの若者が，ボスである私に意見を言うのには，感心させられる。若者たちのこのような振る舞いは，「オーナーシップ」とも深く関係しているのだろう。臨床現場でも，アメリカの患者のオーナーシップとアドボカシーを，しばしば実感する。一方で，私自身が患者になった場合には，自分から医療者に対して意見してはいけないような気がしてしまう。これは受けてきた教育の違いによるのだろうが，自分のことは自分の判断でアドボカシーをしていかなければならないと感じている。私の息子たちも，そのような振る舞いを身につけ，自己肯定感を持ってほしい。

【文章Ⅱ】大学で保護者に対する個別面談が行われていると知ったときには，度肝を抜かれた。個人的な考えをいえば，私は，このような大学の小学校化には反対である。大学が学生の面倒をしっかり見ていることが，セールスポイントになっている。そのような大学になら，安心して我が子を預けられるという親の心理を慮っての制度設計なのだろう。

1 <**文章内容**>アドボカシーとは，学校や病院などの組織やそこに所属する自分の状態を望ましい方向に変化させるために，「こうしてほしい」と自ら意見を表明することである(イ…○)。アドボカシーは，「対立姿勢を鮮明にしたり怒ったり，ケンカしたりすること」ではなく，「普通の会話の中で当たり前の相談事として持ちかけ」るものである(エ…○)。

2 <**文章内容**>「研究に関する意見にしても，仕事に関する相談にしても」，それを受け入れるかどうかは別として，ほとんどの場合，アシスタントたちが自分たちの意見をしっかり表明してくれてよかったと「私」は思う。同様に，臨床現場でも，医師としての「私」は，患者からの意見を「ありがたいと感じて」いる。

3＜**文章内容**＞監督の決断にただ従うスタイルでは，「他人の判断が自分の状態，成績や評価などに影響」してしまう。そういうときに，選手は，「その人への怒り」や「『あのとき自分はこう思っていたのに』と消化しにくい思い」が湧くこともあるし，「自分には自分の世界をコントロールする力はないと無力感を抱いてしまうこと」もある。

4＜**文章内容**＞「私」は，「大学を卒業したばかりの若者」であるアシスタントたちが，「ボスである私にためらわずに意見」を言ったり，「自分のために臆さずアドボカシー」をしたりするのを見て，「早期からのアドボカシー教育の力」を感じた。一方で，「私」が「日常の中で何かを要求することや，他者へ意見することへのハードル」を「高く」感じるのは，彼らと違って「子どものころから自分の意見を主張し，それがリスペクトされる経験」を積んでこなかったためと考えられる。

5＜**文章内容**＞「自己肯定感」を持つことは，「『自分の身体や意思は自分のもの』という自分を尊重する」ことであると同時に，「『相手の身体や意思は相手のもの』と相手をリスペクトする」ことである。「自己肯定感」を持つことで，「自分と相手へのリスペクトを持ちながらのコミュニケーション」が可能になる。また，「自己肯定感」を持てば，自分で考えた「結果の成功はもちろん，失敗もまた『自分のものなんだ』と思えて納得」しやすくなる。そのように自分の人生に納得し，受け入れることができれば，長い目で見たときに，よりよい人生を送ることができるようになる。

6＜**文章内容**＞(1)【文章Ⅰ】は，「私」がアメリカでのアシスタントや患者と接した経験をふまえて，子どもたちに「自己肯定感」を持たせる方法を模索したものである。【文章Ⅱ】は，親が大学に「面倒見の良さ」を求めて，現在の日本の大学が小学校化しつつあることに反対する文章である。
(2)【文章Ⅰ】では，「自分と相手へのリスペクトを持ちながらのコミュニケーション」が大切であることが指摘されている。【文章Ⅱ】で紹介されているような親子関係が生じてしまうのは，親が自分の子どもを独立した他者としてリスペクトしていないためと考えられる。

三〔**小説の読解**〕出典：佐藤多佳子『明るい夜に出かけて』。

1＜**表現**＞A．兄は，「誰もが知ってる大学を卒業して，大多数が知ってる企業に勤めて」おり，父も同じコースを歩んできた。「俺」の家では，それが「基本線」であり，「俺」が今，その「基本線」をはずれていることは，しばらくの間のエラーと見なされるのであった。　B．「俺」は，大学への復学に関して，「絶対ダメ」とは思わなかったが「OKって気分には程遠く」て，ぼんやりとした不安はあったが「その不安を口にする根拠がない」という，あやふやな気持ちでいた。

2．(i)＜**心情**＞「俺」の家族は，「俺」が「誰もが知ってる大学を卒業して，大多数が知ってる企業に勤め」るようなコースに戻ることを前提として，会話を進めていた。「俺」は，自分が大学に戻れるかどうかもわからない状態なのに，家族がそんな話をしていたので，自分のことが話題になっているような感じがしなかった。　(ii)＜**文章内容**＞以前の「俺」は，父や兄のような生き方をするのが当然とする家族を「しんどい」と思っていた。しかし，一人暮らしをして，自分や家族を客観的に見ることができるようになったため，家族が自分について話していても，どこか「ヒトゴト」のように感じることができるようになった。

3＜**文章内容**＞母にバイトの仲間のことを尋ねられて，「俺」は，彼らの出身地や家族構成などを「ほとんど答えられ」ず，自分でも少し驚いた。しかし，「俺」は，彼らとつきあっていくうえで大切なことは，ちゃんとわかっていたのだから，それでかまわないのだと自分に言い聞かせた。

4＜**心情**＞「俺」が，三月末でバイトを辞めて大学に復学することを告げると，アニさんは，復学して大丈夫なのかと心配し，うまくいかなければまたここへ帰ってきて働けばいいと言ってくれた。いつも無口なアニさんが「俺」のことを気にかけ，信頼してくれていることを知って，「俺」は，うれしく思い，心を打たれて「しばらく口がきけなかった」のである。

5＜**文章内容**＞「俺」は，「鹿沢に，彼の人生のことをあれこれ聞いてみたくなった」が，同時に，もうその必要はないのかもしれないとも思った。コンビニ以外で彼とつきあうことはあるかもしれないが，それは，「コンビニで一緒に働くこととは違う」からである。コンビニで，鹿沢と一緒に働いた時間は，「俺」にとって，かけがえのない時間だった。その時間を，鹿沢の「人生のこと」を知らずに過ごしたのだから，これから先も，知らなくてもかまわないと「俺」は思った。

6＜**文章内容**＞「俺」は，「一人でもけっこう平気」だが，「世の中の，一人はいけないという空気」には負けてしまう。「俺」は，「本当に孤独を愛する人間」ではないのである(ア…×)。

四〔**古文の読解―説話**〕出典：『今昔物語集』巻第十二ノ第十七話。

≪**現代語訳**≫ところが，尼がちょっと用事ができて，しばらく寺に詣でない間に，その絵像を盗人に盗まれてしまった。尼はこのことを悲しみ嘆いていたが，立ち直るとともにあちこちを探したが，見つけることができなかった。そこで，このことを嘆き悲しんで，また，寄付を募って放生を行おうと思い，摂津国の難波の浜に行った。川の辺りを歩き回ると，市場から帰ってくる人が多かった。ふと見ると，背負い箱が植木の上に置いてあった。持ち主の姿は見えなかった。尼が聞いてみると，この箱の中でさまざまな生き物の声がしている。(尼は)「これは，生き物の類を入れているようだ」と思って，「必ずこれを買って放してやろう」と思って，しばらくとどまって，箱の持ち主が来るのを待った。しばらくすると，箱の持ち主が来た。尼はその人に会い，「この箱の中でさまざまな生き物の声がします。私は放生のために来ました。これを買おうと思ったのであなたを待っていました」と言う。箱の持ち主は答えて，「いや，全然生き物を入れたものではありません」と言う。尼はそれでも熱心に欲しがり，箱の持ち主は，「生き物ではありません」と言い争う。／そうしているうちに，市場の人たちが集まってきて，このことを聞いて，「すぐにその箱を開けて，うそか本当かを確かめればいい」と言う。すると，箱の持ち主はちょっと立ち去るような様子で箱を置いていなくなった。(人々が)探しても行方がわからない。「とっくに逃げてしまったのだろう」とわかって，その後で箱を開けて見ると，中に盗まれた絵仏の像がおられた。尼はこれを見て涙を流して喜び感動して，人々に向かって，「私は以前この仏の像をなくして，日夜探し求め申し上げていましたが，今思いがけずお会い申し上げました。うれしいことです」と言う。人々はこれを聞いて，尼を褒め尊び，箱の持ち主が逃げたことを，「当然だ」と思って，憎み非難した。尼はこのことを喜んで，いっそう(熱心に)放生を行って帰っていった。(そして，)仏をもとの寺にお連れ申し上げて安置申し上げた。

1＜**歴史的仮名遣い**＞歴史的仮名遣いの「au」は，原則として現代仮名遣いでは「ou」になる。

2＜**古語**＞a.「あからさまに」は，一時的に，短時間の間，という意味の形容動詞「あからさまなり」の連用形。　b.「はやく」は，ずっと前に，という意味。

3＜**古文の内容理解**＞箱の中からさまざまな生き物の声が聞こえてきたので，尼は，必ずこれらの生き物を買い取って，放してやろうと思った。

4＜**古文の内容理解**＞「虚実」は，うそと真実のこと。箱の中に生き物など入っていないと言う箱の持ち主の言葉がうそなのか本当なのか，箱を開けて中を調べてみようと，市場にいた人々は言った。

5＜**古文の内容理解**＞尼は，仏の絵像をもとの寺に持ち帰って，安置したのである。

6＜**古文の内容理解**＞尼は，川辺で見つけた箱の中から生き物の声が聞こえてきたので，箱の持ち主からその生き物を買い取って，放してやろうと思って，持ち主を待っていた。

7＜**文学史**＞『今昔物語集』と『宇治拾遺物語』は，説話集。『平家物語』は，軍記物語。『徒然草』は，随筆で，作者は兼好法師。『竹取物語』は，物語。『おくのほそ道』は，俳諧紀行文で，作者は松尾芭蕉。

Memo

Memo

2023年度 昭和学院秀英高等学校

【英　語】（50分）〈満点：100点〉

※　チャイムが鳴って１分後にリスニング問題が開始されます。

1　［リスニング問題］　それぞれの問いについて，対話の場面が日本語で書かれています。John と Mary の対話を聞き，問いの答えとして最適なものを，４つの選択肢から１つ選び，マークシートの(1)～(5)にその数字をマークしなさい。対話は一度ずつ流れます。

(1)　昼休みにメニューを見ながら食堂で話しています。

Q：　What will Mary have for lunch？

①　A sandwich.

②　Pasta with cream sauce.

③　Fried chicken and tomato.

④　Pasta with tomato sauce.

(2)　部活動について話しています。

Q：　What will John and Mary do tomorrow？

①　They will join the chorus club.

②　They will listen to music by the brass band club.

③　They will play musical instruments.

④　They will buy some classical music online.

(3)　駅で話しています。

Q：　What is one problem they have？

①　The Central Theater is closed.

②　She lost something on the train.

③　They won't be able to see the movie.

④　The South Theater is far from the station.

(4)　昨日の出来事について話しています。

Q：　What is one thing that we learn from the conversation？

①　John hasn't prepared a present for Emily.

②　Mary enjoyed lunch with John.

③　Both Mary and John went to the party.

④　Mary will buy a pencil case as a present.

(5)　教室で話しています。

Q：　What will John do next？

①　Ask teachers to open the school library.

②　Borrow a computer.

③　Go to the city library.

④　Call his mother.

2 ［リスニング問題］ 授業を聞き，次の問いに答えなさい。状況，ワークシートを読む時間が与えられた後，音声が一度流れます。

Q：ワークシートの空欄〔1〕～〔5〕に入る適切な語句を，（ ）内に指定された語数で記述用解答用紙の解答欄に記入しなさい。

状況 あなたはアメリカの高校で，食に関する授業を，ワークシートにメモを取りながら受けています。

ワークシート

○ A New Happy Meal

✓ McDonald's new plan

・ the new Happy Meals…will be ＿〔1〕＿(1語)

→less sugar, fat, salt and no artificial colors and preservatives

✓ How will the menu be ?

・ burgers : No cheeseburgers

・ French fries : ＿〔2〕＿(1語) portion

・ drink : ＋water

chocolate milk→new one

✓ Background :

・ fast food→health problems and ＿〔3〕＿(2語)

・ 1/3 kids in the US

↓

McDonald's statement :

＿〔4〕＿(3語)…will help customers make better choices

example : stop serving soda

✓ Some opinions by Professor Harris

・ a good policy

・ concerns about ＿〔5〕＿(3語) a fast-food restaurant

→a difficulty in achieving their goal

※<**リスニング問題放送原稿**>は英語の問題の終わりに付けてあります。

3 次の英文の空所を補うのに最適なものはどれか，マークシートの(6)～(10)にその数字をマークしなさい。

(6) David is so popular that he has a lot of friends (　　　).

① to play　② to play with　③ to play with them　④ to be played

(7) We came to the conclusion (　　) we are wrong.

① when　② while　③ that　④ which

(8) We had to hurry up, because there was (　　) time left before the last bus.

① little　② a little　③ few　④ a few

(9) I received an email (　　) that James had succeeded in finding a new job.
① says　② said
③ has said　④ saying

(10) My grandmother, who died the other day, told me that she would leave me four rings. One of them was discovered in her bedroom, but (　　) could not be found anywhere.
① other　② the other
③ others　④ the others

4 次の日本語を表す英文を，それぞれ[　]内の語を並べかえて完成するとき，(11)～(14)に入れるのに最適な語はどれか，マークシートの(11)～(14)にその数字をマークしなさい。

隣家の騒音で私は一晩中眠れなかった。
The (11)(　)(　)(　)(　)(　)(　)(12)(　) all night.
[① the　② awake　③ me　④ next　⑤ from　⑥ kept　⑦ door　⑧ noise　⑨ house]

報道によると，たくさんの人々がその事故で負傷したそうだ。
(　)(　)(13)(　)(　)(　)(14)(　)(　) the accident.
[① many　② injured　③ reported　④ were　⑤ that　⑥ is　⑦ people　⑧ it　⑨ in]

5 次のAとBの会話が成立するように，次の日本語を表す英文を，記述用解答用紙〔6〕～〔7〕に書きなさい。

〔6〕 A： Why didn't you answer?
B： The classroom was so noisy. 自分の名前が呼ばれるのが聞こえなかったんです。

〔7〕 A： Could you give me some good advice about getting good grades in Japanese?
B： できるだけたくさんの本を読むように努力しなさい。

6 次の(15)～(19)の英文を読んで，設問の答えとして最適なものを1つずつ選び，マークシートの(15)～(19)にその数字をマークしなさい。

(15) The most popular mobile phone activity is taking pictures. Among all mobile phone users, 82% use their phone to take photos. There is little difference between males and females. For instance, 82% of men and 81% of women take pictures with their phones. Perhaps unsurprisingly, young adults are the most likely to take pictures. Ninety-four percent of those under 29 take pictures with their mobile phones, compared to just 44% of those aged 65 and over.

Q： Which statement is true?
① A lot of men use their mobile phones to take pictures, but not so many women take photos with their phones.
② People all over the world send and receive texts with their mobile phones more often than they used to.
③ People use their mobile phones to access the Internet and play online games more often than to take photos.
④ Young adults take photos with their mobile phones more than twice as often as people who are 65 and over do.

(16)

My instructor warned us about plagiarizing other writer's ideas. I know students get in trouble for plagiarizing, but what is plagiarism ? Why is it so important in North America ?
—Thiago

Dear Thiago,
When you copy someone's exact words or ideas, you are plagiarizing. In some countries, it is OK to do that. In North America, however, a person's words and ideas are like property. They belong to that person. You can use them, but you must always say where you found them and name the original writer.
Yours truly,
Professor Wright

Q : What does plagiarism mean ?

① The practice of listening to another person's ideas and expressing your own opinions.
② The practice of thinking of something new after solving difficult questions.
③ The practice of using another person's ideas and pretending that they are your own.
④ The practice of writing an essay in order to improve or change it.

(17) A study from Brown University found that 73% of college students __________. There are many reasons for this. First, they have homework to do and exams to study for. They're also making new friends and want to spend time with them. In addition, many students have to work part-time jobs to help pay for college.

Q : Choose the best statement to fill in the blank in the text.

① do not avoid TV or mobile phone screens at night
② do not get enough sleep that they typically need
③ eat well and get a good amount of exercise
④ wake up at about the same time every morning

(18) Perhaps the greatest disaster in the history of life on Earth is one that we almost never think about. Two billion years ago, the Earth had no oxygen, and all forms of life were too small for the human eye to see. Gradually, these living things began producing oxygen as a waste product, just as plants do now. However, at that time, for most life, oxygen was poisonous. As oxygen increased from 0% of the atmosphere two billion years ago, to the present 21%, animals or plants were forced to change. Naturally, many of them must have died in the poisonous atmosphere ; however, some managed to change and survived.

Q : Choose the best statement to fill in the blank.

According to the passage, the greatest disaster ever for life is probably that __________.

① many animals or plants were able to make oxygen less poisonous
② oxygen levels in the air increased dramatically
③ oxygen has been poisonous for living things
④ very small living things began producing CO_2

(19) Consider the world one hundred years ago. Your grandfathers and grandmothers were not even

born. Then within two or three decades, all four of them were born. At their birth, the chances that they would become two couples and create your mother and father were incredibly small. Then your parents were born and somehow a generation later, they met. In other words, of the infinitely large number of ways that DNA can make a life, somehow the miracle happened and you were born.

Q : Choose the best statement to fill in the blank.

The main point of this passage is that ＿＿＿＿＿.

① it is important to respect your parents
② it is miracle that you were born
③ there are a lot of ways that DNA can make a life
④ your parents might not have been married

7 以下の文章を読んで，設問に答えなさい。

I grew up near a hospital where babies were delivered. When I was a young girl, I would always pass by this hospital on my way to school. Every day, I would see married couples as they walked to the hospital entrance. The pattern was always the same : a husband helping his pregnant wife walk from their car to the hospital emergency entrance doors.

[22] But I thought it was very kind of a man to help a woman walk with such a heavy burden. Later, as a teenager, I understood more. And I began to watch the expressions on their faces. I saw hope mixed with worry, joy mixed with (20-a), uncertainty mixed with (20-b). As I watched these couples walk into the hospital every day, I began to have complicated feelings of my own : "[23]"

One day, as I watched one of these couples, I was drawn to the particularly strong, kind and handsome man as he held his wife's arm. Like most of the women about to give birth, his wife walked with difficulty as he held her, supporting her weight. He was very patient, and seemed to wish that there was more he could do to help. At that moment, I made a wish : "Please let me experience love like that someday." This was my wish, and it really came true—but (21)<u>not in the way I expected.</u>

About ten years later, I found myself living in a house near the same hospital with my loving husband, Mike. After three years of marriage, we were about to have our first child. [24]

I told Mike not to worry too much. But he became very nervous as he waited for the moment when he would drive me to the hospital. He began working at home so he could be with me 24 hours a day.

One day, Mike was working at his computer in our living room, while I talked on the phone in the kitchen. Mike and I both knew that our life-changing moment could come at any time. [25]

"Oh ! . . . Oh !" I said, a little too loudly.

I know it was too loud because I heard Mike jump up from his desk. Hearing my voice, he ran to me at top speed. He was in such a rush that he hooked his little toe on the corner of our coffee table. He struck it with such force that he broke his toe. When he reached me, he was hopping and pointing to his broken little toe, which pointed out to the side in a strange way.

"Oh, my !" I said. "That looks terrible ! Let's get you to the hospital right away."

I drove him to the hospital, and helped him walk, slowly and in great pain, to the emergency entrance. As we walked together, I noticed a group of children as they walked to school. One young girl stopped to look at us—a pregnant woman helping her handsome husband walk to the emergency entrance.

The girl reminded me of myself so much that I had to smile.

"(26)," I said to her. She returned my smile with a thoughtful grin before turning to run and catch up with her friends.

問1 文脈に合うように，英文中の空所（20-a），（20-b）に補うものとして最適な組み合わせを１つ選び，マークシートの⒇にその数字をマークしなさい。

① （20-a）：tiredness （20-b）：happiness
② （20-a）：happiness （20-b）：tiredness
③ （20-a）：happiness （20-b）：certainty
④ （20-a）：tiredness （20-b）：sadness

問2 下線部㉑とはどのようなことかを正しく説明しているものを１つ選び，マークシートの㉑にその数字をマークしなさい。

① 思わぬ立場で病院に行くことになったから。
② 自分の希望する人と結婚できなかったから。
③ 予想したより早くに出産することになったから。
④ 期待した場所とは違う場所に住むことになったから。

問3 文脈に合うように，英文中の空所[22]～[25]に補うものとして最適なものを１つずつ選び，マークシートの㉒～㉕にその数字をマークしなさい。

① Would I ever meet a man and get married? Could I be a good mommy?
② The doctor told us our baby might arrive any day.
③ As a small child, I never understood why they came to the hospital in pairs.
④ I was speaking to a girlfriend about recipes, when she said something that surprised me.

問4 文脈に合うように，英文中の空所（26）に補うものとして最適なものを１つ選び，マークシートの㉖にその数字をマークしなさい。

① Personality is more important than looks
② How rude of you to stare at people so much
③ Be careful what you wish for
④ I'm tired of my husband. He's not helpful

問5 本文の内容に合うものを１つ選び，マークシートの㉗にその数字をマークしなさい。

① The author saw her husband help his wife walk from their car to the hospital emergency entrance doors when she was little.
② Mike, the author's husband, changed his working style because he was worried about his pregnant wife.
③ The author said "Oh!" because she realized that she was about to have a baby so Mike drove his wife to the hospital.
④ Mike broke his toe in his room while he was working at his desk, and he didn't know what was going on with his wife.

8 以下の文章は豊かさと貧しさについて書かれたものである。文章を読んで設問に答えなさい。

"Rich," "wealthy," "well-to-do"—whatever you call it, most of us want to be it, and there's nothing necessarily wrong with that. Having large amounts of money in the bank removes a lot of worries, such as what you'll do when you're too old to work and don't have a regular income. Or maybe we should say that it removes one set of worries and creates a different set. For example, when you have plenty of money and valuable things, you have to protect yourself from thieves, but not when you're poor ; you can't lose something that you don't have.

"Ah, but everybody has worries," you say to yourself, "and I would like to have the worries of a rich person better than those of a poor person." If a rich person decides he wants to be poor, he can simply give everything away, but if a poor person decides he wants to be rich, he can't solve that problem quite so easily.

What does "poor" really mean ? We often hear people talking about the percentage of the world's population that lives on less than US$1 per day. Actually, that amount used to be the World Bank's "international poverty line," but since 2005 it has been using US$1.25 as the cut-off point. Exchange rates move up and down, but consider that amount to be equal to ¥100-¥150 ; no matter what the exact number is, it wouldn't buy you much more than a snack at the local convenience store, so of course it wouldn't buy three healthy meals. Using (A)<u>this measure of poverty</u>, we find that a great number of poor people can be found in Africa, followed by India and then southeast Asia.

But is poverty really a question of how much money you have ? The United Nations Development Program (UNDP) has developed a fascinating way of measuring what it calls "multi-dimensional poverty," and money (or the lack of it) is only one of several parts of which it is made. A good explanation of their system would be too long to give here, but the important point is that it looks at a lot of indicators in three categories : Health, Education, and Standard of Living. These include whether a family's home has electricity, whether all school-age children in the family go to school, and whether the members of the family can eat good food. If a family is found to be lacking in a third or more of the different indicators, it is classified as "poor." When nations are ranked using the UNDP's measure of multi-dimensional poverty, there are a few surprises : (B)<u>some countries are not as poor as the World Bank's money-only rankings would suggest, and others are much poorer.</u>

問1 第1段落と第2段落を要約すると次のようになる。下線部に日本語を入れ，要約を完成させなさい。ただし，解答は記述用解答用紙〔8〕に書きなさい。

＜要約＞

誰もが金持ちになりたいと思っている。金持ちであれば，＿＿＿＿＿＿＿＿＿＿＿＿＿＿＿＿
しかし，貧乏である場合には，その心配の必要がない。金持ちは貧乏になりたければ，財産を手放せばよい。貧乏人が金持ちになりたくても簡単にはなれない。

問2 下線部(A) this measure of poverty の内容を，記述用解答用紙〔9〕に，日本語で答えなさい。

問3 下線部(B)を和訳し，記述用解答用紙〔10〕に答えなさい。

9 以下の主張について，賛成の立場から，その理由を1つ，またその具体例をそれぞれ1つずつ，空所にあてはまるように記述用解答用紙〔11〕～〔13〕に英語で書きなさい。ただし，各空所には10語以上20語以下の英語をそれぞれ書くこと。なお，英文の数は問わない。

Students should spend one day in a week without smartphones.

I agree with the statement that students should spend one day in a week without smartphones. I have two reasons.

First, they can spend the day on other activities.　For example, (　　11　　).

Second, (　　12　　).　For example, (　　13　　).

For these reasons, students should avoid using smartphones one day in a week.

＜リスニング問題放送原稿＞

1

(1)　昼休みにメニューを見ながら食堂で話しています。

M :　What do you want to eat for lunch today, John ?

J :　I will have today's special menu.　It is a sandwich with fried chicken !　It looks delicious.

M :　It's a nice choice.　Let me see . . . I want to try some pasta today.　I don't like tomatoes, so I will choose that one.

J :　I like cream sauce too.　I ate it last week and it was so good.

(2)　部活動について話しています。

M :　Do you have any plans to join club activities ?

J :　Yes, I'm interested in music, so the chorus club or the brass band is good for me.　How about you, Mary ?

M :　Umm, it's difficult to choose one club because there are many clubs in this school.

J :　You're right.　So why don't you go to the brass band concert tomorrow ?　It's a good chance to listen to their performance and it will help your decision.

(3)　駅で話しています。

J :　Oh no !　We missed the train.　We cannot arrive at the Central Theater by 11 o'clock.

M :　I guess we cannot see that movie then.

J :　How about the South Theater ?　Can we see the same movie around 12 o'clock ?

M :　No, we can see that only in the Central Theater.　Let's do something different.

(4)　昨日の出来事について話しています。

J :　You went to Emily's birthday party yesterday, right ?　How was that ?

M :　It was a lot of fun.　I gave some presents to her and enjoyed dinner with her family.

J :　I couldn't go to the party so I will buy something for her.　What did you buy as gifts ?

M :　I bought a pencil case and baked cookies.　She really enjoyed them.

(5)　教室で話しています。

J :　I checked the calendar just now.　Our school library is closed today.　I need some books to finish my report by tomorrow.

M :　That's too bad.　You should have borrowed them earlier.

J :　Yes, it's my fault.　I didn't check the deadline.　What should I do ?

M :　How about the city library ?　It's open seven days a week and has more books than the school library has.　You can use a computer there, so you'll complete your task.

J :　Great !　Then, I'll call my mother and ask her to drive me there.

Today, we are discussing fast food. As you know, these days a balanced and healthy diet is being paid attention to. In line with this trend, McDonald's announced a plan. So now, let's listen to the news about the plan. An expert will mention one problem near the end. So, please think how we can solve it.

McDonald's is making Happy Meals healthier. By June, all Happy Meal menus in the U.S. will be 600 calories or less. That's an average reduction of 150 calories. Meals will have less sugar, fat, and salt, and no artificial colors and preservatives.

How will the menu become healthier ? Cheeseburgers will be removed. Bottled water will be added. French fry portions will shrink. Some items, such as chocolate milk, will be reformulated.

Fast food is linked to health problems and weight gain. But one-third of kids in the U.S. eat it every day, according to the U.S. Centers for Disease Control and Prevention. McDonald's will still offer less-healthy items in Happy Meals. But the company says adding healthy options will help customers make better choices. In 2014, McDonald's quit serving soda with Happy Meals except by special request. By the end of last year, more than half of customers chose healthier drinks.

Jennifer Harris, a professor at the University of Connecticut, studies fast food. She thinks the changes are a good idea. But in an editorial for the Associated Press, Harris still expressed concerns. "Consider the environment inside a fast food restaurant," she wrote. "The smell of French fries, the prominent soda fountain with the soda-brand logos, the images of ice cream and large burgers on posters and menu boards." In that setting, Harris says, it might be hard for kids and parents to make healthy choices.

【数　学】（50分）〈満点：100点〉

1　次の問いに答えよ。

(1)　$(2+\sqrt{3})(2-\sqrt{3})-4(2+\sqrt{3})^{10}(2-\sqrt{3})^{11}+(2+\sqrt{3})^{20}(2-\sqrt{3})^{22}$ を計算せよ。

(2)　$a^2-4b^2+3ab-2bc+2ca$ を因数分解せよ。

(3)　A，B，C，Dの4人が1回じゃんけんをするとき，あいこになる確率を求めよ。

(4)　1辺の長さが6の正四面体ABCDがある。3辺AB，AC，CDの中点をそれぞれE，F，Gとするとき，△EFGの面積を求めよ。

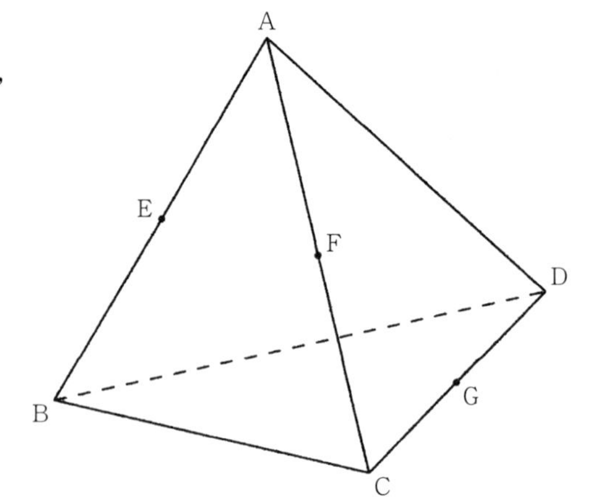

(5)　10個のデータ

$3,\ 3,\ 4,\ 5,\ 7,\ 8,\ 9,\ 9,\ x,\ x+3$

がある。ただし，xは自然数とする。このデータの中央値が6のとき，xの値をすべて求めよ。

2　放物線 $y=\frac{1}{2}x^2$ 上に2点A，Bがある。点Aのx座標は-6であり，直線ABの切片は12である。Oを原点とするとき，次の問いに答えよ。

(1)　点Bの座標を求めよ。

(2)　△OABの面積を求めよ。

(3)　放物線 $y=\frac{1}{2}x^2$ 上にOとは異なる点Pをとる。△OABの面積と△APBの面積が等しくなるような点Pの座標をすべて求めよ。

(4)　△OABを直線ABのまわりに1回転してできる立体の体積を求めよ。

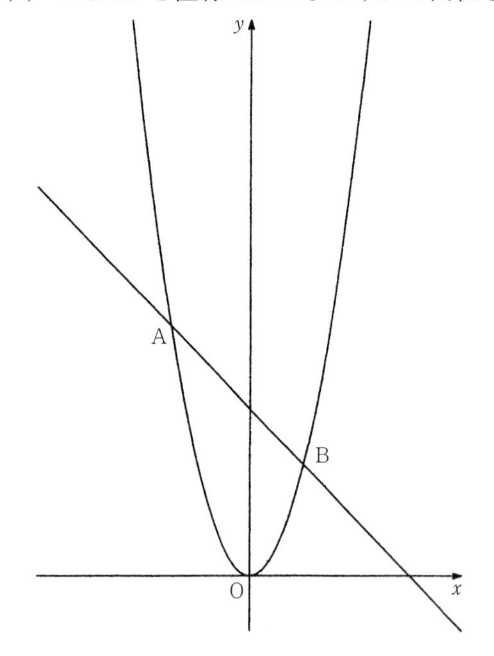

3　次の問いに答えよ。

(1)　$13^2=5^2+12^2$ のように，13^2 は2つの自然数の2乗の和で表される。これを利用して，13^2 を3つの自然数の2乗の和で表せ。

(2)　$13^2+x^2=y^2$ となる自然数の組$(x,\ y)$をすべて求めよ。

(3)　7225は4つの自然数の2乗の和で表すことができる。その例を挙げよ。

4　図のように円に内接する四角形ABCDがある。ACとBDの交点をEとし，直線AD上にBD∥CFとなる点Fをとる。△ABCが正三角形で，AD=10，BD=25のとき，次の問いに答えよ。

(1)　∠DCFの大きさを求めよ。

(2)　AFの長さを求めよ。

(3)　DEの長さを求めよ。

(4)　ABの長さを求めよ。

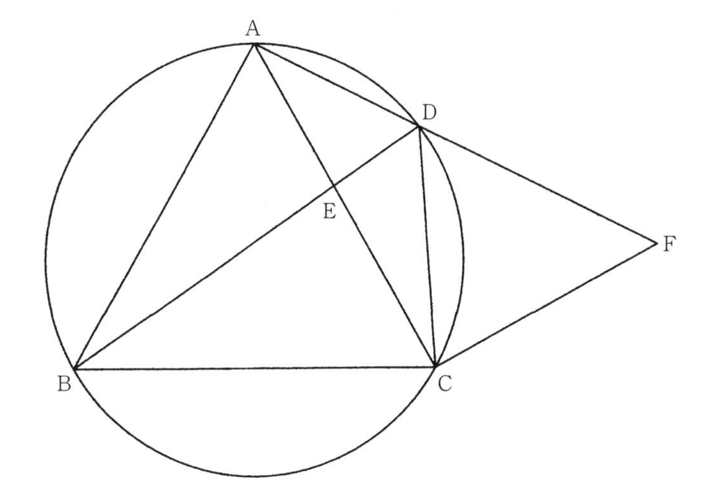

【社　会】（40分）〈満点：60点〉

※全ての問題について，特に指定のない限り，漢字で答えるべきところは漢字で答えなさい。

1　世界の自然災害と地球温暖化について述べた次の文章を読み，以下の問いに答えなさい。

異常な自然現象がもたらす人や社会活動への被害は「ア自然災害」と呼ばれる。近年，水害や干ばつの被害が拡大し，キューバなど西インド諸島周辺では（　a　）と呼ばれる熱帯低気圧が発達し，高潮による浸水被害の報告が増えている。日本のイ大都市でも集中豪雨が頻発し，都市型水害が深刻化している。

自然災害では地球温暖化との関係が指摘されている。2015年，京都議定書に代わる，温室効果ガス削減に向けた新たな国際枠組みとして（　b　）が採択され，以降，世界共通の長期目標として，産業革命前からの地球の平均気温上昇を2℃より低く抑えるとともに，1.5℃に抑える努力を追求することが示された。参加国は5年ごとに排出削減目標を提示し，ウ再生可能エネルギーの導入など脱炭素化に向けた取り組みを進めている。

国や地方自治体では防災・減災に対する取り組みも進められている。防潮堤や砂防ダムなどの防災施設を設け災害自体を抑制するハード対策ばかりでなく，災害発生時の被害を最小限に回避・軽減するためのエソフト対策も注目されている。

問1　文章中の（a）・（b）にあてはまる最も適当な語句を答えなさい。

問2　下線部アに関連して，次の図1は*自然災害発生数の上位10カ国を示したものであり，①～④は火山活動，干ばつ，洪水，地震のいずれかです。洪水を示すものを①～④のうちから1つ選び，マークシートの(1)にその数字をマークしなさい。

＊「10人以上の死者」「100人以上の被害者」「国家非常事態宣言の発出または国際支援の要求」のいずれかの条件を満たす災害について，1900～2020年の発生数。

①

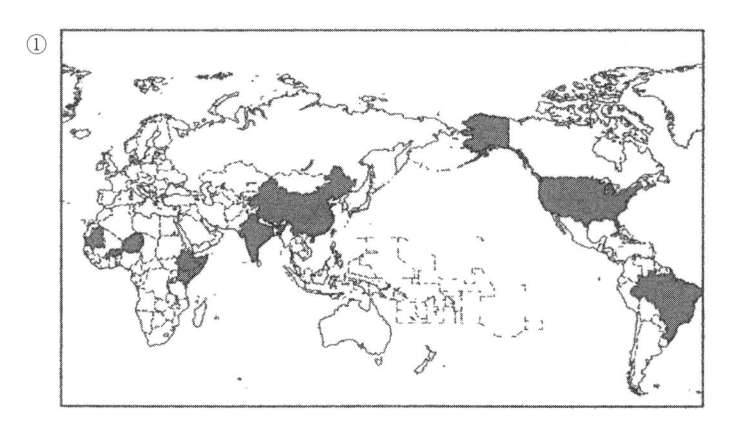

②

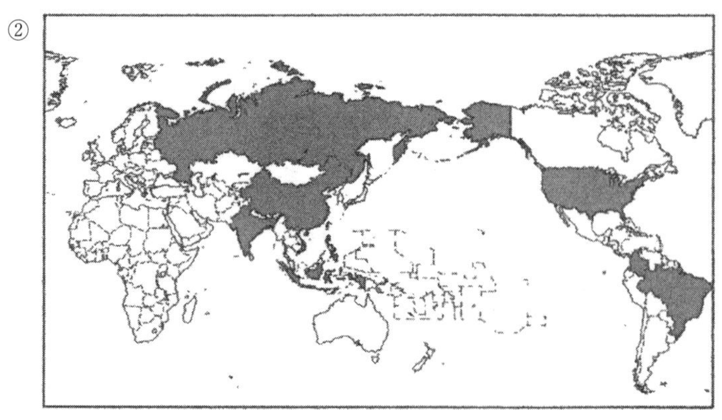

③

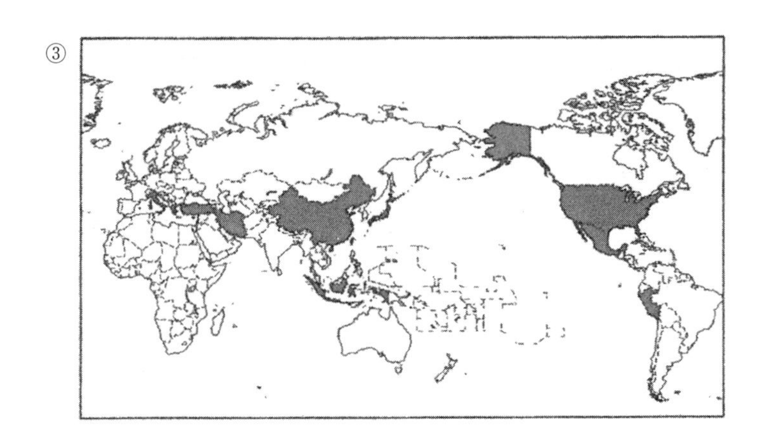

④

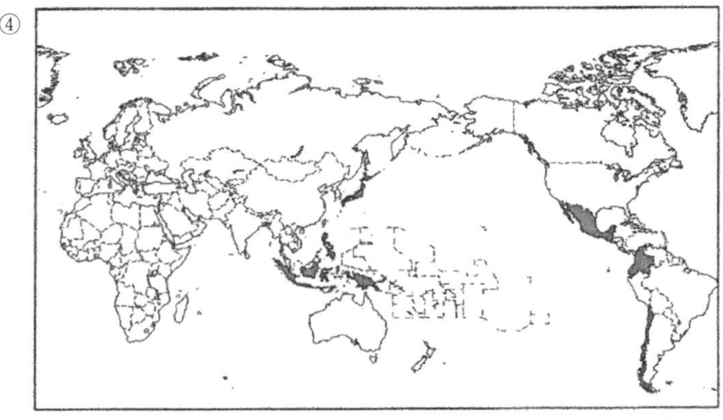

EM-DAT により作成。

図1

問3　下線部イに関連して，大都市では都市周辺と比較し気温上昇が著しいです。次の表1は，横浜，名古屋，福岡の3つの大都市における熱帯夜・真夏日・猛暑日の増加のペースを示します。この表から考えられる，大都市の気温上昇を示す最も適当な方法を下の①～④のうちから1つ選び，マークシートの(2)にその数字をマークしなさい。

表1

	熱帯夜（日）	真夏日（日）	猛暑日（日）
横浜	3.1	2.2	0.3
名古屋	3.8	1.3	1.0
福岡	4.7	1.2	1.1

1927年～2021年の間に，10年間で平均何日増加しているかを表す。
気候変動監視レポート2021により作成。

① 日最高気温が高くなったことを示す
② 日最低気温が高くなったことを示す
③ 月平均気温が高くなったことを示す
④ 年平均気温が高くなったことを示す

問4　下線部ウに関連して，次の図2中に示すハワイ島(北緯20度，西経155度付近に位置)では地域の特徴をいかし，再生可能エネルギーの導入が進められてきました。下の図3はハワイ島における使用時間帯ごとの電気料金の推移を示したものです。これによると，オンピークやオフピークより真昼の電気料金が安くなっていることが読み取れます。この理由について30字以内で説明しなさい。

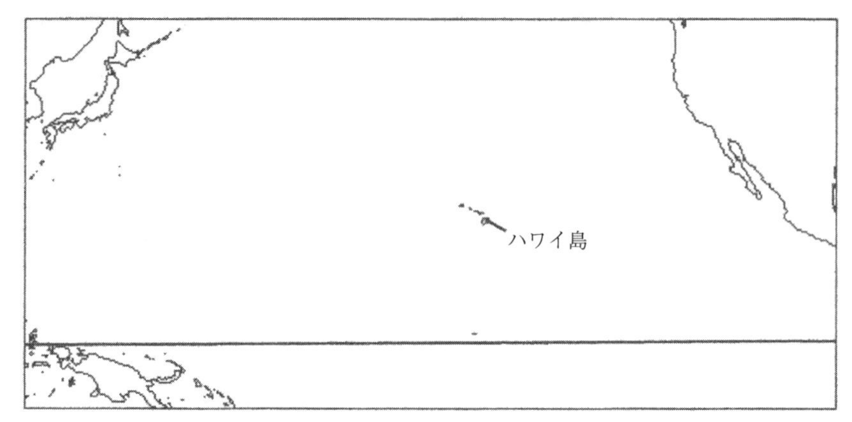

図2

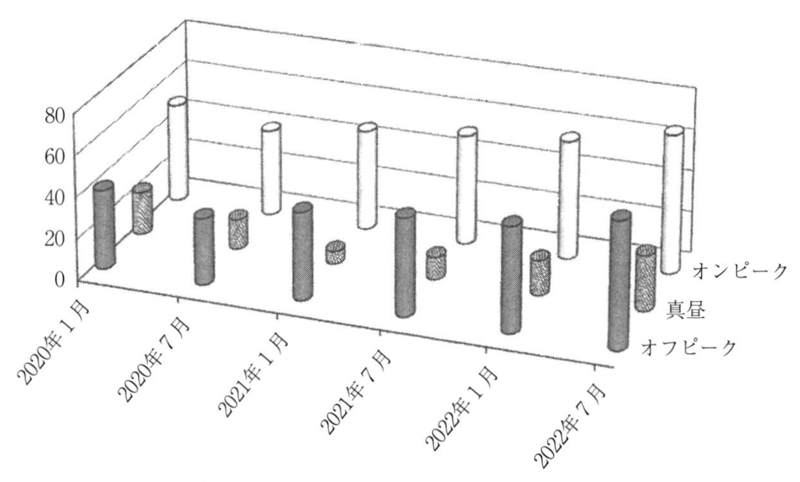

1キロワットの電力を1時間消費した際の金額を示す。単位はセント(1ドルの100分の1)。「オフピーク」は午後10時～午前9時,「真昼」は午前9時～午後5時,「オンピーク」は午後5時～午後10時。Hawaiian Electric Company の資料により作成。

図3

問5　下線部エに関連して，ソフト対策には具体的にどのようなものがあるか，10字以内で答えなさい。

2　オーストラリアに関する以下の問いに答えなさい。

問１　次の図１はオーストラリアの州区分(準州を含む)，表１はこれらの諸州の人口密度，小麦生産量，牛の頭数，石炭産出量を示したものです。Ａ～Ｃとア～ウとの正しい組合せをあとの①～⑥のうちから１つ選び，マークシートの(3)にその数字をマークしなさい。

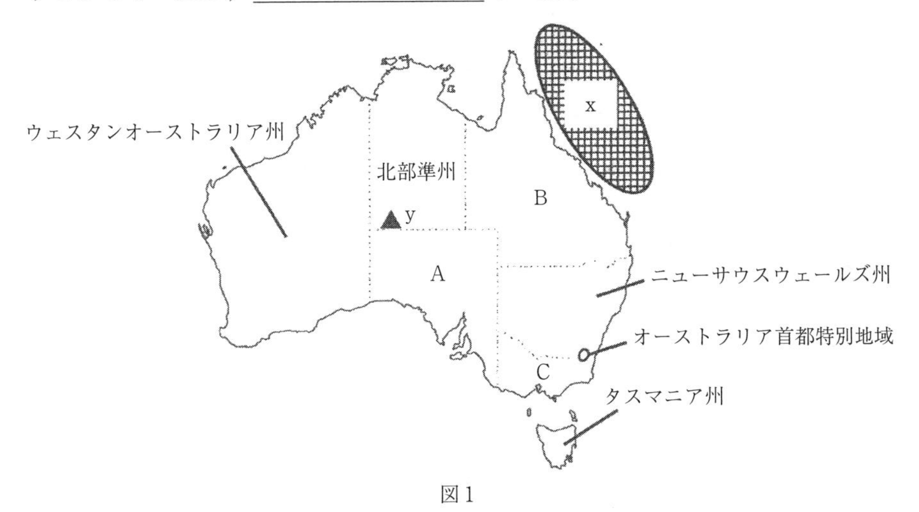

図１

表１

	人口密度 (人/km²)	小麦生産量 (万ｔ)	牛の頭数 (万頭)	石炭産出量 (千ｔ)
ア	28.8	371	351(58.2)	－
ニューサウスウェールズ州	10.1	177	386(93.4)	199,657
タスマニア州	8.3	4	78(61.9)	360
イ	3.0	42	1,050(98.9)	245,055
ウ	1.8	269	102(88.7)	－
ウェスタンオーストラリア州	1.1	584	203(94.6)	6,196
北部準州	0.2	－	180(100.0)	－
全体	3.3	1,448	2,350(90.0)	451,268

統計年次2019～2020年の推定値，人口密度は2021年。牛の頭数の(　)内は肉牛の占める割合(%)。「－」は「統計なし」を示し，ゼロに等しい。Australian Bureau of Statistics により作成。

	①	②	③	④	⑤	⑥
A	ア	ア	イ	イ	ウ	ウ
B	イ	ウ	ア	ウ	ア	イ
C	ウ	イ	ウ	ア	イ	ア

問２　表１中のウェスタンオーストラリア州の人口密度は，アやニューサウスウェールズ州と比較して低い。この理由について30字以内で説明しなさい。

問３　図１中の海域ｘと地点ｙに関する次の文章中の(１)・(２)にあてはまる最も適当な語句をそれぞれ１つずつ答えなさい。

ｘ・ｙともにユネスコの世界遺産に登録されており，年間で多くの観光客が訪れる。年間を通じて海水温が高いｘには，いくつもの(　１　)が分布する。ｙでは大平原に「ウルル」と称される巨大な一枚岩が見られる。先住民(　２　)はこの岩を聖地としており，2019年には登山が恒久的に禁止された。

問４　次の図２はオーストラリアの貿易額の推移を示したものであり，図中のＤ・Ｅは輸出額と輸入額，カ・キは中国と日本のいずれかです。輸出額と中国との正しい組合せを下の①～④のうちから1つ選び，マークシートの(4)にその数字をマークしなさい。

D

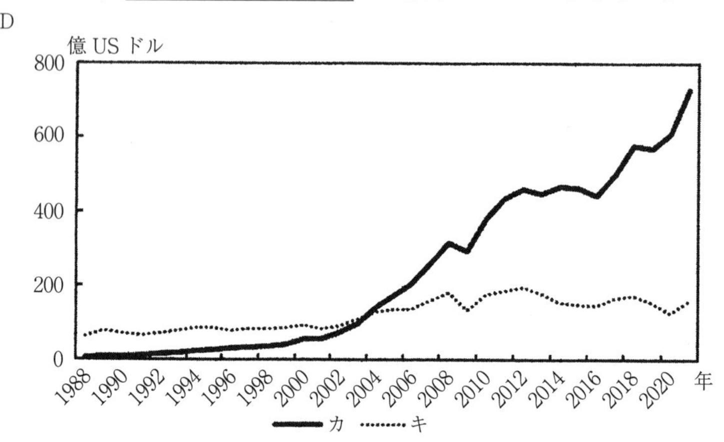

E

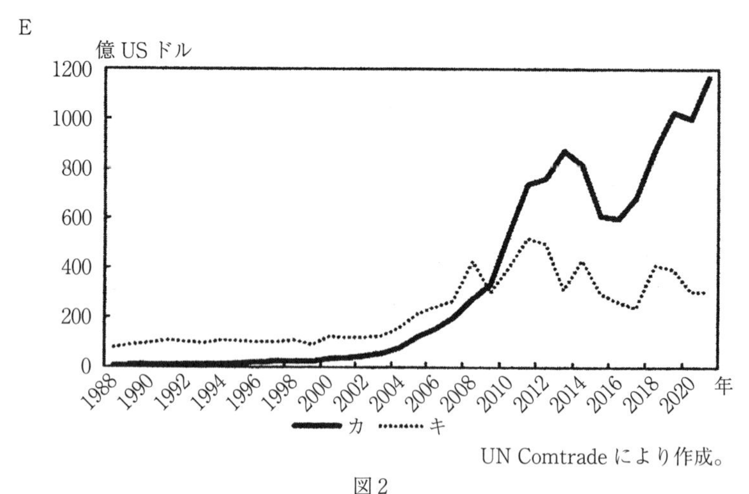

UN Comtradeにより作成。

図2

	①	②	③	④
輸出額	D	D	E	E
中国	カ	キ	カ	キ

問5　オーストラリアはブラジルと並ぶ南半球の主要国です。両国の共通点について述べた次の①～④の文のうちから最も適当なものを1つ選び，マークシートの(5)にその数字をマークしなさい。

① 英語が公用語である。　② 国土面積の大きさで5位以内に入る。

③ 首都が人口最大ではない。　④ TPP11に含まれる。

3　日本で仏教は信仰面の他にも様々な影響を社会に与えてきました。それについて述べた次の文章を読み，以下の問いに答えなさい。

『日本書紀』などによると，仏教は6世紀に（ ア ）の王から正式に伝えられたとされる。推古天皇の時代の指導者は一族の信仰の中心として氏寺を築き，飛鳥寺は（ イ ）氏によって建立された。当時派遣された遣隋使には仏教を学ぶ留学僧も同行し，その一人は大化の改新で国博士をつとめた。またこの時期に渡来した僧は多くの文物を伝え，（ ア ）の僧は暦法をもたらした。

奈良時代にも政府は仏教を重んじた。聖武天皇は a 鎮護国家の考え方に基づいて，740年に藤原広嗣が大宰府で起こした反乱などにより社会は混乱し，それを収める目的で，大仏を造立する命令を発した。大寺院は政府の保護を受けながら，その収入源として自ら荘園を経営した。彼らはその維持を図って，国司や武士に対抗するための武力である僧兵を組織した。

鎌倉時代に親鸞は念仏を唱えることを説いて(ウ)を開いた。(ウ)は一向宗ともよばれ，室町時代には東海・北陸地方の惣村に広まった。この教えの下に団結した農民は一向一揆を形成し，(エ)国では1488年から約1世紀にわたって自治が行われた。室町時代に足利義満は明との間に国交を開いて貿易を始めたが，そこから得た利益も用いて彼は豪華な山荘を築き，この山荘はのちに(オ)という寺院となった。明に渡った禅僧はそこで学んだ水墨画や建築・庭園の様式を日本に広く伝え，中でも(カ)は水墨画を大成した。

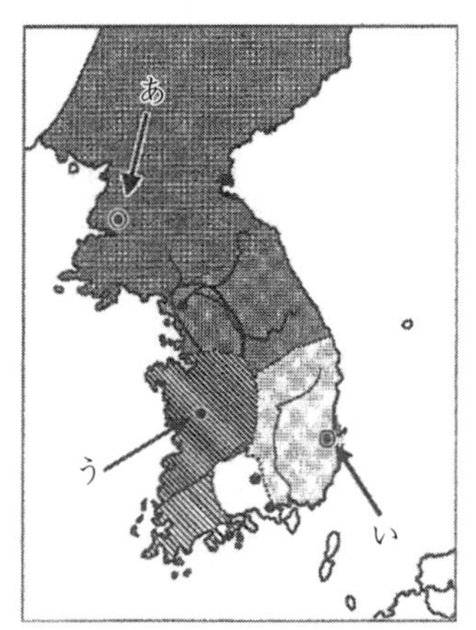

出典：山川出版社『詳説日本史』より引用。一部改変。

問1　右の地図は6世紀の朝鮮半島の情勢を示したものです。文章中の(ア)にあてはまる場所と国名の正しい組合せとして適当なものを次の①～⑨より1つ選び，マークシートの(6)にその数字をマークしなさい。

①　あ一百済　②　い一百済　③　う一百済
④　あ一新羅　⑤　い一新羅　⑥　う一新羅
⑦　あ一高句麗　⑧　い一高句麗　⑨　う一高句麗

問2　(イ)にあてはまる，仏教導入を積極的に進め推古天皇とも協力した氏の名を書きなさい。

問3　下線部aの鎮護国家の考え方を説明した文として最も適当なものを次の①～④より1つ選び，マークシートの(7)にその数字をマークしなさい。

①　寺院によって民衆の日常生活を管理させようとする考え方。
②　仏教の力によって国の平安を実現させようとする考え方。
③　阿弥陀仏にすがって来世には極楽へいこうとする考え方。
④　祈とうによって今の世での利益を実現させようとする考え方。

問4　(ウ)にあてはまる宗派名を書きなさい。

問5　(エ)にあてはまる国での一揆の説明として最も適当なものを次の①～④より1つ選び，マークシートの(8)にその数字をマークしなさい。

①　この一揆では武士と農民が協力して守護大名の畠山氏の軍勢を追い出し，自治を行った。
②　この一揆を後に鎮圧した戦国大名の朝倉氏は分国法を定め，一乗谷に城下町を築いた。
③　この一揆を後に鎮圧した織田信長は，ここに安土城を築いて全国統一の拠点とした。
④　この一揆では百姓が取り立てた人物が守護となり，百姓が支配している国のようになった。

問6　(オ)にあてはまる寺院の説明として最も適当なものを次の①～④より1つ選び，マークシートの(9)にその数字をマークしなさい。

①　この寺院には中国の様式を取り入れた南大門が築かれ，金剛力士像が置かれた。
②　この寺院には寝殿造と禅宗様の様式を合わせた建物が築かれた。
③　この寺院には今日につながる書院造を備えた東求堂が建てられた。
④　この寺院には地元から産出した金を使用した金色堂が建てられた。

問7　(カ)にあてはまる人物の名を書きなさい。

4　次の史料は，建武の新政の時期の世相をえがいた「二条河原落書」の一部を現代語に訳したものです。これを読み，以下の問いに答えなさい。

「このごろ都ではやっているものは，夜うちや強盗，天皇のにせの命令，逮捕された人や緊急事態を知らせる早馬，何もないのに騒動が起こること。生首があったり，かってに僧になったりもどったり，急に大名になったり逆に路頭に迷ったり，土地や恩賞ほしさにうそのいくさを言い出す者や，文書を入れた細つづらを持って土地をはなれて訴訟にくる者もいる。」

（『建武年間記』より，一部要約）

問1　当時の天皇の名を書きなさい。

問2　上の史料から，当時の社会に大きな混乱が起こっていたことが読み取れます。その中には，路頭に迷ったり，やってもいない合戦を訴えたり，文書を持って京に訴訟に来る者が現れたことがありました。この3つの事態を生んだ理由を，史料の内容をもとにして説明しなさい。

5　以下の問いに答えなさい。

問1　武力よりも学問や礼節を重んじることを政治の方針とし，元禄小判を発行して財政収入を増やそうとした将軍の名を書きなさい。

問2　薩摩藩の出身で，岩倉使節団の一員として欧米を視察し，西南戦争で西郷隆盛と戦った人物の名を書きなさい。

問3　第一次世界大戦の時期に中国へ「二十一か条の要求」を出した際の外務大臣で，1925年に治安維持法と普通選挙法を制定した際の首相だった人物の名を書きなさい。

6　以下の①～④は，18世紀末から19世紀にかけて世界で起こった出来事に関する画像です。この4枚の画像を**古い順**に並べ替えた際に，**2番目**になるものを，次の①～④より1つ選び，マークシートの⑽にその数字をマークしなさい。

① イギリスの軍艦により炎上する船

② 式典に参加する皇帝と宰相ビスマルク

③ 牢獄を襲撃する市民

④ 横浜で外国船を出迎える幕府の役人

7　以下の会話文は，2022年の9月1日に先生と生徒が交わした会話の一部です。秀太さんと先生の会話文を読み，以下の問いに答えなさい。

先生：行動制限のない夏休みは3年ぶりということで，感染症対策の上で出かけた人も多かったのではないでしょうか。秀太さんはどこかに行きましたか？

秀太：僕は友達とディズニーランドに行きました。a来年が開園40周年ということで，園内のリニューアルを期待しています。いつかはアメリカのディズニーランドも行ってみたいと思っています。先生は夏休みにどこかに行きましたか？

先生：修学旅行の下見もかねて，京都に祇園祭の山鉾巡行（やまぼこじゅんこう）を見に行きました。2022年は山鉾巡行と神輿渡御（みこしとぎょ）が3年ぶりに開催されたんですよ。山鉾の様子は安土・桃山時代に描かれた『洛中洛外図屏風』にも登場します。

秀太：へぇ。祇園祭はいつ頃始まったお祭りなんですか？

先生：疫病の流行を鎮めるためにb9世紀に朝廷が行った御霊会（ごりょうえ）が始まりだとされています。15世紀には30年あまり中断していた時期もありましたが，以降は京都に住む人々の手によって現在まで受け継がれている由緒ある祭りなんですよ。

秀太：15世紀ということは，[　　　　]ことで祭りが中断していたんですか？

先生：その通り。面白いエピソードですよね。興味があったらぜひ調べてみてください。

問1　下線部aに関連して，ディズニーランド開園以降に世界で起こった出来事として**誤りのもの**を，次の①～④より1つ選び，マークシートの⑾にその数字をマークしなさい。

① ソ連の最高指導者となったゴルバチョフが，ペレストロイカとよばれる経済活動の自由化や情報公開などの改革を始めた。

② マーストリヒト条約が結ばれ，翌年ヨーロッパでEU（ヨーロッパ連合）が成立した。

③ イラク軍のクウェート侵攻をきっかけに，アメリカ軍を主体とする多国籍軍がイラクを攻撃した。

④ 世界不況のような重要な国際問題を話し合うために，第1回先進国首脳会議（サミット）が開催された。

問2　下線部bに関連して，御霊会が始まった9世紀に起こった出来事として最も適当なものを，次の①～⑤より1つ選び，マークシートの⑿にその数字をマークしなさい。

① 3代の天皇の外戚となった藤原頼通が，摂政・関白として権力をふるった。

② 菅原道真が遣唐使の停止を訴え，桓武天皇が訴えを受けいれ遣唐使が停止された。

③ 関東では平将門らが，九州・四国では藤原純友らが朝廷に反乱を起こした。

④ 中国で新たな仏教の教えを学んだ最澄が，帰国後に天台宗を開いた。

⑤ 白河上皇の院政のもと，平治の乱を受けて平清盛が権力を握った。

問3　会話文中の[　　]にあてはまる秀太さんの考察として最も適当なものを，次の①～④より1つ選び，マークシートの⒀にその数字をマークしなさい。

① 織田信長により室町幕府が滅ぼされてしまった

② 応仁の乱で京都の町中が戦場になってしまった

③ 南北朝の動乱で朝廷が二つに分かれてしまった

④ 江戸幕府によりぜいたくが禁止されてしまった

8　以下の問いに答えなさい。

問1　民主政治について，次の歴史的文書の名称を下の①～④より1つ選び，マークシートの⒁にその数字をマークしなさい。

> 第1条　人は，自由かつ権利において平等なものとして出生し，かつ生存する。
> 第3条　あらゆる主権の原理は，本質的に国民に存する。
> 第16条　権利の保障が確保されず，権力の分立が規定されないすべての社会は，憲法をもつものでない。

①　権利章典　②　アメリカ独立宣言　③　フランス人権宣言　④　ワイマール憲法

問2　次の比例代表選挙の結果に基づいて，ドント式と呼ばれる計算方式を用い，選挙区(ブロック)に与えられた7議席の配分を行うこととします。各政党への議席配分を正しく示しているものを下の①～④より1つ選び，マークシートの⒂にその数字をマークしなさい。

> 比例代表選挙の結果
> X党：得票数3000票　Y党：得票数1200票　Z党：得票数2000票

①　X党－3議席　Y党－1議席　Z党－3議席
②　X党－3議席　Y党－2議席　Z党－2議席
③　X党－4議席　Y党－1議席　Z党－2議席
④　X党－4議席　Y党－2議席　Z党－1議席

問3　租税について，国税かつ間接税に該当する租税として正しい組合せを次の①～⑤より1つ選び，マークシートの⒃にその数字をマークしなさい。

①　事業税と関税　②　関税と酒税　③　酒税と相続税
④　相続税と法人税　⑤　法人税と事業税

問4　金融について，次の文章は日本国内で実施する金融政策と，外国為替相場の傾向に関する説明文です。文章中の(X)～(Z)にあてはまる語句の最も適当な組合せを下の①～⑧より1つ選び，マークシートの⒄にその数字をマークしなさい。

> 金融政策の一環として，日本銀行が行う買いオペレーションは，市中に出回る通貨量を(X)させる。理論上，通貨量が(X)すると(Y)が発生し，円相場は一般的に(Z)傾向となる。

①　(X)　増大　(Y)　インフレーション　(Z)　円高
②　(X)　増大　(Y)　インフレーション　(Z)　円安
③　(X)　増大　(Y)　デフレーション　(Z)　円高
④　(X)　増大　(Y)　デフレーション　(Z)　円安
⑤　(X)　減少　(Y)　インフレーション　(Z)　円高
⑥　(X)　減少　(Y)　インフレーション　(Z)　円安
⑦　(X)　減少　(Y)　デフレーション　(Z)　円高
⑧　(X)　減少　(Y)　デフレーション　(Z)　円安

9　2022年の時事的動向を示した右の表を見て，以下の問いに答えなさい。

3月	a イギリスで，議会任期固定法が廃止された
4月	b 日本で，成人(成年)年齢が18歳に引き下げられた
5月	c 最高裁判所が，11例目の法令違憲判決を下した

問1　下線部aに関連して，イギリスでは，2011年に成立した議会任期固定法により，首相の議会下院の解散権行使に制約がかかっていました。この法律の廃止により，日本の首相と同じように，解散のタイミングを首相自身が決定できるようになりました。次の文章は，日本の首相の解散権行使に関するものです。文章中の(A)～(C)にあてはまる語句を答えなさい。ただし，(C)は西暦で答えなさい。

> 議会の信任に基づいて内閣が成立し，内閣が議会に対して連帯して責任を負うしくみを(A)という。したがって，議会(国会)の信任を失えば内閣は存続できず，衆議院で内閣不信任決議案が可決された場合，首相(内閣)は総辞職か衆議院解散かの選択を迫られる。また，信任を失わずとも首相(内閣)は衆議院を解散することができる。その根拠となっているのが，憲法第7条に記載のある，内閣の助言と承認に基づき天皇が行う形式的儀礼行為，すなわち(B)である。
> 歴史を振り返ってみると，近年，内閣不信任決議案が可決された例はなく，いわゆる55年体制が崩壊した(C)年までさかのぼることになる。内閣不信任決議案可決に伴う「69条解散」総選挙だけでなく，「任期満了」総選挙も長らく行われておらず，日本においては，首相が国内外の情勢などを考慮しながら「7条解散」に踏み切ることが一般的になっている。

問2　下線部bに関連して，成人(成年)年齢引き下げまでの流れをまとめたフローチャートを作成しました。フローチャート内の(D)にあてはまる語句を答えなさい。

2014年　改正国民投票法成立・施行
改正法施行から4年後(2018年)に投票年齢を「18歳以上」に引き下げ
→ 2015年　改正(D)成立
2016年の施行と同時に，選挙権年齢を「18歳以上」に引き下げ
→ 2018年　改正民法成立
2022年4月の施行と同時に，成人年齢を「18歳以上」に引き下げ

問3　下線部cに関連して，最高裁判所は，海外に居住する日本人のある権利の制限に対して違憲判決を下しました。その権利は，衆議院議員総選挙の際に行われる右の図1の［E］において行使されます。［E］にあてはまる語句を答えなさい。

問4　下線部cに関連して，11例目の法令違憲判決という事実からもわかるとおり，日本の裁判所は一般的に違憲立法審査権の行使に慎重(消極的)だといわれています。「違憲立法審査権の行使に慎重であること」を肯定する根拠となる考え方を，図1が示す「日本の統治機構と国民の関係」の観点から，30字以内で考え記述しなさい。

図1

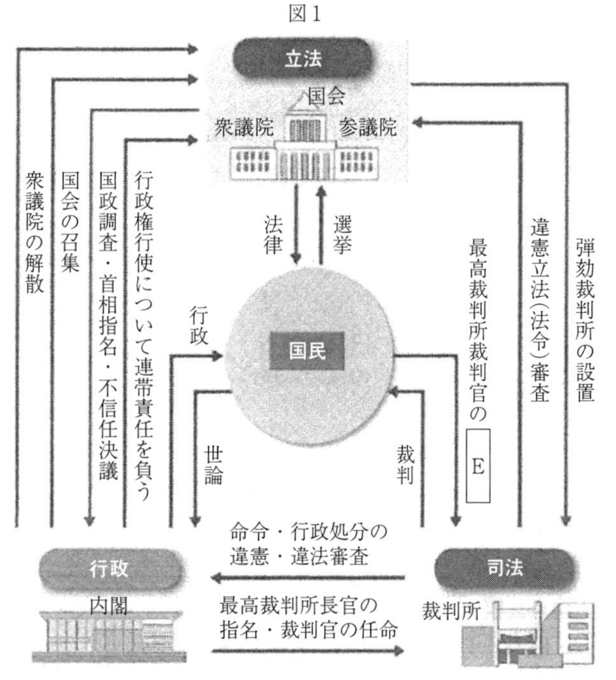

出典：『詳説政治・経済』図版より引用。

【理　科】（40分）〈満点：60点〉

1　以下の各問いに答えよ。

Ⅰ　理科の授業で，鉄と硫黄を混合して加熱する実験を行うため，事前に鉄と硫黄についてそれぞれ調べた。

問１　鉄は「鉄鉱石」とよばれる鉄の酸化物を含む鉱石を還元して得られていることがわかった。

⑴　上記と同じように，主たる反応が酸化反応や還元反応である日常生活での事例について，適切なものを次のア～オよりすべて選び，記号で答えよ。

ア．朝に淹（い）れた緑茶が数時間後には少し茶色くなっていた。

イ．バーベキューを行うときに備長炭を燃やした。

ウ．胃の調子が悪いので，胃腸薬を飲むと症状が和らいだ。

エ．コップに水を入れるとコップの表面に水滴が生じた。

オ．屋外に駐輪していた自転車のチェーンが錆（さ）びついていた。

⑵　鉄のイオンにはFe^{2+}とFe^{3+}があることが知られている。そのため，鉄の酸化物である酸化鉄も複数存在する。考えられる酸化鉄の化学式を２つ書け。

問２　硫黄は温泉地で見ることができ，「湯の花」の成分の一つであることがわかった。硫黄成分が多く含まれている温泉では，源泉から湧き出てきた<u>湯中の硫化水素が空気中の酸素と反応すると，お湯に不溶な固体と水が生成する</u>。この固体が沈殿したものは「湯の花」に含まれる。湯畑が有名な草津温泉の「湯の花」の主成分は硫黄である。

⑴　文章中の下線部の化学反応式を書け。

⑵　湯畑は，長い木樋（もくひ）を通して源泉を外気に触れさせて湯温を調節する施設である。湯畑のおかげで，水を加えるなどして源泉を薄めることなくお湯の温度を下げることができる。源泉から１分間に4000Lの湯が湧くとするとき，源泉を56℃から48℃まで下げるときに放出した熱量は１秒間に湧いた湯量では何kJか。

ただし，源泉の密度を$1.0 g/cm^3$，比熱（１gの物質を１℃上昇させるときに必要な熱量）を4.2J/(g･℃)とする。

⑶　次の文章の空欄(あ)，(い)に当てはまる適切な語句を以下の【選択肢】群よりそれぞれ選び，記号で答えよ。

草津温泉から流れ出る温泉は(　　あ　　)ため，魚が生息できなかったり農業に支障が出たりする。そのため(　い　)を加えて化学的処理を行ってから川に流している。

【(あ)の選択肢】

ア．透明度がかなり低い

イ．透明度がかなり高い

ウ．pHがかなり小さい

エ．pHがかなり大きい

【(い)の選択肢】

ア．炭酸水　　イ．備長炭

ウ．海水　　　エ．石灰

Ⅱ　鉄と硫黄を混合して加熱すると，どのような変化が起こるか確認する実験を以下の操作で行った。

〔実験操作〕

ⅰ　鉄粉3.5gと硫黄2.0gを量りとり，十分に混ぜ合わせた。（以下，混合物Xとする）

ⅱ　混合物Xを加熱し，赤熱が始まったら加熱を止め，しばらくすると物質Yのみが得られた。

ⅲ　混合物Xと物質Yの性質を調べるため，それぞれに磁石を近づけたり塩酸を加えたりした。

問3　この実験を行うときに適切でない行動を次のア～オよりすべて選び，記号で答えよ。

ア．試薬を量り取るとき，計量して取りすぎた試薬は元の試薬瓶に戻す。

イ．ガスバーナーに火をつけるとき，マッチの炎をガスバーナーの口に近づけ，ガス調節ねじを開き，点火する。

ウ．反応を見やすくするため，ガスバーナーの炎の色は赤色のまま加熱する。

エ．目を保護するため，実験中は保護めがねをかける。

オ．室温管理が重要になるので，窓を閉め切って実験を行う。

問4　次の文の空欄(う)に当てはまる適切な語句を10字以内で答えよ。

実験操作ⅱで赤熱が始まると加熱を止めても反応が進行するのは(　う　)からである。

問5　混合物Xと物質Yについて，磁石を近づけたときの様子と，塩酸を加えたときに，主に生じる気体の性質として，当てはまる適切なものを次のア～クよりそれぞれ選び，記号で答えよ。

	磁石を近づける	塩酸を加えたとき生じた気体
ア	引き合った	無色無臭
イ	引き合った	無色腐卵臭
ウ	引き合った	有色無臭
エ	引き合った	有色腐卵臭
オ	引き合わなかった	無色無臭
カ	引き合わなかった	無色腐卵臭
キ	引き合わなかった	有色無臭
ク	引き合わなかった	有色腐卵臭

問6　実験操作ⅰで加えた硫黄の質量を次の(1)，(2)に変えたとき得られる物質Yの質量は何gになるか。

(1)　1.6g

(2)　2.4g

2　100gの物体にはたらく重力の大きさを1N，水の密度を1.0g/cm^{3}として，以下の各問いに答えよ。

中空の円筒の下に重さを無視できる軽くて薄い，水の染みこまない材質の円板をあてて，手で押さえながら円筒の下方部分だけを水中に沈めた。その後，押さえていた手を離すと，円板にかかる水圧により，円板は円筒から離れることはなかった。(図1)

中空の円筒の壁は薄く，円筒の直径と円板の直径は等しいものとする。

問1　円筒を水中に5cm沈めたとき，円板にはたらく水圧は何N/m^{2}か。

次に，おもりに軽い糸を取り付けて円板の上に静かに載せた。その後，糸を離しても円板は円筒から離れなかった。(図2)

その後，円筒をゆっくりと引き上げていくと，円板が円筒から離れた。

問2　おもりの質量を60g，円板の面積を30cm^{2}とすると，円板が円筒から離れたときの円板の水深は何cmか。

問3　問2で，円板が円筒から離れたときの深さの水圧は何Paか。

問4　問2のおもりの質量を1.5倍，円筒の直径は変えずに円板の直径を1.5倍にすると，円板が円筒から離れるときの円板の水深は何cmになるか。

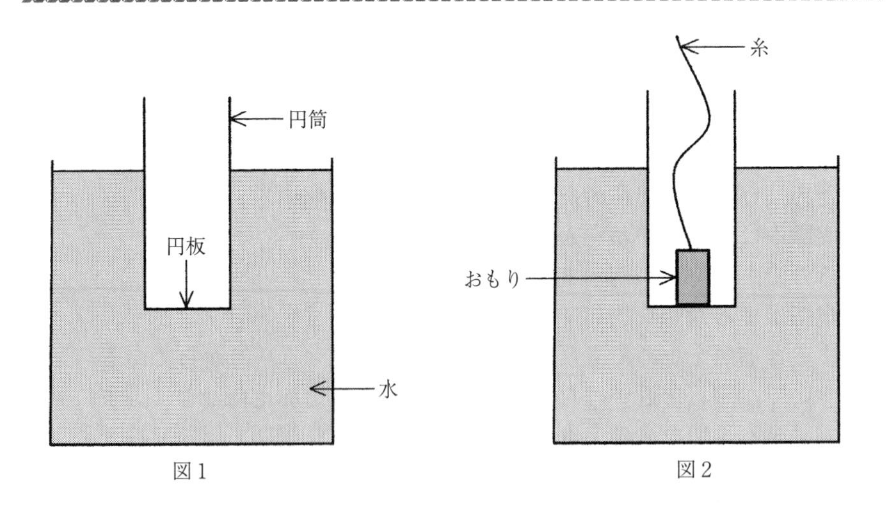

3　1kgの物体にはたらく重力の大きさを10Nとして，以下の各問いに答えよ。なお，動滑車は1kgとする。

図1のように，定滑車1個，動滑車1個と重さを無視できる軽い紐(ひも)を用いて7.4kgのおもりを支える。

問1　紐のAの部分を引いて，おもりを支えるのに必要な力の大きさは何Nか。

図2のように，定滑車1個，動滑車2個と軽い紐を用いて7.4kgのおもりを支える。

問2　紐のBの部分を引いて，おもりを支えるのに必要な力の大きさは何Nか。

問3　問2の場合，おもりを2cm上昇させるためには，紐のBの部分を何cm引けばよいか。

図3のように，定滑車1個，動滑車5個と軽い紐を用いて7.4kgのおもりを支える。

問4　紐のCの部分を引いて，おもりを支えるのに必要な力の大きさは何Nか。

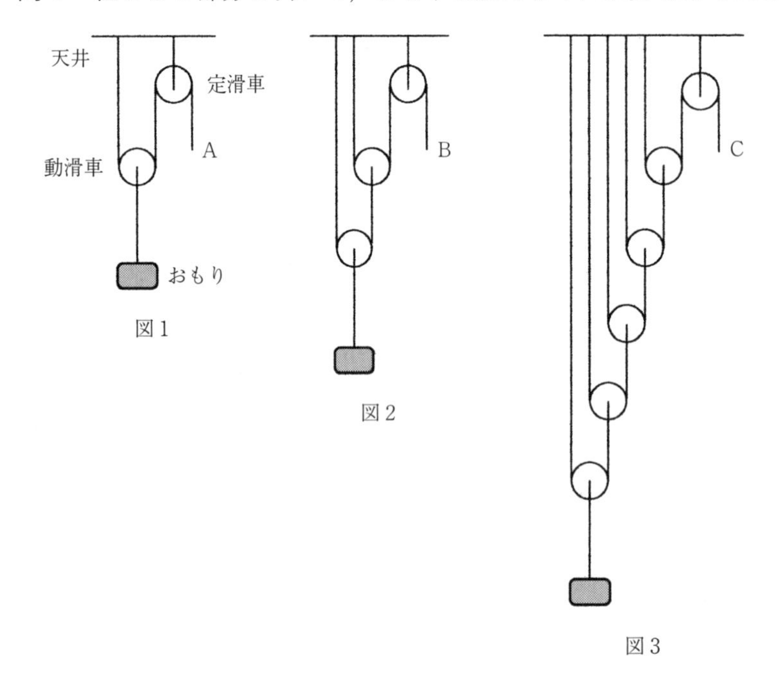

4　次の文章を読み，以下の各問いに答えよ。

遺伝のしくみは，オーストリアのメンデルが1865年に発表した「植物雑種の研究」によって，明らかにされた。メンデルは研究材料としてエンドウを用いて，エンドウの７つの対立形質に着目した。純系の顕性形質の個体と純系の潜性形質の個体を親（Ｐ）として交雑し，得られた子（雑種第一代：F_1）どうしをさらに交配し，孫（雑種第二代：F_2）を得た。

下の図１は，染色体とその染色体にある遺伝子を模式的にあらわしたものである。ただし，Ａとａは種子の形を決定する遺伝子で，Ａを顕性（丸）遺伝子，ａを潜性（しわ）遺伝子とする。

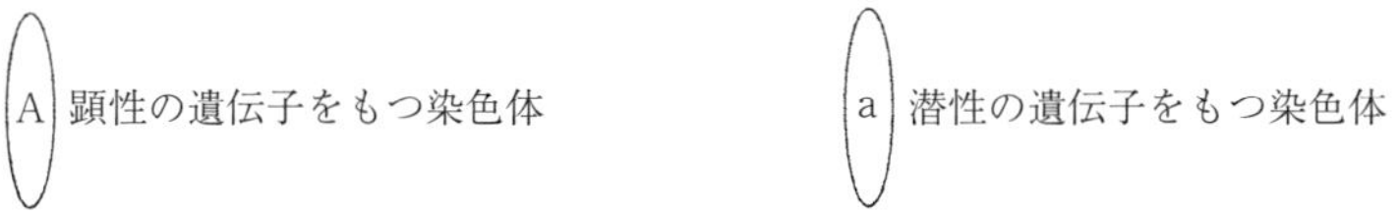

図１

図２は，図１をもとにして遺伝についての考え方をまとめたものである。

P 親	遺伝子型	AA×aa
	生殖細胞	A　a

⇩

F_1 子（雑種第一代）	遺伝子型	（ あ ）×（ あ ）
	生殖細胞	（ い ）

⇩

F_2 孫（雑種第二代）	遺伝子型	（　う　）
	表現型と分離比	（　え　）

図２

問１　図２において，F_1の遺伝子型（あ），F_1の生殖細胞（い），F_2の遺伝子型（う）およびF_2の表現型と分離比（え）に当てはまる適切なものを以下の【選択肢】群よりそれぞれ選び，記号で答えよ。なお，同じ記号を何度選んでもよい。

【（あ）と（い）の選択肢】

ア．A　　イ．a
ウ．AA　　エ．aa　　オ．Aa
カ．Aまたはa　　キ．AA または aa　　ク．AA または Aa

【（う）の選択肢】

ア．AA または aa　　イ．AA または Aa
ウ．aa または Aa　　エ．AA または aa または Aa

【（え）の選択肢】

ア．丸：しわ＝0：1
イ．丸：しわ＝1：1
ウ．丸：しわ＝1：0
エ．丸：しわ＝2：1
オ．丸：しわ＝3：1
カ．丸：しわ＝3：2

生物の多くは，染色体を複数もち，また，多くの遺伝子をもっている。同時に2組の染色体に着目して，図3のようにまとめた。

ただし，種子の形と色に着目し，Aが顕性(丸)遺伝子，aが潜性(しわ)遺伝子，Bが顕性(黄色)遺伝子，bが潜性(緑色)遺伝子とする。

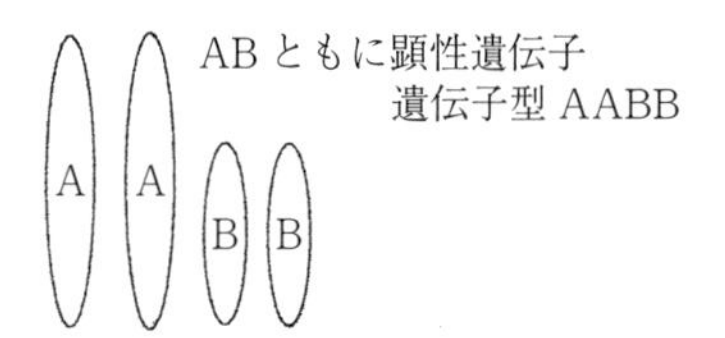

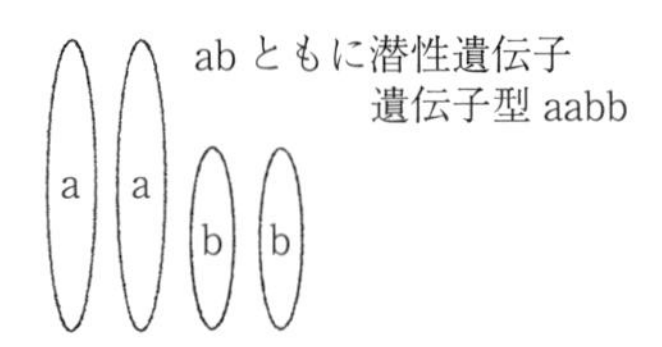

図3

図3をもとに，Pのもつ遺伝子型をAABBとaabbとして交雑し，F_1を得て，F_1どうしを交配してF_2を得た場合，F_2の表現型の分離比がどのようになるか，図4のように考えた。

Pで，生殖細胞が形成されるときは，減数分裂をして，形と色の両方の遺伝子をもつ生殖細胞を作る。F_1はPの生殖細胞が結合してでき，その子が成長して子孫を残せる状態になると生殖細胞を作るために減数分裂をする。

P	遺伝子型	AABB×aabb
	生殖細胞	(お)(か)

⇩

F_1	遺伝子型	(き)×(き)
	生殖細胞	(く)

⇩

F_2	表現型と分離比	(け)

図4

問2　図4の空欄(お)～(け)に当てはまる適切なものを以下の【選択肢】群よりそれぞれ選び，記号で答えよ。なお，同じ記号を何度選んでもよい。

【(お)と(か)の選択肢】

ア．AとB　　イ．aとb

ウ．AB　　エ．ab

【(き)と(く)の選択肢】

ア．ABとab　　イ．aBとAb　　ウ．ABまたはAbまたはaBまたはab

エ．AABB　　オ．aabb　　カ．AaBb

【(け)の選択肢】

ア．丸・黄色：しわ・緑色＝1：1

イ．丸・黄色：しわ・緑色＝3：1

ウ．丸・黄色：丸・緑色：しわ・黄色：しわ・緑色＝3：3：1：1

エ．丸・黄色：丸・緑色：しわ・黄色：しわ・緑色＝9：3：3：1

ある被子植物のやくや胚珠(はいしゅ)の中にある細胞の減数分裂後のようすを図5にまとめた。ただし，おしべとめしべについて，問題に関係のないものは省略した。なお，図5中の核分裂とは，体細胞分裂と同じで，分裂の前後で染色体の数および遺伝子は変わらない分裂である。

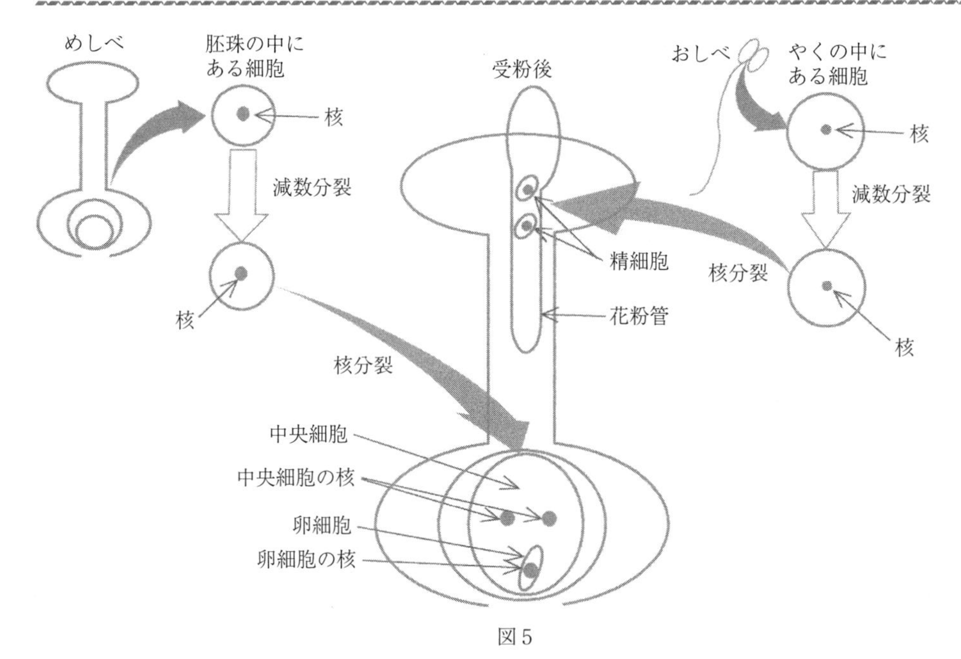

図5

・めしべ　減数分裂後の細胞は核分裂をし，複数の核を作りその内の1つは卵細胞の核となる。2つは，中央細胞という細胞の核となる。

・おしべ　減数分裂後の細胞は，精細胞のもとになる細胞となる。受粉後，花粉は花粉管を伸ばす。精細胞のもとになる細胞は，花粉管の中を移動中，分裂をして2つの精細胞となる。

・受精　2つの精細胞は，それぞれ卵細胞と中央細胞に受精する。このように，同時に2ヵ所に受精することを重複受精という。

問3　次の文章の空欄(こ)～(て)に当てはまる適切なものを，以下の【選択肢】群よりそれぞれ選び，記号で答えよ。なお，同じ記号を何度選んでもよい。

中央細胞にある2つの核の遺伝子は(　こ　)である。また，胚乳(はいにゅう)は，中央細胞と精細胞が受精して形成される。受精後には，果実は(　さ　)，種皮は(　し　)，胚は(　す　)，胚乳は(　せ　)をそれぞれもつといえる。例えば，めしべの遺伝子型をAA，おしべの遺伝子型をaaとした場合，中央細胞の遺伝子型は(そ)となる。受精後には，果実の遺伝子型は(た)，種皮の遺伝子型は(ち)，胚の遺伝子型は(つ)，胚乳の遺伝子型は(て)となる。

【(こ)の選択肢】

ア．一方が卵細胞にある遺伝子，もう一方が精細胞にある遺伝子と同じ遺伝子
イ．両方とも卵細胞にある遺伝子と同じ遺伝子
ウ．両方とも精細胞にある遺伝子と同じ遺伝子

【(さ)～(せ)の選択肢】

ア．めしべと同じ遺伝子
イ．おしべと同じ遺伝子
ウ．種子として新たに組み合わされた遺伝子

【(そ)～(て)の選択肢】

ア．A　イ．a　ウ．AA　エ．aa　オ．Aa
カ．AAA　キ．AAa　ク．Aaa　ケ．aaa

5　次の文章を読み，以下の各問いに答えよ。

南半球のある地点Pにおいて，水平な場所に置いた図1のような透明半球を用い，ペン先の影がOの位置に重なるように印を付けて太陽の位置の記録を行った。Oは透明半球の中心，Tはその真上の点を意味している。

日本の夏至と冬至の日に，地点Pでそれぞれ観測を行ったところ，夏至の日にはBの方角のS_1の位置で，冬至の日にはDの方角のS_2の位置で太陽の高度はそれぞれ最大となり，弧S_1Tと弧S_2Tの長さの比が2：1であった。なお，地軸は公転面の垂線に対して23.4°傾斜しているものとする。

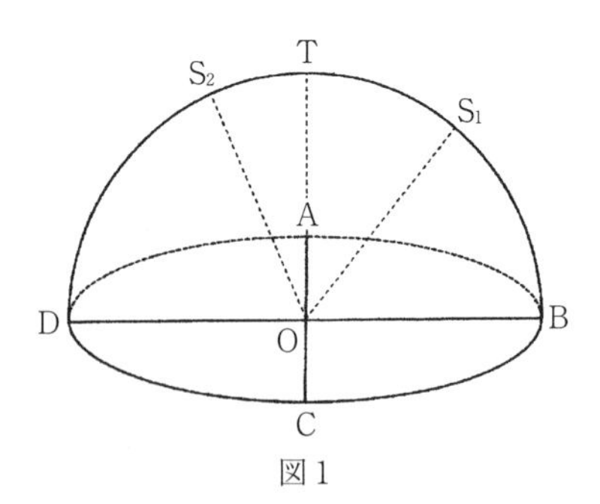

図1

問1　図1の$\angle S_1OS_2$は何度か。

問2　地点Pの緯度は何度か。

問3　A，B，C，Dの方角をそれぞれ答えよ。

問4　1年を通して観測すると，地点Pのように太陽の高度が最大となる方角が変化する地域は，少なくとも何度より低緯度の地域か。

問5　地点Pでは秋分の日から何日後にTの位置に太陽が昇るか。太陽の高度は1日あたり0.26°ずつ変化するものとして，近いものを次のア～オよりすべて選び，記号で答えよ。

ア．30日後　　イ．45日後　　ウ．90日後　　エ．150日後　　オ．210日後

問6　地点Pにおいて太陽がTの位置に昇る日に，地球のある地域で白夜（1日中太陽が沈まない現象）が起こる。この日，白夜が起こる地域を緯度を用いて答えよ。

ならむや。文作る事も、亦これに同じ。

（雨森芳洲『たはれ草』より）

※〜といへる人あり……〜と言う人がいた。

※詠める者…詠む人。

1 傍線部①「詩」、傍線部②「歌」とは何か。それぞれを漢字2字で書きなさい。

2 傍線部③「深奥なる事かはりはあるまじ」とあるが、どういうことを表しているか。最も適当なものを次のア〜オから選び、記号で答えなさい。

ア 詩や歌の奥深さはそれぞれの言葉で変わるはずだ。

イ 詩や歌の内容の奥深さは、どちらも同じであるはずだ。

ウ 奥深いとは何かは、詩や歌の作り方からはわからないはずだ。

エ 詩や歌の意図や深みは、作者にしかわからないにちがいない。

オ 詩や歌で内容の奥深さはどうかと張り合うことがあるかもしれない。

3 空欄[A]〜[C]に入るべき語（語句）の組み合わせとして、最も適当なものを次のア〜エから選び、記号で答えなさい。

ア A 歌はこの国の言葉　B 詩　C 詩はもろこしの言葉

イ A 詩はもろこしの言葉　B 歌　C 歌はこの国の言葉

ウ A 歌はこの国の言葉　B 歌　C 詩はもろこしの言葉

エ A 詩はもろこしの言葉　B 詩　C 歌はこの国の言葉

4 傍線部④「そのおぼえ」とあるが、ここでの意味として、最も適当なものを次のア〜カから選び、記号で答えなさい。

ア 作り方がわかることへの自信

イ よみ手たちからの評判

ウ 作り手への技量に対する信望

エ 作ったことがあるという記憶

オ よみ手たちの思い

カ 作り手への理解

5 傍線部⑤「いづれかたやすき事ならむや」とあるが、どういうことを言おうとしているか。最も適当なものを次のア〜オから選び、記号で答えなさい。

ア どちらも難しい事ではありません。

イ どちらが難しい事なのでしょうか。

ウ どちらも簡単なことではありません。

エ どちらが簡単なことなのでしょうか。

オ いずれにせよ、事はわかりやすいのです。

6 本文の出典作品である『たはれ草』の文章は、詩や歌を学ぶことについて述べているが、学ぶこと自体について、次のような漢文がある。傍線部の正しい返り点の付け方について、書き下し文を参考にして、後のア〜エの中から選び、記号で答えなさい。

学ブトハ 者、所 以 修 性 也。（学びとは人が生まれつき持つ本質を高める方法である。）

書き下し文＝学ぶとは、性を修むる所以なり。

ア 所ヲ‐以 修レ 性 也。

イ 所‐以ニ 修レ 性一 也。

ウ 所三 以ニ 修 性一 也。

エ 所‐以レ 修レ 性 也。

オ　人間はもともと弱いという今まで思いもよらなかった宮司の考えに希美ははっとさせられて、長い間抱いていた罪の意識から解放されるのではないかと思うと、まぎれもない真実の光を見た気持ちになった。

7　傍線部③「医学の話のようになったが、かえってわかりやすかった」とあるが、その内容として適当なものを次のア～カから二つ選び、記号で答えなさい。

ア　たちの悪い「魔」は人間が弱っているときにねらいをすましたように取りつき、我々の思いも寄らぬ悪さをして病を引き起こす原因になる。

イ　魔が差すということばがあるとおり、人間の心が弱っているときは蚊が刺すくらいのさりげないものでさえ、マラリアのような大病を引き起こす。

ウ　健康なときにはウイルスに感染しにくいが、体が弱っているときは病気にかかりやすいように、「魔」も人間の周りにたくさんひそんでいて我々の弱さにつけ込んで取りつく。

エ　腸内細菌に支えられて我々の健康は維持されているように、人間は「魔」に支えられて健康な生活を営むことができ、どのように「魔」と付き合っていけるかが重要である。

オ　体内に悪いものが入ってきたときに腸内細菌が他の悪い菌から我々を守ってくれるのと同じように、人間は誰もが「魔」を持っていて、それは必要不可欠なものである。

カ　冷静な判断を失い取り返しのつかない悪いことをしてしまうのは、「魔」に弱った心をねらわれて操られた結果だが、それに気づいたときにはもう遅く後悔だけが残る。

8　傍線部④「希美はその背中に深いお辞儀をした。頭をしばらく上げられなかった」とあるが、このときの希美の心情として最も適当なものを次のア～オから選び、記号で答えなさい。

ア　人間は弱いものだが、内にある「魔」を認めれば、逆に強く生きることができると知り、過去の悩みを処理できずにいた希美は、心の闇に真実の光がともった気がして、宮司に対して感謝の気持ちを抱いている。

イ　人間は本来は強いのだから、ひるまなければ「魔」に対して立ち向かえるはずだと知り、自分のずるさに絶望していた希美は、心の闇から抜け出すための勇気が出てきて、宮司に対して感謝の気持ちを抱いている。

ウ　「魔」はそれだけでは毒だが、生きるための意義をさずけたり生活の質を高めたりする面もあると知り、罪の意識にとらわれていた希美は、前向きに生きる気持ちを取りもどして、宮司に対して感謝の気持ちを抱いている。

エ　「魔」は誰にでも取りつく可能性のある恐ろしいものだと知り、そうと知らずに長年「魔」の世界に閉じこもっていた希美は、「魔」との戦い方が分かった気がして、宮司に対して感謝の気持ちを抱いている。

オ　人間は、弱さを自覚することによってかえって、強くもなれると知り、「魔」に囲まれ取り込まれることを恐れていた希美は、前向きに生きる尊さを信じられるようになって、宮司に対して感謝の気持ちを抱いている。

四　次の文章を読んで、後の問いに答えなさい。

もろこしの①詩、この国の②歌、③深奥なる事かはりはあるまじ。詩は作りよけれど、歌は詠みがたし※といへる人あり。これはさる事あるべし。[　A　]なれば、かく詠みては[　B　]にはあらぬといふ事、※詠める者も、また見る者も④そのおぼえあれど、[　C　]なれば、そこそこに作りても大方(おほかた)聞こゆるほどなれば、その身もよしと思ひ、見る人も妙なりとほめはやすより、歌は詠みがたし、詩は作りやすきといふなり。もしもろこし人、この国の歌詠む事あらば、歌は詠みやすけれど、詩は作りがたしといふべし。詩は作りやすきといへるは、詩を知らぬ人の言葉、歌は詠みやすきといへるは、歌を知らぬ人の言葉なるべし。⑤いづれかたやすき事級委員を務めている。希美は、木原みさきの机の中にハエ入りのビニール袋を入れたところを、正野池くんに見られてしまっていた。

※祝詞…神を祭り祈る時、神主が神前で申し述べる古い文体の文章。

※今夜から全職員泊まりこみになりますが、…希美が働く神社で、翌日から行われる大規模な神事のため、職員は前日の夜から神社に泊まりこむことになっている。

1　波線部Ⅰ「ものがたい」・Ⅱ「くだけた語尾」のこの場合の意味として最も適当なものを後のア～オから選び、それぞれ記号で答えなさい。

Ⅰ　ものがたい

ア　義理がたく融通の利かない
イ　要領よくずる賢い
ウ　かしこまって慎み深い
エ　実直で律義である
オ　人との関係をおろそかにしない

Ⅱ　くだけた語尾

ア　緊張感がまるでない言葉の終わりの部分
イ　笑っているような言葉の終わりの部分
ウ　堅くるしい感じがとれた言葉の終わり方
エ　思わず吹き出しそうな言葉の終わり方
オ　型にとらわれない自由な言葉の終わり方

2　空欄 a ・ b に入る語の組み合わせとして最も適当なものを次のア～オから選び、記号で答えなさい。

ア　a 大事　b 退治　　イ　a 退治　b 対峙
ウ　a 対峙　b 対自　　エ　a 根絶　b 対決
オ　a 絶滅　b 対抗

3　空欄（A）・（B）に入る語の組み合わせとして最も適当なものを次のア～オから選び、記号で答えなさい。

ア　A どきどき　B ありあり
イ　A おどおど　B えんえん
ウ　A おずおず　B きょろきょろ
エ　A そわそわ　B じろじろ
オ　A びくびく　B ちらちら

4　次の〔　〕内の文が入る最も適当な場所について、本文中の ア ～ エ から選び、記号で答えなさい。

〔夕暮れの教室が胸に迫ってきて、希美はくちびるをかみしめる。〕

5　傍線部①「声を震わせる希美に、宮司はすっと焦点を外すように言った」とあるが、「焦点を外す」とは、この場合どのようなことを意味するのか。展開を踏まえて90字以内で具体的に説明しなさい。

6　傍線部②「宮司の言葉に希美は目を細めた」とあるが、このときの希美の説明として、最も適当なものを次のア～オから選び、記号で答えなさい。

ア　希美は自分を弱いと思っていたが、人間はもともと弱く生まれついているもので、善いこととか悪いこととかを考える前に弱いことを自覚しないから、自分の行いがずるく情けなく見えるのだと気づいた。

イ　自分の言動の善悪を考える前に、人間がもともと弱い存在だと認識する必要があることを宮司に諭され、悪いことをしたという罪の意識に長い間苛（さいな）まれてきた希美の気持ちに変化の兆（きざ）しが現れた。

ウ　自分の弱さを自覚している時点で神職としての充分な資格があると言う宮司のことばに励まされて、罪深い自分でも救われる日が訪れ世の中に貢献できると知って、小さな光が見えたような気がした。

エ　十か月間自分の部屋から出ることのなかった希美のことを、まるで母の胎内に戻ったようだとたとえた宮司の発言に希美ははぐらかされた気持ちになったが、人間はもともと弱いという宮司の考えには納得できた。

〝告白します。二年三組にはいじめがあります。木原みさきさんと奥山希美がいじめられている。〟

　書きこんで、送信ボタンをおした。パソコンが呼吸を止めたのは、その直後だった。

　そのとたん、希美を猛烈な後悔が襲った。もう削除できない。冷静な判断を失っていたとはいえ、実名を書きこんでしまったのだ。これから起こることは大方予想がついた。下腹に氷が張りついたようになった。

　送信されていませんように。

　わずかな可能性に全力で祈ったが、やはり空しい願いだった。次の日、（Ａ）しながら登校すると、当然のことながら職員室へ呼ばれた。クラスのみんなが（Ｂ）と自分に視線を送ってくるような気がした。

　もうみんな知っている。正野池くんが、自分のしたことを言ったのかもしれない。言ったに違いない。

　いたたまれなくなって、希美は職員室に行く前に、学校を飛び出し家へ戻ったのだった。以後、外へ出なかった。

　担任やクラスメートは何度か家まで来てくれたが、すべてに目を閉ざし、耳をふさいでいた。自分のしたことから逃げていた。十か月も。

［エ］

「大丈夫ですよ、奥山さん」

　宮司の言い方は、激励にしては平坦だった。けれどもそれは、※祝詞を読み上げるときの、張りのある声だ。すっと心に入ってくる。希美は頭を垂れた。

「人間は弱いばかりでもない。強さだってちゃんと持っています。あなたにも強い思いがある。それを伝えられるときが必ず来ます」

　……、必ず。

　目の前にすっと明かりがさした。思い出すたびに、暗闇にふさがれていた場所にぽっと、小さな光がともった。まぎれのない真実の光を、希美が見たような気がしたとき、

「光はね、闇の中で生まれるのです」

　すべてを了解しているような深い目が、そこにあった。

「……、はい」

　希美は深くうなずいた。今自分は、まぎれもなくそこにいる。自分が見つけた光の中にいる。

「私だって、この年になるまでにたくさんの失敗をしてきました。魔が差した、では言い訳できないような醜態をさらしたこともあります。ここだけの話ですがね。ふふっ」

　Ⅱくだけた語尾に顔を上げると、宮司はにっこりと笑っていた。その笑顔は、少し俗っぽい感じで、なんともチャーミングだった。つられて希美もくちびるをゆるめる。

「さて、※今夜から全職員泊まりこみになりますが、なるべく今日はゆっくりしてください。とはいえ、我が家ではそうもいかないでしょうが」

　毎年、宿直室には男性職員が泊まり、女性職員は、敷地内にある宮司の自宅にお世話になることになっていた。

「いいえ。どうぞよろしくお願いします」

　文字通り招き入れてくれるような声に、希美はすでにゆっくりした気分になっていた。

　すると宮司は思いついたように顔を上げ、またいたずらっぽく笑った。

「そうだ。今日は元気が出るものを、妻に作ってもらいましょう。スパイスたっぷりのカレーなんかいいかもしれませんね」

と、つけ加え歩き去った。

　④希美はその背中に深いお辞儀をした。頭をしばらく上げられなかった。

（まはら三桃『ひかり生まれるところ』より）

※波多江…希美が勤める神社の神職の男性。希美の先輩にあたる。

※正野池くん…希美の同級生。正野池くんと希美は、それぞれクラスの学

参りを延ばしてもらい、自宅で筋トレをしたほどだ。生活の習慣も朝型に変えた。

「十か月とは、まるでもう一度お母さんの胎内に戻ったようでしたね。よい修行をしました。資格は充分ですよ」

宮司は笑った。なんとなくはぐらかされたような気になって希美も力なく笑うと、今度は引きしまった声で、包みこむように言った。

「あなたは自分を弱いと言いましたが、人間は、もともと弱く生まれついているものですよ」

希美は顔を上げる。

「それは当たり前のことなのです。人間は弱い。善いとか悪いとかの前に、弱いのです。それがずるくあらわれることもあるし、情けなく見えることもある」

②宮司の言葉に希美は目を細めた。宮司の口元に、小さな光が見えたような気がしたのだ。木もれ日が揺れるようなやわらかい声で、宮司は続ける。

「まず自分の弱さを自覚している時点で、奥山さんは神職としての充分な資格があると思いますよ」

「……、ありがとうございます」

希美はうなだれるようにうなずいた。

［　イ　］

「〝叩き出し〟の儀式はね」

宮司はご神木に手を置いた。

「本当は、そんな人間の中の弱さのための儀式だと思うのです。わかりやすいように、私たちを苦しめた『魔』を［　a　］する物語にしていますが、本当は、私たちの中にある弱さと［　b　］する儀式なのです。同じたいじでも意味がことなる」

「［　a　］と［　b　］」

希美は同音の単語の意味を思い起こした。悪いものをうちはらうこと、と、相対して向きあうこと。

「では、魔、というのは、本当はないのですか？」

希美は宮司を見つめた。※波多江と同じように、魔の存在そのものを、宮司は認めていないのだろうか。

希美の問いに、宮司は静かに首をふった。

「いいえ、魔はいます。それもそこらじゅうに」

自分の周囲にぐるりと目をやった。

「そこらじゅうに？」

「ええ。ウイルスといっしょです。空気中にはいろんな種類のウイルスがうようよしているでしょう。健康なときには感染しにくいけれども、弱っているときには、病気になりやすい。魔も同じようなものです。我々の周りに無数にいる。しかも、もともと、我々だって魔を持っている。いずれの人もです」

救いを求めるように見つめた目を、宮司はじっと見据えた。

「腸内細菌と同じですよ。ある程度持っておかないと、もっと悪いものが入ってきたときに戦えないでしょう」

③医学の話のようになったが、かえってわかりやすかった。

「汚い魔が体の中にあったって、バランスが取れていればいいんです。極端に言えばね。厄介なのは、人の心が弱っているときです。本質の悪い魔は、そこをねらいすましたように、すっと取りつく。本人にもわからない間にね。魔が差す、という言葉はじつによく言い得ていると思いますよ。まさに蚊にでも刺されたくらいの、さりげなさなのですから」

希美は泣きたいような気持ちになった。あのときの自分も、魔に操られていたのだろうか。弱っていた心をねらわれたのだろうか。

［　ウ　］

「でも私は、謝罪をしていません。胸のうちで自分がやってしまったことをくりかえすばかりで、誰にもあやまっていません」

引きこもることになったもう一つの出来事は、パソコンだ。

あの日。※正野池くんに見とがめられた日。帰宅した希美はパソコンを立ち上げた。すぐさま中学校のホームページにつなぎ、メールボックスを開けた。キーボードを激しくたたいた。

れるように上達できるはずだよ。

ウ　昔のラグビーは豚の膀胱を膨らませて作った、細長くて丸っぽいかたちのボールを使っていたんだって。今のボールが楕円形なのもその名残なんだろうね。

エ　ラグビーはボールを前に投げられないから、選手がボールを抱えて前進することが多い競技なんだ。まん丸な形のボールだと抱えにくいし、落としやすいよ。

オ　アメリカンフットボールのボールは少し小さい楕円形だ。ボールを片手で扱うことも多いし、ラグビーと違って前に投げられるルールに合うよう工夫されたんだろうな。

5　A～Dの各段落が、本文構成上果たす役割の説明として最も適当なものを次のア～オから選び、記号で答えなさい。

ア　Aでは、四角と対照的な円のかたちのものを列挙することで、筆者の主張に対して予想される反論に一定の理解を示している。

イ　Bでは、身近なものにみられる円や四角に注目して、もののかたちそのものが社会に与える影響を分析している。

ウ　AもBも、実際に使用されるものの例を挙げ、実用性が生活を規定していくという筆者の説の正当性を主張している。

エ　Cでは、円や四角以外のかたちを分析して、これまでと同様に幾何学的な形態の合理性についての筆者の主張を強調している。

オ　Dでは、Aと異なる視点で丸いかたちに注目し、ボールのかたちに凝縮された人間の技術の精度の高さを賞賛している。

6　傍線部③「今日、僕らはボールを丸くつくり得ているだろうか」とあるが、「ボールを丸くつくく」る、とはどういうことか。90字以内で説明しなさい。

三　次の文章を読んで、後の問いに答えなさい。

> 中学生のころ不登校で引きこもっていた奥山希美（のぞみ）は、祖母に神社へ連れ出されたことがきっかけで立ち直り、大学卒業後に神社の神職となった。ある日偶然神社を訪れた、かつての同級生木原（きはら）みさきと希美は再会した。木原は希美とともにいじめの標的となっていた生徒である。次の文章は、希美が宮司に対して、抱えていた自分の過去を打ち明ける場面である。

「ずるいんです。神職の資格なんかないんです」

絞り出すように希美は言った。

中学校二年生のあの時期、いじめの標的になった希美は、なんとか回避したかった。思いついたことは、いじめを分散させることだった。もっとみさきがやられれば、自分への攻撃が減るのではないかと思った。自己中心的で浅はかな動機だ。

だからあの日、ハエ入りのビニール袋をみさきの机の中に入れようとした。

　ア　

そんな自分に、神に仕える資格などない。①声を震わせる希美に、宮司はすっと焦点を外すように言った。

「Iものがたいあなたのことだから、真面目に引きこもったのでしょうね」

砂でも払い落とすような軽い声に、希美はこくんとうなずいた。

「はい。十か月間、家から一歩も出ませんでした」

十一月の半ばに部屋の扉を閉めてから、祖母に連れ出される翌年の九月半ばまで。季節は大方ひとめぐりするところだった。外へ出たときには、足がふらついた。筋肉はすっかりそげ落ちていたのだ。

それに日差しもまぶしかった。ほとんど昼夜逆転の生活をしていた希美にとって、自然光の刺激が思いかけず強かった。

ともかくとても駅までも歩けそうになかったので、一週間ほどお共感できる。
しかし、水流に身を任せて何百年も僕らは待つわけにはいかない。技術革命は速度と変化を同時に突きつけてくる。そこに必要なものは理性と合理性をたずさえて自分たちが生きる未来環境を計画していく意志だ。つまり、こころざしを持ってかたちをつくり環境をなすこと。近代社会の成立とともに人々はそのような着想を生み出した。それがデザインである。それは富の蓄積へと繋がる発想ではない。経済の勃興をめざすだけでは得られない豊かさをつくること——この着想を、僕らは何度でもかみしめ直せばいい。
③今日、僕らはボールを丸くつくり得ているだろうか。ずんぐりと鈍い柳宗理の薬缶を見ながら、そんな思いを反芻している。

（原　研哉『日本のデザイン』より）

※柳宗理…日本の工業製品デザイナー。
※スタイリング…ものの内部構造を変えないで、外見だけを変えること。
※造化の妙…自然の美しさ。
※演繹…意義を推し拡げて説明すること。

1　空欄Ⅰ～Ⅲにあてはまる語句として最も適当なものを下のア～オから選び、それぞれ記号で答えなさい。

Ⅰ　ア　気づくということ　イ　楽しむということ
　　ウ　計画するということ　エ　使うということ
　　オ　疑うということ

Ⅱ　ア　神秘的　イ　古典的
　　ウ　作為的　エ　画期的
　　オ　個性的

Ⅲ　ア　かたちの未来　イ　かたちの歴史
　　ウ　かたちの自由　エ　かたちの必然
　　オ　かたちの流行

2　傍線部①「薬缶はやっぱりこれに限る、と思わせる説得力」とあるが、「説得力」をなぜ感じるのか。その答えである次の文の（　）内に当てはまる言葉を[D]の**「ボールは丸い。」よりも後ろの本文中から**15字で抜き出しなさい。
薬缶のデザインが（　　　　　）から。

3　傍線部②「人間は、世界を四角くデザインしてきた」とあるが、それはなぜか。その理由の説明として最も適当なものを次のア～オから選び、記号で答えなさい。
ア　四角は人工的な幾何学形態であり自然の中にほとんど存在しないため、人間が直線や直角を組み合わせれば様々に応用することが簡単なかたちだったから。
イ　四角は直線や直角を使えば簡単に生み出すことが可能な幾何学形態であり、ものや環境を開発できる人間の力の大きさをあらわす特別なかたちだったから。
ウ　四角は自然の中にはほとんど存在しない不安定な幾何学形態であり、直線や直角を組み合わせて人間が作らなければ存在できない希少なかたちだったから。
エ　四角は不安定で自然の中には存在することが難しい幾何学形態ではあるものの、人間にとって身の回りの様々なものに利用された身近なかたちだったから。
オ　四角は直線や直角を組み合わせると簡単に生み出せる幾何学形態であって、人間がそれを使ってものや環境に働きかけるためには便利なかたちだったから。

4　この文章を読んだある生徒が「丸いボールだけの説明で、楕円(だえん)形のラグビーボールについて説明していないから、筆者の意見に納得できない」と主張しました。その主張に対する反論を考えた際、文章の趣旨に沿っていない発言を次のア～オから一つ選び、記号で答えなさい。
ア　楕円形のボールだと、まん丸なボールよりも不規則な方向に弾むんだよね。それがラグビーというスポーツ独自の面白みにもつながっているんだと思うな。
イ　丸いボールと同じように、楕円形でも投げ方次第では回転をコントロールできるんだ。練習すれば、パスだって投げ分けらとがあるが、硬い石をドリルのように回転させて、より柔らかい石をくり抜くと、ほぼ完璧な正円の穴を得ることができる。これもまた、回転という運動に即応して人の二本の手が、頭脳による推理や※演繹（えんえき）より先に、正円を探り当てていたかもしれない。いずれにしても、簡潔な幾何学形態は、人間と世界の関係のなかに合理性に立脚した知恵の集積を築いていく基本となっている。人間は、四角に導かれて環境を四角くデザインしてきた。そしてそれに劣らず円形にも触発されて、日用品に少なからず円を適用してきたのである。

[B] マンホールの蓋は、四角ではなく丸である。もしマンホールの蓋が、四角だったら、蓋はマンホールの穴のなかに落ちてしまう。だから、マンホールの蓋は丸くなくてはいけない。同じ意味で紙は四角くなくてはならない。丸いと無駄が発生する。紙は縦横のプロポーションが1対$\sqrt{2}$の比率に設定されていて、何度折っても縦と横の比率は同じになるように意図されている。

[C] 鉛筆の断面は六角形であるが、これにも勿論理由がある。断面が丸いと、鉛筆は机の上を転がりやすく、机の上から床に落下しやすい。硬い床に落下すると、柔らかい炭素の芯は簡単に折れてしまう。この不都合を避けるなら、おのずと鉛筆の断面は転がりにくい形を模索することになる。しかし転がりにくいからといって、断面が三角や四角だと持った時に指が痛い。したがって、転がりにくく程よい握り心地で、左右対称で生産性のいい六角形に落ちついたという次第である。

[D] ボールは丸い。野球のボールもテニスのボールもサッカーボールも丸い。ボールが丸い理由くらいすぐ分かると思われるかもしれないが、最初から丸いボールがあったわけではない。精度の高い球体を作る技術は、石器に丸い穴をあけるのとはわけが違う。だから初期のボールは精度の高い球体ではなく、比較的丸いという程度のものだったはずだ。しかし比較的丸いという程度のボールでは球技は楽しめない。スポーツ人類学の専門家によると、近代科学の発達と球技の発達は並行して進んできたという。つまり球体の運動は物理法則の明快な表象であり、人間は、知るに至った自然の秩序や法則を、球体運動のコントロール、つまり球技をすることで再確認してきたというわけである。それを行うには完全な球体に近いボールが必要でありそれを生み出す技術精度が向上するにしたがって、球技の技能も高度化してきたというわけである。

　ボールが丸くないと、球技の上達は起こりえない。同じ動作に対するボールのリアクションが一定でないとテニスもサッカーも上達は望めない。それが一定であるなら、訓練によって球技の上達は着実に起こり、ピッチャーはフォークボールを投げられるようになり、曲芸師は大玉の上に載って歩くことができるようになる。

　球と球技の関係は、ものと暮らしの関係にも移行させて考えることができる。柳宗理の薬缶もそのひとつだが、よくできたデザインは精度のいいボールのようなものである。精度の高いボールが宇宙の原理を表象するように、優れたデザインは人の行為の普遍性を表象している。デザインが単なるスタイリングではないと言われるゆえんは、球が丸くないと球技が上達しないのと同様、デザインが人の行為の本質に寄り添っていないと、暮らしも文化も熟成していかないからである。これを悟ったデザイナーたちは、精巧な球を作るように、かたちを見出そうと努力するようになる。住居を住むための機械と評した建築家のル＝コルビュジエも、イタリアをデザイン王国に導くことに寄与したプロダクトデザイナー、アッキレ・カステリオーニも、ドイツの工業デザインの知的な極まりをひととき世に知らしめたディエター・ラムスも、日本の柳宗理も、めざしたものは同じ、暮らしを啓発する、もののかたちの探求である。

　柳宗理の父、柳宗悦（むねよし）は日本の民芸運動の創始者であった。民芸とは、用具のかたちの根拠を長い暮らしの積み重ねのなかに求める考え方である。石灰質を含んだ水滴の、遠大なるしたたりの堆積が鍾乳洞を生むように、暮らしの営みの反復がかたちを育む。川の水流に運ばれ研磨されてできた石ころのように、人の用が暮らしの道具に[　Ⅲ　]をもたらすという着想である。その視点には深く

二〇二三年度 昭和学院秀英高等学校

【国語】（五〇分）〈満点：一〇〇点〉

＊字数制限のある場合は、句読点・記号なども字数に含めます。
＊設問の関係上、原文を一部省略しています。

一 次の1～5の傍線部のカタカナは漢字に直し、漢字は読みをひらがなで答えなさい。

1 大会の運営を外部の業者にイショクする。
2 あの人の怒り方はジョウキを逸している。
3 社会活動を通して年長のチキを得た。
4 伝説の名選手に比肩する素晴らしい活躍だ。
5 皇帝が功労者を諸侯として封じる。

二 次の文章を読んで、後の問いに答えなさい。

※柳宗理（やなぎそうり）のデザインした日用品が静かに注目されている。たとえば薬缶（やかん）。何の変哲もない普通の薬缶である。しかし実に堂々として、①薬缶はやっぱりこれに限る、と思わせる説得力に満ちている。デザインとは※スタイリングではない。ものの形を計画的、意識的に作る行為は確かにデザインだが、それだけではない。デザインとは生み出すだけの思想ではなく、ものを介して暮らしや環境の本質を考える生活の思想でもある。したがって、作ると同様に、[Ⅰ]のなかにもデザインの本意がある。

僕らの身の周りにあるものはすべてデザインされている。コップも、蛍光灯も、ボールペンも、携帯電話も、床材のユニットも、シャワーヘッドの穴の配列も、インスタントラーメンの麺の縮れ具合も、計画されて作られているという意味ではすべてがデザインされていると言っていい。人間が生きて環境をなす。そこに織り込まれた膨大な知恵の堆積のひとつひとつに覚醒していくプロセスにデザインの醍醐味がある。普段は意識されない環境のなかに、それを意識する糸口が見つかっただけで、世界は新鮮に見えてくる。

②人間は、世界を四角くデザインしてきた。有機的な大地を四角く区画し、四角い街路を設けて、そこに四角いビルを無数に建ててきた。四角い自動ドアからビルに入り、四角いエレベーターに乗って昇降する。四角い廊下を直角に曲がって、四角いドアをあけると四角い部屋が現れる。そこには四角い家具、四角い窓が配されている。テーブルもキャビネットもテレビも、それを操作するリモコンも四角い。四角いデスクの上で四角いパソコンの四角いキーを打ち、四角い画面に文字を出力する。その便箋を入れる封筒も四角く、そこに貼る切手も四角い。そこに押される消印は時に丸いけれども。

なぜ人類は環境を四角くデザインしたのだろうか。見渡してみると、自然のなかには四角はほとんどない。四という数理が自然のなかになくはないはずだが、四角は非常に不安定なので、具体的に発現することが少ないそうだ。ごくまれに、完璧な立方体の鉱物の結晶など見ることがあるが、この※造化の妙はむしろ人工的に見える。

おそらくは、直線と直角の発見、そしてその応用が、四角い形をこれほど多様に人間にもたらした原因だと思われる。直線や直角は、二本の手を用いれば、比較的簡単に具体化することができる。たとえばバナナのような大きな葉を二つに折ると、その折れ筋は直線になる。その折れ筋をそろえるようにもう一回折ると、直角が得られるのである。その延長に四角がある。つまり四角とは、人間にとって、手をのばせばそこにある最も身近な最適性能あるいは幾何学原理だったのである。だから最先端のパソコンも携帯も、そのフォルムは[Ⅱ]なのだ。そういえば、スタンリー＝キューブリックの映画《二〇〇一年宇宙の旅》（一九六八年）に出てくる叡智のシンボル「モノリス」は、黒くて四角い板のようなものであった。

[A] 円もまた、人間が好きな形の一つである。古代神具の鏡も、貨幣も、ボタンも、マンホールの蓋も、茶碗もCDも正円である。初期の石器の中央に正円が完璧にくり抜かれているのを見て驚いたこ

英語解答

1 (1) ② (2) ② (3) ③ (4) ①
(5) ④

2 〔1〕 healthier 〔2〕 smaller
〔3〕 weight gain
〔4〕 Adding healthy options
〔5〕 the environment inside

3 (6) ② (7) ③ (8) ① (9) ④
(10) ④

4 (11)…⑧ (12)…③ (13)…③ (14)…④

5 〔6〕 I couldn't hear my name called.
〔7〕 Try〔Make an effort〕to read as many books as possible〔you can〕.

6 (15) ④ (16) ③ (17) ② (18) ②
(19) ②

7 問1 ① 問2 ①
問3 (22)…③ (23)…① (24)…② (25)…④
問4 ③ 問5 ②

8 問1 (例)たくさんお金を銀行に預けておけば老後の心配などなくなるが，一方で泥棒から財宝を盗まれるという別の心配が生まれる。
問2 (例)1日当たり，1.25ドルの収入で生活する貧困ライン
問3 (例)世界銀行のお金のみのランキングが示すものほど貧困ではない国もあれば，はるかに貧困な国もある。

9 〔11〕 (例) they can talk with their friends face to face more if they do not use their smartphones
〔12〕 (例) they will notice that it is easier to study without smartphones
〔13〕 (例) they will not get calls or text messages from their friends when they are studying

1・**2**〔放送問題〕解説省略

3〔適語(句)選択〕

(6)空所は friends を修飾する形容詞的用法の to不定詞。「友達と遊ぶ」は play with friends なので，「一緒に遊ぶ友達」は friends to play with という形になる。 「デイビッドはとても人気があるので，遊ぶ友達がたくさんいる」

(7)conclusion は「結論」。'conclusion that＋文(主語＋動詞…)' で「～という結論」となる。この that は「～という」の意味で that 以下が前の名詞の内容を説明していることを示す'同格'の接続詞。 「私たちは，自分たちが間違っているという結論に達した」

(8)time は'数えられない名詞'なので'数えられる名詞'を修飾する few は使えない。また，a little は「少しある」，little は「ほとんどない」の意味で，本問では文意より little が適切。 「私たちは急がなくてはならなかった，なぜなら最終のバスまでほとんど時間がなかったからだ」

(9)I received an email までで文として完結しているので，空所以下は email を修飾する部分である。これが「～と言っている(→と書いてある)」の意味となればよい。動詞が「～している」の意味で名詞を修飾するときは現在分詞(～ing)となる。 「私は，ジェームズが転職に成功したと書いてあるメールを受け取った」

(10)複数の物〔人〕から一部を取った残り全部は the others で表す。ただし，残りが1つ〔1人〕の場合は単数形 the other となる。 「先日なくなった私の祖母は，私に指輪を4つ残してくれると

言った。その1つは彼女の寝室にあったが，他はどこにもなかった」

4〔整序結合〕

⑾・⑿語群にある動詞が kept なので，「隣家の騒音は私を一晩中目覚めた状態に保った」と読み換え，the noise を主語として'keep＋目的語＋形容詞'「～を…(の状態)に保つ」の形をつくる。next door で「隣に」という意味を表せるので「隣家」は the house next door とする。 The noise from the house next door kept me awake all night.

⒀・⒁「報道」に対応しそうな語は reported。'It is reported that＋文(主語＋動詞…)'で「～と報道される」の意味となるので(it は that 以下を受ける形式主語)，「報道によると～そうだ」を「～と報道されている」と読み換えて文を組み立てる。「負傷する」は受け身形 be injured で表せる。 It is reported that many people were injured in the accident.

5〔和文英訳―完全記述〕

〔6〕「～が…されるのが聞こえる」は'hear＋目的語＋過去分詞'の形で表せる。'目的語'が my name，'過去分詞'が called となる。「聞こえなかった」は I couldn't hear のほか，I didn't hear も可。

〔7〕動詞の原形で始まる命令文とする。「～ように努力する」は try to ～や make an effort to ～で表せる。「できるだけ～」は as ～ as possible，あるいは'as ～ as＋主語＋can'の形を用いる。'as ～ as …'の形で'数'について述べる場合は'as many＋複数名詞＋as ～'という形になるので，as many books as possible〔you can〕という語順に注意。

6〔読解総合(英問英答形式)〕

⒂**＜内容真偽＞≪全訳≫**携帯電話で最も人気のある活動は写真撮影である。携帯電話利用者全体のうち82％が写真撮影のために携帯電話を使っている。男女差はほとんどない。例えば男性の82％，女性の81％が携帯電話で写真を撮る。驚くことではないだろうが，若い人たちが最もよく写真を撮る。29歳未満の人の94％が携帯電話で写真を撮るのに対し，65歳以上だとたった44％である。

Q：「どの文が正しいか」―④「若い人たちは65歳以上の人たちに比べて，携帯電話で写真を撮る頻度が2倍以上である」 最終文の内容から推測できる。この内容は人数の割合の比較で頻度の比較ではないが，他の選択肢はどれも本文と矛盾するか無関係の内容である。 'twice as ～ as …'「…の2倍～」

⒃**＜単語の意味＞≪全訳≫**❶私のインストラクターは，私たちに，他の著者のアイデアを盗用することについて警告しました。学生たちが盗用でトラブルになることはわかりましたが，盗用とは何でしょうか？ 北アメリカでは，どうしてそれがそんなに重要なのでしょうか？―ティアゴ❷ティアゴ様／誰かの言葉や考えをそのまま複製すると盗用していることになります。国によってはそれをしても大丈夫です。しかし，北アメリカでは，ある人物の言葉と考えは財産のようなものです。それらはその人物のものです。あなたはそれらを使うことができますが，どこにそれがあったかともとの著者の名前を必ず示さなくてはなりません。／敬具／ライト教授

Q：「盗用とは何を意味するか」―③「他の人物のアイデアを使用し，それが自分のものであるかのように見せかける行為」 教授の返信の第1文および最終文参照。

⒄**＜適語句選択＞≪全訳≫**ブラウン大学の研究で，大学生の73％が(　　)ことがわかった。これには多くの理由がある。まず，やらなければならない宿題と，勉強が必要な試験がある。また，新しい友達をつくり，彼らと一緒にいたい。そのうえ，多くの学生は学費の足しにアルバイトをしなければならない。

Q：「空所に入れるのに最も適切な文を選べ」―②「一般に必要とされる睡眠を十分にとれていない」　第３文以下の「理由」の結果として適切なのは「睡眠不足」である。

⒅＜内容一致＞≪全訳≫ひょっとすると，地球上の生命の歴史において最も大きな災害は，私たちがほとんど思いつかないものであるかもしれない。20億年前，地球には酸素がなく，生命の形態は全て人の目に見えないほど小さかった。少しずつ，これらの生き物は，現在植物が行っているように，老廃物として酸素をつくり始めた。しかし当時，ほとんどの生物にとって，酸素は有害だった。大気中の酸素が20億年前の０％から現在の21％まで増えるにつれて，動物や植物は変化を強いられた。当然，それらの多くは有害な大気の中で死滅したが，一部は変化を遂げて生き延びたのだ。

Q：「次の空所に最も適するものを選べ」　「この文章によると，生命にとって今までで最大の災害は(　　)ことかもしれない」―②「大気中の酸素の割合が劇的に増加した」　最後の２文に，大気中にもともとなかった酸素が増えるにつれ，多くの動植物が死滅したと述べられている。

⒆＜要旨把握＞≪全訳≫100年前の世界を考えてみてほしい。あなたの祖父母さえ生まれていない。その後，２，30年の間に彼ら４人が生まれた。誕生の時点で，彼らが２組のカップルとなり，あなたの母と父を生む確率は信じられないほど小さかった。その後，あなたの両親が生まれ，どういうわけか一世代後に彼らは出会った。言い換えれば，DNAが１つの生命をつくる数限りない道筋の中で，どういうわけか奇跡が起こり，そしてあなたが生まれたのだ。

Q：「次の空所に最も適するものを選べ」　「この文章の要点は(　　)ということである」―②「あなたが生まれたのは奇跡的だ」　２組の祖父母が出会い，両親のそれぞれが生まれて，その彼らが出会ってあなたが生まれるという確率は非常に低いのだと述べている。

７〔**長文読解総合―エッセー**〕

≪全訳≫❶私は赤ちゃんが生まれる病院の近くで育った。小さい頃，私はいつも学校へ行く途中にこの病院の前を通った。毎日，私は病院の入り口に向かって歩いていく夫婦を目にしたものだ。そのパターンはいつも同じで，妊娠中の妻が夫に助けられながら車から病院の緊急用入り口まで歩いていくというものだった。❷[22]子どもの頃，私はどうして彼らが２人で病院に来るのか全くわからなかった。でも，男性が，女性が重荷を抱えて歩くのを手伝うのはとても優しいことだと思った。その後10代になって，私の理解は増した。そして私は彼らの顔の表情を見るようになった。そこには心配と混ざった希望，疲労と混ざった喜び，幸福と混ざった不安が見えた。毎日これらの夫婦が病院に入っていくのを見ているうちに，自分自身が複雑な感情を覚えるようになった。[23]私もいつか男の人と出会って結婚するのだろうか？　私はいいママになれるのだろうか？❸ある日，そんな夫婦の一組を見ていて，特に強く，優しくハンサムな男性が妻の腕を抱えているのに気を引かれた。出産間近の女性の多くがそうであるように，彼の妻も歩くのが難しそうで，夫は彼女を抱いてその重さを支えていた。彼はたいそう辛抱強く，もっと自分にできることがあればと願っているようだった。そのとき私は願った。いつか私にあんな愛を経験させてください，と。これが私の願いだった，そしてそれは実際にかなったのだが，私が期待したのとは違う状況だった。❹およそ10年後，私は同じ病院の近くで，愛する夫マイクと一緒に暮らしていた。結婚後３年たち，私たちには最初の子どもが生まれようとしていた。[24]医師は私たちに，赤ちゃんはいつ生まれてもおかしくないと言った。❺私はマイクに心配しすぎないように言った。しかし，彼は私を車で病院に送る瞬間を待ち構えて，非常に神経質になった。１日24時間私と一緒にいられるように，彼は家で仕事をするようになった。❻ある日，マイクは居間でコンピューターに向かって仕事をしていて，私は台所で電話をしていた。マイクと私は２人とも，人生を変える瞬間がいつきてもおかしくないとわかっていた。[25]私は女友達とレシピについて話していたのだが，そのとき彼女は私をびっくりさせることを言った。**7**「えっ！　…　えっ！」と，私はちょっと大きな声を出した。**8**マイクが机から飛び上がるのが聞こえたので，私はそれが大きすぎたことを知った。私の声を聞いて，彼は全速力で私のもとに駆けてきた。あまりに急いだので，彼は足の小指をコーヒーテーブルの角にひっかけた。すごい力でぶつかったので，足の指が折れてしまった。私のところにたどり着いたとき，彼はけんけんしながら折れた小指を指さしたが，それは変なふうに横を向いていた。**9**「まあ，大変！」と私は言った。「これはひどいわ！　すぐに病院に行きましょう！」**10**私は彼を車に乗せて病院に行き，彼がゆっくり，ものすごく痛がりながら病院の緊急用入り口まで歩くのを手伝った。私たちが一緒に歩いているとき，私は登校中の子どもたちの集団に気がついた。１人の女の子が立ち止まって私たちを見ていた，妊娠中の女性がハンサムな夫を助けて緊急用入り口に歩いていくのを。**11**その少女を見て自分自身をあまりに思い出し，私は思わずほほ笑んだ。**12**「26何を願うかよく考えてね」と私は彼女に言った。彼女は私の笑顔に思慮深げににこっと笑って，向きを変えて友達に追いつこうと走り出した。

問１＜適語選択＞空所の前の hope mixed with worry「心配と混ざった希望」と同様に，mixed with の前後は相反する感情を表す語が入ると考えられる。２つ目の空所の前にある uncertainty は「半信半疑，不安」という意味。certainty「確実性」は感情を表す語ではないので不適切。

問２＜語句解釈＞下線部の直訳は「私が期待していたやり方ではなく」。筆者は子どもの頃，夫がおなかの大きい妻を助けて病院に入る愛情深い光景を見て，それを自分も経験できるように願った。それは実現したが，自分が期待したままのものではなかった，ということ。その具体的な内容はこの後で明らかになる。筆者は夫に支えられるのではなく，夫を支えて病院に行くという，自分が願っていたのとは真逆の状況になったのである。

問３＜適文選択＞(22)直後の But に着目し，次の文と‘逆接’の関係になるものを選ぶ。また，２文後の Later, as a teenager「その後10代になって」より，teenager になる前の内容が入ると推測できる。③の they は，病院に来る夫婦たちのこと。　(23)直前のコロン(:)に注目。コロンは「つまり，すなわち」の意味で，直前の内容を言い換えたり，具体的に説明したりする場合に用いられる。①の内容は，直前にある complicated feeling of my own の具体的な内容といえる。　(24)直前の文より，筆者が出産間近であったことがわかる。②はその状況を補足する内容である。be about to ～「今にも～するところである」　(25)直後で筆者が大きな声を出している。④はその内容につながる。

問４＜適文選択＞病院の入り口に向かって歩く自分たち夫婦を見つめる少女を見て，筆者は昔の自分を思い出している。筆者は当時，夫が妻を支える姿に憧れたが(第３段落最後から２文目の I made a wish: ... 参照)，このときの状況はまるで逆になっているので，「これは願うようなことじゃないのよ」ということを伝えたかったのだと考えられる。

問５＜内容真偽＞①「筆者は幼い頃，自分の夫が妻を助けて車から病院の緊急用入り口まで歩いていくのを見た」…×　②「筆者の夫であるマイクは，妊娠中の妻を心配して自分の仕事のやり方を変えた」…○　第５段落最終文に一致する。在宅勤務に切りかえた。　③「筆者が『えっ！』と言ったのは，赤ちゃんが生まれそうになってマイクが妻を病院に車で送ったからだ」…×　④「マイクは自室の机で仕事中につま先を骨折し，妻の身に何が起こっているか知らなかった」…×

8 〔長文読解総合―説明文〕

≪全訳≫1「金持ちの」「富裕な」「裕福な」――どんな呼び方であれ，私たちの多くはそうなりたいと願っているし，それは必ずしも悪いことではない。銀行に大金を預けていることは，年をとって働けなくなり，定期的な収入がなくなったらどうするかというような，多くの心配を取り除いてくれる。あるいは，それはある種の不安を取り除き，別の不安をつくり出すと言うべきかもしれない。例えば，お金や貴重品をたくさん持っているときは，泥棒から身を守らなければならないが，貧乏なときはその必要はない。持っていないものを失うことはないからだ。❷「ああ，でも誰にでも悩みはある」とあなたは考える。「そして貧乏人の悩みよりは金持ちの悩みの方がいい」と。金持ちが貧乏になりたいと思ったら，全てを手放すだけでいいが，貧乏人が金持ちになりたいと思ったら，その問題はそう簡単に解決できない。❸「貧しい」とは，本当はどういうことなのだろうか。世界の人口のうち，１日１ドル未満で生活している人の割合について語られるのを，私たちはしばしば耳にする。実はこの金額は，以前，世界銀行の「国際貧困ライン」として使われていたが，2005年以降は1.25ドルが基準とされている。為替レートは上下するが，この金額は100～150円に相当すると考えるといい。正確な数字がどうであれ，それでは近所のコンビニでお菓子を買うぐらいしかできないので，当然，健康的な３度の食事はまかなえない。この貧困の基準を使うと，アフリカに大勢の貧しい人々が存在し，次いでインド，東南アジアの順であることがわかる。❹しかし，貧しさとは本当にお金をどれだけ持っているかという問題なのだろうか。国連開発計画(UNDP)は，「多次元貧困」と称するものの魅力的な測定方法を開発したが，お金(またはその欠如)は，この測定方法を構成するいくつかの部分の１つにすぎない。このシステムの詳しい説明は長くなるのでここではできないが，重要なのは，次の３つの部門，すなわち「健康」「教育」「生活水準」の中で多くの指標を見るということだ。その中には，家庭に電気が通っているか，家族の中で学齢期の子ども全員が学校に通っているか，家族が栄養のあるものを食べられるか，などが含まれる。これらのさまざまな指標のうち，３分の１以上において十分ではないことがわかった場合，その家庭は「貧困である」と分類される。UNDPの多次元貧困の指標を使って国々をランクづけすると，いくつかの驚きがある。それは，世界銀行のお金だけのランキングが示すほど貧しくない国もあれば，それよりもっと貧しい国もあるということだ。

問１＜**要約文完成**＞要約文の「金持ちは貧乏になりたければ…」以下は第２段落の内容なので，空所には，第１段落のうち，金持ちであることについて述べた部分が入る。具体的には，第１段落第２文，および第４文前半(but より前)の内容をまとめる。

問２＜**語句解釈**＞下線部(A)の measure は「基準，尺度」という意味。this measure of poverty「この貧困の基準」とは同じ段落で述べられている the World Bank's "international poverty line"「世界銀行の国際貧困ライン」のこと。具体的には１日1.25ドル(第３段落第３文参照)という基準を指す。

問３＜**英文和訳**＞文全体は，'Some ～, and others …'「～もあれば…もある」の形。前半は 'not as＋原級＋as ～'「～ほど…ではない」の形で，'～' に当たる the World Bank's money-only rankings would suggest は，「世界銀行のお金のみのランキングが示す」という意味。

9 〔テーマ作文〕

≪**全訳**≫学生は週の１日はスマートフォンなしで過ごすべきだ　私は，学生は週の１日はスマートフォンなしで過ごすべきだという意見に賛成です。それには２つの理由があります。／１つは，その日を他の活動に使えるからです。例えば，11(例)スマートフォンを使わなければ，より友達と顔を突き合わせて話すことができます。／２つ目に，12(例)スマートフォンがない方が勉強しやすいことに気づくでしょう。例えば，13(例)勉強中に友達から電話やメールを受けなくなります。／これらの理由により，学生は週に１日，スマートフォンの使用を避けるべきです。

＜**解説**＞11には other activities「他の活動」の例となるものを書く。12には１つ目の理由として挙がっている「他の活動ができる」以外の理由を挙げ，13にその具体的な例を書く。

数学解答

1 (1) 0　(2) $(a-b)(a+4b+2c)$

(3) $\frac{13}{27}$　(4) $\frac{9}{2}$　(5) 4, 5

2 (1) (4, 8)　(2) 60

(3) (−2, 2), (−8, 32), (6, 18)

(4) $240\sqrt{2}\pi$

3 (1) $3^2+4^2+12^2$　(2) (84, 85)

(3) (例)$3^2+4^2+12^2+84^2$

4 (1) 60°　(2) 25　(3) 6

(4) $5\sqrt{19}$

1 〔独立小問集合題〕

(1)＜数の計算＞$(2+\sqrt{3})(2-\sqrt{3})=2^2-(\sqrt{3})^2=4-3=1$ より，与式$=1-4\{(2+\sqrt{3})(2-\sqrt{3})\}^{10}(2-\sqrt{3})+\{(2+\sqrt{3})(2-\sqrt{3})\}^{20}(2-\sqrt{3})^2=1-4\times1^{10}\times(2-\sqrt{3})+1^{20}\times\{2^2-2\times2\times\sqrt{3}+(\sqrt{3})^2\}=1-4(2-\sqrt{3})+(4-4\sqrt{3}+3)=1-8+4\sqrt{3}+4-4\sqrt{3}+3=0$ となる。

(2)＜式の計算―因数分解＞与式$=(a^2+3ab-4b^2)+2c(-b+a)=(a-b)(a+4b)+2c(a-b)$として，$a-b=A$，$a+4b=B$とすると，与式$=AB+2cA=A(B+2c)$となる。$A$，$B$をもとに戻して，与式$=(a-b)\{(a+4b)+2c\}=(a-b)(a+4b+2c)$である。

(3)＜場合の数―じゃんけん＞4人が1回じゃんけんをするとき手の出し方は，全部で$3\times3\times3\times3=81$(通り)ある。このうち，あいこになるのは，(i)4人が全て同じ手を出す場合と，(ii)グー，チョキ，パーの3種類が全て出る場合である。(i)の場合は，4人ともグー，4人ともチョキ，4人ともパーを出す3通りある。(ii)の場合は，同じ手を出す人が2人いる。その2人の選び方は(A, B)，(A, C)，(A, D)，(B, C)，(B, D)，(C, D)の6通りあり，それぞれ何を出すかで3通りあるから，$6\times3=18$(通り)ある。さらに，AとBがグーを出すとき，CとDの出し方は(チョキ，パー)，(パー，チョキ)の2通りあるので，(ii)の場合は$18\times2=36$(通り)ある。よって，あいこになる場合は$3+36=39$(通り)あるから，求める確率は$\frac{39}{81}=\frac{13}{27}$となる。

(4)＜空間図形―面積＞右図の正四面体ABCDで，3点E，F，Gを通る平面と辺BDの交点をHとすると，点E，F，Gはそれぞれ辺AB, AC，CDの中点だから，図形の対称性より，点Hは辺BDの中点になる。△ABCで，2点E，Fは辺AB，ACの中点だから，中点連結定理より，$\mathrm{EF}=\frac{1}{2}\mathrm{BC}=\frac{1}{2}\times6=3$，EF∥BCである。また，△DBCで，中点連結定理より，$\mathrm{HG}=\frac{1}{2}\mathrm{BC}=3$，HG∥BCとなり，EF＝HG＝3，EF∥HGである。同様に，FG＝EH＝3，FG∥EHだから，四角形EFGHはひし形である。さらに，図形の対称性より，全ての角は等しいから，四角形EFGHは正方形である。よって，$\triangle\mathrm{EFG}=\frac{1}{2}$〔正方形EFGH〕$=\frac{1}{2}\times\mathrm{EF}\times\mathrm{FG}=\frac{1}{2}\times3\times3=\frac{9}{2}$となる。

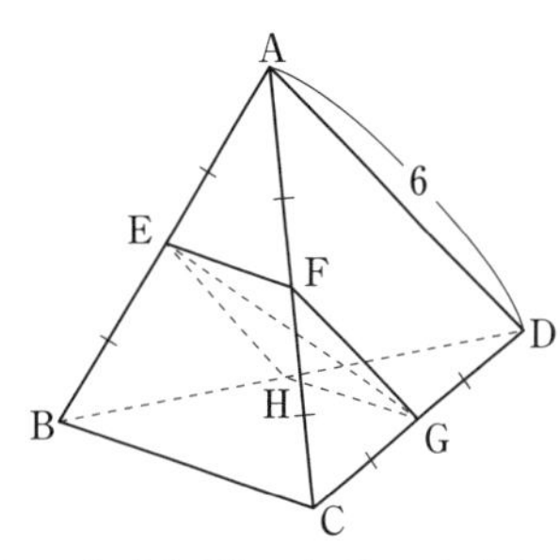

(5)＜データの活用―中央値＞データの個数が偶数の10個なので，中央値は小さい方から5番目と6番目の値の平均となる。xと$x+3$を除く8個のデータの中央値は，小さい方から4番目の5と5番目の7の平均で6である。これにxと$x+3$を加えた10個のデータの中央値が6になるのは，$x\leqq5$，$x+3\geqq7$となる場合である。よって，$x+3\geqq7$より$x\geqq4$だから，$4\leqq x\leqq5$となり，これを満たすxは4と5の2つである。

2 〔関数―関数 $y=ax^2$ と一次関数のグラフ〕

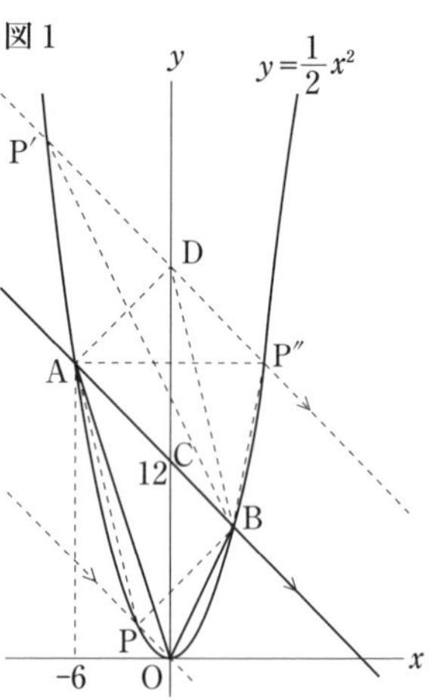

(1)<**座標**>右図1で，点Aは放物線$y=\frac{1}{2}x^2$上にあり，x座標は-6なので，$y=\frac{1}{2}\times(-6)^2=18$より，A$(-6,\ 18)$である。直線ABの切片は12なので，その式を$y=ax+12$として，点Aの座標より，$x=-6$，$y=18$を代入すると，$18=a\times(-6)+12$，$a=-1$となる。よって，直線ABの式は$y=-x+12$である。点Bは，放物線$y=\frac{1}{2}x^2$と直線$y=-x+12$の交点だから，2式から$y$を消去して，$\frac{1}{2}x^2=-x+12$より，$x^2+2x-24=0$，$(x+6)(x-4)=0$　$\therefore x=-6,\ 4$　よって，点Bのx座標は4であり，$y=-4+12=8$だから，B$(4,\ 8)$である。

(2)<**面積**>右図1で，直線ABとy軸の交点をCとすると，C$(0,\ 12)$である。△OAB＝△OAC＋△OBCとして，それぞれの三角形の底辺を共有するOC＝12と見ると，高さは2点A，Bのx座標よりそれぞれ6，4となる。よって，△OAB$=\frac{1}{2}\times12\times6+\frac{1}{2}\times12\times4=60$である。

(3)<**座標**>右上図1で，原点Oを通り直線ABに平行な直線を引き，放物線$y=\frac{1}{2}x^2$との交点をPとすると，△OABと△APBの底辺をABとしたときの高さが等しくなるので，△OAB＝△APBとなる。(1)より直線ABの傾きは-1なので，直線POの式は$y=-x$となる。点Pは放物線$y=\frac{1}{2}x^2$と直線POの交点だから，2式からyを消去して，$\frac{1}{2}x^2=-x$より，$x^2+2x=0$，$x(x+2)=0$　$\therefore x=0,\ -2$　よって，点Pのx座標は-2であり，$y=-(-2)=2$より，P$(-2,\ 2)$である。次に，図1のように，CD＝OC＝12となる点Dをy軸の点Cより上にとり，点Dを通り直線ABに平行な直線を引いて，放物線$y=\frac{1}{2}x^2$との2つの交点のうち，x座標が小さい方をP′，大きい方をP″とすると，P′P″∥ABより，△OAB＝△DAB＝△AP′B＝△AP″Bとなる。点Dのy座標は$12+12=24$だから，直線P′P″の式は$y=-x+24$となる。この式と放物線の式からyを消去して，$\frac{1}{2}x^2=-x+24$より，$x^2+2x-48=0$，$(x+8)(x-6)=0$　$\therefore x=-8,\ 6$　$x=-8$のとき，$y=-(-8)+24=32$，$x=6$のとき，$y=-6+24=18$となるので，P′$(-8,\ 32)$，P″$(6,\ 18)$である。したがって，求める点Pの座標は，$(-2,\ 2)$，$(-8,\ 32)$，$(6,\ 18)$である。

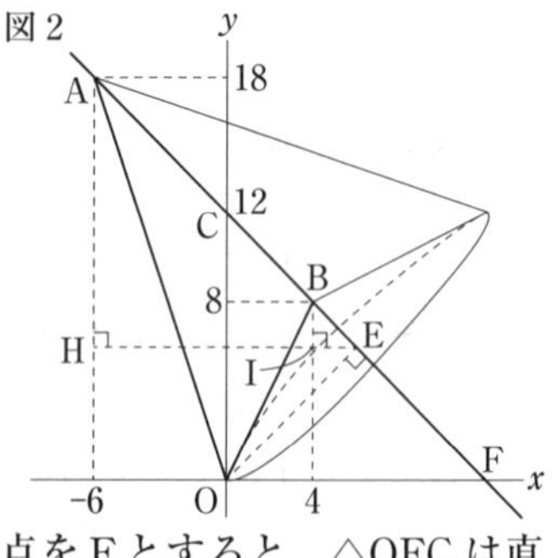

(4)<**体積**>右図2のように，原点Oから直線ABに垂線OEを引く。直線ABの傾きは-1なので，∠OCE＝45°であり，△OECは直角二等辺三角形となる。このとき，直線OEの傾きは1であり，B$(4,\ 8)$より，直線OBの傾きは$\frac{8}{4}=2$だから，点Eのx座標は点Bのx座標より大きくなる。よって，△OABを直線ABを軸として1回転してできる立体は，△OAEを1回転させてできる円錐から△OBEを1回転させてできる円錐を除いたものとなる。OE$=\frac{1}{\sqrt{2}}$OC$=\frac{1}{\sqrt{2}}\times12=6\sqrt{2}$である。次に，直線ABと$x$軸の交点をFとすると，△OFCは直角二等辺三角形で，OF＝OC＝12より，F$(12,\ 0)$であり，点Eは辺CFの中点となるから，E$(6,\ 6)$である。線分AEを斜辺とし，他の2辺がx軸，y軸と平行な直角二等辺三角形AHEをつくると，

$A(-6,\ 18)$より，$AH=18-6=12$であるから，$AE=\sqrt{2}AH=\sqrt{2}\times 12=12\sqrt{2}$となる。点Bから辺HEに垂線BIを引くと，$B(4,\ 8)$より，$BI=8-6=2$となるから，直角二等辺三角形BIEで，$BE=\sqrt{2}BI=\sqrt{2}\times 2=2\sqrt{2}$となる。以上より，求める体積は，$\frac{1}{3}\times\pi\times(6\sqrt{2})^2\times 12\sqrt{2}-\frac{1}{3}\times\pi\times(6\sqrt{2})^2\times 2\sqrt{2}=240\sqrt{2}\pi$である。

3〔数と式―数の性質〕

(1)＜**数の計算**＞$13^2=5^2+12^2$であり，$5^2=25$，$25=9+16$より，$5^2=3^2+4^2$となる。よって，$13^2=3^2+4^2+12^2$と表せる。なお，12^2は，2つの自然数の2乗の和では表せない。

(2)＜**数の計算**＞$13^2+x^2=y^2$より，$13^2=y^2-x^2$，$169=(y+x)(y-x)$となる。ここで，$y>x>0$より，$y+x>y-x>0$である。よって，$169=169\times 1=13^2$だから，$y+x=169$……①，$y-x=1$……②が成り立つ。①，②を連立方程式として解くと，①+②より，$2y=170$　$\therefore y=85$　これを②に代入して，$85-x=1$　$\therefore x=84$　したがって，$(x,\ y)=(84,\ 85)$である。

(3)＜**数の計算**＞7225を素因数分解すると$5^2\times 17^2$となる。$7225=5^2\times 17^2=(5\times 17)^2=85^2$だから，(2)より，$13^2+84^2=85^2$が成り立ち，(1)より，$13^2=3^2+4^2+12^2$なので，$85^2=3^2+4^2+12^2+84^2$となる。よって，$7225=3^2+4^2+12^2+84^2$と表せる。なお，$17^2=p^2+q^2$とすると，$7225=5^2\times(p^2+q^2)=(3^2+4^2)(p^2+q^2)=(3p)^2+(3q)^2+(4p)^2+(4q)^2$となる。$q^2=17^2-p^2=(17-p)(17+p)$であり，$p=8$のとき，$17-8=9$，$17+8=25$より，$q^2=9\times 25=3^2\times 5^2=15^2$となるので，$q>0$より，$q=15$となる。これより，$17^2=8^2+15^2$となり，$7225=(3\times 8)^2+(3\times 15)^2+(4\times 8)^2+(4\times 15)^2=24^2+45^2+32^2+60^2=24^2+32^2+45^2+60^2$とも表せる。

4〔平面図形―円〕

(1)＜**角度**＞右図で，$BD /\!/ CF$より錯角が等しいので，$\angle DCF=\angle BDC$である。$\overset{\frown}{BC}$に対する円周角より，$\angle BDC=\angle BAC$であり，$\triangle ABC$は正三角形だから，$\angle BAC=60^\circ$である。よって，$\angle DCF=60^\circ$となる。

(2)＜**長さ**＞右図で，$\overset{\frown}{AB}$に対する円周角より，$\angle ADB=\angle ACB=60^\circ$で，$BD /\!/ CF$より同位角が等しいから，$\angle DFC=\angle ADB=60^\circ$である。よって，(1)より，$\angle DFC=\angle DCF=60^\circ$となり，$\triangle CFD$は正三角形なので，$DF=CD$である。ここで，線分BD上に$DG=10$となる点Gをとると，$\angle ADG=60^\circ$より，$\triangle ADG$は正三角形となり，$BG=BD-DG=25-10=15$である。また，$\triangle ABG$と$\triangle ACD$において，$\angle AGB=180^\circ-\angle AGD=180^\circ-60^\circ=120^\circ$，$\angle ADC=\angle ADB+\angle BDC=60^\circ+60^\circ=120^\circ$だから，$\angle AGB=\angle ADC$であり，$\overset{\frown}{AD}$に対する円周角より，$\angle ABG=\angle ACD$である。これより，三角形の残りの角は等しく，$\angle BAG=\angle CAD$となる。さらに，$AB=AC$だから，1辺と両端の角がそれぞれ等しく，$\triangle ABG\equiv\triangle ACD$である。したがって，$BG=CD=15$だから，$DF=CD=15$となり，$AF=AD+DF=10+15=25$である。

(3)＜**長さ**＞右上図で，$BD /\!/ CF$より，$\triangle ADE\backsim\triangle AFC$であり，相似比は$AD:AF=10:25=2:5$となる。よって，$FC=DF=15$より，$DE=\frac{2}{5}FC=\frac{2}{5}\times 15=6$となる。

(4)＜**長さ**＞右上図で，点Aから線分BDに垂線AHを引くと，$\triangle ADG$が正三角形より，$\triangle ADH$は3辺の比が$1:2:\sqrt{3}$の直角三角形だから，$DH=\frac{1}{2}AD=\frac{1}{2}\times 10=5$，$AH=\sqrt{3}DH=\sqrt{3}\times 5=5\sqrt{3}$である。よって，$BH=BD-DH=25-5=20$より，$\triangle ABH$で三平方の定理を用いると，$AB=\sqrt{BH^2+AH^2}=\sqrt{20^2+(5\sqrt{3})^2}=\sqrt{475}=5\sqrt{19}$となる。

社会解答

1 問1　a…ハリケーン　b…パリ協定

問2　②$_{1}$　問3　②$_{2}$

問4　(例)日照時間が長い時間帯であり，太陽光発電が利用しやすいため。(29字)

問5　(例)防災訓練の実施。

2 問1　⑥$_{3}$

問2　(例)州の面積が広大なわりに，乾燥帯が大半を占め人口が少ないため。(30字)

問3　1…さんご礁
2…アボリジニ〔アボリジナル〕

問4　③$_{4}$　問5　③$_{5}$

3 問1　③$_{6}$　問2　蘇我　問3　②$_{7}$

問4　浄土真宗　問5　④$_{8}$

問6　②$_{9}$　問7　雪舟

4 問1　後醍醐天皇

問2　(例)建武の新政では，土地への権利や恩賞が認められなかったから。

5 問1　徳川綱吉　問2　大久保利通

問3　加藤高明

6 ①$_{10}$

7 問1　④$_{11}$　問2　④$_{12}$　問3　②$_{13}$

8 問1　③$_{14}$　問2　③$_{15}$　問3　②$_{16}$

問4　②$_{17}$

9 問1　A…議院内閣制　B…国事行為
C…1993

問2　公職選挙法　問3　国民審査

問4　(例)国民を代表する国会の意思を最大限尊重する必要があるから。(28字)

1〔世界地理―自然災害〕

問1＜適語補充＞a．キューバや西インド諸島が位置するカリブ海で主に発生する熱帯低気圧は，ハリケーンと呼ばれる。　b．温室効果ガス削減を目指す国際的枠組みとして，1997年に京都議定書が採択されたが，温室効果ガス削減が先進国のみに義務づけられていたため，先進国と途上国が対立していた。この課題の解決に向け，2015年に途上国も含めた国・地域に温室効果ガスの削減目標を設定するパリ協定が採択された。

問2＜自然災害＞洪水は，大きな河川の流域で起こることが多い。国内を大河川が流れるロシアを含む旧ソ連の国々，中国，インド，アメリカ合衆国，ブラジルなどが含まれる②が洪水を示している。なお，アフリカを含む①は干ばつ，火山帯を伴う環太平洋造山帯とアルプス＝ヒマラヤ造山帯に沿った国が含まれる③は地震，④は火山による災害の発生国を示している。

問3＜都市の気温上昇＞表1から，大都市では熱帯夜の増加が著しいことがわかる。したがって，大都市の気温上昇を示す最も適当な方法は，日最低気温が高くなったことを示すことと考えられる。

問4＜太陽光発電＞ハワイ島の地域の特徴を生かした再生可能エネルギーとは太陽光発電である。太陽光発電は，太陽の光エネルギーを利用するため，日照時間の長い昼間が太陽光を利用しやすい。したがって，真昼の時間帯の電気料金が安くなる。

問5＜災害に対するソフト対策＞災害に対して，津波対策として防波堤をつくるなどの物理的な対策をハード対策と呼ぶのに対して，災害に関する情報を得たり，防災訓練をしたりするなどの対策をソフト対策と呼ぶ。

2〔世界地理―オーストラリア〕

問1＜オーストラリアの諸地域＞Aはサウスオーストラリア州で，大部分が乾燥帯に属し，砂漠地帯が広がるため人口密度が低く，温帯に属する南東部では小麦などを栽培する農牧業が行われている(ウ)。Bはクインズランド州で，グレートディバイディング山脈では大量の石炭が産出し，グレートディバイディング山脈の東側と内陸部では牧牛が盛んであるため，石炭産出量や牛の頭数が多い(イ)。Cはビクトリア州で，気候がおよそ温暖で，オーストラリア第2の都市メルボルンがあるが，比較的面積が小さいため，オーストラリアの中では人口密度が高い(ア)。

問2＜オーストラリアの人口密度＞ウェスタンオーストラリア州は大部分が砂漠地帯であるため，広大な面積のわりに人口が少ないので，人口密度が低い。

問3＜オーストラリアの世界遺産＞海域xはグレートバリアリーフと呼ばれ，世界最大のさんご礁地帯である。また，地点yに見られるウルルを聖地とするオーストラリアの先住民はアボリジニ〔アボリジナル〕である。

問4＜オーストラリアの貿易＞近年，オーストラリアは輸出額の方が輸入額より多い輸出超過になっているため，図のEが輸出額のグラフとわかる。また，1970年代からオーストラリアはアジア諸国との関係を重視し，しばらく日本が貿易額1位であったが，近年は中国が最大の貿易相手国となっている。

問5＜オーストラリアとブラジル＞オーストラリアの首都はキャンベラだが，シドニーが人口最大の都市である。ブラジルの首都はブラジリアだが，サンパウロが人口最大の都市である(③…○)。なお，ブラジルの公用語はポルトガル語である(①…×)。オーストラリアの国土面積の大きさは世界第6位である(②…×)。TPP11とは，環太平洋パートナーシップに関する包括的及び先進的な協定の略称である。これは太平洋に面した国々が結んだ経済連携協定であるが，ブラジルは含まれていない(④…×)。

3〔歴史―古代～中世の仏教の影響〕

問1＜仏教公伝＞6世紀に日本に仏教の仏像と経典を送ったのは，朝鮮半島のう．に位置する百済の王である。なお，地図のあ．は高句麗，い．は新羅で，朝鮮半島南端は加耶地域(任那)の国々である。

問2＜崇仏と排仏＞6世紀に日本に仏教が伝わると，仏教の受け入れに反対する物部氏と仏教を受け入れようとする蘇我氏が対立するようになった。渡来人と関係を深め，新しい知識や技術を得た蘇我氏は物部氏を滅ぼし，推古天皇を即位させた。

問3＜鎮護国家＞感染症の流行や災害などによる社会不安が高まった奈良時代，聖武天皇は，仏教の力で社会不安を鎮めようとして，総国分寺の東大寺や国分寺，国分尼寺の建立などを行った。

問4＜鎌倉新仏教＞鎌倉時代に生まれた新しい仏教の宗派のうち，親鸞が開いたのは浄土真宗である。

問5＜加賀の一向一揆＞1488年，加賀の守護大名が浄土真宗〔一向宗〕を弾圧したのに対して，浄土真宗の門徒と国人層が結びつき守護大名を倒して別の守護を立てて，実質的には浄土真宗の門徒が約100年にわたって加賀を支配することになった。これを加賀の一向一揆と呼ぶ。なお，①は山城国一揆について述べている。また，②と③は加賀の一向一揆との関係が正しく述べられていない。

問6＜金閣＞足利義満が京都の北山に別荘として建てたのは鹿苑寺金閣である。金閣は，寝殿造，禅宗様をあわせた建築物である。なお，①は東大寺について，③は慈照寺銀閣について，④は中尊寺について述べている。

問７＜雪舟＞室町時代に明に渡って水墨画を学び，優れた日本の風景画を描いた禅宗の僧は，雪舟である。

4〔歴史—建武の新政〕

問１＜後醍醐天皇＞足利尊氏，新田義貞，楠木正成らの協力で1333年に鎌倉幕府を滅ぼし，建武の新政を始めたのは後醍醐天皇である。

問２＜建武の新政＞鎌倉幕府を倒して始まった後醍醐天皇による建武の新政は，天皇親政を目指すものだった。史料に「土地や恩賞ほしさに」とあるように，鎌倉幕府を倒す戦いの恩賞として領地に対する権利が正当に与えられなかったことに対して武士が不満を持っていたことが読み取れる。

5〔歴史—江戸時代～大正時代〕

問１＜徳川綱吉＞徳川綱吉は，江戸時代初期の17世紀後半に江戸幕府第５代の将軍となり，社会の秩序を重視し，儒学を奨励した。また，財政を立て直すために，金の含有量の低い元禄小判を発行した。

問２＜大久保利通＞大久保利通は薩摩藩出身の人物で，明治維新の指導的政治家として活躍し，明治初めの岩倉使節団に加わった。また，西南戦争では明治政府の中心として西郷隆盛と戦った。

問３＜加藤高明＞加藤高明は，第一次世界大戦中の1915年には外務大臣として中国に二十一か条の要求を出し，1925年には首相として治安維持法と普通選挙法を制定した。

6〔歴史—年代整序〕

年代の古い順に，③(フランス革命—1789年)，①(アヘン戦争—1840～42年)，④(ペリーの二度目の来航—1854年)，②(ドイツ帝国の成立—1871年)となる。

7〔歴史—総合〕

問１＜近年の出来事＞会話文より，東京ディズニーランドの開園は1983年のことである。第１回先進国首脳会議〔サミット〕が開催されたのは，第一次石油危機後の1975年のことである(④…×)。なお，ソ連でゴルバチョフが党書記長に就任し，ペレストロイカが始まったのは1985年のこと(①…○)，EU〔ヨーロッパ連合〕が成立したのは1993年のこと(②…○)，イラクのクウェート侵攻をきっかけに湾岸戦争が起こったのは1991年のことである(③…○)。

問２＜９世紀の出来事＞遣唐使に従って唐に渡った最澄が帰国後，天台宗を開いたのは，９世紀初めのことである。なお，②の遣唐使の停止は９世紀の出来事だが，そのときの天皇は桓武天皇ではなく宇多天皇である。また，①の藤原頼通の摂政・関白は11世紀の出来事，③の平将門・藤原純友の乱は10世紀の出来事，⑤の平治の乱は12世紀の出来事である。

問３＜15世紀の出来事＞15世紀後半の1467年から約10年間，京都を戦場とした応仁の乱が起こった。なお，①の室町幕府が滅びたのは16世紀の出来事，③の朝廷が南北に分かれたのは14世紀の出来事である。また，④の江戸幕府によるぜいたくを禁止する倹約令などは17世紀から出されている。

8〔公民—総合〕

問１＜人権思想の発達＞示された条文は，1789年のフランス革命のときに出された人権宣言の一部である。なお，1689年に出された①のイギリスの権利章典は，国王と議会の関係を定めている。1776

年に出された②のアメリカの独立宣言は，平等権，自由権，幸福追求権などの基本的人権を主張し，圧政に対する革命権を認めている。1919年に制定された③のドイツのワイマール憲法は社会権を認めている。

問２＜比例代表選挙＞比例代表選挙におけるドント式では，各政党の総得票数をそれぞれ１，２，３…と整数で割り，得られた数字の大きい順に，議席を配分する。よって，議席配分は，右表のようになる。したがって，X党４議席，Y党１議席，Z党２議席となる。

政党	÷１	÷２	÷３	÷４
X党	3000票	1500票	1000票	750票
Y党	1200票	600票	400票	300票
Z党	2000票	1000票	666.6票	500票

問３＜租税＞租税は納付先の違いによって国税と地方税に，納税者と税負担者の関係によって直接税と間接税に分類される。国税の間接税には，消費税，酒税，関税などがある。なお，事業税は地方税の直接税，相続税と法人税は国税の直接税である。

問４＜金融政策と為替相場＞日本銀行の買いオペレーションとは，日本銀行が，一般の銀行が保有する国債を買い上げるものである。これによって一般の銀行を通じて市場に出回る通貨が増加するので，通貨の価値が下落して物価が上昇するインフレーションが発生しやすい。インフレーションが発生すると円の価値が下落し，外国の通貨に対する円の価値も下落するので，一般的に為替相場は円安傾向となる。

9 〔公民―時事に関連する問題〕

問１＜衆議院の解散＞A．内閣が議会の信任に基づいて成立し，議会に対して連帯責任を負う仕組みを，議院内閣制と呼ぶ。　B．内閣の助言と承認に基づいて天皇が行う行為を，国事行為と呼ぶ。　C．1955年から，自民党が政権を担当し，日本社会党が野党第一党となる政治体制が続いた。これを55年体制と呼ぶ。1993年に非自民の連立内閣である細川内閣が成立したことによって，55年体制は終わりを告げた。

問２＜公職選挙法＞2015年，選挙権年齢を満20歳以上から満18歳以上へ引き下げる法改正が行われた。選挙権年齢を含む選挙に関することを定めた法律は，公職選挙法である。

問３＜国民審査＞国民が投票によって，最高裁判所の裁判官の任命が適切かどうか審査することができる制度を，国民審査と呼ぶ。国民審査は，裁判官就任後の最初の総選挙と，前回の審査から10年後以降の総選挙のときに，満18歳以上の国民の投票によって行われる。

問４＜国権の最高機関＞日本の政治の仕組みにおいて，主権者である国民が直接選挙によって選出した議員によって構成される国会が国権の最高機関であると，日本国憲法は定めている。したがって，国権の最高機関が定めた法律に対して，裁判所は違憲の判断を下すことについて慎重な態度をとっている。

理科解答

1 問１ (1) ア，イ，オ
(2) FeO，Fe_2O_3〔Fe_3O_4〕
問２ (1) $2H_2S + O_2 \longrightarrow 2S + 2H_2O$
(2) 2240kJ (3) あ…ウ い…エ
問３ ア，ウ，オ
問４ (例)化学反応で熱が生じる
問５ 混合物Ｘ…ア 物質Ｙ…カ
問６ (1) 4.4g (2) 5.5g

2 問１ 500N/m^2 問２ 2cm
問３ 200Pa 問４ 3cm

3 問１ 42N 問２ 26N
問３ 8cm 問４ 12N

4 問１ あ…オ い…カ う…エ え…オ
問２ お…ウ か…エ き…カ く…ウ
け…エ
問３ こ…イ さ…ア し…ア す…ウ
せ…ウ そ…ウ た…ウ ち…ウ
つ…オ て…キ

5 問１ 46.8° 問２ 南緯7.8°
問３ Ａ…西 Ｂ…北 Ｃ…東 Ｄ…南
問４ 23.4° 問５ ア，エ
問６ 南緯90°～南緯82.2°まで

1〔化学変化と原子・分子〕

問１＜酸化と還元＞(1)ア…適する。緑茶の色が時間の経過につれて茶色く変化するのは，緑茶の成分が空気中の酸素に触れて酸化するからである。　イ…適する。燃焼は，熱と光を発生しながら激しく酸化することである。　オ…適する。金属が錆(さ)びるのは，金属が空気中の酸素と時間をかけて酸化するためである。　ウ…不適。胃薬を飲むと症状が和らぐのは，胃腸薬によって胃の中の酸が中和されるためである。　エ…不適。コップの表面に水滴が生じるのは，空気中の水蒸気が冷えて液体の水滴となり，コップの表面につくためである。　(2)酸素原子(O)がイオンとなった酸素イオンは２価の陰イオンで，O^{2-}のように表される。これが鉄などの金属イオンと結びつくときは，電気的に中性になるように，＋と－の合計が０となる個数の比で結びつく。よって，Fe^{2+}と結びつくと，酸化鉄はFeOとなり，Fe^{3+}と結びつくと，酸化鉄はFe_2O_3となる。また，Fe_3O_4と表される酸化鉄も存在する。

問２＜化学反応式，熱量，中和＞(1)硫化水素(H_2S)と酸素(O_2)が反応したときに生成するのは，水(H_2O)と湯に不溶な固体で，この固体は湯の花の成分の硫黄(S)である。化学反応式は，矢印の左側に反応前の物質の化学式，右側に反応後の物質の化学式を書き，矢印の左右で原子の種類と数が等しくなるように化学式の前に係数をつける。　(2)１Lが1000cm^3，源泉の密度が1.0g/cm^{3}より，１分間に湧(わ)く湯の質量は，$1.0 \times 4000 \times 1000 = 4000000$(g)だから，源泉の温度を56℃から48℃まで８℃下げるときに放出した熱量は，比熱4.2J/(g･℃)より，$4.2 \times 4000000 \times 8 = 134400000$(J)となり，134400kJである。よって，１分は60秒なので，１秒間に湧いた湯量では，$134400 \div 60 = 2240$(kJ)となる。　(3)草津温泉から流れ出る温泉は硫化水素を含むので，強い酸性を示す。pHは７で中性であり，７より小さくなるほど酸性が強くなり，７より大きくなるほどアルカリ性が強くなるから，この温泉のpHの値は７よりかなり小さい。そのため，そのまま川に流すと問題があるため，アルカリである石灰を加えて中和して，pHの値を７に近づけてから川に流している。

問３＜実験操作＞ア…適切ではない。一度試薬瓶から取り出した試薬は，もとに戻してはいけない。これは，試薬の品質の劣化を防ぐためである。　ウ…適切ではない。ガスバーナーの火は適正な青白色に調節する。　オ…適切ではない。実験では有毒な気体が発生するおそれがあるため，換気に注意しなくてはならない。　イ，エ…適切である。

問4＜発熱反応＞鉄と硫黄が結びつく反応は，熱が発生する発熱反応である。反応が始まると，加熱を止めても発生する熱で反応は進行する。

問5＜物質の性質＞混合物Xには未反応の鉄が含まれているので，磁石を近づけると引きつけられ，塩酸を加えると，鉄が塩酸と反応して無色無臭の水素を発生する。一方，物質Yは鉄と硫黄が結びついてできた硫化鉄であり，鉄の性質は失っているので，磁石に引きつけられない。また，硫化鉄に塩酸を加えると，無色で腐卵臭を持つ硫化水素が発生する。

問6＜化学変化と物質の質量＞(1)実験操作ⅰ，ⅱより，鉄と硫黄は，3.5：2.0＝7：4の質量比で過不足なく反応することがわかる。これより，硫黄1.6gと過不足なく反応する鉄粉の質量は，$1.6\times\frac{7}{4}=2.8$(g)となる。よって，鉄粉は3.5gあるので，得られる硫化鉄(物質Y)の質量は，$1.6+2.8=4.4$(g)である。　(2)(1)より，硫黄2.4gと過不足なく反応する鉄粉の質量は，$2.4\times\frac{7}{4}=4.2$(g)である。よって，鉄粉は3.5gしかないので，鉄粉3.5gは硫黄2.4gのうちの2.0gと反応して，硫化鉄(物質Y)が，$3.5+2.0=5.5$(g)得られる。

2 〔運動とエネルギー〕

問1＜水圧＞求める水圧は，断面積が1 m^2，つまり，$100\times100=10000$(cm^2)で，深さが5 cmの円柱状の水の重さになる。この水の質量は，$1.0\times100\times100\times5=50000$(g)だから，重さは，$50000\div100=500$(N)である。よって，求める水圧は500N/$m^2$となる。

問2＜水圧＞円板が円筒から離れるのは，円板にはたらく水圧とおもりの重さによる円板への圧力が等しくなるときである。円板が円筒から離れるときの水深をx cmとすると，おもりの重さは，$60\div100=0.6$(N)，円板の面積は，$30\div10000=0.003$(m^2)より，おもりの重さによる円板への圧力は，$0.6\div0.003=200$(N/m^2)となる。一方，水深x cmでの水圧は，$1.0\times10000\times x\div100=100x$ (N/m^2)となる。よって，$100x=200$が成り立ち，これを解くと，$x=2$(cm)である。

問3＜水圧＞問2より，円板が円筒から離れたときの深さの水圧は，おもりの重さによる円板への圧力と等しく200N/m^2だから，200Paである。

問4＜水圧＞おもりの質量を1.5倍にすると重さも1.5倍になり，円板の円筒内にある部分におもりが及ぼす圧力も1.5倍になる。また，円板の直径を1.5倍にしても，円板の円筒からはみ出した部分にはたらく水圧は上下でつり合うので，おもりによる圧力とつり合うのは円板の円筒の直径と等しい部分にはたらく水圧である。よって，水圧も1.5倍になるので，水深も1.5倍の，$2\times1.5=3$(cm)となる。

3 〔身近な物理現象〕

問1＜力のつり合い＞図1で，おもりと動滑車の質量の合計は，$7.4+1=8.4$(kg)だから，重さは，$10\times8.4=84$(N)である。この重さを動滑車に通した紐(ひも)が両側で支えているので，紐にかかる力は，$84\div2=42$(N)となる。よって，紐のAの部分を引いて，おもりを支えるのに必要な力の大きさは42Nである。

問2＜力のつり合い＞図2で，おもりをつるした動滑車に通した紐に加わる力は，問1より42Nである。この動滑車をつるした上側の動滑車は，42Nの力を下向きに受け，動滑車の重さが，$1\times10=$

10(N)だから，42＋10＝52(N)の重さを紐が滑車の両側で支えている。よって，紐のBの部分を引いて，おもりを支えるのに必要な力の大きさは，52÷2＝26(N)である。

問3＜動滑車＞図2で，おもりとおもりをつるしている動滑車を2cm上昇させるには，紐を2倍の4cm引き上げる必要がある。このとき，上側の動滑車を4cm引き上げることになるので，紐のBの部分を2倍の8cm引く必要がある。

問4＜組滑車＞図3で，5つの動滑車を下から動滑車1，動滑車2，動滑車3，動滑車4，動滑車5とすると，問1，問2より，動滑車1の紐には42N，動滑車2の紐には26Nの力がかかり，動滑車3の紐には，(26＋10)÷2＝18(N)，動滑車4の紐には，(18＋10)÷2＝14(N)，動滑車5の紐には，(14＋10)÷2＝12(N)の力が加わっている。よって，紐のCの部分を引いて，おもりを支えるのに必要な力の大きさは12Nである。

4 〔生命・自然界のつながり〕

問1＜遺伝＞図2で，F_1はPの生殖細胞の受精により得られるので，両親からそれぞれA，aの遺伝子を受け継ぎ，遺伝子型はAaとなる。このF$_1$からつくられる生殖細胞の遺伝子はAまたはaだから，F_1どうしの交配で得られるF_2の遺伝子型と分離比は，右表1のように，AA：Aa：aa＝1：2：1となる。よって，F_2の表現型と分離比は，Aを持つものは丸，Aを持たないものはしわになることから，丸：しわ＝(1＋2)：1＝3：1である。

表1

	A	a
A	AA	Aa
a	Aa	aa

問2＜遺伝＞図4で，PのAABBのエンドウがつくる生殖細胞はABの1種類で，aabbのエンドウがつくる生殖細胞はabの1種類である。よって，F_1の遺伝子型はAaBbとなる。このF_1がつくる生殖細胞は，AB，Ab，aB，abの4種類で，それぞれ同数できるから，F_2の遺伝子型と分離比は，右表2のように，AABB：AABb：AAbb：AaBB：AaBb：Aabb：aaBB：aaBb：aabb＝1：2：1：2：4：2：1：2：1となる。したがって，F_2の表現型と分離比は，Aを持つものは丸，Aを持たないものはしわになり，Bを持つものは黄色，Bを持たないものは緑色になることから，丸・黄色：丸・緑色：しわ・黄色：しわ・緑色＝(1＋2＋2＋4)：(1＋2)：(1＋2)：1＝9：3：3：1である。

表2

	AB	Ab	aB	ab
AB	AABB	AABb	AaBB	AaBb
Ab	AABb	AAbb	AaBb	Aabb
aB	AaBB	AaBb	aaBB	aaBb
ab	AaBb	Aabb	aaBb	aabb

問3＜生殖＞図5で，中央細胞と卵細胞の核は，胚珠の中にある細胞が減数分裂してできた細胞の核分裂によってつくられ，核分裂の前後で遺伝子は変わらないので，卵細胞と中央細胞の核の遺伝子は同じである。また，果実と種皮はめしべの一部からできるので，めしべと同じ遺伝子を持つ。一方，胚は卵細胞と精細胞の受精によりつくられ，胚乳は中央細胞と精細胞が受精してつくられるので，種子として新たに組み合わされた遺伝子を持つ。ここで，めしべの遺伝子型をAAとすると，卵細胞の遺伝子はA，中央細胞の2個の核の遺伝子はそれぞれAであるから，遺伝子型はAAとなる。受精後には，果実と種皮はめしべの一部からできるので，めしべと同じ遺伝子型のAAであり，胚の遺伝子型は卵細胞のAと精細胞のaが合体してAaとなり，胚乳の遺伝子型は中央細胞のAAと精細胞のaが合体してAAaとなる。

5 〔地球と宇宙〕

問1＜太陽の動き＞北半球の地点でも南半球の地点でも，太陽は春分・秋分の日には真東から昇り真西に沈む。春分・秋分の日の太陽の南中高度を$a°$とすると，日本の夏至の日の太陽の南中高度は$a°$より23.4°高く，日本の冬至の日の太陽の南中高度は$a°$より23.4°低くなる。よって，夏至の日と冬至の日の太陽の南中高度の差は，23.4°×2＝46.8°となるから，図1で，$\angle S_1OS_2$＝46.8°である。

問2＜緯度＞図1で，弧の長さは中心角の大きさに比例するので，$\overset{\frown}{S_1T}:\overset{\frown}{S_2T}=2:1$のとき，$\angle S_1OT:\angle S_2OT=2:1$である。よって，$\angle S_1OT=46.8°\times\frac{2}{3}=31.2°$である。右図のように，日本の夏至の日において，南半球にある地点Pで頭の真上の方向と太陽の方向がつくる角度は，その地点の緯度と地軸の傾き23.4°の和に等しいから，地点Pの緯度xは，$x=31.2°-23.4°=7.8°$より，南緯7.8°である。

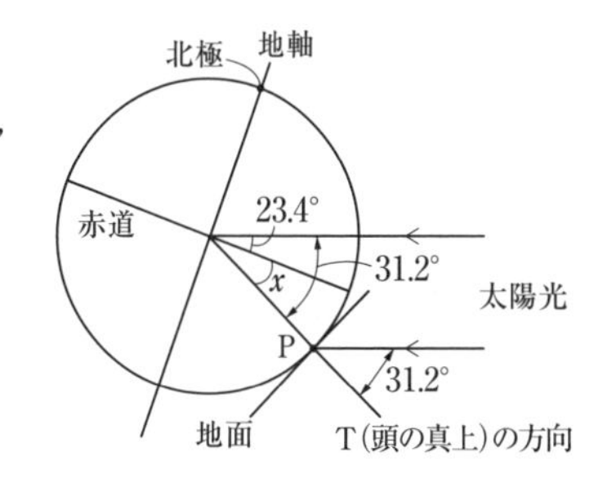

問3＜方位＞南半球の地点では，日本の夏至の日に太陽は北の空を通る。よって，図1で，Bが北でその反対側のDが南であり，Cが東，Aが西である。

問4＜太陽の動きと季節＞日本の冬至の日は，太陽が南緯23.4°の地点の真上を通る。よって，南緯23.4°よりも南(高緯度)の地域では，太陽が南の空を通ることはなく常に北の空を通る。よって，1年間観測したときに，太陽の高度が最大となる方角が北にも南にもなるような南半球の地域は，南緯23.4°よりも北側(低緯度)である。

問5＜太陽の動きと季節＞図1で，太陽の高度が最大になる位置は，日本の夏至の日から冬至の日までの6か月で$\angle S_1OS_2$＝46.8°変化するので，夏至の日から秋分の日までの3か月で，$46.8°\times\frac{3}{6}=23.4°$変化する。よって，太陽の高度は1日当たり0.26°変化するので，秋分の日から最短でTの位置に太陽が昇るのは，$\angle S_1OT$＝31.2°より，(31.2°－23.4°)÷0.26°＝7.8°÷0.26°＝30(日)後である。また，秋分の日から冬至の日を経て，再びTの位置に太陽が昇るのは，$\angle S_2OT=46.8°\times\frac{1}{3}=15.6°$より，(7.8°＋15.6°×2)÷0.26°＝39.0°÷0.26°＝150(日)後となる。

問6＜太陽の動きと季節＞南緯7.8°の地点Pで，太陽が頭の真上(Tの位置)を通るとき，太陽光は南緯7.8°の真上の方向から届いている。このとき，南極(南緯90°)と，昼夜の境界線上の地点を弧とする中心角も7.8°となるので，90°－7.8°＝82.2°より，南緯82.2°より緯度の高い地域，つまり，南緯90°～南緯82.2°の地域では一日中太陽が沈まない白夜となる。

国語解答

一 1 委嘱　2 常軌　3 知己
4 ひけん　5 ほう

二 1 Ⅰ…ア　Ⅱ…イ　Ⅲ…エ
2 人の行為の普遍性を表象している
3 オ　4 ウ　5 エ
6 人間の球技の進歩を促した丸さの精度が高いボールのような，経済発展だけでは得られない暮らしや文化の豊かさをもたらす，人の行為の本質に寄り添った形や環境をデザインすること。(84字)

三 1 Ⅰ…エ　Ⅱ…ウ　2 イ
3 オ　4 ウ
5 希美が，いじめを回避するために級友にひどいことをしようとしたのが自己中心的でずるいと言ったのに，それが原因で希美が十か月引きこもったのは真面目だと，宮司が論点をずらしたこと。(87字)
6 イ　7 ウ，オ　8 ア

四 1 ① 漢詩　② 和歌　2 イ
3 ウ　4 ア　5 ウ　6 ア

一〔漢字〕

1.「委嘱」は，特定の仕事を他の人に任せること。　2.「常軌」は，普通のやり方や考え方のこと。　3.「知己」は，親友，または知人のこと。　4.「比肩」は，肩を並べること，同等であること。　5.「封じる」は，領地を与えて領主とする，という意味。

二〔論説文の読解―芸術・文学・言語学的分野―芸術〕出典；原研哉『日本のデザイン』。

≪本文の概要≫デザインとは，ものの単なる形をつくるだけではなく，ものを通じて暮らしや環境の本質を考えることでもある。ふだんは意識されない環境の中に集積されている知恵に気づくことが，デザインの醍醐味(だいごみ)である。例えば，人間がつくったものに四角や円のデザインが多いのは，人間が簡単に生み出せる幾何学形態であるため，ものや環境にはたらきかけるのに適した形だったからである。マンホールの蓋の円，四角い紙，六角形の鉛筆などの形にも合理的な理由があり，人の行為の本質がとらえられている。丸いボールをつくるのは難しいが，技術精度が向上して完全な球体に近づくことにより，球技の技能も進歩した。球と球技の関係と同様に，ものと人間の暮らしとの関係においても，人の行為の本質に寄り添った形や環境をデザインすることで，経済発展だけでは得られない暮らしや文化の豊かさがつくられる。柳宗理のデザインした薬缶がすばらしく感じられるのは，暮らしを啓発する，ものの形を探求しようというデザイナーの努力が使う人に伝わるからである。

1 <文章内容>Ⅰ．デザインは，「ものの形を計画的，意識的に作る行為」であるだけではなく，ふだんは意識していない，身の周りにあるもの全てに「織り込まれた膨大な知恵の堆積」に「覚醒していく」ところに，本来の目的がある。　Ⅱ．四角は，人間が簡単に生み出せる「簡潔な幾何学形態」で，人類誕生にさかのぼるほど古くから慣習的に使われていたと考えられるため，たとえ「最先端」の技術であっても，今でも四角が使われている。　Ⅲ．民芸とは，石ころの形がそれを研磨する川の水流によって自然に決まるように，人の「長い暮らしの積み重ね」や「暮らしの営みの反復」によって，「用具のかたち」が必然的に決まるという考え方である。

2 <文章内容>柳宗理の薬缶のような「優れたデザイン」は，「人の行為の普遍性を表象している」のである。「暮らしを啓発」する「人の行為の本質」に寄り添ったものの形を見出そうとする，デザイナーの努力や強い意志が，ものを使う人にも伝わってくるのである。

3 <文章内容>四角を形づくる直線や直角は，人間の二本の手によって「比較的簡単に具体化」できるので，四角は「最も身近な最適性能あるいは幾何学原理」であり，人間と世界の関係の中に「知恵の集積を築いていく基本」となった。

4＜文章内容＞丸いボールの精度の発展と球技技術の発展との関係は，ものの形の探求と暮らしや文化の熟成との関係に置き換えて考えることができる。「優れたデザインは人の行為の普遍性を表象」し，暮らしや文化を「熟成」させるのである。楕円形のボールの場合も，ボールの形に合わせたルールづくりや技能の向上が行われている(ウ…×)。

5＜段落関係＞Aでは，人間が環境にはたらきかけるときに，四角と同様に円も便利な形であることが示されている(ア…×)。Bでは，マンホールの蓋や紙を取り上げ，円や四角でなければならない合理的な理由が示されている(イ・ウ…×)。Cでは，A，Bからの流れと同様に，六角形である鉛筆を取り上げ，六角形であることの合理的理由が示されている(エ…○)。Dでは，それまでの話題から転換し，球体の精度の向上に伴い球技の技能が高度化してきたことが述べられ，ものと暮らしや文化との関係に関する主張の導入となっている(オ…×)。

6＜文章内容＞丸いボールの精度の発展と球技技術の発展との関係は，ものの形の探求と暮らしや文化の熟成との関係に置き換えられるのであり，「球が丸くないと球技が上達しないのと同様，デザインが人の行為の本質に寄り添っていないと，暮らしも文化も熟成していかない」のである。これを悟ったデザイナーたちは，「経済の勃興をめざすだけでは得られない豊かさをつくる」という「暮らしを啓発」するものの形や環境をデザインしようとするのである。

三〔小説の読解〕出典；まはら三桃『ひかり生まれるところ』。

1＜語句＞Ⅰ.「ものがたい」は，物事に慎み深く，義理堅いこと。　Ⅱ.「くだけた」は，形式ばった堅い感じがなくなり親しみやすいさま。

2＜文章内容＞「叩き出し」の儀式は，わかりやすくするために，同音の「たいじ」という言葉を用いて「魔」を「うちはらう」話にしているが，本当は人間の心の弱さと「相対して向きあう」ための儀式である。

3＜文章内容＞A．実名を出していじめを告発するメールを学校に送信してしまったので，希美は，落ち着かない状態で登校した。　B．希美は，クラスのみんなが，自分の様子をそれとなくうかがっているような気がした。

4＜文脈＞「心が弱っているとき」に人は「魔が差す」というのを聞いて，希美は，「夕暮れの教室」で，みさきの机にハエ入りのビニール袋を入れようとしたのを「正野池くんに見とがめられた」ときの記憶が克明に思い出され，「泣きたいような気持ち」になり「くちびるをかみしめ」たのである。

5＜文章内容＞希美は，いじめを分散させるためにみさきにひどいことをしようとした自分を「自己中心的」で「ずるい」から「神に仕える資格などない」と，泣きそうな思いで宮司に打ち明けた。しかし，宮司は，それについては何も言及せず，「十か月間，家から一歩も」出なかった希美の「真面目」さの方へと，話の内容を変えた。

6＜心情＞「目を細める」は，まぶしい光を見たときにまぶたをすこし閉じる様子を表すほか，うれしく感じて硬い表情がわずかに笑顔になる様子を表す。希美は，中学二年生のときの出来事以来，悪いことをしたという罪悪感に苦しんできたが，人間は「もともと弱く生まれついている」のであり，「善いとか悪いとかの前に，弱い」のだと宮司に諭されて，苦しみの中にわずかな希望が現れたような気がした。

7＜文章内容＞空気中にウイルスは無数にいて，体が「弱っているとき」には感染しやすいのと同様に，魔も「我々の周りに無数」にいて，人間は，心が弱っているときには魔にとりつかれてしまう（ウ…○）。また，人間は誰でも「魔を持って」いて，「悪いものが入ってきたとき」に戦うために，体内の「腸内細菌」が必要であるように，魔を「ある程度持って」おかなくてはならない（オ…○）。

8＜**心情**＞希美は，中学二年生のときの出来事にどのように向き合い決着をつければよいかわからず，思い出すたびに心が「暗闇にふさがれて」いた。しかし，宮司とのやり取りの中で，人間は弱いが，光が「闇の中で生まれる」ように，心の中の魔（弱さ）を自覚することで強さも生まれることを知り，希美は，心の闇の中に「真実の光」がともったような確かな希望を見つけた気がして，宮司に感謝したのである。

四〔**古文の読解―随筆**〕出典；雨森芳洲『たはれ草』一二五。

≪**現代語訳**≫中国の漢詩，日本の和歌，（それらの内容の）奥深さに違いがあるはずはない。漢詩はつくりやすいが，和歌はよむのが難しいと言う人がいた。これ（について）はそういうことはあるだろう。〈和歌は日本の言葉〉だから，このようによんだら〈和歌〉にはならないということ（については），よむ人も，また鑑賞する人もその自信があるが，〈漢詩は中国の言葉〉だから，中途半端につくってもだいたい評判になるほどであるから，つくった人自身もよい（出来だ）と思い，鑑賞する人も上手だと口々にほめることから，和歌はよみにくく，漢詩はつくりやすいと言うのである。もしも中国人が，日本の和歌をよむことがあれば，和歌はよみやすいが，漢詩はつくりにくいと言うだろう。漢詩はつくりやすいというのは，漢詩を知らない人の言葉で，和歌はよみやすいというのは，和歌を知らない人の言葉であるに違いない。どちらが簡単だろうか，いや，どちらも簡単なことではない。漢文をつくることも，またこれと同じことである。

1＜**古典の知識**＞古文では，「詩」は，一句が五言，七言などからなる中国の韻文である漢詩を指し，「歌」は，中国の詩に対する日本の歌，という意味で，和歌を指す。

2＜**古文の内容理解**＞「かはり」は，現代仮名遣いでは「かわり」と書き，変わること。「あるまじ」の「まじ」は，打ち消し推量を表す。漢詩も和歌も，その内容が奥深いということにおいては，違いがあるはずはない，つまりどちらも同じであるはずなのである。

3＜**古文の内容理解**＞漢詩はつくりやすいが，和歌はよむのが難しいと言う人がいるが，よむ人にとっても鑑賞する人にとっても，和歌は母語である日本の言葉であるため（…A），このようによんだら和歌とはいえないということがわかる（…B）。一方，漢詩は中国の言葉であるため（…C），作品の出来ばえを評価する判断基準が低く，中途半端につくってもよいと見なされるので，つくりやすいと感じられるのである。

4＜**古文の内容理解**＞「おぼえ」には，評判，記憶，自信などの意味がある。よむ人も鑑賞する人も，母語でつくる和歌については「かく詠みては歌にはあらぬ」ということに対する自信があるのである。

5＜**現代語訳**＞「いづれか」は，ここでは反語を表す。漢詩も和歌も，母語が何かによってつくりやすさが変わるのであるから，どちらが簡単だろうか，いや，どちらも簡単ではない，という意味。

6＜**漢文の訓読**＞「性」→「修」→「所以」→「也」の順に読む。「性」から「修」に一字返るので，「修」にレ点を付す。「修」から「所以」という熟語に返るので，「所」と「以」の間にハイフンを入れ，最初の文字の「所」に二点，「修」に一点を付す。「修」には一点とレ点がつくことになる。

2022年度　昭和学院秀英高等学校

【英　語】（50分）〈満点：100点〉

※　チャイムが鳴って１分後にリスニング問題が開始されます。

1　［リスニング問題］ それぞれの問いについて，対話の場面が日本語で書かれています。John と Mary の対話を聞き，それぞれの問いの答えとして最適なものを，４つの選択肢から１つ選び，マークシートの(1)～(5)にその数字をマークしなさい。対話は一度ずつ流れます。

(1)　週末の出来事について話しています。

Q：Why did John have a problem in the shopping mall?

① He could not go fishing in the shopping mall.
② There were several shops which had the same kinds of goods.
③ He bought new shoes but he already had the same ones.
④ The shopping center had few shops where he could enjoy opening sales.

(2)　休日の午後，ある場所で話しています。

Q：Where does this conversation take place?

① A library.
② A theater.
③ Mary's house.
④ An amusement park.

(3)　学級活動の時間に，ある事柄について話しています。

Q：What are they doing now?

① They are making a plan for a field trip.
② They are drawing a map of their town.
③ They are going to Ms. Green's office.
④ They are studying a history of a museum.

(4)　学校の授業について話をしています。

Q：Why does Mary have trouble in her science class?

① Her science teacher doesn't use the textbook.
② There are not enough tools for experiments in the Physics room.
③ Mary hasn't seen any experiments in the science class.
④ It is difficult for Mary to make videos in class.

(5)　落とし物を探そうとしています。

Q：What will Mary do next?

① She will go to the teacher's office.
② She will start to walk around her school.
③ She will take her key from her pocket.
④ She will search her bag for her key.

2 ［リスニング問題］ 授業を聴き，次の問いに答えなさい。状況，ワークシートを読む時間が与えられた後，音声が一度流れます。

Q：ワークシートの空欄〔１〕～〔５〕に入る適切な語句を，（　）内に指定された語数で記述用解答用紙の解答欄に記入しなさい。

> 状況
> あなたはアメリカの高校で，汚染問題に関する授業を，ワークシートにメモを取りながら受けています。

ワークシート

○ Causes of Marine Pollution

・ floating plastic debris

・ 〔１〕（1語）caused by humans

✓ Why is it a problem to sea animals?

Natural sound enables them to find their way around and 〔２〕（4語）.

↑

〔１〕 from human activities prevent (sea animals from doing them.)

↓

Their habitats become 〔３〕（1語）.

✓ Solutions presented by researchers:

・ wind-powered ships, quieter propellers, and floating wind turbines

・ regulations

Cars and Trucks	Ships
We have.	〔４〕（3語）.

←Why?!

Assignment:

Think about 〔５〕（4語）in the sea by the next class.

※**＜リスニング問題放送原稿＞**は英語の問題の終わりに付けてあります。

3 次の英文の空所を補うのに最適なものはどれか，マークシートの(6)～(10)にその数字をマークしなさい。

(6) Some people often leave their cars with the engines (　　) when they go shopping for some minutes.

① run　② to run　③ ran　④ running

(7) Lucy spends (　　　　) on traveling as you.

① as many money　② many as money　③ as much money　④ much as money

(8) A: Did Anna say (　　) she was late this morning?

B: Yes. She said there was a lot more traffic than usual.

① where　② why　③ which　④ what

(9) A: Would you like tea or coffee?

B: (　　) will be fine.

① Each　② Any　③ Either　④ All

(10) A： Tom, what do you (　　) our new English teacher?
B： I enjoyed her first class. She seems like a really good teacher.
① know　② know about　③ think　④ think of

4 次の日本語を表す英文を，それぞれ［　］内の語を並べかえて完成するとき，(11)～(14)に入れるのに最適な語はどれか，マークシートの(11)～(14)にその数字をマークしなさい。

先生が出したある質問に答えるのは難しかった。
I (　　)(11)(　　)(　　)(　　)(　　)(12)(　　) by the teacher.
［① a　② it　③ given　④ difficult　⑤ answer　⑥ found　⑦ question　⑧ to］

トムはとてもおもしろい話をしたので，私たちは皆笑った。
Tom (　　)(　　)(　　)(13)(　　)(　　)(14)(　　)(　　) laughed.
［① story　② all　③ told　④ funny　⑤ that　⑥ a　⑦ we　⑧ such　⑨ us］

5 次のAとBの会話が成立するように，次の日本語を表す英文を(　)内の語を必ず使用して，記述用解答用紙〔6〕・〔7〕に書きなさい。ただし，(　)内の語が動詞の場合は必要に応じて変化させるものとする。

〔6〕 A： What an elegant castle it is! The people who built it must have worked hard!
B： それを建てるのに20年かかったんだ。(it, them)

〔7〕 A： Didn't you break your watch yesterday?
B： あの店で直してもらった。(I, repair)

6 次の(15)～(19)の英文を読んで，設問の答えとして最適なものを①～④の中から1つずつ選び，マークシートの(15)～(19)にその数字をマークしなさい。

(15) It's a system of government in which every citizen in the country can vote to elect its government officials and common people can become country leaders through elections. Norway, Canada, Germany, and the U.S. are the examples of countries that have such political system.
Q： Which word does the passage introduce?
① democracy　② diet　③ minister　④ socialism

(16) What makes British teenagers really happy? Lots of friends on social media? The latest smartphone? Well, actually no. A new survey shows that it's the simplest things in life that are the most important for today's teenagers. So what did the survey find? Well, believe it or not, having their own bedroom makes teenagers happier than having lots of money to spend on clothes. They don't want the most expensive tech devices because a happy family life is more important to them. In fact, money isn't very important in their lives at all.
Q： What is the most important for today's teenagers?
① A happy family life is.
② Money is.
③ Social media is.
④ The most expensive tech device is.

(17) New York City is on the east coast of the United States, in the state of New York. It is the biggest

city in the state—in fact, with over 8 million people it is the biggest city in the United States—but it is not the state capital. That is Albany, 156 miles (231 kilometers) north of New York. The city and the rest of the state are like two different worlds. The state has green hills, farms, and mountains. Forests are more than half of the state. New York State is the largest on the east coast, but fewer than 11 million people live there outside of the city.

Q : Which statement is true ?

① Albany, which lies to the east of New York City, is the state capital.
② New York City has green hills, farms, and mountains.
③ New York City is not in the state of New York.
④ No other city in the United State is larger than New York.

(18) In 1866, the first rugby match in Japan on record was played in Yokohama. The players were British sailors. Japanese people watched, but they didn't play. It is said that rugby officially began in Japan in 1899 through Edward Bramwell Clarke and his friend Ginnosuke Tanaka. When they were studying at Cambridge University, they enjoyed playing the game. After university, Clarke came to Keio University as an English lecturer in 1899. Tanaka turned out to be a businessman. They introduced the game to the students at Keio University. From the 1920s, rugby started gaining popularity. Around 1,500 club teams were born.

Q : Choose the best title.

① The Friendship between Clarke and Tanaka
② The Origin of Rugby
③ The Reason Rugby Became Popular
④ The Start of Rugby in Japan

(19) To those who have a strong desire to be successful, rich and powerful but get no satisfaction from the gifts of life and the beauty of the world, life would be a cause of suffering, and they will have neither the profit nor the beauty of the world.

Q : What does the writer want to say ?

① If you have a strong hope to be successful, you can enjoy your life.
② If you want more food, money, power than you need, you'll never be rich.
③ You should be satisfied with what you get in your life and notice the beauty around you.
④ Life is always going to be hard and everyone will be faced with great suffering.

7 以下の文章を読んで，設問に答えなさい。

When Mr. Hiram B. Otis, an American officer, bought Canterville Chase, everyone told him that he was doing a very foolish thing. They knew that there was a ghost in the house. Even Lord Canterville himself told the fact to Mr. Otis when they discussed the house.

"(20)," said Lord Canterville. "My grandaunt, the Dowager Duchess of Bolton, saw two skeleton hands on her shoulders when she was dressing for dinner. She couldn't recover from the shock. Several members of my family saw the Ghost. My wife often got very little sleep at night because of the mysterious noises that came from the corridor and the library."

"Lord Canterville," answered Mr. Otis, "I will buy the house with the furniture and the Ghost. I have come from a modern country, and we have everything that money can buy in America, but not a ghost. If there really is a ghost in Europe, we will catch it and exhibit it in our museum in America."

"(21)," said Lord Canterville, smiling, "though you may not believe in it. It has been well known for three centuries, since 1584 in fact, and always appears before the death of any member of our family."

"Well, the family doctor also appears before the death of any member of our family, Lord Canterville. There is no such thing as a ghost, even in old British houses."

"If you don't mind, then it is all right," answered Lord Canterville, "but please remember (22)."

Mr. Otis bought the house, and at the end of the season he and his family went down to Canterville Chase. Mrs. Otis was a very beautiful middle-aged woman. She was healthy and strong, and in many respects, quite English. Her elder son, Washington, was a fair-haired, rather good-looking young man. Miss Virginia E. Otis was a lovely little girl of fifteen with large blue eyes. She rode horses well and had once won a race on her pony. Seeing her win the race, the young Duke of Cheshire proposed to her on the spot, though he was sent back to Eton that very night. After Virginia came the twins. They were delightful boys.

As Canterville Chase is seven miles from Ascot, the nearest train station, Mr. Otis had asked for a coach to meet them. They started on their drive in high spirits. It was a lovely July evening. The air smelled nice and the birds were singing sweetly. However, as they entered the avenue of Canterville Chase, the sky suddenly became covered with clouds, big black birds passed silently over their heads, and before they reached the house, big drops of rain began to fall.

After unloading the luggage the coach returned to Ascot. An old woman, who was dressed in black silk, with a white cap and apron, was waiting for them at the steps. This was Mrs. Umney, the housekeeper. She had been in the position before Mr. Otis bought the house. She said in an old-fashioned manner, "Welcome to Canterville Chase." They followed her into the library. Tea was ready for them on the table.

問1 文脈に合うように，英文中の空欄(20)～(22)に補うものとして最適なものを１つずつ選び，マークシートの(20)～(22)にその数字をマークしなさい。

① I am afraid that the Ghost exists
② I did tell you about the Ghost
③ We don't want to live in the house ourselves

問2 次のうち，登場人物の描写として本文の内容に当てはまらないものを１つ選び，マークシートの(23)にその数字をマークしなさい。

① Mr. Otis bought Canterville Chase because he was not only rich but also interested in the ghost.
② Mrs. Otis had something in common with people who were from England.
③ The young Duke of Cheshire went back to Eton before he met Virginia.
④ Virginia was a teenager and good at riding horses.

問3 以下の質問に対する答えとして最適なものを１つ選び，マークシートの(24)にその数字をマークしなさい。

How many people are there in Canterville Chase at the end of this story ?

① 6 ② 7 ③ 8 ④ 9

問4 本文の内容に合うものを２つ選び，マークシートの(25)にその数字を両方マークしなさい。

① In America, people can have a house with a ghost without money.
② Two skeleton hands on the shoulders of the Dowager Duchess of Bolton shocked Lord

Canterville.

③ People believed that there has been a ghost in Canterville Chase for three hundred years.

④ Mr. Otis thought that the ghost in Canterville Chase was the family doctor of Lord Canterville.

⑤ Miss Otis couldn't marry the Duke of Cheshire because Mr. Otis didn't want them to.

⑥ The trip to Canterville Chase was nice at first, but it got dark and began to rain when the Otis' entered the avenue of Canterville Chase.

8 以下の文章は紅茶について書かれたものである。文章を読んで設問に答えなさい。

Everybody knows that tea is the national drink of Britain. No other drink in Britain comes close to tea in popularity, not even coffee or beer. Of course, tea is popular all over the world, but the country consumes much more. In fact, the British drink nearly four cups per person per day, or more than 160 million cups every day throughout the nation. By contrast, Japan, another famous tea-drinking nation, only manages to drink half as much as Britain. And, as you may know, tea is native to China. Then, how did an Asian drink become the national drink of Britain ? And how did Britain become the world's largest consumer of tea ?

Surprisingly, the British started drinking tea quite late. Tea was first brought to Europe in the early 17th century by Dutch and Portuguese traders who bought tea leaves along with spices and silks when they did business in China. Tea was not very successful in Britain at first. The most popular non-alcoholic drink at the time was coffee, and although tea was offered for sale in some coffee shops from the early 1650s, it didn't sell very well. All that changed in 1662, when the British king in those days married a woman from Portugal. His new wife loved drinking tea. Soon the king started to drink tea as well, and from that point on, tea was the fashionable drink in Britain.

The brewers (the people who made beer), however, didn't like tea. In the 17th century, most people didn't have access to safe drinking water. This meant that they either had to boil their water, or drink something else. Most people drank beer because the alcohol killed many of the bacteria in the water. When tea became fashionable, people began to drink less beer. So the brewers put pressure on the government to reduce the amount of tea on sale. The government did (A)<u>this</u> by raising the tax on tea and, by 1706 it had risen to 119 percent.

Tea was very expensive, so in many houses, the tea leaves were kept in a locked caddy, a special box to store tea leaves, with only one key, which was held by the lady of the house. Meanwhile, as tea became popular with women, some of the coffee shops opened tea gardens to provide a nice place for them to drink tea. Another effect of the high price of tea was that people were often sold something that looked like tea, but wasn't. One common fake substance sold as tea was dried sheep dung.

(B)<u>However, in 1784, the government finally decided to lower the tax on tea so that nearly anyone could afford to drink it.</u> Then, there remained just one problem : China was the only source of tea, and China didn't sell enough of it. In the early 19th century, some employees of the East India Company stole some tea seeds and took them to India to try and grow tea there. These seeds eventually became Darjeeling tea. In 1820, tea plants were found growing in the wild in Assam in India, and Britain's supply of tea was finally assured.

問1 第1段落と第2段落を要約すると次のようになる。下線部に句読点を含めて60字以上80字以内の日本語を入れ，要約を完成させなさい。ただし，解答は<u>記述用解答用紙</u>〔8〕に，日本語1文でまとめて書きなさい。

<要約>

イギリスではコーヒーやビールよりも紅茶のほうが多く消費されている。お茶自体は中国が起源であるにもかかわらず，なぜコーヒーなどを押さえて紅茶が国民的な飲み物として定着し，世界1位の消費大国になったのか，その答えは17世紀にさかのぼる。＿＿＿＿＿＿＿＿＿＿＿＿＿＿＿＿＿＿＿＿＿＿＿＿そして，それから庶民が飲み始めたのである。

問2　下線部(A) this の内容を，記述用解答用紙〔9〕に，句読点を含めて10字以上20字以内の日本語で答えなさい。

問3　下線部(B)を和訳し，記述用解答用紙〔10〕に答えなさい。

9　以下の論点について，自分が賛成であるか反対であるかを明らかにし，その根拠を具体的な例をあげるなどして50～70語の英語で述べなさい。解答は，記述用解答用紙に与えられた書き出しのいずれかを選択し，□に✓を入れ，それに続く部分から書き始めなさい。

High school students should experience a part-time job.

（記入例）

__I__ __can't__ __go__ , __sorry__ . __We__

<リスニング問題放送原稿>

1

(1)

M： How was your weekend, John ?

J： I told you I would go fishing in the river, but I changed the plan and went to the West Shopping Center.

M： I heard it opened last week.　Is it huge ?

J： Yes, it has more than 350 shops.　I wanted to go to a sports shop but I found there were three there.　It was hard checking the prices in all of them.　Anyway, finally, I bought a pair of new soccer shoes at a lower price thanks to the opening sale.

(2)

M： I was looking forward to coming here today.　Look John, three new releases are on today !

J： Great.　This one is based on a famous fantasy novel, and also this is from a famous animation series.

M： They seem interesting, but my favorite actor plays the part of the hero, so I want to see that one.

(3)

J： So, we have to prepare for our school trip next Friday.　Activities have already been scheduled, but we have free time in the afternoon.　How about going to this museum ?

M： Sounds good, but it's too far from the park.　We must be back there by 2 p.m.

J： You're right.　If we are late for the meeting time, Ms. Green will be angry.　Let's check another place.

(4)

J： Can I help you, Mary ?

M： Yes, please.　I can't understand what our science teacher taught in the last class.　He always speaks too much, and he doesn't show us any experiments.

J : You should access the Science Factory homepage. It has a lot of videos which show many kinds of experiments. They can help you to understand science class!

(5)

M : I lost my key just now. It's too hard to walk around whole school again.

J : I'll help you. But you should visit the teacher's office first. I lost my wallet last month, but I found it there. Someone may have already brought your key.

M : You're right. So, I'll check my backpack again, and then go to the office.

2

Today, we are thinking about marine pollution. As you know, one of the most common causes of marine pollution is floating plastic debris. But this time, I want to focus on another cause. It's noise. Sound pollution caused by humans is making oceans noisier than ever and harming marine life. That's according to a new article published in the journal Science.

Researchers looked at thousands of studies on ocean sound and its effects on wildlife. They found that noise pollution in oceans has increased over the years. And it has had a negative impact on animal behavior.

Sea animals depend on the ocean's natural sounds to find their way around and communicate with one another. "Sounds travel very far underwater," Francis Juanes says. He's one of the article's authors. "For fish, sound is probably a better way to sense their environment than light." But when noise from activities like shipping, drilling, and construction get louder, it's quite difficult for sea animals to hear natural sounds. As they escape from noisy areas, their living areas decrease.

There are ways to address this problem, the study's authors write. Wind-powered ships, quieter propellers, and floating wind turbines would lower the volume. And governments could pass laws regulating ocean noise. "We have noise standards for cars and trucks," says Carlos Duarte, the paper's lead author. "Why should we not have them for ships?"

Now, I think all of you know what marine sound pollution is. So, I would like you to think about how to reduce noise in the sea. By the next class, you must all be able to state your own opinions.

【数　学】 (50分) 〈満点：100点〉

1 　次の問いに答えよ。

(1) $ax^2-(a^2+a-2)x-2(a+1)$ を因数分解せよ。

(2) $(\sqrt{5}+2)^{2022}(\sqrt{5}-2)^{2020}+(\sqrt{5}+2)^{2020}(\sqrt{5}-2)^{2022}$ を計算せよ。

(3) 8人の生徒が10点満点のテストを受験した。その得点は

x，2，4，8，3，3，7，7

であった。この得点の平均値と中央値が一致したとき，点数 x を求めよ。

(4) 1個のサイコロを2回投げて，出た目の和を a とする。このとき，a と $4a+105$ が1以外の公約数をもたないときの確率を求めよ。

(5) 下図のように1辺の長さが2の立方体ABCD-EFGHに内接する球がある。この球を3点A，C，Fを通る平面で切ってできる切り口の円の面積を求めよ。

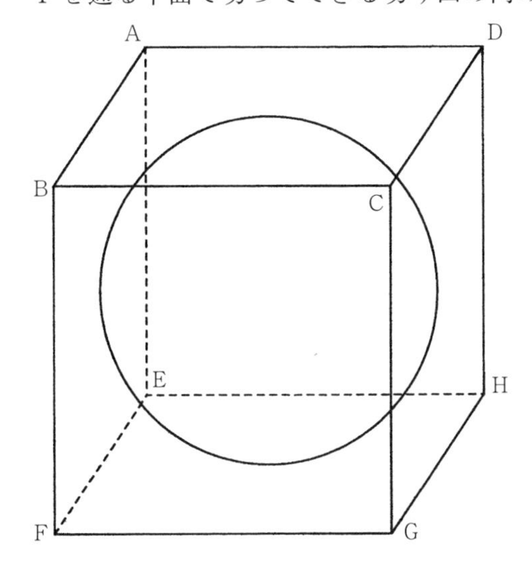

2 　横並びになっている6つの椅子に何人かの人を座らせるとき，

(A) どの2人も隣り合う椅子に座ってはいけない

(B) 2人までは隣り合う椅子に座っても良いが，どの3人も連続する3つの椅子に座ってはいけない

というルールを考える。以下の問いに答えよ。

(1) (A)のルールのもとで，2人の座り方は何通りあるか。

(2) (A)のルールのもとで，3人の座り方は何通りあるか。

(3) (B)のルールのもとで，3人の座り方は何通りあるか。

(4) (B)のルールのもとで，4人の座り方は何通りあるか。

3 　放物線 $y=x^2$ 上に4点A，B，C，Dがあり，点A，C，Dの x 座標はそれぞれ -2，2，3で，AD∥BCであるとする。また，直線CDと x 軸の交点をEとする。

このとき次の問いに答えよ。

(1) 点Bの座標を求めよ。

(2) 線分CE上に点Pがあり，△ACPの面積が△ABCの面積と等しいとき，点Pの座標を求めよ。

(3) 線分DE上に点Qがあり，△ADQの面積が四角形ABCDの面積の半分であるとき，点Qの座標を求めよ。

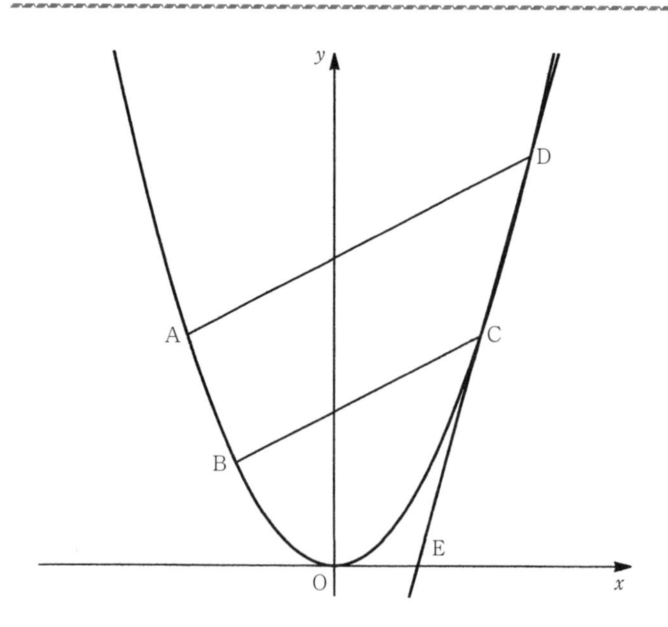

4　下図のように△ABCにおいて，各頂点A，B，Cから各対辺に垂線AD，BE，CFを引き，3垂線の交点をHとする。$BC=2\sqrt{21}$，$BE=9$，$CF=6$のとき次の値を求めよ。

(1)　BH

(2)　AB

(3)　AD

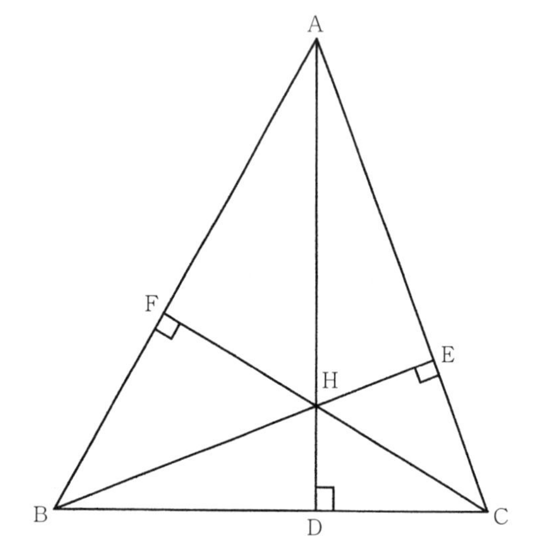

【社　会】（40分）〈満点：60点〉

※全ての問題について，特に指定のない限り，漢字で答えるべきところは漢字で答えなさい。

1　西アジア・中央アジアを中心とする次の図１をみて，以下の設問に答えなさい。

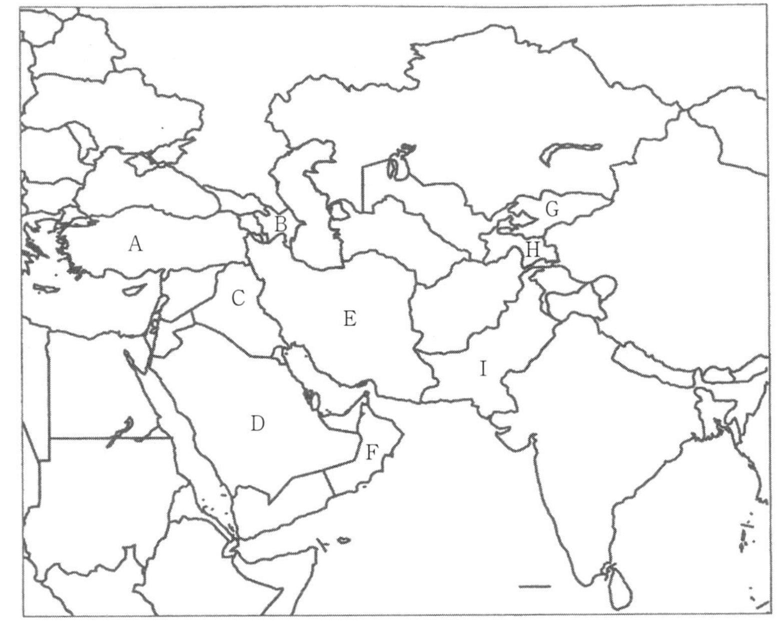

図１

問１　右の写真１は，図１中のＤ国でみられる円形農場の空中写真です。以下の設問に答えなさい。

［ｉ］　この農場でおこなわれている灌漑の方式を何と呼ぶか答えなさい。

［ii］　Ｄ国では，上記の円形農場などにより野菜や穀物の生産量を増加させてきましたが，近年，小麦の国内生産を停止し，全量を輸入に切りかえました。このような政策の転換がおこなわれた目的として考えられることを20字以内で答えなさい。

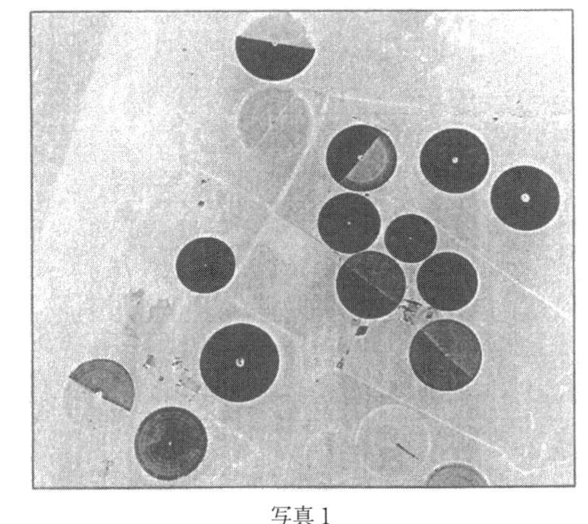

写真１

Google Earthにより作成

問２　図１中のＦ国の人口は約450万人（2020年）であり，男女・年齢別の人口は以下の図２に示したとおりです。Ｆ国において外国人の受け入れは1970年代以降に少しずつみられるようになりましたが，近年は特に顕著で，現在では全人口の約45％をインド系や東アフリカ系などの外国人が占めています。なぜこれほど多くの外国人がＦ国に住むようになったのでしょうか。この理由として考えられることを，図２から読み取れる主な移住者の性質にふれながら，下記の語句を用い60字以内で説明しなさい。語句は繰り返し用いてもよいですが，使用した箇所には下線を引きなさい。

【建設】

F国の年齢別人口　(外国人含む)

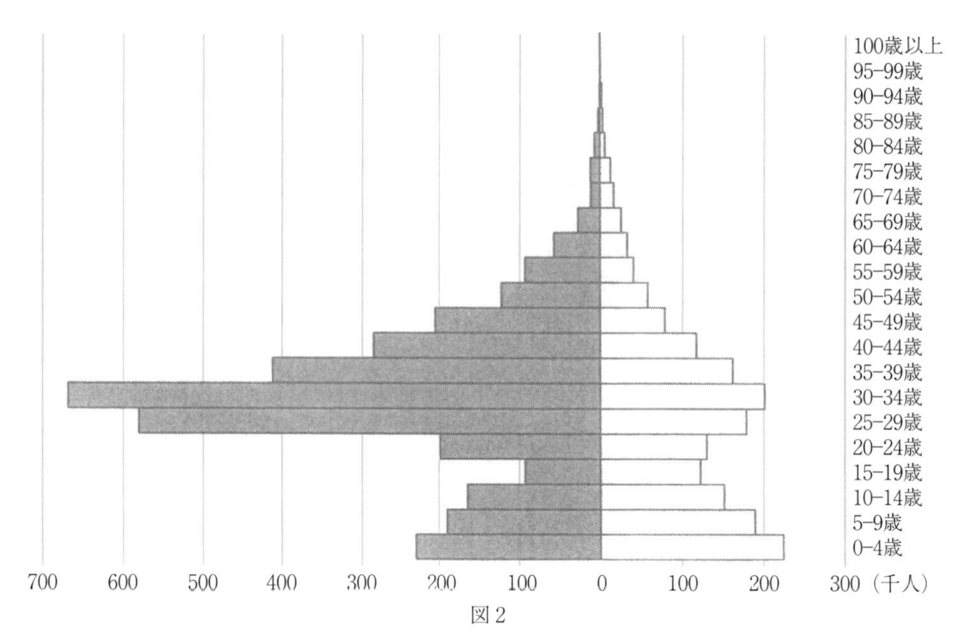

図2

「Population Pyramid. net」などにより作成

問3　次の表1は，図1中のA国，B国，I国の貿易額および主な輸出入品と貿易相手国(2019年)を示しています。A，B，Iとア～ウの正しい組み合わせをあとの①～⑥より1つ選び，マークシートの(1)にその数字をマークしなさい。

表1　　(百万ドル)(上…輸出／下…輸入)

	輸出入額	主要輸出入品の輸出・輸入額に占める割合(%)	金額による主要輸出・輸入相手国の割合(%)
ア	19,471 13,667	原油 75.4　天然ガス 12.1　野菜と果実 3.2 機械類 19.8　金(非貨幣用)15.5　自動車 6.5	イタリア 28.7　A国 14.6　イスラエル 6.8 ロシア 16.8　A国 12.1　中国 10.5
イ	23,730 50,067	繊維と織物 32.4　衣類 26.7　米 9.6 機械類 18.0　石油製品 10.7　原油 7.8	アメリカ 17.0　中国 8.6　イギリス 7.1 中国 24.8　アラブ首長国連邦 12.6　アメリカ 5.2
ウ	171,677 202,638	機械類 15.2　自動車 14.3　衣類 9.1 機械類 18.0　金(非貨幣用)5.4　鉄鋼 4.8	ドイツ 9.2　イギリス 6.2　C国 5.7 ロシア 11.0　ドイツ 9.2　中国 9.1

『データブック オブ・ザ・ワールド 2021』により作成

	①	②	③	④	⑤	⑥
A	ア	ア	イ	イ	ウ	ウ
B	イ	ウ	ア	ウ	ア	イ
I	ウ	イ	ウ	ア	イ	ア

問4　図1中のA～Iの国々で共通して最も多くの人々に信仰されている宗教の名称を答えなさい。

問5　図1中のG国とH国は，表2にみるように電力のほとんどを水力発電に頼る国です。また，両国は電力を周辺諸国に輸出する一方で，電力を輸入していることもわかります。図3と表2を参考に，両国で水力発電が主となること，また，ともに電力の輸出・輸入をおこなっていることについて，その社会的・自然的理由を下記の語句を用い90字以内で説明しなさい。語句は繰り返し用いてもよいですが，使用した箇所には下線を引きなさい。

【氷雪】

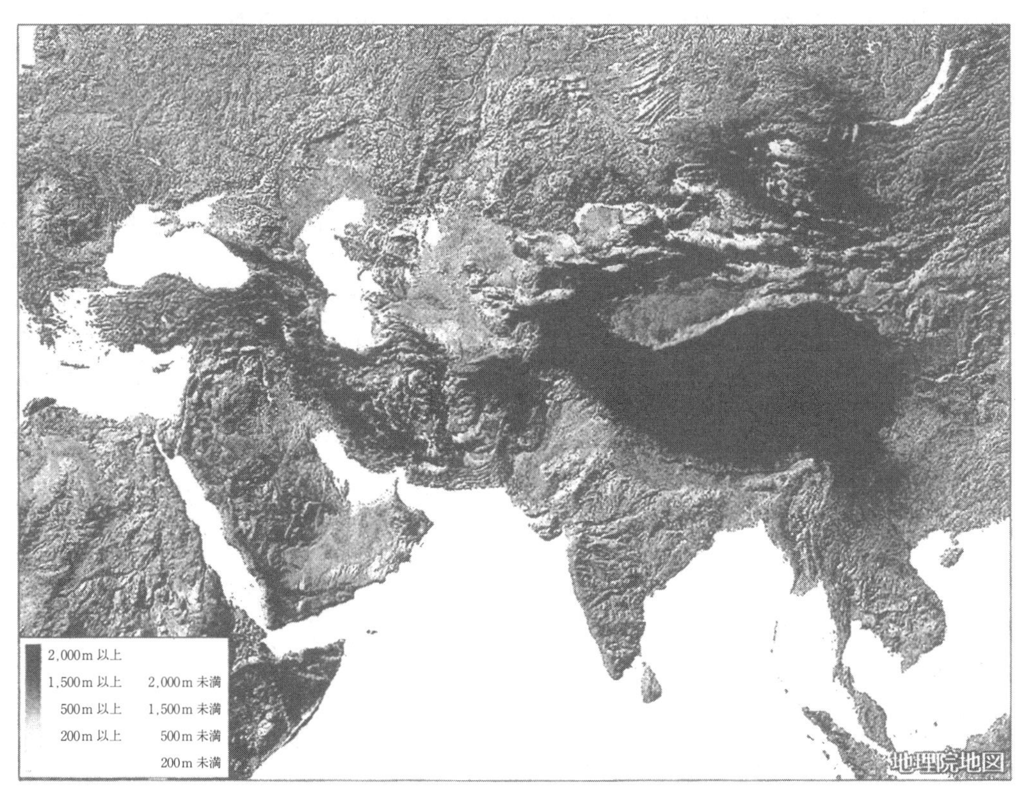

図3

表2

	人口 (2017年)	電力構成比 (2018年　%)	電力輸出額 (2015年　1万 US$)	電力輸入額 (2015年　1万 US$)
G国	619万人	水力 92.6　火力 7.4	2,252	3,450
H国	864万人	水力 93.5　火力 6.5	800	3,577

資料：GLOBAL　NOTE　出典：UNCTAD より作成

2　次の文章を読み，以下の設問に答えなさい。

近年，集中豪雨にともなう ${}_{a}$<u>土砂災害</u>や洪水などの自然災害が多発するようになったと言われています。そもそも日本の国土は，地形や気象の面で極めて厳しい条件下にあります。人口は ${}_{b}$<u>沿岸部の沖積平野</u>に集中しますが，国土の約（ X ）割を山地・丘陵地が占めています。そのため日本の河川は世界の主要河川と比べ急勾配であり，降水は山から海へと一気に流れます。台風や季節風，前線の影響などにより，降水が一時期に偏ることも河川の氾濫や土砂災害の発生に大きく関わっています。自然災害は ${}_{c}$<u>人為的な側面により拡大する</u>こともあります。

私たちは，日本の自然がもたらす恩恵を最大限に生かしつつ，負の側面を可能な限り減少させ，安全な生活の基盤をつくりあげる必要があります。そのためには，天候など自然のメカニズムの究明や災害の予測精度の向上などに加え，災害に強い国土やインフラの整備に引き続き努めなければなりません。

2016年に「気候変動抑制に関する多国間の協定」が発効しました。${}_{d}$<u>二酸化炭素</u>を含む温室効果ガスの削減に向けて，各国，そして一人ひとりの行動の変容が急務です。

2021年8月，「${}_{e}$<u>気候</u>変動に関する政府間パネル(IPCC)」の第6次評価報告書の概要が公表されました。報告書の中では，「人間の影響が大気，海洋及び陸域を温暖化させてきたことには疑う余地がない」こと，そして「f 人為起源の気候変動は，世界中の全ての地域で多くの気象及び気候の極端現象に既に影響を及ぼしている」とされました。とくに極端な高温に関しては，世界中ほぼ全ての地域で頻度が増加しており，また人間の関与の確信度が高いとされています。今回の報告書でも，向こう数十年の間に二酸化炭素及びその他の温室効果ガスの排出が大幅に減少しない限り，21世紀中に地球の気温上昇の幅は1.5℃から2℃を超えるとされます。また北極圏では世界平均の約2倍の速度で気温が上昇するとされています。

問1　下線部aに関連して，図1は日本の土砂災害の近年の発生件数を，図2は日本全国の1時間降水50mm以上の年間発生回数の経年変化を示したものです。2つの図を説明したあとのア，イの文の正誤の正しい組み合わせを，あとの①～④より1つ選び，マークシートの(2)にその数字をマークしなさい。

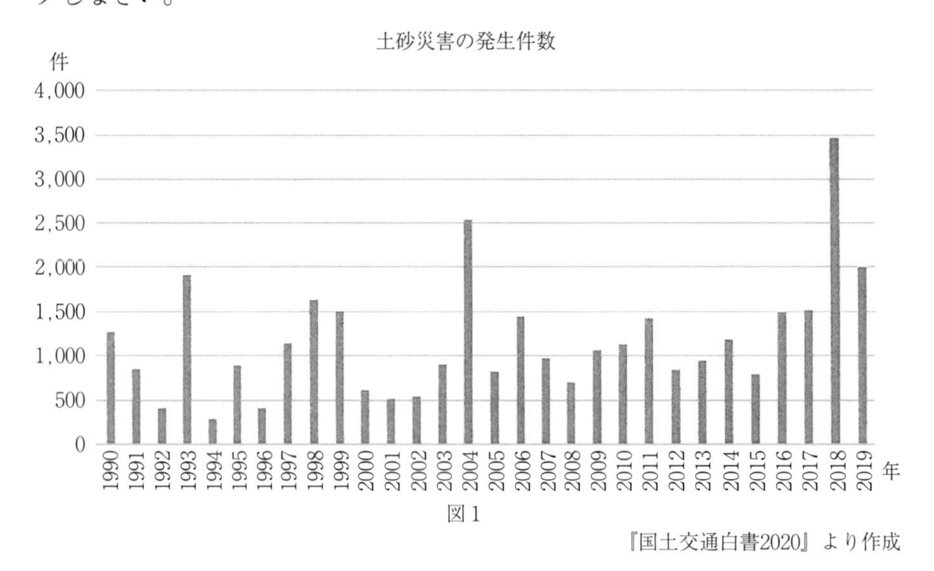

図1

『国土交通白書2020』より作成

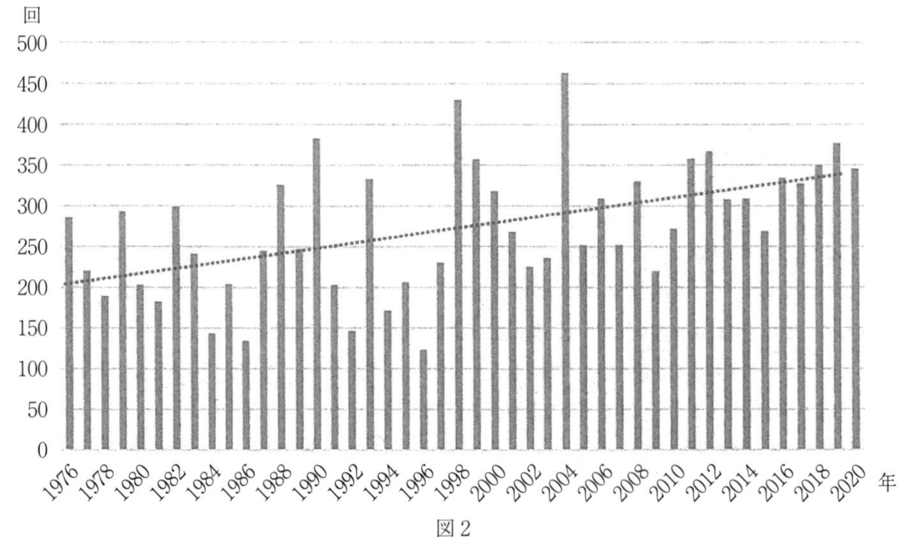

図2

図中の点線は，図中の期間の平均的な変化傾向を示す。

気象庁HPより作成

ア　図１より，2009年以前の20年間の土砂災害の平均発生件数に比べて，直近の10年間の土砂災害の平均発生件数の方が多いことがわかる。

イ　図２に示された期間において，１時間降水量50mm以上の年間発生回数は平均的に増加している傾向が読み取れるが，さらに長期にわたる増減の傾向については，この図からは増加しているとも減少しているともいえない。

	①	②	③	④
ア	正	正	誤	誤
イ	正	誤	正	誤

問２　文中の空欄（X）に当てはまる最も適当な数字を次の①～④より１つ選び，マークシートの(3)にその数字をマークしなさい。

①　3

②　5

③　7

④　9

問３　下線部ｂを説明する文として**誤りのもの**を次の①～④より１つ選び，マークシートの(4)にその数字をマークしなさい。

①　低平な沿岸部では，台風の際などに高潮の被害を受けることがある。

②　一般に水利に優れ，都市が形成されるほか，稲作の適地ともなっている。

③　台地に比べて地盤が軟弱であり，地震の際には液状化することもある。

④　集中豪雨などの際には，しばしば土石流の被害を受けることがある。

問４　下線部ｃに関連して，**災害拡大の原因となりうるものを○，そうでないものを×として，**次のア～ウの文について○×の正しい組み合わせを，あとの①～⑧より１つ選び，マークシートの(5)にその数字をマークしなさい。

ア　山地・丘陵地を切り崩し，裸地となった斜面に太陽光パネルを敷き詰めた。

イ　河口及び海岸沿いの低地に埋め立て地を造成し，大規模な住宅地を建設した。

ウ　古くからの住宅密集地で，住民の立ち退きが進み，道路の拡幅工事がおこなわれた。

	①	②	③	④	⑤	⑥	⑦	⑧
ア	○	○	○	○	×	×	×	×
イ	○	○	×	×	○	○	×	×
ウ	○	×	○	×	○	×	○	×

問５　下線部ｄに関連して，日本の2019年度の二酸化炭素排出量は約11億794万トンです。次の図３は日本の2019年度の部門別の二酸化炭素排出量について示したものです。図３について述べた下のア，イの文の正誤の組み合わせとして正しいものをあとの①～④より１つ選び，マークシートの(6)にその数字をマークしなさい。

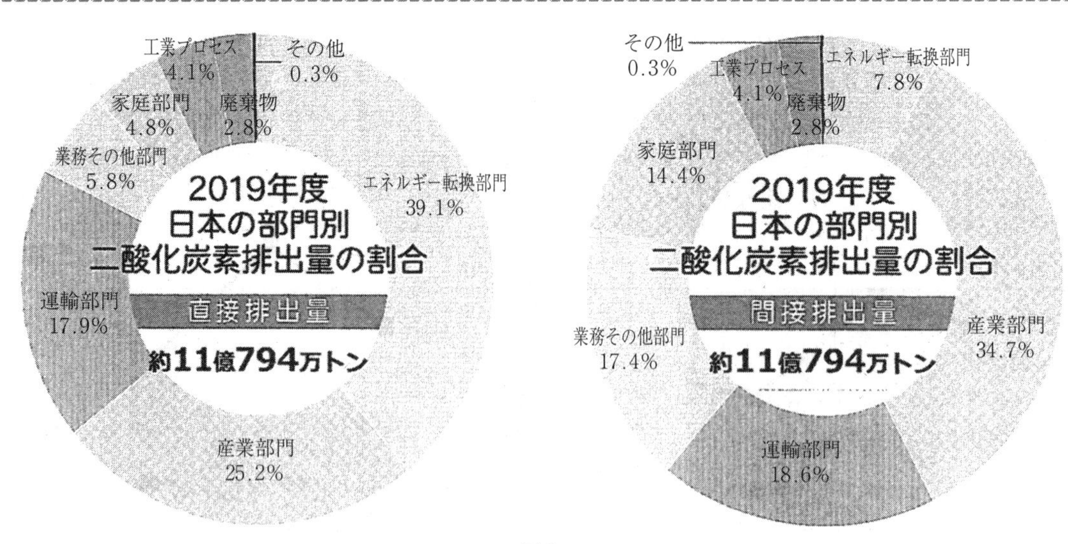

図3

（出典）　温室効果ガスインベントリオフィス
全国地球温暖化防止活動推進センターウェブサイトより

＊排出量の単位は[百万トン-二酸化炭素(CO_2)換算]
「直接排出量」では，発電にともなう排出量をエネルギー転換部門からの排出として計算しています。
「間接排出量」では，発電にともなう排出量を電力消費量に応じて最終需要部門に配分した後の値です。
＊業務その他部門とは，学校やオフィスなどのことです。
＊四捨五入のため，合計が100%にならない場合があります。

ア　運輸部門における二酸化炭素排出量のほとんどは，エンジンなどの内燃機関で化石燃料を燃やすことで発生していると考えられる。

イ　家庭や学校・オフィスなどで省エネや節電の努力を突き詰めても，二酸化炭素排出量全体の10.6%を超える削減を期待することはできない。

	①	②	③	④
ア	正	正	誤	誤
イ	正	誤	正	誤

問6　下線部ｅに関連して，次の図4は，下の図5中のX・Yの線上の地点A～Dにおける1月と7月の平均気温および降水量を示したものであり，図4中のア～エは，図5中のXの1月，Xの7月，Yの1月，Yの7月のいずれかです。Xの1月とYの1月に該当する番号をそれぞれ，あとの①～④より一つずつ選び，Xの1月をマークシートの(7)に，Yの1月をマークシートの(8)に，その数字をマークしなさい。

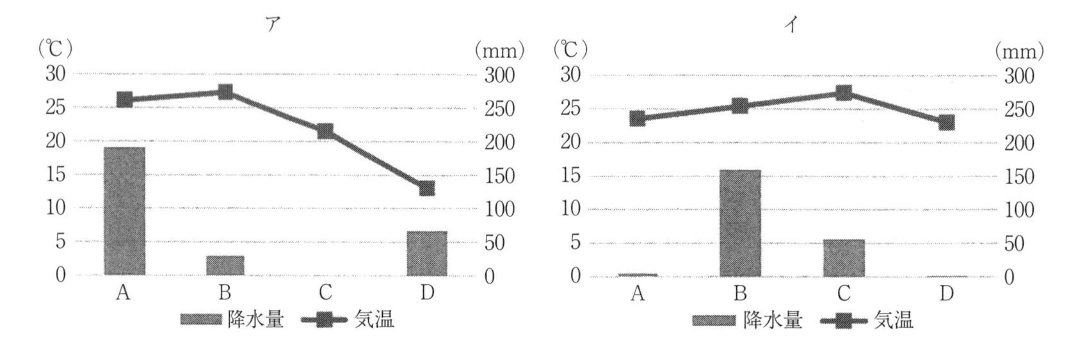

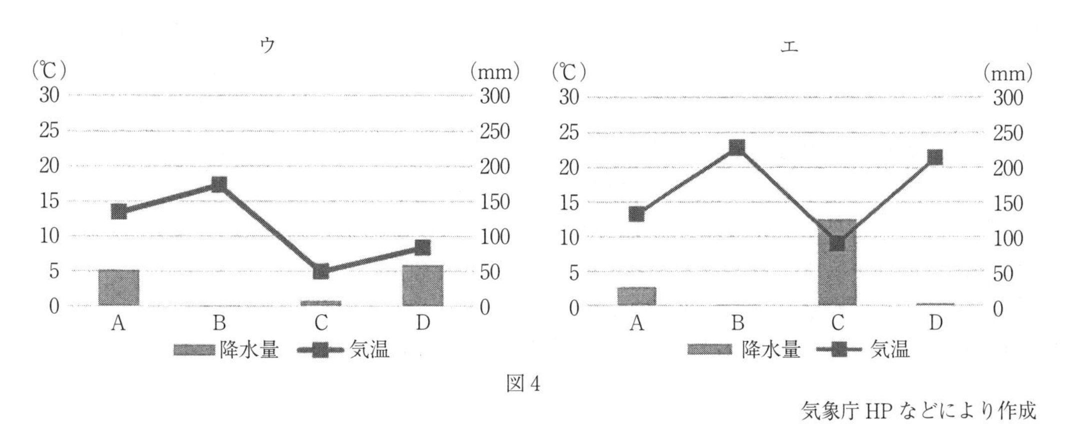

図4

気象庁 HP などにより作成

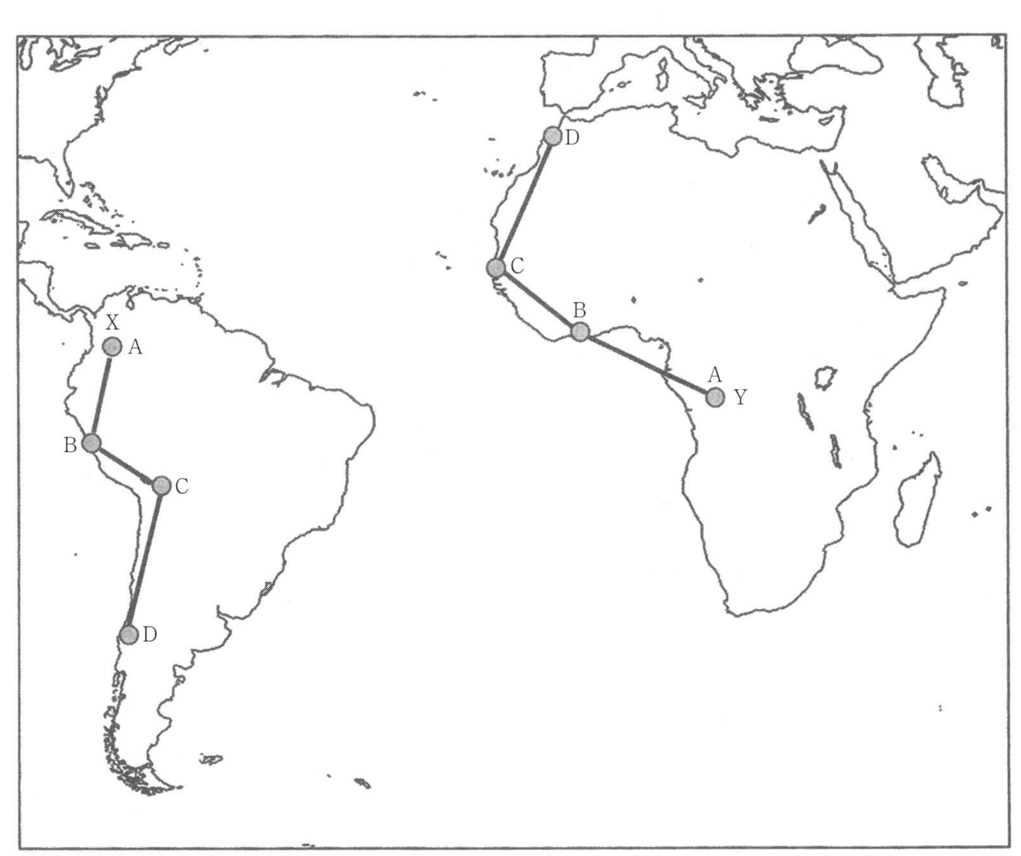

図5

	①	②	③	④
Xの1月	ア	イ	ウ	エ

	①	②	③	④
Yの1月	ア	イ	ウ	エ

問7　下線部 f に関連して，二酸化炭素の排出を抑制するための一つの方法として，植物由来のバイオ燃料の使用が拡大しています。バイオ燃料は，植物が生育するときに吸収する二酸化炭素と，燃料を燃焼させた際に排出される二酸化炭素が相殺され，大気中への二酸化炭素の新たな排出は実質

ゼロであると考えられていますが，このような考え方を何と呼びますか。カタカナ10字で答えなさい。

3 古代から近世までの歴史をテーマごとに分けた，以下の設問に答えなさい。

問１ 「経済」に関する設問[１]～[３]に答えなさい。

[１] 文章Ａ・Ｂを読み，その正誤の組み合わせとして適当なものを，あとの①～④より１つ選び，マークシートの(9)にその数字をマークしなさい。

Ａ：足利義満は明に正式な朝貢船を派遣し，明の皇帝より日本国王の称号を授かった。

Ｂ：戦国大名はイギリスやフランスの商人を保護し，彼ら南蛮人との交易で鉄砲や生糸を入手した。

	①	②	③	④
Ａ	正	正	誤	誤
Ｂ	正	誤	正	誤

[２] 次の資料は711年10月23日に出されたとされる法令の要旨をわかりやすく現代語でまとめたものです。資料の趣旨を把握し，法令を出した目的と法令が出された時の天皇の組み合わせとして適当なものを，あとの①～⑥より１つ選び，マークシートの(10)にその数字をマークしなさい。

資料 貨幣を用いるのは，それを使って品物を交換するためである。しかし，現状多くの人々は物々交換の習わしに従うばかりで，貨幣の役割を理解していない。わずかに売り買いをしているものもいるが，銭をためているものはいない。そこで，たくわえた銭の多さに応じて位階を授けることとする。

	①	②	③	④	⑤	⑥
目的	税収の増加	税収の増加	税収の増加	貨幣の普及	貨幣の普及	貨幣の普及
天皇	元明天皇	聖武天皇	天武天皇	元明天皇	聖武天皇	天武天皇

[３] 文章Ａ・Ｂを読み，その正誤の組み合わせとして適当なものを，あとの①～④より１つ選び，マークシートの(11)にその数字をマークしなさい。

Ａ：蝦夷地では農耕が定着せず，鎌倉時代に入っても狩猟・採集に基づいた生活が行われた。

Ｂ：薩摩藩の支配が始まると琉球王国は朝貢をやめ，日中を往来する民間商人の寄港地として栄えた。

	①	②	③	④
Ａ	正	正	誤	誤
Ｂ	正	誤	正	誤

問２ 「宗教」に関する設問[１]・[２]に答えなさい。

[１] 三大宗教に関して述べた文章として適当なものを，次の①～④より１つ選び，マークシートの(12)にその数字をマークしなさい。

① インドで生まれた仏教はスリランカ，東南アジアを経由し，東シナ海経由で日本へ伝わった。

② キリスト教はローマの地で生まれたイエスを創始者とし，最初の新約聖書はラテン語で書かれた。

③ イスラームの預言者ムハンマドは偶像崇拝を固く禁じ，自らの顔を絵に描くことも許さなかった。

④　仏教・キリスト教・イスラームは一神教であり，信仰対象である神は同一の存在と考えられている。

［2］　キリスト教に関連した出来事a～cを時代の古い順に並べたものとして適当なものを，あとの①～⑥より1つ選び，マークシートの⒀にその数字をマークしなさい。

a：宗教改革の開始

b：十字軍遠征の開始

c：ザビエルによる日本での布教開始

①　a→b→c　　②　a→c→b　　③　b→a→c

④　b→c→a　　⑤　c→a→b　　⑥　c→b→a

問3　「農業」に関して述べた文章a～cを読み，それを時代の古い順に並べたものとして適当なものを，あとの①～⑥より1つ選び，マークシートの⒁にその数字をマークしなさい。

a：畿内や西日本一帯で麦を裏作とする二毛作が普及していった。

b：農書の普及が進み，唐箕や千歯こきといった新しい農具も広まった。

c：公地公民制を前提とする班田収授が始まった。

①　a→b→c　　②　a→c→b　　③　b→a→c

④　b→c→a　　⑤　c→a→b　　⑥　c→b→a

問4　「文化」に関する設問［1］・［2］に答えなさい。

［1］　文章A・Bを読み，その正誤の組み合わせとして適当なものを，あとの①～④より1つ選び，マークシートの⒂にその数字をマークしなさい。

A：メソポタミア文明ではユーフラテス川の氾濫を正確に予測するため太陽暦が発達した。

B：インダス文明では鉄器が用いられ，上下水道を備えた都市が計画的につくられた。

	①	②	③	④
A	正	正	誤	誤
B	正	誤	正	誤

［2］　寺院a～cが開かれた時代の古い順に並べたものとして適当なものを，あとの①～⑥より1つ選び，マークシートの⒃にその数字をマークしなさい。

a：唐招提寺

b：円覚寺

c：延暦寺

①　a→b→c　　②　a→c→b　　③　b→a→c

④　b→c→a　　⑤　c→a→b　　⑥　c→b→a

問5　「戦い」に関する設問［1］・［2］に答えなさい。

［1］　内乱に関して述べた文章として適当なものを，次の①～④より1つ選び，マークシートの⒄にその数字をマークしなさい。

①　6世紀末のヤマト政権では蘇我氏と物部氏が争い，勝利した物部氏が推古天皇を擁立した。

②　7世紀後半に天智天皇のあとつぎを巡って起こった壬申の乱では，天智天皇の弟が勝利した。

③　14世紀前半に後醍醐天皇が京都から北の吉野に逃れ，自らの正統性を主張し朝廷が分裂した。

④　15世紀後半に将軍足利義政のあとつぎを巡る争いが発生，戦乱の舞台となった鎌倉は荒廃した。

［2］　次のページの年表に「高麗が建国された」という項目を書き加える場合，その位置として適当なものを，次の①～⑤より1つ選び，マークシートの⒅にその数字をマークしなさい。

①
白村江の戦いで日本が大敗した
②
元軍が北九州に２度にわたって襲来した
③
日本人を主体とする倭寇が中国や朝鮮半島を襲った
④
豊臣秀吉が２度にわたって朝鮮半島を侵略した
⑤

問６　「法」に関する設問［１］・［２］に答えなさい。

［１］　次の資料は公事方御定書の一部をわかりやすく現代語でまとめたものです。資料を参考にしながら，江戸時代中期について述べた文章Ａ・Ｂを読み，正誤の組み合わせとして適当なものを，あとの①～④より１つ選び，マークシートの⒆にその数字をマークしなさい。

資料　20条　関所を通らずに山を越えたり，密かに関所を通ったりした者は，その場ではりつけにする。

28条　領主に対して一揆を起こし，集団になって村から逃げ出したときは，指導者は死刑，名主は追放とする。

Ａ：幕府は江戸に至る街道の通行を自由化し，人や物を一極集中させて効率よく経済を発展させた。

Ｂ：あらかじめ事例ごとの判断基準を定めておくことで，裁判件数の増加に対応しようとしていた。

	①	②	③	④
Ａ	正	正	誤	誤
Ｂ	正	誤	正	誤

［２］　次の資料は御成敗式目の一部をわかりやすく現代語でまとめたものです。この法が必要とされた背景を念頭に，文中の空欄（Ｘ）に入る適当な語句を，漢字２字で答えなさい。

資料　一．女性が養子をむかえることは，（　Ｘ　）では許されないが，頼朝公の時代から今日まで，子のいない女性が土地を養子にゆずることは，武家社会のしきたりとして数え切れないほどである。

４　近代日本の政治に関する次の文章を読み，以下の設問に答えなさい。

「私も大正の初め頃から熱心に普選制（普通選挙制）の実施を主張した一人だ。そして普選制の功徳の一つとして金を使わなくなるだろうことを挙げた。……そして金が姿を消すとこれに代わり選挙闘争の武器として登場するのは，言論と人格との外（ほか）にはないと説いたのであった。……しかしそれは制度を改めただけで実現せられる事柄ではなかったのだ。今日となっては選挙界から金が姿を消せばその跡に直ちに人格と言論とが登場するとの見解をも取消す必要を認めて居るが，普選制になって金の跋扈（ばっこ）が減ったかと詰問されると一言もない。……今日の選挙界で一番つよく物言うものは金力と権力である。選挙は人民の意向を尋ねるのだという，理想としては彼らの自由な判断を求めたいのである。……それを金と権とでふみにじるのだから堪（たま）らない。しかし，これは政治的に言えばふみにじる者が悪いのではない。ふみにじられる者が悪いのだ。……一言にして言えば罪は選挙民にある。問題の根本的解決は選挙民の道徳的覚醒を措（お）いて外にない」

この文章は，吉野作造が『中央公論』1932年６月号に発表した論文を読みやすく直したものである。

吉野作造といえば，大正デモクラシーを思想的に主導した人物だ。彼は1916年に論文「憲政の本義を説いて其有終の美を済すの途を論ず」を発表し，デモクラシーを（ 20 ）と訳すことを提唱して，普通選挙と政党政治の実現を目標に掲げたことで知られる。

幕末以来，日本には a 欧米の政治思想が広まり，政治や国家体制の改革が目指された。五箇条の御誓文にもその第一条に「広ク会議ヲ興シ万機公論ニ決スヘシ」とある。しかし，実際には明治時代の政治は薩摩・長州といった倒幕の中心となった諸藩の出身者が主導していたため，国民の広範な政治参加を目指す b 自由民権運動が起こった。政府は新聞紙条例などを発して運動の抑制をはかったが，批判の高まりや政府内部の対立を受けて，憲法制定の基本方針を定め，国会開設を約束することとなった。1889年に発布された大日本帝国憲法は，君主権の強い（ 21 ）の憲法を参考にしており，主権は天皇にあった。一方で，二院制の議会が設けられたものの，日本国憲法の議院内閣制とは異なり，政府の各国務大臣は議会ではなく天皇に対して責任を負うこととされた。このような制約により政党政治の実現には時間がかかったが，法律や予算の成立には議会の承認が必要であったことから，次第に議会で多数を占める政党が政治的影響力を強めていった。

日露戦争後，政府は，減税による負担軽減を求める商工業者と，軍備拡大を求める軍部との間で困難な立場に立たされた。1912年に陸軍の圧力で西園寺内閣が倒れ，陸軍出身の（ 22 ）が首相になると，尾崎行雄や（ 23 ）を中心に第一次護憲運動が盛り上がった。一般民衆を巻き込んだ全国的な反政府運動に発展し，50日あまりで（ 22 ）の内閣は総辞職した。

吉野作造の（ 20 ）の提唱は，このように国民の政治意識が高まる中で，天皇主権の大日本帝国憲法でもデモクラシーが可能であることを主張した。また， c 第一次世界大戦などの国際情勢も大正デモクラシーを後押しした。1918年には，華族にも藩閥にも属さない原敬が首相となり，立憲政友会が閣僚の大半を占める初めての本格的な政党内閣が組織された。当時，国民の主な関心は普通選挙の実現にあった。1890年におこなわれた第１回衆議院議員総選挙では，直接国税（ 24 ）円以上を納める25歳以上の男子にのみ選挙権が認められたため，有権者は総人口の1.1％に過ぎず，順次このような制限選挙の撤廃が目指されたのである。しかし，原敬は普通選挙制の導入には慎重であり，選挙権の納税資格を３円以上に引き下げるにとどまった。

第一次大戦後の戦後恐慌や関東大震災によって経済の低迷が続く中，各地では労働争議などの社会運動が相次ぎ，広く国民の意向を取り入れた政治が強く求められるようになった。加藤高明や（ 23 ）らが率いる護憲三派は第二次護憲運動を起こし，選挙で勝利して，護憲三派の連立による加藤高明内閣を組織した。以後，８年間にわたって政党内閣が続き，二大政党が交替で内閣を組織する慣例は「憲政の（ 25 ）」とよばれた。1925年には男子普通選挙が実現し，有権者は総人口の20.8％にまで増えた。しかし，女性参政権は認められず， d 平塚らいてうらによる女性運動が続いた。

冒頭で引用した吉野作造の文章には，このようにして実現した普通選挙制と政党政治への失望が読み取れる。「今日の選挙界で一番つよく物言うものは金力と権力である」と述べているのは， e 政党政治家たちが財界との結びつきを強めていたことへの批判である。政党内閣は次第に国民からの支持を失い，軍縮や国際協調外交に不満をもつ軍部・右翼勢力からの攻撃を受けることとなった。この文章が発表されたころ，首相の（ 23 ）が海軍青年将校によって暗殺され，戦前の政党内閣は終わり，日本は軍国主義の時代へと移っていった。

f「政治と金」の問題は戦後もしばしば取り上げられ，今日でも政局を揺るがしている。「制度を改めただけで実現せられる事柄ではなかった」「問題の根本的解決は選挙民の道徳的覚醒を措いて外にない」とする吉野作造の考えは，現代の我々にとっても耳を傾けるべきものであろう。

問１　文中の空欄(20)～(25)に入る適当な語句を，それぞれ①～④より１つずつ選び，マークシートの(20)～(25)に，その数字をマークしなさい。

(20)：① 民主主義 ② 国民主義 ③ 民本主義 ④ 自由主義
(21)：① ドイツ ② フランス ③ イギリス ④ アメリカ
(22)：① 黒田清隆 ② 桂太郎 ③ 山県有朋 ④ 井上馨
(23)：① 陸奥宗光 ② 板垣退助 ③ 犬養毅 ④ 高橋是清
(24)：① 20 ② 15 ③ 10 ④ 5
(25)：① 象徴 ② 常道 ③ 本筋 ④ 本義

問2 下線部aに関連して，近代日本に影響を与えた欧米の政治や思想の説明として適当なものを，次の①～④より1つ選び，マークシートの(26)にその数字をマークしなさい。
① モンテスキューは『社会契約論』を著して人民主権を主張し，人権宣言などフランス革命に影響を与えた。
② ロックは，人々は自由や財産所有などの権利をもち，政府がこれらの権利を侵害する場合には新しい政府に変更できるとする権利を認めた。
③ アメリカ合衆国憲法では「すべての人間は平等」として，建国と同時に黒人奴隷制を廃止した。
④ 名誉革命により，フランスでは国王が法と議会を尊重し，国民の権利を守る立憲君主政が確立された。

問3 下線部cについて，大正デモクラシーに影響を与えた世界の動きの説明として適当なものを，次の①～④より1つ選び，マークシートの(27)にその数字をマークしなさい。
① 第一次世界大戦に際して総力戦体制をとった国の一つであるイギリスでは，国民に戦争協力を求めたため，戦後は女性に参政権を認めるなど民主化が進んだ。
② 第一次世界大戦末期にロシアでは革命が起こって皇帝が退位し，社会権などを認める，最も民主的といわれたワイマール憲法が制定された。
③ 中国では五・四運動が起こったため，東アジアで最初の共和国である中華民国が成立した。
④ 第一次世界大戦後，敗戦国はアメリカなどの戦勝国の占領統治を受け，戦争犯罪の処罰や政治の民主化改革が進められた。

問4 下線部eについて，財界では1920年代後半の金融恐慌によって財閥の力が強まり，政党政治家と結びついて政治に影響力をもつようになりました。この時期に財閥が力を強めた理由を50字以内で説明しなさい。

問5 下線部fについて，戦後の日本を揺るがした汚職事件として田中角栄元首相らが逮捕されたロッキード事件が挙げられます。田中角栄内閣の政策として適当なものを，次の①～④より1つ選び，マークシートの(28)にその数字をマークしなさい。
① 日中共同声明の発表 ② 日米安全保障条約の改定
③ 日中平和友好条約の締結 ④ 日ソ共同宣言の発表

問6 下線部b・dに関連して，それぞれ以下の設問に答えなさい。
b：板垣退助や植木枝盛らが高知県で組織し，自由民権運動の中心を担った政治団体を答えなさい。
d：女性解放運動の指導者の一人である平塚らいてうが発行した雑誌を答えなさい。

5 次の文章を読み，以下の設問に答えなさい。

日本国憲法改正のテーマは，第9条に関する条文以外にも多岐にわたる。憲法制定時には想定されなかったが，時代の変化とともに議論されるようになった「新しい人権」の明記がその一つである。例えば，国民が権力に妨げられずに情報を知る権利が挙げられる。「知る権利」は，元来，アメリカのジャーナリストが政府の情報操作を批判したことに始まるため，a 憲法第21条がその根拠とされてきた。現在では，国民が行政内容に関する情報を入手する権利という意味にも使用されるようになっている。また，ネット社会の進展で，個人情報保護などに関する「プライバシーの権利」の取り扱いも注目される。地球温暖化など地球規模での環境問題が深刻となるなかで，b憲法第13条などを根拠とする「環境権」の明記を主張する声もある。

政治部門におけるテーマとしては，憲法裁判所の設置を掲げる意見がある。現行憲法では，通常の裁判所から独立して設置される（ A ）は認められておらず，具体的な事件と関係なく法律そのものの合憲性を裁判所が審査することはできない。現行憲法の違憲審査制の下では，最高裁判所の「（ B ）」としての積極的な役割が期待できないことから，憲法裁判所の設置によって違憲立法審査権を強化すべきであるという主張がなされている。

さらに，内閣総理大臣による解散権の制約を掲げる意見もある。衆議院解散の大半はc憲法第７条の規定に基づく解散であるため，これを解散権の濫用（らんよう）だとする主張である。これに対し，d内閣総理大臣を直接選挙で選ぶ首相公選制の導入を主張する声もある。

国会に関しては，二院制を維持すべきか一院制を採用すべきかという議論もなされている。衆参両院に2007年に設置され，憲法改正原案などについて話し合う（ C ）においては，e二院制を維持すべきとの意見が多くあったが，二院制を前提としても，各議院の議員のf選挙制度に違いを持たせ，異なる代表機能を発揮させるべきだとする意見も出されている。

問１　文中の空欄（A）～（C）に入る適当な語句を答えなさい。

問２　下線部ａ～ｃに関連して，それぞれにあたる条文として最も適当なものを，次の①～⑦より１つずつ選び，ａ（憲法第21条）をマークシートの㉙に，ｂ（憲法第13条）をマークシートの㉚に，ｃ（憲法第７条）をマークシートの㉛にその数字をマークしなさい。ただし，条文は一部省略しているところがあります。

①　すべて国民は，法の下に平等であつて，人種，信条，性別，社会的身分又は門地により，政治的，経済的又は社会的関係において，差別されない。

②　内閣は，衆議院で不信任の決議案を可決し，又は信任の決議案を否決したときは，10日以内に衆議院が解散されない限り，総辞職をしなければならない。

③　生命，自由及び幸福追求に対する国民の権利については，公共の福祉に反しない限り，立法その他の国政の上で，最大の尊重を必要とする。

④　天皇は，内閣の助言と承認により，国民のために，左の国事に関する行為を行ふ。

⑤　勤労者の団結する権利及び団体交渉その他の団体行動をする権利は，これを保障する。

⑥　すべて国民は，健康で文化的な最低限度の生活を営む権利を有する。

⑦　集会，結社及び言論，出版その他一切の表現の自由は，これを保障する。

問３　下線部ｄに関連して，アメリカの大統領は日本の内閣総理大臣のように議会で選出されるのではなく，大統領選挙によって国民に選ばれています。アメリカ大統領の権限として最も適当なものを，次の①～④より１つ選び，マークシートの㉜にその数字をマークしなさい。

①　大統領は，議会の法案を拒否する権限を持っている。

②　大統領は，議会へ法案を提出する権限を持っている。

③　大統領は，議会を解散する権限を持っている。

④　大統領は，議会に議席を持っている。

問４　下線部ｅに関連して，二院制を維持すべきとの意見の論拠として**誤りのもの**を，次の①～④より１つ選び，マークシートの㉝にその数字をマークしなさい。

①　有権者の多様な意思を反映することができるから

②　国家として迅速な意思決定をすることができるから

③　法律案などを慎重に審議することができるから

④　一方の議院が他方の議院の行き過ぎを抑制することができるから

問５　下線部ｆに関連して，次の表から選挙結果は民意を反映するのかを検証することにしました。次の表は，ア～オの有権者が，「社会福祉」「景気対策」「外交・防衛」の３つの政策に対して，Ｘ党とＹ党のいずれの政党を支持しているかを示しています。例えば，有権者アは，社会福祉ではＸ党，景気対策ではＹ党，外交・防衛ではＸ党の政策を支持しています。この場合，３つの政策を総合的に判断して有権者アは，投票の際はＸ党に投票することとします。この表から読み取れることとして最も適当なものを，あとの①～④より１つ選び，マークシートの(34)にその数字をマークしなさい。

	個別の政策			投票
	社会福祉	景気対策	外交・防衛	
有権者ア	Ｘ党	Ｙ党	Ｘ党	Ｘ党
有権者イ	Ｙ党	Ｙ党	Ｙ党	Ｙ党
有権者ウ	Ｙ党	Ｘ党	Ｘ党	Ｘ党
有権者エ	Ｘ党	Ｘ党	Ｙ党	Ｘ党
有権者オ	Ｙ党	Ｙ党	Ｙ党	Ｙ党

①　個別の政策の結果を見ると，社会福祉と景気対策についてはＹ党の支持の方が多く，投票を行うと，Ｙ党に支持が集まることになり，選挙結果は民意を反映したものになると言うことができる。

②　個別の政策の結果を見ると，すべてＸ党の支持の方が多く，投票を行うと，Ｘ党に支持が集まることになり，選挙結果は民意を反映したものになると言うことができる。

③　個別の政策の結果を見ると，すべてＹ党の支持の方が多いが，投票を行うと，Ｘ党に支持が集まることになり，選挙結果は必ずしも民意を反映したものにはならないと言うことができる。

④　個別の政策の結果を見ると，景気対策と外交・防衛についてはＸ党の支持の方が多いが，投票を行うと，Ｙ党に支持が集まることになり，選挙結果は必ずしも民意を反映したものにはならないと言うことができる。

6　次の文章を読み，以下の設問に答えなさい。

新型コロナウイルスの感染拡大は，世界経済に大きな打撃を与えた。各国の2020年４月から６月期の ａ国内総生産(GDP)は，軒並み過去最大の落ち込みとなった。

政府は2020年４月，新型コロナウイルスの感染拡大に伴う緊急経済対策を決定し，全国民に一律10万円の「特別定額給付金」や売り上げが減った企業への給付，観光・外食産業などを支援するGo Toキャンペーンの費用を補正予算に盛り込んだ。さらに，12月には，Go Toキャンペーンや医療機関への支援のほか，「ｂ2050年に温室効果ガス排出実質ゼロ」の目標を達成するための基金創設などを盛り込んだ第３次補正予算を決定した。

これにより，当初予算では102兆6580億円だった2020年度の ｃ一般会計の歳出総額は，175兆6878億円に膨らんだ。予算財源の多くは ｄ新規国債発行に頼っており，2020年度の新規国債発行額は112兆5539億円となった。

問１　下線部ａに関連して，次のＸ～Ｚのうち，国内総生産(GDP)に含まれるものの組み合わせとして最も適当なものをあとの①～⑦より１つ選び，マークシートの(35)にその数字をマークしなさい。

Ｘ　外国からの観光客が日本の旅館に支払った代金

Ｙ　公害により病気を患った人が日本の病院に支払った代金

Ｚ　日本人の野球選手が海外で稼いだ給料

① X　② Y　③ Z　④ XとY　⑤ XとZ　⑥ YとZ　⑦ XとYとZ

問2　下線部bに関連して，2020年以降の温室効果ガス排出削減の新たな目標を定めたパリ協定についての記述として適当なものを次の①～④より1つ選び，マークシートの㊱にその数字をマークしなさい。

① 温室効果ガスの削減目標が課せられたのは先進国のみで，発展途上国には目標が課せられていない。

② 温室効果ガス削減目標達成のために，先進国間で相互に排出量を取引する制度が初めて取り入れられた。

③ 発展途上国を含むすべての締約国に，削減目標を達成できなかった場合の罰則規定が設けられた。

④ 発展途上国を含むすべての締約国が，温室効果ガスの削減目標を自主的に定め，提出することが定められた。

問3　下線部cに関連して，次のグラフは一般会計における歳出内訳を示したものです。社会の授業において，生徒たちはグラフ中のA～Eには何があてはまるかをそれぞれ考えました。生徒たちが考えた，歳出の内訳についての説明として最も適当なものを，あとの①～④より1つ選び，マークシートの㊲にその数字をマークしなさい。

一般会計　歳出の内訳

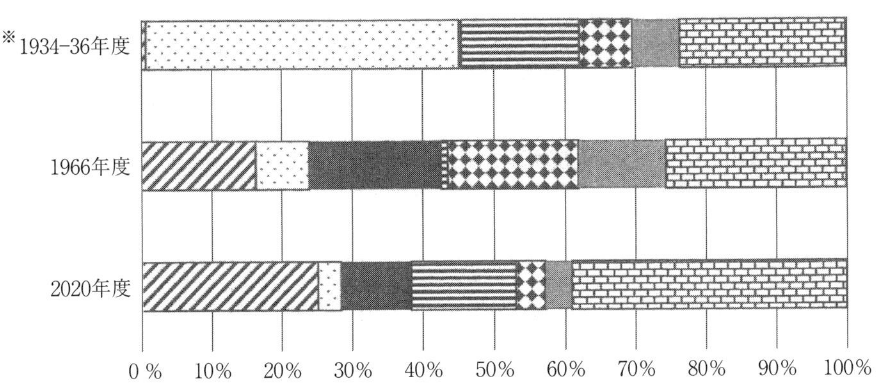

A　B　C　D　E　文教および科学振興費　その他

※1934-36年度の平均歳出を示している。

財務省資料より作成

① 国債費は，戦前の割合が少なく，戦後は増加し，高度経済成長期以降も大幅に増加するのでAにあてはまる。

② 公共事業関係費は，戦前の割合が高く，戦後は減少し，高度経済成長期以降も一貫して減少するのでBにあてはまる。

③ 地方財政費は，戦前の割合が極端に少なく，戦後は増加するが，現在にかけて減少するのでCにあてはまる。

④ 社会保障費は，戦前の割合が高く，戦後は極端に減少するが，現在にかけて増加するのでDにあてはまる。

問4　下線部dに関連して，次のグラフは新規国債発行額と一般会計歳出の推移を示したものです。このグラフから，1990年度からの数年間は特例国債が発行されていないことが読み取れます。これには，1980年代後半の日本経済の状況が大きく影響していますが，当時の日本経済の特徴に触れたうえで，1990年度から特例国債の新規発行がなくなった理由を説明しなさい。

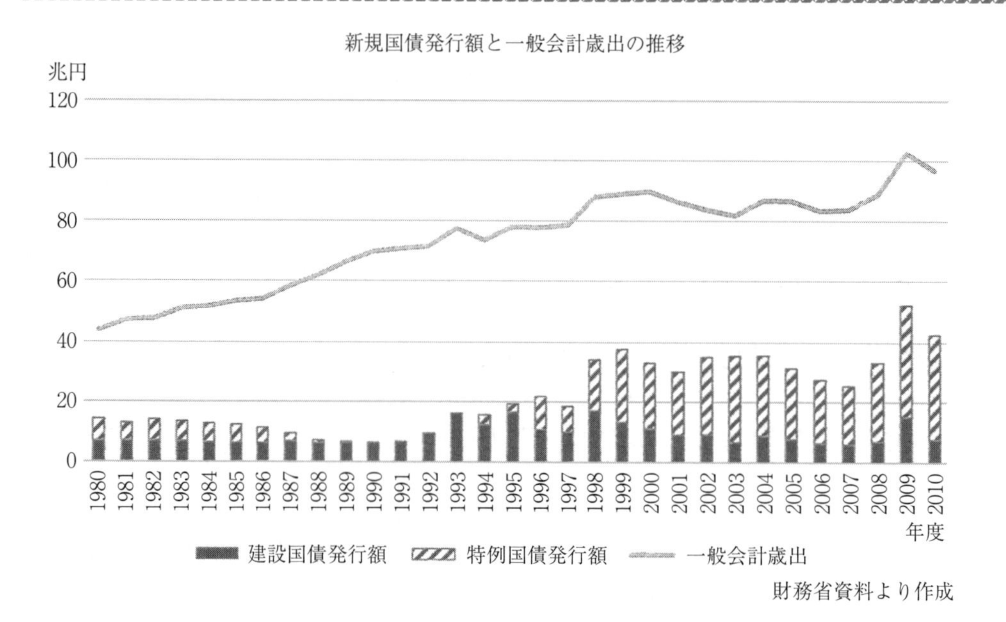
新規国債発行額と一般会計歳出の推移
兆円
120
100
80
60
40
20
0
1980
1981
1982
1983
1984
1985
1986
1987
1988
1989
1990
1991
1992
1993
1994
1995
1996
1997
1998
1999
2000
2001
2002
2003
2004
2005
2006
2007
2008
2009
2010
年度
建設国債発行額
特例国債発行額
一般会計歳出
財務省資料より作成

【理　科】 （40分）〈満点：60点〉

1 次の文章を読み，以下の各問いに答えよ。

焼き菓子などをつくるときに用いるベーキングパウダーの成分表を見てみると，炭酸水素ナトリウムが含まれていた。炭酸水素ナトリウムは，熱分解して二酸化炭素が発生することで焼き菓子などの生地を膨らませる役割を果たしている。この原理の詳細について考える。

問１　二酸化炭素を発生させるために，ある物質Aと炭酸カルシウムを反応させた。物質Aを化学式で表し，この反応を化学反応式で答えよ。

問２　色とにおいの両方の特徴が，二酸化炭素と同じである気体を次のア～カからすべて選び，記号で答えよ。

ア．水素　　イ．酸素　　ウ．塩素
エ．メタン　　オ．アンモニア　　カ．硫化水素

問３　二酸化炭素の発生は石灰水で確認することができる。石灰水とは水酸化カルシウムの飽和水溶液である。今ここに，石灰水30gがある。この中には何mgの水酸化カルシウムが溶けているか。小数第一位を四捨五入し，整数で答えよ。ただし，水酸化カルシウムは同じ温度条件のとき，水100gに対し0.17g溶けるものとする。

問４　炭酸水素ナトリウムを太めの試験管に入れて加熱した。加熱前の炭酸水素ナトリウムが入った試験管の質量を w_1 とし，加熱後の生成物が入った試験管の質量を w_2 とする。さらに，加熱によって発生した二酸化炭素の質量を w_3 とする。発生した二酸化炭素が全て試験管の外に出たとしても $(w_1-w_2)>w_3$ となる。このような結果になる理由を30字以内で書け。

問５　炭酸水素ナトリウムが熱分解するときの化学反応式を答えよ。

問６　次の文章の ア ～ コ に適切な数字１字を入れて文章を完成させよ。ただし，水素，炭素，酸素，ナトリウムの各原子１個の質量比は１：12：16：23とする。また，気体の体積はすべて25℃，1013hPaの圧力下の値とする。

化学反応とは物質の構成粒子の組み合わせが変わり，他の物質へと変化することである。したがって，反応の前後では原子の種類と数は変わらないので，総質量も変わることはない。例えば，炭素12gが完全燃焼して二酸化炭素を発生するとき，必要な酸素は アイ gで，発生する二酸化炭素は ウエ gである。

炭酸水素ナトリウム8.4gが熱分解して，反応が完全に進行したとき，発生する二酸化炭素は オ.カ gである。二酸化炭素1.0Lが1.8gであるとすると，今回発生した二酸化炭素は キ.ク L（小数第二位を四捨五入せよ）であることがわかる。これらのことより，炭酸水素ナトリウムの密度を2.5g/cm³とするとき，発生した二酸化炭素の体積は最初の炭酸水素ナトリウム8.4gの体積と比較すると，約 ケコ0 倍（一の位を四捨五入せよ）大きくなる。

以上のことより，炭酸水素ナトリウムは，熱分解による二酸化炭素の発生によって焼き菓子などの生地を膨らませる役割を果たしていることがわかる。

2 以下の各問いに答えよ。

〔１〕 電気抵抗A，B，Cを図１のように接続した。

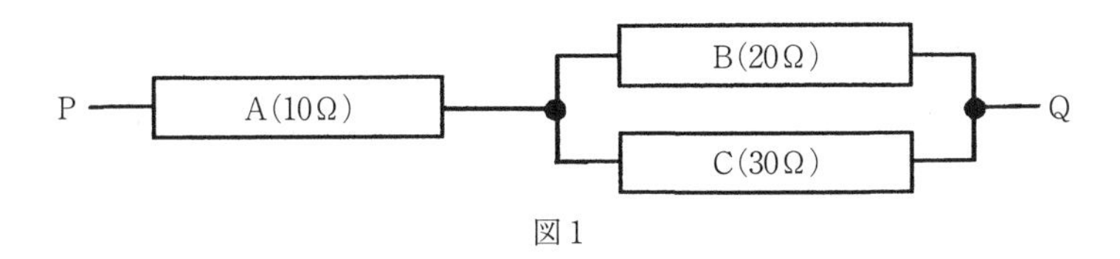

図１

問１　PQ 間の合成抵抗の大きさは何Ωか。

問２　抵抗Ａを流れる電流が0.5Ａのとき，抵抗Ｂを流れる電流 I_1，および，抵抗Ｃを流れる電流 I_2 はそれぞれ何Ａか求めよ。

問３　PQ を電源に接続したとき，Ａ，Ｂ，Ｃの消費電力の比は次のようになった。空欄ａ，ｂにあてはまる数値を答えよ。

Ａ：Ｂ：Ｃ＝100：（ ａ ）：（ ｂ ）

〔２〕 重さ W[N]の物体を水平な天井の２点Ｂ，Ｃから２本の糸で図２のようにつり下げた。点Ｏは物体上の糸を付けた点である。糸 OC の張力(糸が物体を引く力)を p，糸 OB の張力を q とする。破線 OA は鉛直方向を，破線 XY は水平方向を示す。なお，解答については，根号はそのまま残し，整数以外は分数で答えよ。

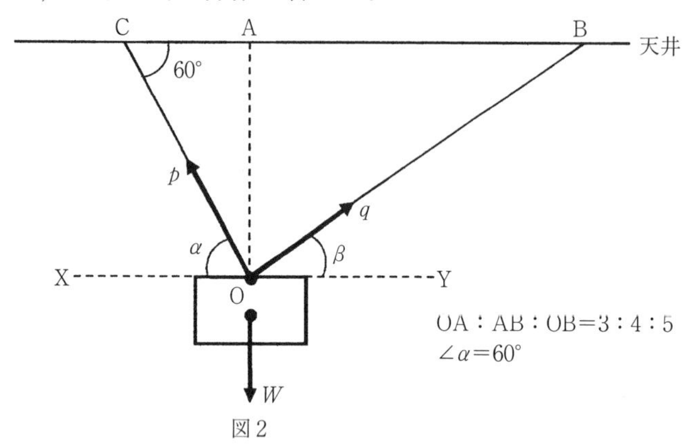

図２

問１　次の(i)，(ii)は，図２のときの水平方向と鉛直方向の力のつり合いの式を表している。空欄ｃ～ｅにあてはまる数値を答えよ。

(i)　水平方向の分力はつり合っているので，以下の式が成り立つ。

$$p\times\frac{1}{2}=q\times(\ \mathrm{c}\ )$$

(ii)　鉛直方向の分力はつり合っているので，以下の式が成り立つ。

$$p\times(\ \mathrm{d}\ )+q\times(\ \mathrm{e}\ )=W$$

問２　図３のように，糸 OB の一方の端Ｂを指で持って ∠α＝60° を保ったまま ∠β を変えた(このとき，p，q の値は変化する)。糸 OB の張力 q が最小になるとき，空欄ｆ，ｇにあてはまる数値を答えよ。

$p=W\times(\ \mathrm{f}\ )$　　$q=W\times(\ \mathrm{g}\ )$

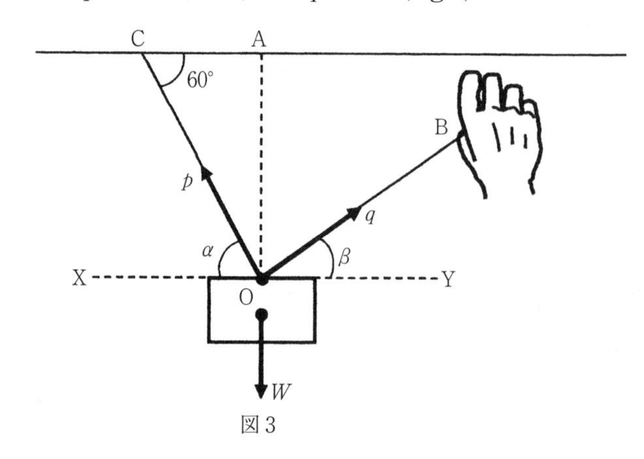

図３

〔3〕 図4のように傾斜角が一定の斜面を下りる力学台車の速さ v と時間 t を測定した。傾斜角を3通り変えて実験したところ，図5のようなグラフになった。

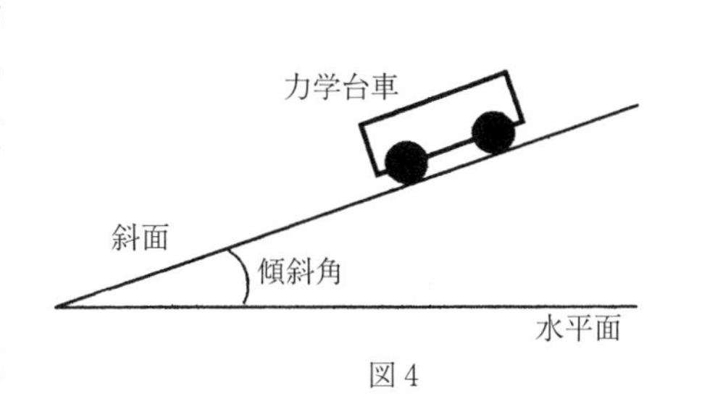

図4

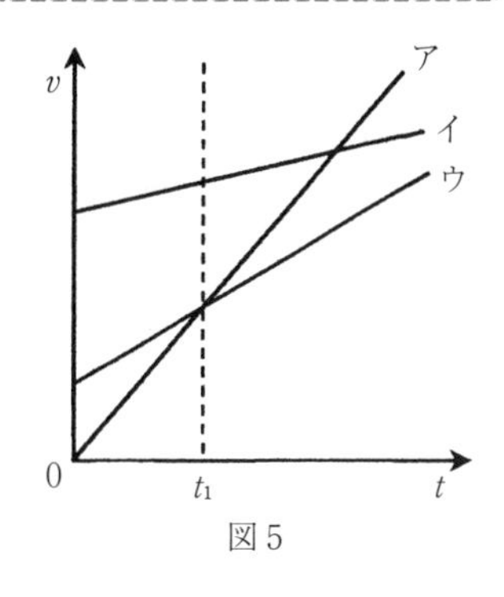

図5

問1　ア～ウについて，速さの変化する割合が大きい順に記号で答えよ。

問2　ア～ウについて，$t=0$～t_1 までに斜面を下りた距離が大きい順に記号で答えよ。

3　次の文章を読み，以下の各問いに答えよ。

イカ，アサリとイワシの観察を通して，動物のからだのつくりについて考察した。

図1はイカ(スルメイカ)の外形を真上から見た図である。また，図2は図1の状態のまま正中線に沿って切り開いた内部の様子を示したものである。

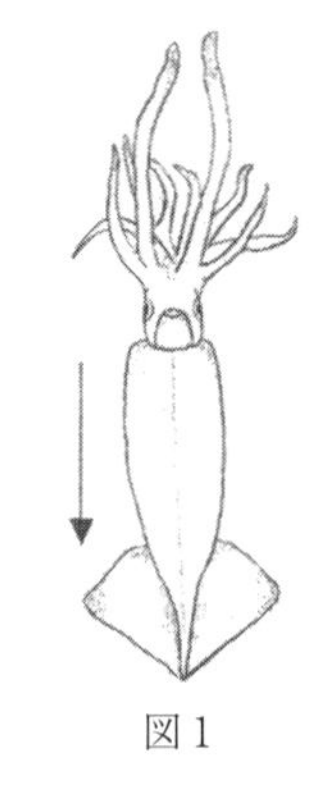
図1

問1　イカについて，正しいものを次のア～エからすべて選び，記号で答えよ。
- ア．8本の足と2本の触腕を使って泳ぐ方向を決める。
- イ．素早く移動する場合，図1の矢印の方向に進む。
- ウ．図1は，イカを背側から見たものである。
- エ．イカの眼には，水晶体があり，物体を識別することができる。

問2　図2のB～Eの部分の名称を，次のア～キからそれぞれ選び，記号で答えよ。
- ア．すみぶくろ
- イ．食道
- ウ．直腸
- エ．肝臓
- オ．えら
- カ．神経
- キ．血管

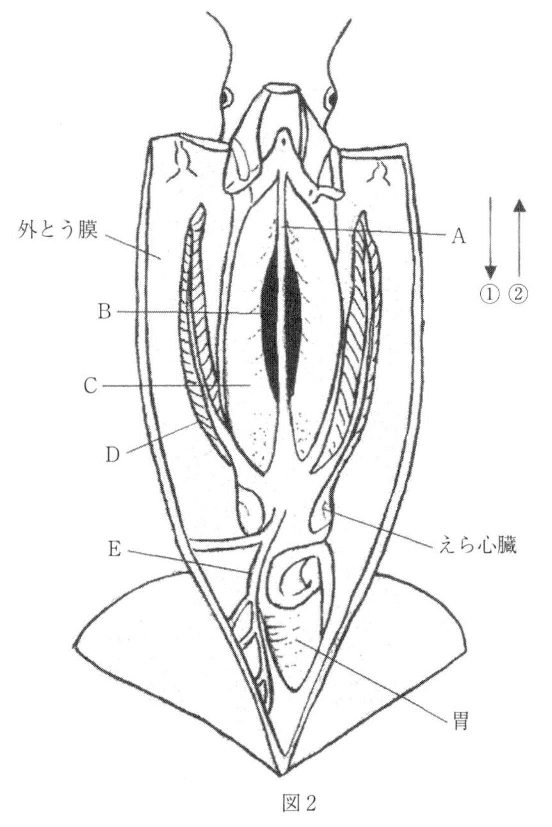

図2

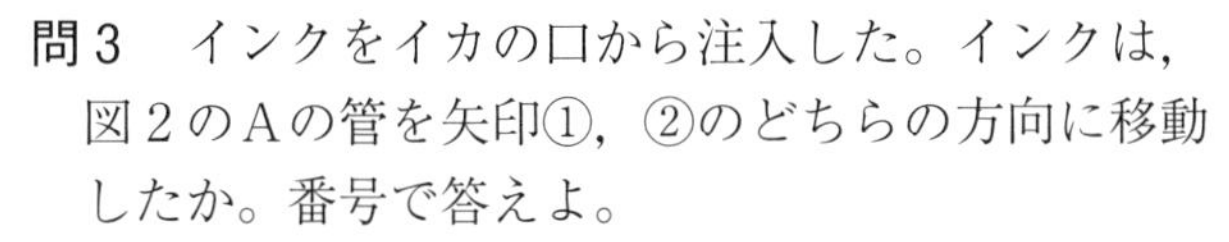
問3　インクをイカの口から注入した。インクは，図2のAの管を矢印①，②のどちらの方向に移動したか。番号で答えよ。

問4　動物の血液について，次の文章の空欄a～dにあてはまる語句を答えよ。

脊椎動物の赤血球には，(a)という色素が含まれている。(a)には(b)イオンが含まれているため，酸素と結合すると鮮やかな(c)色を示す。イカを解剖しても脊椎動物のような(c)色の血液は見られない。イカの血管内に過酸化水素水を入れると，イカの血液に含まれる銅イオンが反応し，(d)色を示す。このことから，イカの血液には脊椎動物とは異なる物質が含まれていることがわかる。

問５　イカを解剖していくと，内部から細長く透明な，薄いプラスチックのようなものが出てきた。これは，もともとイカの祖先が持っていたある部分が変化したものである。何が変化したものか，次のア～エから選び，記号で答えよ。

ア．軟骨

イ．筋肉

ウ．貝殻

エ．皮ふ

問６　図３はアサリの内部の様子を表している。外とう膜はどの部分か。Ｆ～Ｉから選び，記号で答えよ。

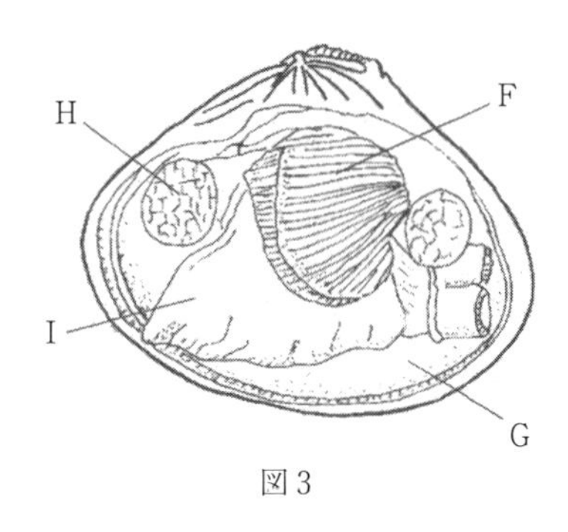

図３

問７　イカやアサリなどの軟体動物の内臓は外とう膜に覆われている。それに対し，脊椎動物の内臓は筋肉に覆われている。図４はマイワシの外部スケッチである。図５はマイワシの胴部を図４の点線で切った場合の断面である。この断面に見られる筋肉の模様はどのようになっているか。解答欄の図に描け。ただし，図５は内臓を取り除いてある。

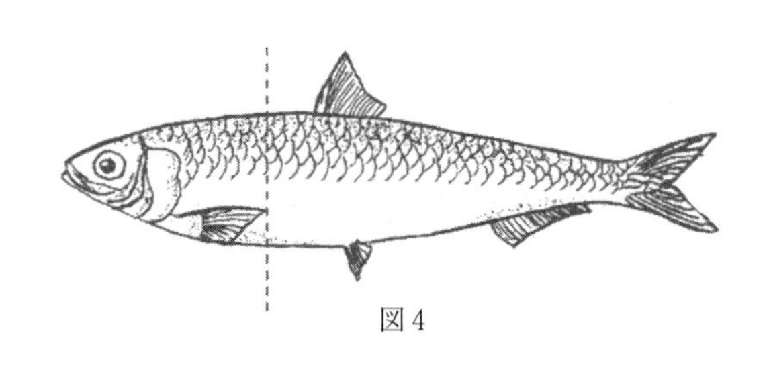

図４

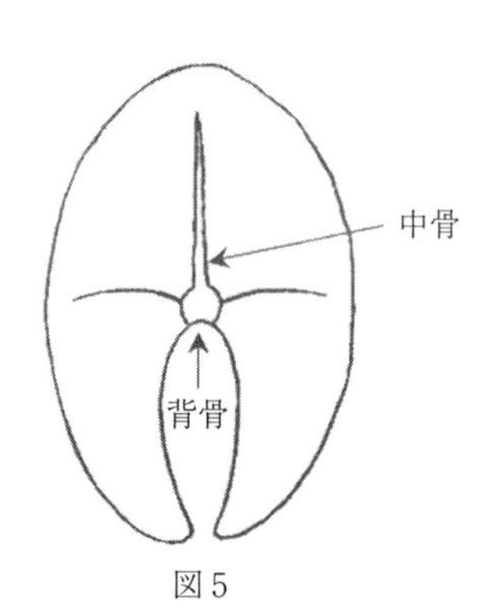

図５

4　次の文章を読み，以下の各問いに答えよ。

複数の成分の混合物は，成分ごとに融解や凝固のしやすさが異なる。

岩石における融解しにくく凝固しやすい成分は，主にかんらん石などの有色鉱物になる。そのため，温度の高いマグマからなる火成岩は黒っぽい色になり，温度が低いマグマからなる火成岩は白っぽい色になる。

マグマの種類は，マグマが急冷されてできた火山岩の名称に「質」を付けて，○○岩質という名称で３つに分類されている。表１はマグマの種類(分類)と鉱物(結晶)ができる温度の範囲と火成岩に含まれる割合を表したものである。表２は起源の異なる火山灰を顕微鏡で観察し，そこに含まれる鉱物の組成[％]を調べた結果である。

表１

マグマの種類	（ a ）岩質	（ b ）岩質	（ c ）岩質
マグマの温度	1200℃ ⇔		700℃
造岩鉱物の比率	輝石 かんらん石	長石 角閃（せん）石	石英 黒雲母

問１　表１の空欄ａ～ｃにはそれぞれ火山岩の名称が入る。ａ～ｃに入る岩石の名称をそれぞれ答えよ。

問２　表１のａを起源とする火山灰を表２のＡ～Ｇからすべて選び，記号で答えよ。ｂとｃについても同様に答えよ。

問３　表１，表２を参考に次の各問いに答えよ。

⑴　表２の中で４番目に温度の高いマグマを起源とする火山灰をＡ～Ｇから選び，記号で答えよ。

表２　単位［％］

	かんらん石	輝石	角閃石	黒雲母	長石	石英
A	6	30	2	0	62	0
B	0	0	7	13	66	14
C	0	8	14	1	73	4
D	15	25	0	0	60	0
E	0	3	15	4	68	10
F	0	0	0	5	78	17
G	0	18	18	0	64	0

⑵　Ｃ，Ｄ，Ｆの火山灰をもたらしたマグマがつくる火山体の形状として考えられるものを次のア～ウからそれぞれ選び，記号で答えよ。

ア．

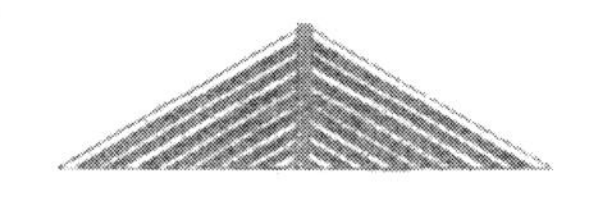

イ．

ウ．

問４　表２のＧの火山灰をもたらしたマグマによって形成された火成岩の組織を観察してみたところ，図１のようであった。

⑴　この火成岩の組織の名称を答えよ。

⑵　この火成岩の名称を答えよ。

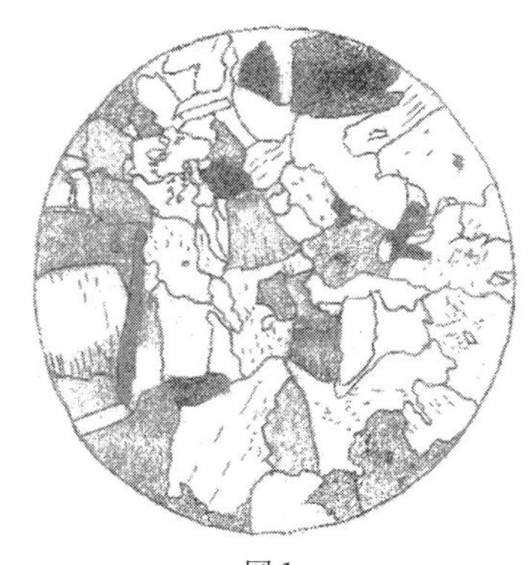

図１

カ　A　大納言入道　B　御前

5　傍線部④「本より深き道は知り侍らず」とはどういうことか。最も適切なものを次のア～オの中から選び、記号で答えなさい。

ア　もともとどんな困難も克服する方法はないということ。
イ　もともと何事においても好奇心を持たないということ。
ウ　もともと道徳的な考え方には共感できないということ。
エ　もともときちんとした学問は学んでいないということ。
オ　もともと答えにたどり着く過程は知らないということ。

6　空欄Cには共通する5字の言葉が入る。その言葉を本文中から抜き出しなさい。

を、余情に満ちた文体で描き出している。

エ　「ロケット」を売る露店の男の所作や表情が詳細に描かれることで、それを見聞きしている子どもたちの驚きが印象づけられ、おもちゃの「ロケット」が子どもたちにとってどれだけ重要なものであるかが強調されている。

オ　「人波に乗って二人は境内に流されていった」「人波をかきわけかきわけ、信雄はむきになって歩いた」という「人波」の中にいる子どもたちのありさまを描くことで、子どもたちの心情の変化を印象的に表現している。

三　次の文章を読んで、後の問いに答えなさい。

資季（すけすゑ）大納言入道とかや聞こえける人、具氏（ともうじ）宰相中将に逢ひて、「＊わぬしの問はれんほどのこと、何事なりとも①答へ申さざらんや」と、いはれければ、具氏、「いかが侍らん」と申されけるを、「＊さらばあらがひ給へ」といはれて、「＊はかばかしき事は、片端も学び知り侍らねば、尋ね申すまでもなし、何となきそぞろごとの中に、②おぼつかなき事をこそ問ひ奉らめ」と申されけり。「まして＊ここもとのあさき事は、何事なりとも③あきらめ申さん」といはれければ、近習の人々、女房なども、「興あるあらがひなり。同じくは、＊御前にて争はるべし。負けたらん人は、＊供御（くご）をまうけらるべし」と定めて、御前にて召し合はせられたりけるに、［A］、「幼くより聞き習ひ侍れど、その心知らぬこと侍り。『むまのきつりやう、きつにのをか、なかくぼれいりくれんとう』と申す事は、いかなる心にか侍らん。承らん」と申されけるに、［B］、はたとつまりて、「これは［C］なれば、言ふにも足らず」といはれけるを、「④本より深き道は知り侍らず。［C］を尋ね奉らんと定め申しつ」と申されければ、大納言入道、負けになりて、＊所課（しょか）いかめしくせられたりけるとぞ。

（『徒然草』より）

＊わぬし…あなた、貴公。
＊さらばあらがひ給へ…それならば私と言い争いなさい。
＊はかばかしき事…きちんとした事。
＊ここもとのあさき事…身近なつまらない事。
＊御前…帝の前。
＊供御…ごちそう。
＊所課いかめしくせられたりけるとぞ…盛大にごちそうなさったということだ。

1　二重傍線部「まうけらるべし」を現代仮名遣いのひらがなに改めなさい。

2　傍線部①「答へ申さざらんや」③「あきらめ申さん」の解釈として、最も適切なものを後のア～オの中からそれぞれ選び、記号で答えなさい。

①「答へ申さざらんや」
ア　お答えいただきたい
イ　お答えくださいませ
ウ　お答え申し上げません
エ　お答えいたしましょう
オ　お答えしたではないか

③「あきらめ申さん」
ア　弱音は申し上げません
イ　明らかにいたしましょう
ウ　我慢はいたしません
エ　文句は申し上げません
オ　終わりにいたしましょう

3　傍線部②「おぼつかなき事」とは具体的には何を指すか。該当する部分の最初と最後の3字を抜き出しなさい。

4　空欄A・Bにはそれぞれ登場人物を表す語が入る。その組み合わせとして最も適切なものを次のア～カの中から選び、記号で答えなさい。

ア　A　具氏　B　大納言入道
イ　A　女房など　B　大納言入道
ウ　A　大納言入道　B　具氏
エ　A　女房など　B　具氏
オ　A　具氏　B　御前

理解しようとしないだけでなく、自分のことを責め立ててくることに憤りを覚えている。

4 傍線部②「喜一は小走りで先へ先へと進んでいく」とあるが、この理由を説明したものとして最も適切なものを次のア～オの中から選び、記号で答えなさい。

ア　強がっていたものの、いざ一人になると見ず知らずの環境に恐怖を覚えて信雄を追いかけたが、いくら追いかけても信雄が見つからず、次第に焦る気持ちが強まったから。

イ　ふてくされているうちに信雄と離ればなれになってしまったことに気づいて不安を感じ、少しでも早く信雄を見つけ出して行動を共にしなければならないと考えたから。

ウ　信雄の考えには納得できない部分もあったが、大切なお金を落としてしまったことは自分の失敗だったと気づき、早く信雄を見つけて自分の過ちを謝りたいと考えたから。

エ　ポケットに入れていたお金を全て落としてしまったことに気づき、信雄に申し訳なく思うと同時に、落としたお金を早く見つけなければならないと思い、焦っているから。

オ　信雄の分も含めて、晋平からもらったお金が全てなくなっていることに気づき、お金を落としてしまったことを早く信雄に伝えなければならないと思い、慌てているから。

5 傍線部③「信雄と喜一は顔を見合わせて笑った」・傍線部④「二人はまた顔を見合わせた」とあるが、このとき「信雄」と「喜一」の二人はどのような思いで「顔を見合わせ」ているか。二人の心情の変化がわかるようにして、80字以内で説明しなさい。

6 傍線部⑤「彼は心とはまったく裏腹な言葉で喜一をなじっていた」とあるが、この理由を説明したものとして最も適切なものを次のア～オの中から選び、記号で答えなさい。

ア　信雄は、喜一が、お金を落として信雄を落胆させたという失敗をつぐなうためにロケットを盗んできたことを知り、不正な方法で失敗を挽回しようとする喜一に対して不快な思いを感じたから。

イ　信雄は、自分たちを理不尽に怒鳴りつけた香具師を出し抜いたことには喜びを感じている一方で、他人のものを盗むことに全く抵抗感を示していない喜一の態度には反発する思いを抱いたから。

ウ　信雄は、念願のロケットを手に入れられたことを喜びつつも、盗みを働いた喜一には悪びれる様子が一切なかったため、自分の言葉で喜一に罪の重さを理解させなければならないと考えたから。

エ　信雄は、喜一が横柄な香具師に一泡吹かせたことを愉快に思いつつも、喜一がロケットを盗んだのは信雄のためだったと知り、驚くと同時に言いようのない罪悪感を覚えて激しく動揺したから。

オ　信雄は、喜一が信雄のためにロケットを盗んだと知って喜一の友情の強さに驚嘆したが、盗みの原因となった自分も盗みに荷担したように感じられ、気持ちを整理することができなかったから。

7 この文章の内容と表現に関する説明として最も適切なものを次のア～オの中から選び、記号で答えなさい。

ア　「銀子ちゃんは行けへんのん?」「うん、うち行けへん」といった方言を使うことによって、登場人物である子どもたちの無邪気さと幼さを印象づけると同時に、その土地で育った子どもたちの情感をわかりやすく表している。

イ　情景描写に「お囃子の音」「スルメを焼く匂い」「白い光を発しているカーバイド」など聴覚・嗅覚・視覚表現を繰り返し用いることで、「祭り」という非日常的な空間に心ひかれる子どもの普遍的な心理を緻密に描き出している。

ウ　時間の推移を暗示する描写や、心理描写をつとめて抑えた短い会話を通して、連れだって「祭り」にやってきた子どもたちの微細に揺れ動く心情と「祭り」に興じる市井の人々の賑わい

「ごめんな、ごめんな。もう盗んだりせえへん。のぶちゃん、僕もうこれから絶対物盗ったりせえへん。そやから、そんなこと言わんとってな、もうそんなこと言わんとってな」

振り払っても振り払っても、喜一は泣きながら信雄にまとわりついて離れなかった。二人は縺れ合いながら、少しずつ祭りの賑わいから離れていった。

夜はかなり更けていた。

（宮本　輝『泥の河』より）

*天神祭り…大阪天満宮の祭り。東京の神田祭、京都の祇園祭と並ぶ日本三大祭の一つ。
*浄正橋…大阪市の橋の一つ。現在は跡碑だけが残る。
*銀子ちゃん…「喜一」の姉。「喜一」とともに「信雄」の家で遊んでいた。
*仕舞屋…商売をしない住宅だけの町家。
*天満宮…大阪天満宮のこと。菅原道真をまつっている。
*カーバイド…ここでは照明のこと。
*だんじり…祭りの際に引いたり担いだりする車。
*酩酊…ひどく酒に酔うこと。
*廻り灯籠…枠の内側に貼った切り絵の影が回りながら枠の外側に映るようにした灯籠。
*八十両…江戸時代の貨幣単位「両」を用いて、八十銭をふざけて言った言葉。「銭」は円の百分の一の単位。
*香具師…縁日や祭礼などで、見世物を興行したり商品を売ったりする人。

1　空欄X・Yにはどのような語を入れればよいか。最も適切なものを下のア～オの中からそれぞれ選び、記号で答えなさい。

X　ア　柔らかい　イ　軽やかな　ウ　小さな
　　エ　冷たい　オ　美しい

Y　ア　そろりと　イ　まんまと　ウ　さっさと
　　エ　どうどうと　オ　たんたんと

2　二重傍線部A「尻目に」・B「固唾を呑んで」の本文中の意味として最も適切なものを後のア～オの中からそれぞれ選び、記号で答えなさい。

A　尻目に
　ア　遠目に見て　イ　無視して　ウ　馬鹿にして
　エ　気にしながら　オ　振り返りながら

B　固唾を呑んで
　ア　じっと息をころして　イ　どうなるかと期待して
　ウ　さっと身をひそめて　エ　危険な様子におびえて
　オ　そっと気持ちを落ち着けて

3　傍線部①「口をとがらせて、喜一は腟の虫さされのあとを強く掻きむしった」とあるが、このときの「喜一」の心情を説明したものとして最も適切なものを次のア～オの中から選び、記号で答えなさい。

ア　喜一は、見慣れない食べ物を少しで良いから食べてみたいという軽い気持ちだったにもかかわらず、信雄には、喜一がロケットのことを全く考えていないととらえられ、考えの行き違いに悲しくなっている。

イ　喜一は、珍しい食べ物を少しだけでも食べてみたいという誘惑に駆られたことで、ロケットを手に入れるという信雄との約束を忘れてしまっていたことに気づき、自分勝手な思いに決まり悪さを感じている。

ウ　喜一は、信雄と二人で手に入れたいと思っていたロケットのことを忘れたのではなく、露店の食べ物を少しだけ食べたいと思っているにすぎないのに、信雄が自分の思いを理解せず怒ることに不満を感じている。

エ　喜一は、ロケットを手に入れたがっている信雄の気持ちを理解しようとしている一方で、珍しい食べ物を食べてみたいという自分の思いを信雄が頑として認めようとしないために、いらだちを募らせている。

オ　喜一は、二人のお金を合わせれば、おもちゃのロケットと露店の食べ物をどちらも買えるはずなのに、信雄が自分の考えをら粘りつくような汗を絞り出している。数珠繋ぎに吊るされた裸電球が、だんじりのまわりでびりびり震えていた。

　信雄は石段に腰をおろし、ちょうど目の前に佇んで誰かを待っているらしい浴衣姿の少女を見つめた。その少女の持つ＊廻り灯籠の中で、黒い屋形舟が廻っている。

　鋭い破裂音が聞こえ、それと一緒に硝煙の匂いがたちこめた。信雄と喜一の前にプラスチック製の小さなロケットが落ちてきた。境内の奥に、とりわけ子供たちの集まっている露店があり、おもちゃのロケットが莫蓙に並べられていた。喜一が足元のロケットをすばやく拾いあげ、信雄の手を引いてその露店の所まで走った。

　はちまき姿の男は莫蓙に座ったまま喜一の手からロケットを受け取り、

「サンキュー、サンキュー、ご苦労さん」

と潰れた声で言った。

　③信雄と喜一は顔を見合わせて笑った。

「それ、なんぼ？」

「たった＊八十両、どや安いやろ」

　④二人はまた顔を見合わせた。二つも買えたうえに、焼きイカが食べられたではないか。

「さあ、もういっぺんやって見せたるさかい、買うていけ！」

　危ないぞォ、月まで飛んで行くロケットじゃあと叫びながら、男は短い導火線に火をつけた。信雄も喜一も慌てて二、三歩とびのくと、B固唾を呑んで導火線を見つめた。大きな破裂音とともに、ロケットは斜めに飛びあがり、銀杏の木に当たって賽銭箱の中に落ちた。慌てて追いかけて行く男の姿が、見物人の笑いをかった。信雄も笑った。笑いながら喜一の顔を見た。なぜかあらぬ方に視線を注いでいる喜一の目が、細くすぼんでいた。

「ちぇっ、あんなとこに落ちてしもたら、もう取られへんがな」

　走り戻って来て、男は莫蓙の上にあぐらをかき、八ツ当たりぎみに怒鳴った。

「こら甲斐性なし！　こんなおもちゃの一つや二つ、よう買わんのかい。ひやかしだけの奴はどこぞに行きさらせ」

「のぶちゃん、帰ろ」

　喜一が信雄の肩をつつき、早足にだんじりの横をすり抜けて行った。

「早よ行こ、早よ行こ」

　喜一は笑って叫んだ。人の波はさらに増して、神社の入口で渦を巻いている。

　人混みを避けて露路の奥に駆け入ると、喜一は服をたくしあげた。おもちゃのロケットがズボンと体の間に挟み込まれていた。

「それ、どないしたん？」

「おっさんがロケット拾いに行きよった時、盗ったんや。これ、のぶちゃんにやるわ」

　信雄は驚いて喜一の傍から離れた。

「盗ったん？」

　得意そうに頷いている喜一に向かって、信雄は思わず叫んだ。

「そんなんいらん。そんなことするのん、泥棒や」

　信雄の顔を、喜一は不思議そうに覗き込んだ。

「いらんのん？」

「いらん」

　口汚く怒鳴っていた＊香具師から、［ Y ］ロケットを盗んできたことは、信雄にも少し痛快なことであった。だが⑤彼は心とはまったく裏腹な言葉で喜一をなじっていた。喜一の手からロケットを奪い、足元に投げつけた。そして小走りで人混みの中にわけいっていた。喜一はロケットを拾い、追いすがって来て、また言った。

「ほんまにいらんのん？」

　自分でもはっとする程激しい言葉が、信雄の口をついてでた。

「泥棒、泥棒、泥棒」

　人波をかきわけかきわけ、信雄はむきになって歩いた。喜一の悲痛な声がうしろで聞こえた。

掌に移した。
「僕のんと合わしたら、何でも買えるで」
「そやなあ、あれ買えるかも知れへんなあ」
信雄も喜一も、火薬を詰めて飛ばすロケットのおもちゃが欲しかったのである。恵比寿神社の縁日でも売っていたから、きっと今夜も売っている筈であった。
＊天満宮のような巨大な祭りではなかったが、それでも商店街のはずれから境内への道まで露店がひしめきあっている。人通りも多くなり、スルメを焼く匂いと、露店の茣蓙の上で白い光を発している＊カーバイドの悪臭が、暗くなり始めた道にたちこめて、信雄も喜一もだんだん祭り気分にうかれていった。
喜一は硬貨をポケットにしまい、信雄の手を握った。
「はぐれたらあかんで」
人混みを縫いながら、二人は露店を一軒一軒見て歩いた。
水飴屋の前に立ったとき、
「一杯だけ買うて、半分ずつ飲めへんか？」
と喜一が誘った。ロケットを買ってからにしようという信雄の言葉でしぶしぶその場を離れたが、こんどは焼きイカ屋の前でも同じことをせびった。飲み物や食べ物を売る店の前に来ると、喜一は必ず信雄の肘を引っぱって誘うのだった。
「きっちゃん、ロケット欲しいことないんか？」
喜一の手を振りほどくと、信雄は怒ったように言った。
「ロケットも欲しいけど、僕、いろんなもん食べてみたいわ」
①口をとがらせて、喜一は脛の虫さされのあとを強く掻きむしった。
いつのまにか空はすっかり暗くなり、商店街に吊るされたちょうちんにも裸電球にも灯が入って、急激に増してきた人の群れがその下で押し合いへし合いしている。
すねたふりをして一歩も動こうとしない喜一をA尻目に、信雄は一人境内に向かって歩きだした。歩き始めると、人波に押されて立ち停ることもできなくなってしまった。喜一の顔が遠ざかり見えなくなった。
信雄は慌てて引き返そうとした。色とりどりの浴衣や団扇や、汗や化粧の匂いが、大きな流れとなって信雄を押し返す。やっとの思いで元の場所に戻って来たが、喜一の姿はなかった。信雄はぴょんぴょん跳びあがってまわりを見渡した。いつのまにすれちがったのか、人波にもまれている喜一の顔が、神社の入口の所で見え隠れしていた。
「きっちゃん、きっちゃん」
信雄の声は、子供たちの喚声や祭り囃子に消されてしまった。
②喜一は小走りで先へ先へと進んでいく。相当狼狽して信雄を捜しているふうであった。信雄は大人たちの膝元をかきわけ、必死で走った。何人かの足を踏み、ときどき怒声を浴びて突き飛ばされたりした。境内の手前にある風鈴屋の前でやっと喜一に追いついた。赤や青の短冊が一斉に震え始め、それと一緒に、何やら胸の底に突き立ってくるような［ X ］風鈴の音に包み込まれた。信雄は喜一の肩を摑んだ。喜一は泣いていた。泣きながら何かわめいていた。
「えっ、なに？　どないしたん？」
よく聞きとれなかったので、信雄は喜一の口元に耳を寄せた。
「お金あらへん。お金、落とした」
風鈴屋の屋台からこぼれ散る夥しい短冊の影が、喜一の歪んだ顔に映っていた。
信雄と喜一はもう一度商店街の端まで行き、地面を睨みながらじぐざぐに歩いた。再び風鈴屋の前に戻って来たが、落とした硬貨は一枚も見つからなかった。喜一のズボンのポケットは、両方とも穴があいていた。
信雄が何を話しかけても、喜一は黙りこくったままだった。人波に乗って二人は境内に流されていった。
一台の＊だんじりが置かれ、その中で数人の男がお囃子を奏でていた。同じ旋律の執拗な繰り返しに＊酩酊した男たちは、裸の体かたとはどういうことか。最も適切なものを次のア～オの中から選び、記号で答えなさい。
ア　国家の支配力が強まることで、地域が国からの自立のために産業を発展させ、個性を強化するということ。
イ　国家が優れた指導者に先導されていくことで、各地域が画一化され地域の特性が弱まっていくということ。
ウ　国家が強大な力により全国的にシステムを機能させることで、地域の境界の存在が希薄化するということ。
エ　国家が中央集権を確立させることで、地域が国の規制に従い互いの境界を巡って争わなくなるということ。
オ　国家の調整機能が弱体化することで、地域の技術や産業が発展し、急激な経済的成長を遂げるということ。

8　傍線部⑥「豊かな自然環境に恵まれた日本列島に認められる境界、すなわち地域の枠組みは長年にわたって無意識のうちに受け継がれてきたものであり、そこには、それぞれの地域固有の豊かな歴史・文化がある」とあるが、筆者は「地域固有の豊かな歴史・文化」に注目することにどのような意義を見出しているか。文章【Ⅱ】をふまえて、意義を述べた次の説明文を完成させなさい。ただし75字以内で答えること。

地域の生活文化の多元性・多様性に目を向け、境界の歴史について知ることで、［75字以内］意義。

二　次の文章を読んで、後の問いに答えなさい。

大阪に住む八歳の「信雄」は、信雄の家の近くを流れる川に浮かぶ船で暮らしている少年「喜一」と仲良くなった。信雄と喜一は、信雄の父「晋平」とともに「＊天神祭り」へ行こうとしていたが、信雄の母の「貞子」がぜんそくの発作をおこしたため、貞子を看病する晋平は家に残り、二人だけで天神祭りへ行くこととなった。

連れて行ってやるつもりだったが、貞子があんな調子なのでと晋平は言った。信雄と喜一は仕方なく自分たちだけで、近くにある＊浄正橋（じょうしょうばし）の天神さんに行くことにした。
「あんまり遅うまで遊んでたらあかんでェ」
晋平は信雄と喜一の手に、数枚の硬貨を握らせた。
「＊銀子ちゃんは行けへんのん？」
信雄が二階に声をかけると、
「うん、うち行けへん」
しばらくして銀子の言葉が返ってきた。
二人は夕暮の道を駈（か）けだした。
近くといっても、信雄の家から浄正橋までは歩いて三十分近くもかかる距離であった。堂島川（どうじまがわ）のほとりを上っていき、堂島大橋を渡って北へ歩いて行くうちに、お囃子（はやし）の音が大きく聞こえてきた。大通りを曲がり、＊仕舞屋（しもたや）が軒を連ねる筋に入ると、陽の沈むのを待ちあぐねた子供たちが、道にうずくまってもう花火に火をつけている。酒臭いはっぴ姿の男が、同じ柄のはっぴを着た幼な子を肩に乗せて、ぶらりぶらりと神社に向かっている。そのあとを喜一と並んで歩きながら、にわかに大きくうねりだした祭り囃子に耳を傾けていると、信雄はなにやら急に心細くなってきた。
「僕、お金持って遊びに行くのん、初めてや」
ときどき立ち停（ど）まると、喜一はそのたびに掌（てのひら）を開いて、晋平からもらった硬貨の数を確かめた。信雄は自分の金をそっくり喜一のった価値観によって均質化されようとしている。経済的に安定した人びとの多くが希求する現代的生活は、典型的で没個性的である。利便性の高い都市部への人の流入は止まらず、農山漁村など小規模な地域社会は活力を失って、徐々に解体を余儀なくされる。地域社会の解体は、地域文化の担い手不足に直結し、地域の記憶は少しずつ失われようとしている。

今こそ、多様な地域の歴史を深層からみなおし、この国の文化の多元性と多様性に光を当てる作業が必要である。それは、進歩史観・中心史観といった先験的で偏った価値観から脱却し、*等閑視されてきた地域の魅力を評価すること、地域への誇りを蘇らせることに、やがてつながっていくと考えるからである。

*等閑視（とうかんし）…ないがしろにすること。

1　二重傍線部A～Eについて、漢字をひらがなに、カタカナを漢字に直しなさい。

2　次の段落が入る場所として最も適切なものを、本文【a】～【e】から選びなさい。

> 飛驒国は森林資源に恵まれた国であったが、そこに住む人びとは長年にわたる木との関わりから、優れた木材加工技術と運搬技術を手に入れ、それが奈良時代になると飛驒工という特殊な建築・木工集団を生み出し、その伝統は今なお生き続けている。志摩や能登の人びとは、海民文化を長きにわたって保ち続け、律令制下においてもその伝統は途絶えることはなかった。

3　傍線部①「環境に適応するために生まれた生活文化の一部は、こうして集団を生かすための生業の一部となった」とあるが、どういうことか。最も適切なものを次のア～オの中から選び、記号で答えなさい。

ア　その土地の気候や風土に適応し、自らの地域の特性を理解したことで、他地域とより活発に交流することとなり、その集団が社会全体において存在感を発揮するようになったということ。

イ　その土地の気候や風土への適応と、自国を発展させるために行った地域同士の交流によって、各地域が自らの地域の特色を理解するようになり、互いに助け合うようになったということ。

ウ　その土地の気候や風土に適応し、集団の存続のために優れた指導者を選出したことで、他地域との交流においても優位に立つことに繋がり、豊かな地域性を育むようになったということ。

エ　その土地の気候や風土への適応と、集団の強大化を目的とした他地域との交流によって、自分の地域の中であらゆる資源を自給できるほどの豊かさを獲得できるようになったということ。

オ　その土地の気候や風土への適応と、豊かさを求めておこなった他の地域との交流が、自らの地域の地理的特性の認識や、個性の表面化に繋がり、集団を存続させる力となったということ。

4　傍線部②「旧石器時代以来の人間のさまざまな活動の中で形作られたもの」に**含まれないもの**を、次の本文中の語句ア～カの中からすべて選び、記号で答えなさい。

ア　律令制　　イ　荏胡麻　　ウ　土地の特性
エ　二毛作　　オ　建築材　　カ　石材産地

5　傍線部③「国家の歴史を知るには、外交や中央と地方との関係だけでなく、調整される側であるそれぞれの地域の集団の動向に注目する必要がある」とあるが、国家と地域の共通点は何だと筆者は考えているか。本文中の語句を用いて10字以内で簡潔に答えなさい。

6　傍線部④「『人間の鎖』」は何をたとえた表現か。最も適切なものを次のア～オの中から選び、記号で答えなさい。

ア　年功序列による階級制度　　イ　他地域の人間との衝突
ウ　地域固有の身分制度　　エ　縁故に基づく組織体制
オ　地域の閉鎖的な人間関係

7　傍線部⑤「境界は時代による政治形態の違いにより、顕在化したり潜在化したりしてきた」とあるが、「境界」が「潜在化」しうルールを取り入れ、日本に律令国家という中央集権を生じさせた。国家が担う地域間の利害調整は、律令制というルールに則(のっと)って行われ、社会は画一化へと向かう一方、境界は律令制度により固定化されるに至った。しかし、律令制というルール自体にDムジュンが生じ形骸化すると、中央の有力者を頂点とする④「人間の鎖」が実質的な調整機能を担うようになる。以後、鎌倉幕府、室町幕府などといった武士政権が新たなルールのもと、それを受け継ぐようになる。ただ、政権が緊張感を失ったり、システムやルールが働かなくなって衰えるような事態にEオチイると、再び、「人間の鎖」が権力の内側に現れ、境界の争奪戦が繰り広げられる。そして、国家の調整機能が衰え不安定な社会になると、集団は力をつけるために自らの地域の特性を生かし、新たな産業を生み出したり、伝統的な産業や技術を向上させたりするなど積極的に自立のための取り組みを行うようになる。たとえば、源平の争乱など社会が不安定になる平安時代の後半以降には、西日本を中心に二毛作が行われるようになり、＊荏胡麻(えごま)などの商品作物の生産も活発化するなど生産力の向上が図られている。また、このころからは商品経済が活発化するようで、＊珠洲焼(すずやき)や＊東播系須恵器(とうばんけいすえき)など地域の枠を越え広域に流通する焼き物も現れる。これらのことは、それぞれの地域の集団が地域の自然環境や伝統的な技術を生かして経済力を強化したことを示していると考えられる。集団は外に向かうとき、まず内をみなおし、内の力を最大限に発揮するため、地域の個性を強化する。その結果、地域固有の姿が浮かび上がり、境界も明確化するのである。【e】

ここまでみてきたように、⑤境界は時代による政治形態の違いにより、顕在化したり潜在化したりしてきたが、確実に踏襲されてきた。国家が誕生へと向かい、地域への支配力を強めると、地域集団の個性は潜在化する反面、国家が支配単位を設定することで境界は政治的に明確化される。逆に国家の地域への支配力が弱まると地域集団の個性が顕在化し、境界をめぐる争いが起こる。こうした繰り返しの中でも、旧石器時代から形作られてきた境界は基本的には踏襲されてきた。それは旧石器時代から現代につながる境界が、日本列島の風土に適応した人間の営みの歴史によって成立したからである。⑥豊かな自然環境に恵まれた日本列島に認められる境界、すなわち地域の枠組みは長年にわたって無意識のうちに受け継がれてきたものであり、そこには、それぞれの地域固有の豊かな歴史・文化がある。

＊倭王権…四世紀から七世紀半ば頃までの大和（奈良県）を中心とする畿内政治勢力の連合体。ヤマト政権。

＊荏胡麻…シソ科の一年草。東南アジアの原産。

＊珠洲焼…十二世紀後半から十五世紀末にかけて珠洲市を中心に能登半島の先一帯で生産された、中世の日本を代表する陶器の一つ。

＊東播系須恵器…古代末から中世前期にかけて東播磨南部（現在の明石市から神戸市西部付近）で生産された陶器の総称。

文章【Ⅱ】「地域史の重要性」

一国の歴史の骨格を、政治の中心に焦点を当てて説明することは一見、妥当に思える。しかし、この国の成り立ちは、日本列島の中央政権による社会や経済発展の歴史という視点では語り尽くせない多様性と深みをもっている。なにしろ、列島の各地には、現生人類がはじめて到来した旧石器時代より、土地土地の気候や風土に適応した個性豊かな生活文化が花開いてきたのだから。そうした生活文化は、やがて広域を統治する政治権力が成立してからも、基本的には変わらなかったはずである。地域の人びとにとって、為政者たちによる統治政策はもちろん重要であっただろうが、彼らの生活文化の内容を決めたのは多くの場合、為政者ではない。地域固有の文化とは、地域の人びとが自らを取り巻く自然とうまくつき合いながら、ひたむきに生きる中で紡ぎあげられてきたものなのである。日本の歴史は、列島の各地の生活文化の多様性や多元性の起原を追究することから、みつめなおす必要がある。

ひるがえって私たちの社会の現状をみれば、経済的発展による生活水準の向上に加え、情報化社会の到来により、地域の個性は似通

二〇二二年度 昭和学院秀英高等学校

【国　語】（五〇分）〈満点：一〇〇点〉

＊字数制限のある場合は、句読点・記号なども字数に含めます。
＊設問の関係上、原文を一部省略しています。

一　次の文章【Ⅰ】・【Ⅱ】は、それぞれ朝日新聞出版刊『境界の日本史　地域性の違いはどう生まれたか』（森先一貴　近江俊秀）の、「人と境界」・「地域史の重要性」の一節である。これを読んで、後の問いに答えなさい。

文章【Ⅰ】「人と境界」

日本列島の豊かな自然環境は、個性豊かな地域文化を生み出した。それは、気候や環境に適応し、それと共存するための人間の知恵の結晶ともいえるものであった。そして人びとの活発な交流により、地域の個性と地域の価値がみいだされた。海辺に住む人は海の幸を欲する山の民と出会い、山の民は建築材や燃料を欲する海の民と出会った。人びとは交流を繰り返しながら、次第に大きな集団を作り上げていくが、そうした中で相反する二つの考えが生じる。

一つは、自らが所属する集団を他の集団から守るため、また他の集団よりも優位に立つために集団としての結束力とそれを率いる強いリーダーを求めるという、集団としての自立性、排他性である。弥生時代から認められる戦争は、そうした部分が顕在化したものであり、古代における行政区画の固定化と民の土地への固定化はそうした集団のもつ排他的な意識の延長上にある。

もう一つは、豊かさをめざした活発な交流である。生活に必要なさまざまな道具をすべて自給することは、困難であった。石器一つを取ってみても、使用目的に最もみあった性質をもつ石材を産出する土地は限られていた。石材産地付近に住む人びとにとって、石材は大事な資源であり、それを多量に確保し他地域の集団と交換することにより自分たちが必要なものを得ることができた。【a】

交流とは、自らの住む土地の特性を理解し、他の集団が求めるものがなにかを知ることにもつながった。そして、特定の資源の確保や特定の生業への専従または、地理的な条件を生かした交流の担い手としての役割の発見など、地域の自然環境や地理的な特質を認識することにより、そこに住む集団の個性が強まり顕在化していった。①環境に適応するために生まれた生活文化の一部は、こうして集団を生かすための生業の一部となった。【b】

このように集団と集団との交流の活発化は社会を均質化させるものではなく、地域文化を際立たせるという側面をもっていたのである。律令国家が定め、現在の行政界のもとにもなった境界は、必ずしも政治的事情のみによって新たに定められたものではなく、②旧石器時代以来の人間のさまざまな活動の中で形作られたものをA踏襲し設定されたのであった。【c】

集団同士の交流と対立とがBジンイ的な境界を生み出し、さらに交流により生まれた広域に及ぶ社会ネットワークの中で、突出した力をもつリーダー的な集団がシステムやルールをC頒布することによって国家が誕生し、その調整機能により境界が固定化されていった。しかし、国家という存在そのものが外国とのあいだに境界を設定することにより成り立つ、政治的な領域で重層的な領域の一つにすぎず、その成立や展開も一つの境界の歴史にすぎないという見方もできる。【d】

また国家に求められるのは内外の諸勢力間の利害調整を行うことである。国家の施策とは、いわば利害調整のための手段であり、③国家の歴史を知るには、外交や中央と地方との関係だけでなく、調整される側であるそれぞれの地域の集団の動向に注目する必要がある。つまり、それまでの地域社会のありかた、地域の歴史を知ることが、日本史を知る上で重要な意味をもつのである。列島最初の国家を築いた＊倭王権は、東アジアでの関係から中国の律令制とい

英語解答

1 (1) ② (2) ② (3) ① (4) ③
(5) ④

2 〔1〕 noise
〔2〕 communicate with one another
〔3〕 smaller 〔4〕 We don't have
〔5〕 how to reduce noise

3 (6) ④ (7) ③ (8) ② (9) ③
(10) ④

4 (11)…② (12)…⑦ (13)…⑥ (14)…⑤

5 〔6〕 It took them twenty years to build it.／It took twenty years for them to build it.
〔7〕 I had〔got〕 it repaired at that〔the〕 shop.

6 (15) ① (16) ① (17) ④ (18) ④
(19) ③

7 問1 (20)…③ (21)…① (22)…②
問2 ③ 問3 ② 問4 ③，⑥

8 問1 (例)イギリスに紅茶がもたらされた当初はあまり売れなかったが，当時の王様がポルトガルの女性と結婚し，その女性が紅茶好きだったことから王様が紅茶を飲み始めた。(75字)
問2 (例)紅茶の販売量を減らすこと。
問3 (例)しかし，1784年に政府はついに紅茶への課税を引き下げる決定を行い，ほとんど誰でもそれを飲めるようになった。

9 (例1)(I agree. If they experience a part-time job,) they can learn a lot about working. Students learn subjects at school. The subjects teach them a lot of knowledge. However, they do not teach the students what they need to learn for working. By experiencing a part-time job, they can understand what working is, and how hard it is. When I did volunteer work at my town last year, it taught me a lot about working.(67語)
(例2)(I do not agree. Even if they experience a part-time job,) they cannot have enough time to learn about working. The students need to learn many subjects at school. That often takes a lot of time. Of course, a part-time job teaches them about working. But they can also learn about it from teachers and their parents. For example, my school gave me a chance to listen to people in a food company. That taught me a lot. (67語)

1・**2**〔放送問題〕解説省略

3〔適語(句)選択・語形変化〕

(6) ‘with＋名詞＋形容詞・分詞・前置詞句など’「～を…の状態にして」の形。「エンジンはかかっている」という関係が成り立つので現在分詞の running が適切。 「数分間買い物に行くとき，よくエンジンをかけたままで車を離れる人もいる」

(7) ‘as many/much＋名詞＋as ～’で「～と同じくらい多くの…」という意味。money は‘数えられない名詞’なので‘as much＋名詞＋as ～’にする。なお‘数えられる名詞’が続く場合は many を使い，‘名詞’は複数形にする。 (例)He has as many books as I do.「彼は私と同じくらい多くの本を持っている」 ‘spend *A* on *B*’「*A*を*B*に費やす」 「ルーシーはあなたと同じくらい多くのお金を旅行に使う」

(8)Bが「交通量が多かった」とアナが遅刻した‘理由’を答えている。 A：アナは今朝なぜ遅刻したのか言いましたか？／B：はい。いつもより交通量が多かったと言っていました。

(9)紅茶とコーヒーという2つの物から選ぶので，Eitherが適切。このeitherは「どちらでも」という意味。 A：紅茶かコーヒーのどちらがよろしいですか？／B：どちらでもかまいません。

(10)Bが新しい英語の先生の印象を述べているので，Aは「どう思いますか」と尋ねたと考える。What do you think of ～?で「～をどう思いますか」という意味。 A：トム，新しい英語の先生をどう思う？／B：彼女の最初の授業は楽しかったよ。彼女はとてもいい先生みたいだ。

4〔整序結合〕

(11)・(12)語群のfoundに着目し，「答えるのは難しかった」を「答えるのは難しいとわかった」と読み換え，‘find it＋形容詞＋to ～’「～するのが…だとわかる」の形にする。このitはto以下を指す形式目的語。「先生が出したある質問」は「先生によって出されたある質問」と考え，‘名詞＋過去分詞＋語句’の形で表す(過去分詞の形容詞的用法)。 I found it difficult to answer a question given by the teacher.

(13)・(14)「トムは(私たちに)話をした」と考え，‘tell＋人＋物事’の形をつくる。Tom told usで始め，この後は‘such (a/an)＋形容詞＋名詞＋that＋主語＋動詞...’「とても～な…なので―」の形にまとめる。「私たちは皆」はwe all。 Tom told us such a funny story that we all laughed.

5〔和文英訳―完全記述〕

〔6〕A：何て優雅な城なんだ！ それを建てた人たちはとても熱心に働いたに違いないね！／B：それを建てるのに20年かかったんだ。∥themがあるので「彼らがそれを建てるのに20年かかった」という文にする。「〈人〉が～するのに(時間が)…かかる」は‘It takes＋人＋時間＋to ～’または‘It takes＋時間＋for＋人＋to ～’で表せる。

〔7〕A：昨日，時計を壊してなかったっけ？／B：あの店で直してもらった。∥「～を…してもらう」は‘have〔get〕＋目的語＋過去分詞’の形で表せる。「店」はstoreを使ってもよい。

6〔読解総合―英問英答―説明文〕

(15)<要旨把握>≪全訳≫それは，国民一人ひとりが政府の役人を選ぶために投票することができ，一般の人々が選挙を通じて国の指導者になることができる政府のシステムだ。ノルウェーやカナダ，ドイツ，米国は，そのような政治システムを持つ国の例だ。

Q：「本文はどの言葉を紹介しているか」―① democracy「民主主義」 diet「国会，議会」 minister「大臣」 socialism「社会主義」

(16)<要旨把握>≪全訳≫イギリスのティーンエイジャーを本当に幸せにするものは何だろうか。ソーシャル・メディアにたくさんの友達がいること？ 最新のスマートフォン？ いや，実際は違う。新しい調査によると，今日のティーンエイジャーにとって最も重要なのは，人生で最も単純なことだ。では，調査は何を発見したのだろうか。まあ，信じられないかもしれないが，自分の寝室を持つことが，服に使うたくさんのお金を持つことよりもティーンエイジャーを幸せにするのだ。彼らは最も高価なハイテク機器を望んではいない。というのも彼らにとって幸せな家庭生活の方が重要だからだ。

実際，お金は彼らの生活でそもそもあまり重要ではないのだ。

Q：「今日のティーンエイジャーにとって最も重要なことは何か」—①「幸せな家庭生活」 終わりから２文目に ... because a happy family life is more important ... とある。

⒄<内容真偽>≪全訳≫ニューヨーク市はアメリカの東海岸，ニューヨーク州にある。州内で最大の都市であり，実際，800万人以上の人がいて，アメリカ最大の都市だが，州都ではない。州都はニューヨークの北156マイル(231km)にあるオールバニーだ。市と州の他の地域は，全く異なる世界のようなものだ。州には緑の丘や農場や山がある。森林は州の半分以上だ。ニューヨーク州は東海岸で最大だが，市の外に住んでいる人は1100万人に満たない。

Q：「どの記述が正しいか」 ①「ニューヨーク市の東にあるオールバニーは州都である」…× 第３文参照。オールバニーはニューヨーク市の「北」にある。 ②「ニューヨーク市には緑の丘や農場や山がある」…× 第５文参照。緑の丘などがあるのはニューヨーク州。 ③「ニューヨーク市はニューヨーク州の中にはない」…× 第１文参照。 ④「アメリカの他のどの都市もニューヨークより大きくない」…○ 第２文参照。'No other＋単数名詞 ～ than …' は「他のどの—も…より～ない」の意味で，最上級と同様の意味を表すことができる。

⒅<表題選択>≪全訳≫1866年，記録上日本で最初のラグビーの試合が横浜で行われた。選手はイギリスの船員だった。日本人は観戦したが，プレーはしなかった。ラグビーは，エドワード・ブラムウェル・クラークと彼の友人の田中銀之助を通じ，1899年に日本で正式に始まったと言われている。彼らがケンブリッジ大学で勉強していたとき，その競技を楽しんでいた。大学卒業後，クラークは1899年に英語講師として慶應大学に来た。田中は実業家になっていた。彼らは慶應大学の学生にその競技を紹介した。 1920年代から，ラグビーは人気が出始めた。約1500のクラブチームが生まれた。

Q：「最もよいタイトルを選べ」—④「日本でのラグビーの始まり」 日本で最初のラグビーの試合やラグビーが始まった経緯について述べられている。

⒆<要旨把握>≪全訳≫成功し，裕福になり，権力を持つという強い願望を持っているが，人生の贈り物や世界の美しさから満足を得られない人にとって，人生は苦しみの原因であり，彼らは世界の何も得られず，世界の美しさもわからないだろう。

Q：「筆者は何が言いたいか」—③「人生で手に入れるものに満足し，自分の周りの美しさに気づくべきだ」 「人生の贈り物や世界の美しさに満足しない人は世界から何も得られない」という内容を言い換えている。 ①「成功したいという強い願望があれば人生を楽しむことができる」 ②「必要以上に食べ物，お金，権力を求めると，裕福になれない」 ④「人生は常に大変になるものなので，皆大きな苦しみに直面する」

7 〔長文読解総合—物語〕

≪全訳≫❶アメリカ人の役人，ハイラム・B・オーティス氏がカンタビル・チェイスを購入したとき，誰もが彼はとても愚かなことをしていると言った。彼らはその家に幽霊がいることを知っていたのだ。カンタビル卿自身でさえ，彼らがその家について話し合ったとき，オーティス氏にその事実を告げた。❷「20私たち自身，あの家に住みたいとは思いません」とカンタビル卿は言った。「ボルトン公爵の未亡人である私の大おばは，夕食のために服を着替えているとき，２つの骸骨の手が自分の肩の上にあるのを見たのです。彼女はショックから立ち直ることができませんでした。私の家族の数人が幽霊を見ています。廊下や書斎から聞こえる怪しい物音のために，妻は夜ほとんど眠れないことがたびたびあったのです」❸「カンタビル卿」　オーティス氏は答えた。「家具も幽霊も合わせて家を買いましょう。私は現代の国から来ました。そしてアメリカにはお金で買えるあらゆるものがありますが，幽霊はいません。ヨーロッパにもし本当に幽霊がいるのなら，私たちはそれを捕まえて，アメリカの美術館に展示しますよ」❹「21申し訳ないですが幽霊は存在すると思います」とカンタビル卿は笑いながら言った。「あなたは信じないかもしれませんが。それは3世紀の間，実際には1584年からよく知られていて，私たちの家族の一員が亡くなる前に常に現れるのです」❺「そうですね，私たちの家族の一員が亡くなる前にはかかりつけの医師も現れますよ，カンタビル卿。古いイギリスの家であっても，幽霊のようなものはいません」❻「あなたが気にしないのなら，問題ありません」とカンタビル卿は答えた。「しかし，22私がちゃんと幽霊について話したことを覚えておいてください」❼オーティス氏は家を購入し，季節の終わりに彼と家族はカンタビル・チェイスに行った。オーティス夫人はとても美しい中年女性だった。彼女は健康でたくましく，そして多くの点でかなりイングランド人的だった。彼女の年長の息子，ワシントンは，金髪で，かなりハンサムな青年だった。娘のバージニア・E・オーティスは，大きな青い目をした15歳のかわいらしい女の子だった。彼女は乗馬が上手で，かつてポニーでレースに勝ったことがあった。彼女がレースに勝つのを見て，若きチェシャー公爵は即座に彼女にプロポーズをした。といっても，彼はまさにその夜にイートンに送り返されたのだが。バージニアの下には双子がいた。彼らは愛きょうのある男の子だった。❽カンタビル・チェイスは最寄りの駅のアスコットから7マイル離れているので，オーティス氏は馬車に迎えに来てもらうよう頼んでいた。彼らは意気揚々と馬車で向かい始めた。すばらしい7月の晩だった。空気はいいにおいがして，鳥たちは優しく歌っていた。しかし，彼らがカンタビル・チェイスの並木道に入ると，突然空が雲に覆われ，大きな黒い鳥が音もなく頭上を通り過ぎ，家に着く前に大きな雨粒が降ってきた。❾荷物を降ろした後，馬車はアスコットに戻った。黒い絹の服に，白い帽子とエプロンを身につけた老女が外の階段のところで彼らのことを待っていた。これは家政婦のアムニーさんだった。オーティス氏が家を買う前，彼女はずっとその地位にいた。彼女は昔ながらの方法で「カンタビル・チェイスへようこそ」と言った。彼らは彼女に続いて書斎へと入った。テーブルの上には彼らのためにお茶が用意されていた。

問1＜適文選択＞⒇この段落にあるカンタビル卿の発言は，カンタビル・チェイスに住むことのデメリットについてであり，彼がカンタビル・チェイスに住みたくない理由となっている。この時点では①の可能性も考えられるが，①は次の空所に決まる。　⒇直後のカンタビル卿の発言 though you may not believe in it にある it が指す内容が入る。この部分の意味から，空所にはオーティス氏が信じていない内容が入ると考えられる。第5段落にある There is no such thing as a ghost などの発言から，彼が幽霊を信じていないことがわかる。　(22)カンタビル・チェイスに幽霊が出ることを説明しても信じようとしないオーティス氏に対する発言。②の did は後の動詞を強調する用法。カンタビル卿は幽霊が出ることを伝えたと念を押しているのである。

問2＜内容真偽＞①「オーティス氏は裕福なだけでなく幽霊にも興味があったのでカンタビル・チェイスを購入した」…○　第3段落の内容に一致する。　②「オーティス夫人はイングランドの人々と共通する部分があった」…○　第7段落第3文に一致する。‘have ～ in common with …’で「～を…と共有する」という意味。　③「若きチェシャー公爵はバージニアと出会う前にイートンに戻った」…×　第7段落終わりから3文目参照。チェシャー公爵は，バージニアがレースに勝つのを見てプロポーズをした夜にイートンに送り返された。　④「バージニアはティーンエイジャーで乗馬が得意だった」…○　第７段落第５，６文に一致する。

問３＜英問英答＞質問は「物語の最後ではカンタビル・チェイスに何人の人がいるか」。第７段落第１文からオーティス氏はカンタビル・チェイスに家族と行ったことがわかる。家族構成については第２文以降で説明されており，本人，夫人，ワシントン，バージニア，双子の男の子の６人だとわかる。この他に第９段落で，家政婦のアムニーさんが登場する。

問４＜内容真偽＞①「アメリカでは，人々はお金なしで幽霊のいる家を手に入れることができる」…×　このような記述はない。　②「ボルトン公爵の未亡人の肩に置かれた２つの骸骨の手は，カンタビル卿にショックを与えた」…×　第２段落参照。ショックを受けたのは大おばであるボルトン公爵の未亡人。　③「人々は，カンタビル・チェイスに300年もの間，幽霊がいると信じていた」…○　第４段落の内容に一致する。　④「オーティス氏はカンタビル・チェイスの幽霊はカンタビル卿のかかりつけの医者だと思った」…×　第５段落参照。オーティス氏は幽霊がいないと思っている。　⑤「オーティス氏の娘は，オーティス氏が望んでいなかったので，チェシャー公爵と結婚することができなかった」…×　第７段落終わりから３文目参照。オーティス氏の娘，バージニアはチェシャー公爵のプロポーズを自ら断ったと考えられる。　⑥「カンタビル・チェイスへの移動は最初はよかったものの，オーティス家がカンタビル・チェイスの並木道に入ると暗くなり，雨が降り始めた」…○　第８段落第２文以降の内容に一致する。

8〔長文読解総合―説明文〕

≪全訳≫❶お茶がイギリスの国民的な飲み物であることは誰もが知っている。他のイギリスのどんな飲み物，コーヒーやビールでさえも，お茶ほどの人気はない。もちろん，お茶は世界中で人気があるが，イギリスははるかに多くの量を消費する。実際，イギリス人は１日１人当たり約４杯，言い換えれば国中で１日１億6000万杯以上を飲んでいる。対照的に，もう１つの有名なお茶を飲む国の日本は，かろうじてイギリスの半分を飲む程度だ。そして，知っているかもしれないが，お茶は中国の原産だ。それでは，アジアの飲み物が，どのようにしてイギリスの国民的な飲み物になったのだろうか。そして，イギリスはどのようにして世界最大のお茶の消費国になったのだろうか。❷驚くことに，イギリス人がお茶を飲み始めたのはかなり後のことだ。お茶は17世紀初めに，中国でビジネスを行ったときにスパイスや絹と合わせてお茶の葉を購入したオランダとポルトガルの貿易業者によって最初にヨーロッパに持ち込まれた。お茶は当初，イギリスであまり成功していなかった。当時最も人気があったノンアルコールの飲み物はコーヒーで，1650年代初頭から一部のコーヒーショップでお茶が販売されてはいたが，あまり売れ行きはよくなかった。全てが変わったのは，当時のイギリスの王がポルトガルの女性と結婚した1662年のことだった。彼の新しい妻はお茶を飲むのが大好きだった。まもなく王もお茶を飲み始め，そのとき以来，お茶がイギリスで流行するようになった。❸しかし，醸造業者(ビールをつくる人々)はお茶が好きではなかった。17世紀には，ほとんどの人が安全な飲み水を利用できなかった。このことは，水を沸かすか，何か他のものを飲む必要があることを意味していた。アルコールは水の中の細菌の多くを殺すので，ほとんどの人はビールを飲んだ。お茶が流行すると，人々はビールを以前ほど飲まなくなった。そのため，醸造業者は政府に販売するお茶の量を減らすように圧力をかけた。政府はこれを，お茶への税を引き上げることによって行い，1706年までに税は119パーセントに上がった。❹お茶はとても高価だったので，多くの家では，茶葉は鍵のかかったキャディという茶葉を入れておくための特別な箱に保管された。鍵は１つしかなく，一家の女性が持っていた。一方，お茶が女性の間で人気が出るにつれ，コーヒーショップの中には，女性がお茶を飲む最適な場所を提供するため，ティーガーデンを開くものも出てきた。お茶が高価なことのもう1つの影響は，お茶のように見えるが実際は違うものがしばしば売られることだった。お茶として売られる一般的な偽物の1つは乾燥した羊のふんだった。5しかし，1784年に政府はついにお茶への課税を引き下げる決定を行い，ほとんど誰でもそれを飲めるようになった。その後，残る問題は1つだけになった。それは，中国が唯一のお茶の産地であり，中国がそれを十分に販売しなかったことだ。19世紀初め，東インド会社の従業員がお茶の種を盗み，インドに持っていってお茶を育てようとした。これらの種はやがてダージリンティーになった。1820年，インドのアッサムで野生のお茶の木が生育していることがわかり，イギリスのお茶の供給がようやく保証されたのだった。

問1＜要約文完成＞要約文の空所より前は，第2段落第2文までの内容。空所には第3文以降の内容が入る。イギリスでお茶が定着した経緯を答えるので，イギリスでお茶の人気がなかった様子を具体的に説明している第4文は除いてまとめるとよい。

問2＜指示語＞後のby raising the tax on teaから，thisは「お茶の税を引き上げることによってすること」だとわかる。これを押さえたうえで前からthisが指すものを探す。ここでは直前の文のto reduce the amount of tea on saleを指す。thisは直前の文，またはその一部を指すことが多い。amountは「量」，on saleは「売りに出されて」という意味。

問3＜英文和訳＞the government「政府」が主語，decided「決定した」が動詞の文。so that ～は「～するように」という‘目的’と，「だから～」という‘結果’の意味があるが，ここでは後者が自然。nearlyは「ほとんど」，anyoneは肯定文なので「誰でも」という意味。can afford to ～は「～する余裕がある」。

9〔テーマ作文〕

賛成，反対の意見を述べた後，高校生がアルバイトをすることのメリット，デメリットについて述べ，その後にまとめの文を続けるとよい。解答例1は賛成の例で「(賛成。もし彼らがアルバイトを経験したら,)働くことについて多くのことを学べる。生徒は学校で教科を学ぶ。教科は彼らにたくさんの知識を教える。しかし，それらは生徒が働くために何を学ぶ必要があるのかを教えてくれない。アルバイトを経験することで，働くこととは何か，またそれがいかに大変かを理解できる。昨年，自分の町でボランティア活動をしたとき，それは私に働くことについて多くのことを教えてくれた」という意味。解答例2は反対の例で「(反対。アルバイトをしたとしても,)彼らは働くことについて学ぶ十分な時間がない。生徒は学校で多くの教科を学ぶ必要がある。それは，しばしば多くの時間がかかる。もちろん，アルバイトは彼らに働くことについて教えてくれる。しかし，彼らは教師や両親からそれについて学ぶこともできる。例えば，学校は私に食品会社の人の話を聞く機会を与えてくれた。それは私にたくさんのことを教えてくれた」という意味。

数学解答

1 (1) $(ax+2)(x-a-1)$ (2) 18 (3) 6, 10 (4) $\frac{11}{36}$ (5) $\frac{2}{3}\pi$

2 (1) 20通り (2) 24通り (3) 96通り (4) 144通り

3 (1) $(-1,\ 1)$ (2) $\left(\frac{7}{5},\ 1\right)$ (3) $\left(\frac{11}{5},\ 5\right)$

4 (1) 8 (2) $6\sqrt{3}$ (3) $\frac{18\sqrt{7}}{7}$

1 〔独立小問集合題〕

(1)＜式の計算―因数分解＞与式$=ax^2-a^2x-ax+2x-2a-2=ax(x-a-1)+2(x-a-1)$として，$x-a-1=A$とすると，与式$=axA+2A=(ax+2)A$となる。$A$をもとに戻して，与式$=(ax+2)(x-a-1)$である。

(2)＜数の計算＞与式$=(\sqrt{5}+2)^2\times(\sqrt{5}+2)^{2020}(\sqrt{5}-2)^{2020}+(\sqrt{5}+2)^{2020}(\sqrt{5}-2)^{2020}\times(\sqrt{5}-2)^2=(5+4\sqrt{5}+4)\times\{(\sqrt{5}+2)(\sqrt{5}-2)\}^{2020}+\{(\sqrt{5}+2)(\sqrt{5}-2)\}^{2020}\times(5-4\sqrt{5}+4)=(9+4\sqrt{5})\times(5-4)^{2020}+(5-4)^{2020}\times(9-4\sqrt{5})=(9+4\sqrt{5})\times1^{2020}+1^{2020}\times(9-4\sqrt{5})=(9+4\sqrt{5})\times1+1\times(9-4\sqrt{5})=9+4\sqrt{5}+9-4\sqrt{5}=18$

(3)＜データの活用＞8人の得点の平均値は，$(x+2+4+8+3+3+7+7)\div8=\frac{x+34}{8}$(点)と表せる。平均値は，$x=0$のとき最小で，$\frac{0+34}{8}=4.25$(点)，$x=10$のとき最大で，$\frac{10+34}{8}=5.5$(点)である。また，8人の得点の中央値は，得点の小さい方から4番目と5番目の平均値となる。xを除く7人の得点は，小さい順に，2，3，3，4，7，7，8となるから，$0\leqq x\leqq3$のとき，4番目が3点，5番目が4点より，中央値は$(3+4)\div2=3.5$(点)となる。平均値が3.5点になることはないから，$0\leqq x\leqq3$のとき，平均値と中央値が一致することはない。$3<x<7$のとき，4番目と5番目はx点と4点となるから，中央値は$(x+4)\div2=\frac{x+4}{2}$(点)である。平均値と中央値が一致するとすると，$\frac{x+34}{8}=\frac{x+4}{2}$が成り立ち，$x+34=4x+16$，$3x=18$，$x=6$となる。$3<x<7$を満たすので，適する。$7\leqq x\leqq10$のとき，4番目が4点，5番目が7点より，中央値は$(4+7)\div2=5.5$(点)となる。平均値と中央値が一致するとすると，$\frac{x+34}{8}=5.5$が成り立ち，$x+34=44$，$x=10$となる。$7\leqq x\leqq10$を満たすので，適する。以上より，$x=6$，10である。

(4)＜確率―サイコロ＞1個のサイコロを2回投げるとき，目の出方は全部で$6\times6=36$(通り)ある。出た目の和aは，最小で$1+1=2$，最大で$6+6=12$である。また，$105=3\times5\times7$より，105は3の倍数，5の倍数，7の倍数である。aが3の倍数のとき，$4a$は3の倍数だから，$4a+105$は3の倍数となり，aと$4a+105$は，1以外に3を公約数に持つ。同様に考えて，aが5の倍数のとき，1以外に5を公約数に持ち，aが7の倍数のとき，1以外に7を公約数に持つ。これより，aと$4a+105$が1以外に公約数を持たないものは$a=2$，4，8，11が考えられる。$a=2$のとき，$4a+105=4\times2+105=113$より，公約数は1のみである。$a=4$のとき，$4a+105=4\times4+105=121$より，公約数は1のみである。同様にして，$a=8$，11のときも，公約数は1のみとなる。よって，aと$4a+105$が1以外の公約数を持たないのは，$a=2$，4，8，11のときである。$a=2$となるのは(1回目，2回目)=(1，1)の1通り，$a=4$となるのは(1，3)，(2，2)，(3，1)の3通り，$a=8$となるのは(2，6)，(3，5)，(4，4)，(5，3)，(6，2)の5通り，$a=11$となるのは(5，6)，(6，5)の2通りだから，$1+3+5+2=11$(通り)あり，求める確率は$\frac{11}{36}$となる。

(5)＜空間図形―面積＞次ページの図1で，立方体ABCD-EFGHに内接する球(全ての面に接する球)

は，立方体ABCD-EFGHの各面の対角線の交点で接するので，線分AC，線分CF，線分FAの中点で接する。その接する点をそれぞれP，Q，Rとする。また，△ABC，△CBF，△FBAは合同な直角二等辺三角形なので，△ACFは正三角形であり，$CF=FA=AC=\sqrt{2}AB=\sqrt{2}\times2=2\sqrt{2}$である。よって，3点A，C，Fを通る平面で切ったときの切り口は右図2のようになる。切り口の円の中心をO，半径をrとし，2点F，Pを結ぶと，点Oは線分FP上にあり，$OP=OQ=r$となる。△FCPは3辺の比が$1:2:\sqrt{3}$の直角三角形だから，$FP=\frac{\sqrt{3}}{2}CF=\frac{\sqrt{3}}{2}\times2\sqrt{2}=\sqrt{6}$となる。2点O，Qを結ぶと，△FOQも3辺の比が$1:2:\sqrt{3}$の直角三角形で，$OF=2OQ=2r$となるから，$FP=OP+OF=r+2r=3r$と表せる。よって，$3r=\sqrt{6}$が成り立ち，$r=\frac{\sqrt{6}}{3}$となるので，切り口の円の面積は$\pi\times\left(\frac{\sqrt{6}}{3}\right)^2=\frac{2}{3}\pi$である。

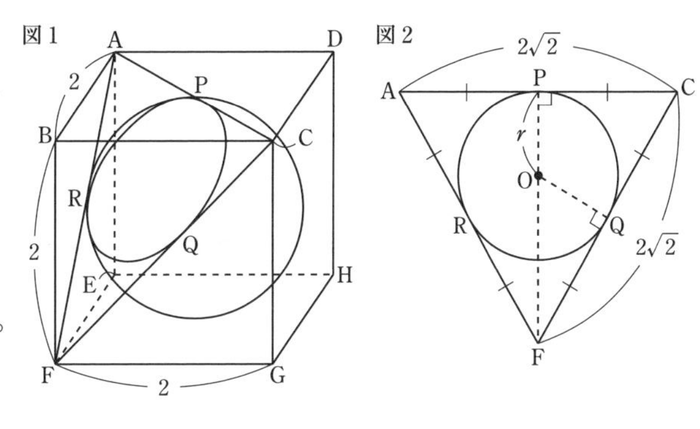

2〔データの活用―場合の数〕

≪基本方針の決定≫(3)　3人が隣り合う場合以外の場合である。

(1)<場合の数>横並びになっている6つの椅子を，左から①，②，③，④，⑤，⑥とする。2人は隣り合う椅子には座らないので，2人が座る椅子は，①と③，①と④，①と⑤，①と⑥，②と④，②と⑤，②と⑥，③と⑤，③と⑥，④と⑥の10通りある。座る2人をa，bとすると，①と③に座るとき，$(a,\ b)$=(①，③)，(③，①)の2通りある。他の2つの椅子に座るときも同様にそれぞれ2通りあるので，座り方は$10\times2=20$(通り)となる。

(2)<場合の数>どの2人も隣り合わずに3人が椅子に座るので，座る椅子は，①と③と⑤，①と③と⑥，①と④と⑥，②と④と⑥の4通りある。座る3人をa，b，cとすると，①と③と⑤に座るとき，$(a,\ b,\ c)$=(①，③，⑤)，(①，⑤，③)，(③，①，⑤)，(③，⑤，①)，(⑤，①，③)，(⑤，③，①)の6通りある。他の3つの椅子に座るときも同様にそれぞれ6通りあるので，座り方は$4\times6=24$(通り)となる。

(3)<場合の数>座る3人をa，b，cとする。座り方は，aは6通り，bはaが座る椅子以外の5通り，cはa，bが座る椅子以外の4通りだから，3人の座り方は全部で$6\times5\times4=120$(通り)ある。このうち，3人が隣り合う場合を考えると，このとき3人が座る椅子は，①と②と③，②と③と④，③と④と⑤，④と⑤と⑥の4通りある。それぞれの場合において，3人の座り方は，(2)と同様に考えて6通りずつあるので，3人が隣り合う座り方は$4\times6=24$(通り)ある。よって，2人まで隣り合うことができる座り方は，$120-24=96$(通り)となる。

(4)<場合の数>4人が，3人以上が隣り合わないように座るので，4人が座る椅子は，①と②と④と⑤，①と②と④と⑥，①と②と⑤と⑥，①と③と④と⑥，①と③と⑤と⑥，②と③と⑤と⑥の6通りある。座る4人をa，b，c，dとすると，①と②と④と⑤に座るとき，aの座り方は4通り，bの座り方は3通り，cの座り方は2通り，dの座り方は1通りより，4人の座り方は$4\times3\times2\times1=24$(通り)ある。他の4つの椅子に座るときも同様にそれぞれ24通りあるから，座り方は$6\times24=144$(通り)となる。

3〔関数―関数$\boldsymbol{y=ax^2}$と一次関数のグラフ〕

≪基本方針の決定≫(1)　直線BCの式を求める。

(1)＜座標＞右図で，3点A，C，Dは放物線$y=x^2$上にあり，x座標はそれぞれ-2，2，3なので，$y=(-2)^2=4$，$y=2^2=4$，$y=3^2=9$より，A$(-2,\ 4)$，C$(2,\ 4)$，D$(3,\ 9)$である。直線ADの傾きは$\frac{9-4}{3-(-2)}=1$となり，AD∥BCなので，直線BCの傾きも1となる。直線BCの式を$y=x+b$とおくと，点Cを通ることから，$4=2+b$，$b=2$となるので，直線BCの式は$y=x+2$である。点Bは放物線$y=x^2$と直線$y=x+2$の交点なので，この2式より，$x^2=x+2$，$x^2-x-2=0$，$(x-2)(x+1)=0$　$\therefore x=2,\ -1$　よって，点Bのx座標は-1であり，$y=(-1)^2=1$だから，B$(-1,\ 1)$である。

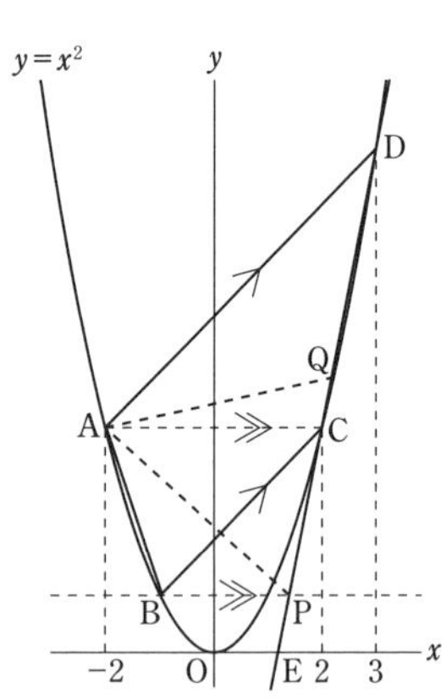

(2)＜座標＞右図で，(1)より，A$(-2,\ 4)$，C$(2,\ 4)$だから，ACはx軸に平行である。△ACP，△ABCの底辺を辺ACと見ると，△ACP＝△ABCより，高さが等しいので，AC∥BPとなる。よって，BPはx軸に平行である。点Bのy座標が1なので，点Pのy座標は1である。また，C$(2,\ 4)$，D$(3,\ 9)$より，直線CDの傾きは$\frac{9-4}{3-2}=5$となるので，その式は$y=5x+c$とおける。点Cを通るから，$4=5\times2+c$，$c=-6$となり，直線CDの式は$y=5x-6$である。点Pは直線CD上にあるので，$1=5x-6$より，$x=\frac{7}{5}$となり，P$\left(\frac{7}{5},\ 1\right)$である。

(3)＜座標＞右上図で，(2)よりACはx軸に平行だから，AC$=2-(-2)=4$である。△ABC，△ADCの底辺を辺ACと見ると，2点A，B，2点A，Dのy座標より，△ABCの高さは$4-1=3$，△ADCの高さは$9-4=5$となる。よって，△ABC$=\frac{1}{2}\times4\times3=6$，△ADC$=\frac{1}{2}\times4\times5=10$より，〔四角形ABCD〕＝△ABC＋△ADC$=6+10=16$である。これより，△ADQ$=\frac{1}{2}$〔四角形ABCD〕$=\frac{1}{2}\times16=8$となり，△ACQ＝△ADC－△ADQ$=10-8=2$となる。△ACQの底辺を辺ACと見たときの高さを$h$とすると，$\frac{1}{2}\times4\times h=2$が成り立ち，$h=1$となる。点Cの$y$座標が4だから，点Qの$y$座標は$4+1=5$である。点Qは直線CD上にあり，(2)より，直線CDの式は$y=5x-6$だから，$5=5x-6$より，$x=\frac{11}{5}$となり，Q$\left(\frac{11}{5},\ 5\right)$である。

4 〔平面図形―三角形〕

≪基本方針の決定≫(1)　三角形の相似を利用する。　　(2)　△BFHの3辺の比に着目する。

(1)＜長さ―相似，三平方の定理＞右図で，∠BFH＝∠CEH＝90°，∠BHF＝∠CHEより，△BFH∽△CEHである。また，△BCFで三平方の定理より，BF$=\sqrt{\mathrm{BC}^2-\mathrm{CF}^2}=\sqrt{(2\sqrt{21})^2-6^2}=\sqrt{48}=4\sqrt{3}$，△BCEで三平方の定理より，CE$=\sqrt{\mathrm{BC}^2-\mathrm{BE}^2}=\sqrt{(2\sqrt{21})^2-9^2}=\sqrt{3}$である。よって，△BFHと△CEHの相似比はBF：CE$=4\sqrt{3}:\sqrt{3}=4:1$だから，BH：CH＝FH：EH$=4:1$となる。BH$=x$とすると，CH$=\frac{1}{4}$BH$=\frac{1}{4}x$となり，FH＝CF－CH$=6-\frac{1}{4}x$となる。

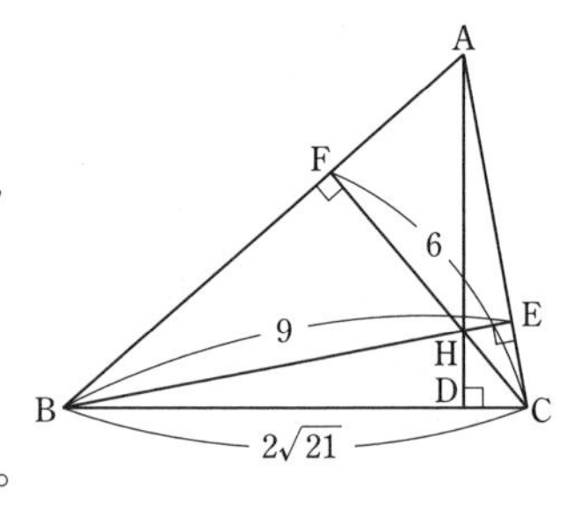

また，EH＝BE－BH$=9-x$である。したがって，FH：EH$=4:1$より，$\left(6-\frac{1}{4}x\right):(9-x)=4:1$が成り立ち，$\left(6-\frac{1}{4}x\right)\times1=(9-x)\times4$，$6-\frac{1}{4}x=36-4x$，$\frac{15}{4}x=30$，$x=8$となるので，BH$=8$である。

(2)＜長さ―特別な直角三角形＞右上図で，(1)より，FH$=6-\frac{1}{4}x=6-\frac{1}{4}\times8=4$，BH$=8$，BF$=4\sqrt{3}$だ

から，△BFHは，3辺の比が FH：BH：BF＝4：8：$4\sqrt{3}$＝1：2：$\sqrt{3}$ の直角三角形である。よって，∠FBH＝30°なので，△BEAも3辺の比が1：2：$\sqrt{3}$ の直角三角形であり，AB＝$\frac{2}{\sqrt{3}}$BE＝$\frac{2}{\sqrt{3}}\times 9=6\sqrt{3}$ となる。

(3)＜長さ＞前ページの図で，AD⊥BC，CF⊥ABだから，△ABCの面積について，$\frac{1}{2}\times$BC$\times$AD＝$\frac{1}{2}\times$AB$\times$CFであり，$\frac{1}{2}\times 2\sqrt{21}\times$AD＝$\frac{1}{2}\times 6\sqrt{3}\times 6$ が成り立つ。これより，AD＝$\frac{18\sqrt{7}}{7}$となる。

═読者へのメッセージ═

三角形には，「重心」「内心」「外心」「垂心」「傍心」というものがあり，これらを「三角形の5心」といいます。④の点Hは，このうちの1つである「垂心」です。高校では，これらについて学習します。

社会解答

1 問1 ［ⅰ］ センターピボット
［ⅱ］ (例)地下水の使用を抑え，枯渇を防止するため。(20字)
問2 (例)オイルマネーをもとに経済発展が著しい国であり，建設業などの労働力として生産年齢人口の外国人男性を多く受け入れている。(58字)
問3 ⑤$_{1}$　問4 イスラーム
問5 (例)地形の高低差を生かした水力発電が主流である。人口が少ない発展途上国であり，氷雪がとけ水量が増加する春や夏に電力を輸出し，水量が少なくなる冬に輸入している。(77字)

2 問1 ①$_{2}$　問2 ③$_{3}$　問3 ④$_{4}$
問4 ②$_{5}$　問5 ②$_{6}$
問6 X…④$_{7}$　Y…①$_{8}$
問7 カーボンニュートラル

3 問1 ［1］…②$_{9}$ ［2］…④$_{10}$ ［3］…②$_{11}$
問2 ［1］…③$_{12}$ ［2］…③$_{13}$　問3 ⑤$_{14}$
問4 ［1］…④$_{15}$ ［2］…②$_{16}$
問5 ［1］…②$_{17}$ ［2］…②$_{18}$
問6 ［1］…③$_{19}$ ［2］…律令

4 問1 20…③$_{20}$ 21…①$_{21}$ 22…②$_{22}$ 23…③$_{23}$ 24…②$_{24}$ 25…②$_{25}$
問2 ②$_{26}$　問3 ①$_{27}$
問4 (例)多くの銀行が統廃合され，五大銀行などに預金が集中し，財閥の影響力が強まったから。(40字)
問5 ①$_{28}$
問6 b…立志社　d…青鞜

5 問1 A…特別裁判所　B…憲法の番人　C…憲法審査会
問2 a…⑦$_{29}$ b…③$_{30}$ c…④$_{31}$
問3 ①$_{32}$　問4 ②$_{33}$　問5 ③$_{34}$

6 問1 ④$_{35}$　問2 ④$_{36}$　問3 ③$_{37}$
問4 (例)バブル景気の中で税収が改善したため。

1 〔世界地理―西アジア，中央アジア〕

問1＜センターピボット＞写真1のような円形農場は，図1のDのサウジアラビアやアメリカ合衆国などに多く見られる。この農場で行われる灌漑(かんがい)方式は，地下水をくみ上げ，スプリンクラーがついたアーム状の装置を回転させて水をまく，センターピボット方式と呼ばれる。センターピボット方式の灌漑では，大量の地下水を使うため，地下水が枯渇してしまうという問題が起こっている。そのため，国によってはセンターピボット方式を廃止する動きも出てきている。

問2＜産油国の外国人労働者＞図1のF国はオマーンで，西アジアの産油国の1つである。図2から，この国では25歳から49歳の男性の人口が特に多いことが読み取れる。これは，石油の輸出で得た資金で経済発展を遂げ，建設業などで不足した労働者を補うため，外国人労働者を受け入れたからである。

問3＜アジア諸国の貿易＞A国はトルコ，B国はアゼルバイジャン，I国はパキスタンである。表1より，ウは3か国の中で輸出入額が最も多く，ヨーロッパ諸国との輸出入の割合が高いことから，EU〔ヨーロッパ連合〕への加盟を申請中でもあるAのトルコが当てはまる。アは原油が主要な輸出品目となっていることから，バクー油田などカスピ海一帯の油田の開発が古くより進められているBのアゼルバイジャンが当てはまる。残るイは輸出額に占める繊維と織物の割合が高いことから，世界有数の綿花の生産国で，綿工業が発達しているIのパキスタンが当てはまる。

問4＜西アジアの宗教＞図1のA国～I国を含む中央アジア，西アジアから北アフリカにかけての国の多くでは，イスラーム教徒が多い。

問5＜中央アジアの水資源＞中央アジアには，G国のキルギスと中国にまたがる天山山脈や，H国のタジキスタンと中国，アフガニスタンにかけて広がるパミール高原などの山岳地帯があり，図3からも標高が高いことが読み取れる。キルギスとタジキスタンの両国は，国土の高低差を生かして，山岳地帯の氷雪がとける春から夏にかけては豊かな水量を利用した水力発電を行い，電力の輸出も行っているが，水量が少なくなる冬には電力が不足するため，周辺の国から電力を輸入している。

2〔地理―気候変動と自然災害〕

問1＜土砂災害＞図1から，1000件を上回る部分だけを見ても，2010年以降の10年間の土砂災害の平均発生件数は，2009年以前の20年間と比べて増加していることが読み取れる(ア…正)。図2に示された期間では，点線で示されているように，1時間降水量50mm以上の年間発生回数は平均的に増加している傾向が読み取れるが，この図が示す期間より長期の増減の傾向については，この図からは判断できない(イ…正)。

問2＜日本の国土＞日本の国土を地形別の面積で見ると，約61%が山地，約12%が丘陵地，約11%が台地，約14%が低地である。したがって，日本の国土に占める山地・丘陵地の割合は約7割となる。

問3＜低地の特色＞短期間に大量の雨が降ると，川の上流の土砂や石が水とともに流れ下る土石流が発生する。傾斜の急な川の流域や，川が山地から平地に出る地域は，土石流の被害を受けやすい。

問4＜災害被害の拡大＞山地や丘陵地を切り崩すと，崖崩れや土砂の流出が起こりやすくなる(ア…○)。また，埋め立て地では地盤が軟弱になるため，地震の際の液状化現象や水害などの被害が拡大しやすい(イ…○)。それに対して，古くから住宅地となっている地域は，地盤が安定していて，住民が立ち退いた後は被害が広がりにくい(ウ…×)。

問5＜二酸化炭素排出量＞石油などの化石燃料を燃やすと二酸化炭素が排出される。運輸部門における二酸化炭素の排出は，自動車のエンジンで，石油を原料とするガソリンや軽油を燃焼させることで多く発生している(ア…正)。家庭や学校・オフィスなどからの二酸化炭素排出量の合計は，直接排出量では5.8＋4.8＝10.6%だが，間接排出量では17.4＋14.4＝31.8%を占めている(イ…誤)。

問6＜世界の気候＞Xの線上の地点Cはアンデス山中の高地に位置し，緯度が低いわりに気温が低いので，ウとエがXの線上に当てはまる。Xの線上では地点A以外は南半球に位置しているので，1月の方が7月より平均気温が高い。よって，Xの1月に該当するのはエである。Yの線上では地点A以外は北半球に位置しているので，1月の方が7月より気温が低い。また，赤道を挟んだ低緯度の地域に位置する地点Aと地点Bは，それぞれ夏に雨季，冬に乾季となる。したがって，Yの1月に該当するのはアである。

問7＜カーボンニュートラル＞植物由来のバイオ燃料を使うと，バイオ燃料を燃焼させたときに発生する二酸化炭素と，植物が生育するときに光合成によって吸収する二酸化炭素の量が相殺されるという考え方を，カーボンニュートラルと呼ぶ。

3〔歴史―江戸時代までの歴史〕

問1＜勘合貿易と南蛮貿易，蓄銭叙位令，蝦夷地と琉球王国＞[1]Aは正しい。戦国大名が交易を行った南蛮人とは，スペイン人やポルトガル人を指す(B…誤)。　[2]708年に貨幣として和同開珎が鋳造されたが，あまり流通しなかったため，710年に平城京に遷都した元明天皇は，貨幣の流通を促そうとして，711年に資料にある蓄銭叙位令を出した。　[3]Aは正しい。江戸時代に薩摩藩の支配が始まった後も，琉球王国は中国への朝貢を続けた(B…誤)。

問2＜三大宗教，年代整序＞[1]イスラームでは，偶像崇拝は禁じられている(③…○)。なお，日本に伝わった仏教はシルクロード〔絹の道〕から中国を通り，朝鮮半島を経由したものである(①…×)。キリスト教の創始者イエスはパレスチナの地で生まれ，初期の新約聖書の多くは古いギリシャ語で書かれた(②…×)。キリスト教とイスラームは一神教で，信仰の対象である神は同一の存在と考えられるが，仏教は，仏を信仰の主な対象としている(④…×)。　[2]年代の古い順に，b(十字軍遠征の開始―1096年)，a(宗教改革の開始―1517年)，c(ザビエルによる日本での布教開始―1549年)となる。

問3＜年代整序＞年代の古い順に，c(班田収授の開始―飛鳥時代後期)，a(畿内や西日本における二毛作の普及―鎌倉時代)，b(唐箕や千歯こきなどの農具の普及―江戸時代)となる。

問4＜四大文明，年代整序＞[1]メソポタミア文明では，月の満ち欠けをもとにした太陰暦がつくられた。太陽暦は，ナイル川の氾濫を予測するために，エジプト文明で用いられた(A…誤)。インダス文明では青銅器は用いられたが，鉄器は用いられなかった(B…誤)。　[2]年代の古い順に，a(鑑真による唐招提寺の建立―奈良時代)，c(最澄による延暦寺の建立―平安時代初め)，b(無学祖元による円覚寺の建立―鎌倉時代)となる。

問5＜戦乱の歴史，高麗＞[1]672年，天智天皇の後継ぎを巡って壬申の乱が起こり，天智天皇の弟である大海人皇子(後の天武天皇)が天智天皇の子である大友皇子に勝利した(②…○)。なお，蘇我氏と物部氏の争いに勝利したのは，蘇我氏である(①…×)。後醍醐天皇が逃れた吉野は，京都より南に位置する(③…×)。1467年に起こった足利義政の後継ぎなどを巡る応仁の乱は，京都が戦場となった(④…×)。　[2]高麗の建国は918年のことである。白村江の戦いが起こったのは663年のこと，元軍の襲来は1274年(文永の役)と1281年(弘安の役)のこと，倭寇が大陸沿岸を襲ったのは13世紀以降のこと，豊臣秀吉の2度にわたる朝鮮出兵は1592～93年(文禄の役)と1597～98年(慶長の役)のことである。

問6＜公事方御定書，御成敗式目＞[1]江戸幕府は江戸に至る街道に関所を設け，人や物の往来を厳しく監視した(A…誤)。Bは正しい。　[2]鎌倉幕府の執権であった北条泰時が制定した御成敗式目は，武家社会に適用される法で，公家社会に適用される律令とは異なる武家社会の慣習に基づいていた。

4〔歴史―近代日本の歴史〕

問1＜適語補充＞20. 大正時代に大正デモクラシーの考え方を理論的に支えた吉野作造は，天皇主権を定める大日本帝国憲法下での民衆の政治参加を念頭に置いて，「デモクラシー」を「民本主義」と訳した。　21. 大日本帝国憲法は，君主権の強いドイツ〔プロイセン〕の憲法を参考に制定された。　22. 大正時代の初めの1912年，陸軍出身の桂太郎が内閣総理大臣になると，これを藩閥内閣として批判する第一次護憲運動が広まった。　23. 桂太郎内閣に対する第一次護憲運動の中心となったのは，尾崎行雄や犬養毅だった。　24. 1890年に行われた第1回衆議院議員総選挙のときに選挙権が認められたのは，直接国税15円以上を納める25歳以上の男子のみだった。　25. 大正時代末から昭和時代初めにかけて，二大政党が交替で内閣を組織することが慣例となった。この慣例は「憲政の常道」と呼ばれ，1932年の五・一五事件で犬養毅が暗殺されるまで続いた。

問2＜啓蒙思想と市民革命＞イギリスのロックは，権利を侵害する政府に対する国民の抵抗権を認めた(②…○)。なお，『社会契約論』を著したのはルソーである(①…×)。アメリカで奴隷制が廃止されたのは，建国から約90年後のリンカン大統領の時代の1865年である(③…×)。名誉革命後に，国王が法と議会を尊重する立憲君主制が確立されたのは，イギリスである(④…×)。

問3＜第一次世界大戦＞総力戦となった第一次世界大戦後，イギリスでは女性に参政権が与えられた(①…○)。なお，ワイマール憲法は，第一次世界大戦敗戦後のドイツで制定された(②…×)。中華民国が成立したのは1912年で，五・四運動が起こった1919年より前の出来事である(③…×)。第一次世界大戦の敗戦国であるドイツは，戦勝国に占領統治されることはなかった(④…×)。

問４＜財閥＞1920年代後半に起こった金融恐慌で多くの銀行の統廃合が進み，三井，三菱などの五大銀行に預金が集中したことで，経済界における財閥の支配力が強まった。

問５＜田中角栄内閣＞田中角栄内閣では，1972年に日中共同声明が発表された。なお，1960年の日米安全保障条約の改定を行ったのは岸信介内閣，1978年に日中平和友好条約を締結したのは福田赳夫内閣，1956年に日ソ共同宣言を発表したのは鳩山一郎内閣である。

問６＜自由民権運動，女性運動＞ｂ．征韓論を主張して政争に敗れ，1873年に西郷隆盛とともに明治政府を去った板垣退助は，翌年に高知県で植木枝盛らと立志社を組織し，国会の開設を求める自由民権運動の中心となった。　ｄ．平塚らいてうらは，1911年，女性解放運動のために青鞜社を組織し，文芸雑誌『青鞜』を発行した。

5〔公民―政治〕

問１＜適語補充＞Ａ．日本国憲法第76条は，司法権を担当する最高裁判所と下級裁判所以外に，特別裁判所を設けることを禁じている。　Ｂ．最高裁判所だけではなく下級裁判所にも違憲立法審査権は認められているが，三審制の下で違憲かどうかの最終的な決定を下すのは最高裁判所であることから，最高裁判所は「憲法の番人」と呼ばれている。　Ｃ．憲法改正原案などについて話し合うために，2007年，衆参両院に憲法審査会が設置された。

問２＜日本国憲法＞ａ．日本国憲法第21条は，表現の自由を保障しており，新しい人権である知る権利の根拠とされてきた。　ｂ．日本国憲法第13条は，幸福追求権を保障しており，これを根拠として環境権などの新しい人権を求める意見がある。　ｃ．日本国憲法第７条は，天皇の国事行為について定めている。

問３＜大統領制＞国民の選挙で選出されるアメリカの大統領は，国会議員の中から国会で指名される日本の内閣総理大臣とは異なる権限を持っている。その１つが議会の法案に対する拒否権である。

問４＜二院制＞二院制は，原則として意思決定の際に両院での審議が行われるため，一院制と比べて，迅速な意思決定には適していない。

問５＜選挙と民意＞個別の政策に対する支持は，社会福祉と景気対策と外交・防衛のいずれについても２人がＸ党を支持して３人がＹ党を支持しているが，投票の結果は，Ｘ党に３票，Ｙ党に２票が投じられているので，選挙結果は必ずしも民意を反映したものにならないことがわかる。

6〔公民―経済〕

問１＜GDP＞GDP〔国内総生産〕とは，一定期間に国内で生産された財やサービスの付加価値の合計である。よって，個人や企業の国籍とは関係なく，日本国内で行われた経済活動を対象とし，日本人であっても国外での経済活動は含まれない。

問２＜パリ協定＞2015年のパリ協定では，先進国だけでなく発展途上国も温室効果ガスの削減目標を定めることが決められた。ただし，削減目標を達成できなかったときの罰則規定はない。なお，①と②は1997年の京都議定書の内容である。

問３＜国家予算＞グラフより，2020年度の歳出で最も大きい割合を占めているＡは社会保障費（①…×），戦前の割合が高く，現在の割合が低いＢは防衛関係費（②…×）で，高度経済成長期に多く，現在は減少しているＣは地方財政費（③…○），高度経済成長期には減少し，戦前と現在は多いＤは国債費（④…×），残るＥは公共事業関係費を表している。

問４＜バブル経済＞特例国債とは，歳入の不足分を補うために，特例公債法に基づいて発行される国債をいう。1980年代後半から1990年代初めにかけて，日本では株価と地価が高騰する好景気の時期を迎えた。この時期の日本経済をバブル経済と呼ぶ。この時期には，税収が増加したため，特例国債が発行されなかった。

理科解答

1 問1　A…HCl

式…$CaCO_3 + 2HCl \longrightarrow CaCl_2 + H_2O + CO_2$

問2　ア，イ，エ　　問3　51mg

問4　(例)生じた水の一部が水蒸気となって試験管の外に出ていくから。

問5　$2NaHCO_3 \longrightarrow Na_2CO_3 + H_2O + CO_2$

問6　ア…3　イ…2　ウ…4　エ…4　オ…2　カ…2　キ…1　ク…2　ケ…3　コ…6

2〔1〕問1　22Ω

問2　$\boldsymbol{I}_1$…0.3A　$\boldsymbol{I}_2$…0.2A

問3　a…72　b…48

〔2〕問1　c…$\frac{4}{5}$　d…$\frac{\sqrt{3}}{2}$　e…$\frac{3}{5}$

問2　f…$\frac{\sqrt{3}}{2}$　g…$\frac{1}{2}$

〔3〕問1　ア→ウ→イ

問2　イ→ウ→ア

3 問1　イ，エ

問2　B…ア　C…エ　D…オ　E…キ

問3　②

問4　a…ヘモグロビン

b…鉄

c…赤

d…青〔淡青〕

問5　ウ　　問6　G

問7　右図

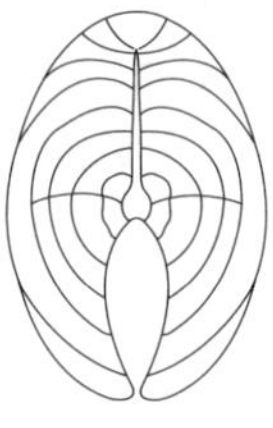

4 問1　a…玄武　b…安山　c…流紋

問2　a…A，D　b…C，E，G　c…B，F

問3　(1)…C

(2)　C…ア　D…ウ　F…イ

問4　(1)　等粒状組織　(2)　閃緑岩

1〔化学変化と原子・分子〕

問1＜気体の発生＞炭酸カルシウムは塩酸などの酸と反応し，二酸化炭素を発生する。炭酸カルシウム($CaCO_3$)と塩酸(HCl)の反応では，二酸化炭素(CO_2)が発生し，塩化カルシウム($CaCl_2$)と水(H_2O)が生じる。また，炭酸カルシウム($CaCO_3$)と硫酸(H_2SO_4)の反応では，二酸化炭素(CO_2)が発生し，硫酸カルシウム($CaSO_4$)と水(H_2O)が生じる。化学反応式は，矢印の左側に反応前の物質の化学式，右側に反応後の物質の化学式を書き，矢印の左右で原子の種類と数が等しくなるように化学式の前に係数をつける。

問2＜気体の性質＞二酸化炭素は無色無臭の気体である。ア～カのうち，二酸化炭素と同じ無色無臭の気体は水素と酸素，メタンである。なお，塩素は黄緑色で特有の刺激臭を持ち，アンモニアは無色で特有の刺激臭を持つ。また，硫化水素は無色で腐卵臭を持つ。

問3＜濃度＞水100gに対し水酸化カルシウムが0.17g溶けている石灰水の質量は$100+0.17=100.17$(g)である。よって，石灰水30g中に溶けている水酸化カルシウムの質量を$x$mgとすると，$x$mgは$\frac{x}{1000}$gだから，$30 : \frac{x}{1000} = 100.17 : 0.17$が成り立つ。これを解くと，$\frac{x}{1000} \times 100.17 = 30 \times 0.17$より，$x = 50.9\cdots$となるから，約51mgである。

問4，問5＜化学変化と物質の質量＞炭酸水素ナトリウム($NaHCO_3$)を加熱すると，炭酸ナトリウム(Na_2CO_3)と水(H_2O)，二酸化炭素(CO_2)に分解する。このとき生じた水の一部は，気体の水蒸気となって二酸化炭素とともに試験管の外に出ていくので，加熱後の試験管全体の質量の減少分である$w_1 - w_2$は，発生した二酸化炭素の質量w_3と逃げた水蒸気(水)の質量の和となり，w_3より大きくなる。

問６＜化学変化と物質の質量，体積比＞炭素(C)が完全燃焼して二酸化炭素(CO_2)を発生する化学変化を化学反応式で表すと，$C+O_2 \longrightarrow CO_2$となる。これより，反応した炭素と酸素，発生した二酸化炭素の質量比は，$12:16\times2:(12+16\times2)=12:32:44$となるので，炭素の質量が12gのとき，必要な酸素は32g，発生する二酸化炭素は44gである。また，問５より，炭酸水素ナトリウムが熱分解するときの化学反応式は，$2NaHCO_3 \longrightarrow Na_2CO_3+H_2O+CO_2$だから，反応した炭酸水素ナトリウムと発生した二酸化炭素の質量比は，$(23+1+12+16\times3)\times2:44=168:44=84:22$となる。したがって，8.4gの炭酸水素ナトリウムが熱分解したときに発生する二酸化炭素の質量は2.2gであり，その体積は，$1.0\times2.2\div1.8=1.22\cdots$より，1.2Lである。さらに，炭酸水素ナトリウムの密度を2.5g/cm^{3}とすると，8.4gの体積は，$8.4\div2.5=3.36$(cm^3)であり，発生した二酸化炭素の体積1.2Lは$1.2\times1000=1200$(cm^3)であるから，発生した二酸化炭素の体積は最初の炭酸水素ナトリウムの体積の，$1200\div3.36=357.\cdots$より，約360倍である。

2 〔電流とその利用，運動とエネルギー〕

〔1〕＜電流と回路＞問１．図１で，抵抗Bと抵抗Cが並列につながれた部分の合成抵抗をRΩとすると，$\frac{1}{R}=\frac{1}{20}+\frac{1}{30}$より，$\frac{1}{R}=\frac{5}{60}=\frac{1}{12}$，$R=12$(Ω)である。よって，この部分と抵抗Aは直列につながれているので，PQ間の合成抵抗は，$10+12=22$(Ω)となる。　問２．抵抗Aを流れる電流は，抵抗Bと抵抗Cそれぞれに流れる電流の和に等しい。問１より，抵抗Bと抵抗Cが並列につながれた部分の合成抵抗は12Ωだから，この部分に0.5Aの電流が流れるとき，この部分に加わる電圧は，オームの法則〔電圧〕＝〔抵抗〕×〔電流〕より，$12\times0.5=6$(V)である。並列につながれたそれぞれの抵抗には，この部分に加わる電圧と等しい電圧が加わるから，抵抗Bと抵抗Cには6Vの電圧が加わる。よって，抵抗Bに流れる電流は，$I_1=\frac{6}{20}=0.3$(A)，抵抗Cに流れる電流は，$I_2=\frac{6}{30}=0.2$(A)である。なお，並列につながれた抵抗Bと抵抗Cに流れる電流の比は，抵抗の大きさの逆比になるから，それぞれの抵抗に流れる電流の比は，$\frac{1}{20}:\frac{1}{30}=30:20=3:2$である。したがって，抵抗Bに流れる電流は，$I_1=0.5\times\frac{3}{3+2}=0.3$(A)，抵抗Cに流れる電流は，$I_2=0.5\times\frac{2}{3+2}=0.2$(A)である。　問３．問２より，抵抗Aに流れる電流を0.5Aとすると，抵抗B，Cに流れる電流はそれぞれ0.3A，0.2Aとなる。よって，〔電力(W)〕＝〔電圧(V)〕×〔電流(A)〕＝(〔抵抗(Ω)〕×〔電流(A)〕)×〔電流(A)〕＝〔抵抗(Ω)〕×〔電流(A)〕^{2}より，消費電力の比は，$A:B:C=10\times0.5^2:20\times0.3^2:30\times0.2^2=2.5:1.8:1.2=100:72:48$となる。

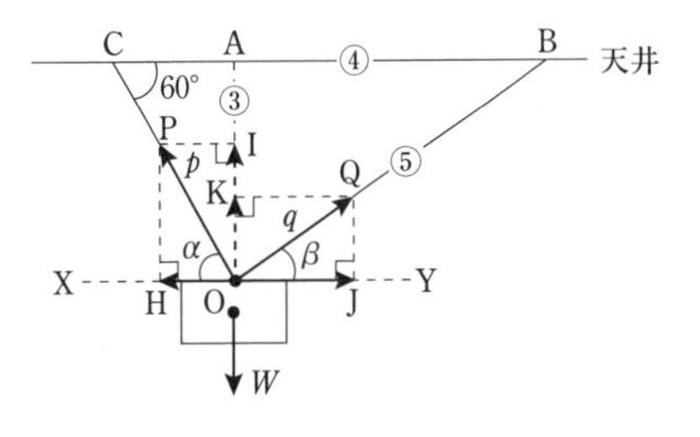

〔2〕＜力の合成と分解＞問１．右図のように，張力pを表す矢印をOPとし，点Pから線分XYに垂線PH，線分AOに垂線PIを引くと，XY∥CBより錯角は等しく，$\angle\alpha=\angle ACO=60°$となるから，△OPHはOH：OP：PH＝$1:2:\sqrt{3}$の直角三角形となり，張力$p$の水平方向の分力は$p\times\frac{1}{2}$，鉛直方向の分力は$p\times\frac{\sqrt{3}}{2}$と表せる。一方，張力$q$を表す矢印をOQとし，点Qから線分XYに垂線QJ，線分AOに垂線QKを引くと，$\angle\beta=\angle ABO$となり，△OQJ∽△BOAだから，△OQJはQJ：OJ：OQ＝$3:4:5$の直角三角形となり，張力qの水平方

向の分力は$q\times\frac{4}{5}$，鉛直方向の分力は$q\times\frac{3}{5}$と表せる。よって，(i)より$p\times\frac{1}{2}=q\times\frac{4}{5}$，(ii)より$p\times\frac{\sqrt{3}}{2}+q\times\frac{3}{5}=W$が成り立つ。　問2．$p$，$q$の値が変化しても，$p$，$q$の水平成分のつり合いの関係と，鉛直成分の合力と$W$のつり合いの関係は変わらないので，$q$の水平成分の大きさは$p\times\frac{1}{2}=\frac{1}{2}p$，$q$の鉛直成分の大きさは$W-p\times\frac{\sqrt{3}}{2}=W-\frac{\sqrt{3}}{2}p$と表せる。よって，三平方の定理より，$q^2=\left(\frac{1}{2}p\right)^2+\left(W-\frac{\sqrt{3}}{2}p\right)^2=\frac{1}{4}p^2+W^2-\sqrt{3}Wp+\frac{3}{4}p^2=p^2-\sqrt{3}Wp+W^2=\left(p-\frac{\sqrt{3}}{2}W\right)^2+\frac{1}{4}W^2$となり，$q^2$が最小となるとき，$q$は最小となる。したがって，$q$が最小となるのは，$p-\frac{\sqrt{3}}{2}W=0$より，$p=\frac{\sqrt{3}}{2}W=W\times\frac{\sqrt{3}}{2}$となるときで，このとき，$q^2=\frac{1}{4}W^2$より，$q=\frac{1}{2}W=W\times\frac{1}{2}$である。

〔3〕＜物体の運動＞問1．速さの変化はグラフの傾きで表され，傾きが大きいほど速さの変化も大きい。よって，図5より，速さの変化する割合が大きい順にア，ウ，イとなる。　問2．$t=0$〜t_1までに台車が斜面を下りた距離は，グラフとt軸ではさまれた$t=0$〜t_1の区間の図形の面積として求められるので，図5より，台車が斜面を下りた距離が大きい順にイ，ウ，アとなる。

3 〔生物の世界〕

問1＜軟体動物＞イ…正しい。すばやく移動する場合は，外とう膜の中に取り込んだ海水をろうとから勢いよく吹き出して図1の矢印の向きに進む。　エ…正しい。イカやタコの眼はカメラに似た構造をしていて，水晶体(レンズ)がある。　ア…誤り。イカはろうとの向きを変えたり，ひれを動かしたりして泳ぐ方向を決める。　ウ…誤り。図1にはろうとがあるので，イカを腹側から見たものである。

問2＜イカの体＞図2のBは敵に襲われたときなどに吐くすみをためているすみぶくろである。Cは肝臓で，Dはイカの呼吸器官であるえら，Eは血管を示している。

問3＜イカのつくり＞イカは，口から吸い込んだ海水を，ろうとから体外へ排出する。よって，イカの口から注入したインクは，背側にある食道から胃を通って，図2のAの管(直腸)を②の方向に移動し，ろうとから排出される。

問4＜血液＞脊椎動物の血液の赤血球にはヘモグロビンという色素が含まれている。ヘモグロビンは鉄イオンを含み，酸素と結合すると鮮やかな赤色を示す。一方，イカなどの軟体動物の血液にはヘモシアニンという色素が含まれている。ヘモシアニンは銅イオンを含み，酸素と結合するとうすい青色(淡青色)を示す。

問5＜軟甲＞イカの体内にある薄いプラスチックのような板は軟甲と呼ばれ，貝殻の痕跡器官(進化の過程で役割を果たさなくなり，一部が形だけ残った器官)である。貝殻と同じように炭酸カルシウムを主成分としている。

問6＜軟体動物＞外とう膜は，軟体動物の内臓を包んでいる丈夫な膜である。図3のアサリでは，Gが外とう膜に当たる。なお，Fはえら，Hは貝柱(閉殻筋)，Iは移動に使うあしである。

問7＜魚類＞イワシやサバなどの魚では，図5の断面に見られる筋肉の模様は，中骨の位置から腹まで背骨を囲むようにつながった曲線になる。解答参照。

4 〔大地の変化〕

問1＜火山岩＞温度の高いマグマからなる火成岩はかんらん石などの有色鉱物を含む黒っぽい色にな

り，温度が低いマグマからなる火成岩は白っぽい色になることから，マグマが地表や地表近くで急冷されてできた火山岩は，マグマの温度が高い方から，玄武岩，安山岩，流紋岩である。よって，表１のそれぞれのマグマの種類は，左から玄武岩質，安山岩質，流紋岩質となる。

問２<鉱物>表２のＡ～Ｇの中で，表１のａ(玄武岩質)を起源とするのは，長石，輝石，かんらん石を含むＡとＤである。また，ｂ(安山岩質)を起源とするのは，長石，角閃石，輝石を含む割合が高いＣとＥ，Ｇである。ｃ(流紋岩質)を起源とするのは，石英，長石，黒雲母を含む割合が高いＢとＦである。

問３<マグマの性質>(1)問２より，１，２番目に温度の高いマグマを起源とする火山灰は，表２のａ(玄武岩質)を起源とするＡとＤであり，３～５番目に温度の高いマグマを起源とする火山灰は，ｂ(安山岩質)を起源とするＣとＥ，Ｇである。また，表１より，ｂ(安山岩質)を起源とする火山灰は，マグマの温度が高いほど輝石を含む割合が高いので，輝石を含む割合が最も高いＧが３番目に温度の高いマグマを起源とする火山灰で，次に高いＣが４番目，最も低いＥが５番目と考えられる。　(2)温度の低いマグマほど火成岩は白っぽい色になり，白っぽい色の火成岩ほどマグマのねばりけが強いことから，温度の低いマグマほどマグマのねばりけは強い。また，マグマのねばりけが強いほど，火山体の形状は盛り上がったものとなる。よって，Ｃの火山灰をもたらした安山岩質のマグマはねばりけが中間なので，アのような成層火山をつくることが多い。また，Ｄの火山灰をもたらした玄武岩質のマグマはねばりけが弱いので，ウのようななだらかな形の火山をつくることが多く，Ｆの火山灰をもたらした流紋岩質のマグマはねばりけが強いので，イのようなドーム状の火山をつくることが多い。

問４<深成岩>(1)図１のように，同じような大きさの鉱物がかみ合った火成岩のつくりを等粒状組織という。等粒状組織は，マグマが地下の深い場所でゆっくり冷え固まってできた深成岩のつくりである。　(2)Ｇの火山灰をもたらした安山岩質のマグマによって形成される深成岩は，閃緑岩である。

2022年度／昭和学院秀英高等学校

国語解答

一　1　A　とうしゅう　B　人為
　　C　はんぷ　D　矛盾　E　陥
　2　b　　3　オ　　4　ウ，カ
　5　境界を明確化する点　　6　エ
　7　ウ
　8　進歩史観・中心史観という偏った価値観から脱却し，都市部が利便性を高め活性化する中で，活力を失い解体に追い込まれた地域の魅力を評価し誇りを蘇らせるという［意義。］（75字）

二　1　X…エ　Y…イ
　2　A…イ　B…ア　　3　ウ
　4　オ
　5　二人はロケットを売る男の言葉で気持ちが明るくなったが，ロケットの安さを知り，驚くとともに，お金を落としたことで結局何も買えなかったことを残念に思っている。（77字）
　6　エ　　7　オ

三　1　もうけらるべし
　2　①…エ　③…イ
　3　『むま～とう』　　4　ア
　5　エ　　6　そぞろごと

一〔論説文の読解―文化人類学的分野―日本文化〕出典；森先一貴・近江俊秀『境界の日本史　地域性の違いはどう生まれたか』。

《本文の概要》文章【Ⅰ】日本列島の豊かな自然環境は，個性豊かな地域文化を生み出し，それぞれの地域に住む集団と集団の活発な交流により，地域の個性が強まった。集団どうしの交流と対立とが人為的な境界を生み，その後誕生した国家の調整機能によって，その境界は政治的に固定化されていった。国家は律令制などのルールやシステムによって地域間の利害調整を行うが，ルールやシステムがはたらかなくなると「人間の鎖」が調整機能を担うようになる。さらに国家の調整機能が衰え不安定な社会になると，地域の集団は力をつけるために地域の個性を生かし強化するので，地域集団の個性と境界が顕在化するようになる。顕在化と潜在化を繰り返すものの，旧石器時代からの境界が踏襲されてきたのは，その境界が日本列島の気候や環境に適応した人間の営みの歴史によって成立したものだからである。

文章【Ⅱ】地域の個性が似通った価値観によって均質化され，地域社会が解体されようとしているのが，社会の現状である。各地域の生活文化の多元性と多様性に目を向けることが，等閑視されてきた地域の魅力を評価して地域への誇りを蘇らせることにつながる。

1＜漢字＞A．「踏襲」は，以前からのやり方などをそのまま引き継いで行うこと。　B．「人為」は，人の力で何かを行うこと。　C．「頒布」は，広く配って行き渡らせること。　D．「矛盾」は，つじつまが合わないこと。　E．音読みは「陥没」などの「カン」。

2＜文脈＞交流を通じて「特定の資源の確保や特定の生業への専従」や「交流の担い手としての役割」など「地域の自然環境や地理的な特質」を認識することにより，その地域の「集団の個性」が顕在化して「集団を生かすための生業」が生まれたことの例として，飛騨国（特殊な建築・木工集団），志摩や能登（海民文化）が挙げられる。

3＜文章内容＞豊かな自然環境や気候に「適応」し「共存する」ことから「個性豊かな地域文化」が生み出された。さらに「豊かさをめざした活発な交流」を通じて，他の集団とは違った「自らの住む土地の特性」を理解して，特定の資源や生業を意識することにより，土地に住む「集団の個性」が強まって「集団を生かす」ことにつながったのである。

4＜文章内容＞「石材産地」などの「土地の特性」は，「旧石器時代」以前から自然環境や地理的な特質として存在しているものであり，「人間のさまざまな活動の中で形作られたもの」ではなく，交流により初めてそうした地域の自然環境や地理的な特質が認識されるようになったのである。

5＜文章内容＞「集団同士の交流と対立」によって生み出された「人為的な境界」が地域である。国家も外国との間に「境界を設定することにより」国家として成り立っているという点では，地域と国家とは同じと考えられる。

6＜表現＞「鎖」は，物と物をつなぎ合わせているもの，閉ざされている状態のたとえとして使われている。律令制などのルールが機能しなくなると，血縁などのつながりによる閉ざされた関係が中央権力の内部にあらわれ，ルールの代わりに地域間の利害調整を行うようになる。

7＜文章内容＞国家が「地域への支配力を強める」と，地域間の境界は政治的には明確化されるが，システムやルールによる利害調整が全国的にはたらいて「社会は画一化へと向か」うので，地域の個性が「潜在化」して，境界の存在感が失われていくのである。

8＜主題＞筆者は，「地域の個性」が「似通った価値観によって均質化され」て「都市部への人の流入」が止まらない現状において，「地域固有の豊かな歴史・文化」に注目することは，「政治の中心に焦点を当て」て発展を重視する価値観から抜け出し，「地域の魅力を評価」して「地域への誇りを蘇らせる」ことを可能にするという意義があると考えている。

二〔小説の読解〕出典；宮本輝『泥の河』。

1＜表現＞X．風鈴が風に当たって鳴らす音は，金属や陶器が打ち合う硬質な高い音であり，鋭く冷たいイメージがある。見失わずに喜一に追いつこうとした緊張感から，信雄には風鈴の硬質な音は「胸の底に突き立ってくる」ように感じられた。　Y．「まんまと」は，ものの見事に物事を成し遂げること。喜一は，店の男がロケットを追いかけている間に，気づかれることなくロケットを盗むことに成功したのである。

2．A＜語句＞「〜を尻目に」の形で，ちらっと見ただけであとはかまわず事を行うさまを表す。
B＜慣用句＞「固唾を呑む」は，物事のなりゆきを緊張しながら見守る，という意味。「息をころす」は，呼吸もせずじっとしている，という意味。

3＜心情＞「口をとがらす」は，言い争いや怒るときの口を突き出す動作から，不満を顔に表す，という意味。喜一は，ロケットは欲しいが，珍しい食べ物も少しずつ食べてみたいという気持ちを信雄にわかってもらえず怒られたことに不満やいら立ちを感じ，それを解消するために「虫さされのあと」を「強く掻きむしった」のである。

4＜心情＞信雄のお金も自分のお金も全てなくしてしまったことに気づいた喜一は，どうしていいかわからず慌てふためいて，とにかく落としたことを信雄に話そうと思い，信雄の姿は見えなくても彼が歩いて行った後を追って境内の方へ急いだのである。

5＜心情＞「サンキュー，サンキュー，ご苦労さん」という男の言葉の調子がおもしろく，お金を落として沈んでいた信雄と喜一は二人とも愉快な気分になった。しかし，おもちゃのロケットの金額を知って，思っていたよりも安く「二つも買えたうえに，焼きイカが食べられた」ことに驚いたと同時に，全て買えなくなってしまったことが悔しく，二人とも残念な気持ちになったのである。「顔を見合わせる」は，互いに相手の顔を見て気持ちを通じ合わせるときに使う表現。

6＜心情＞信雄は，買わないならどこかへ行けと言っていばった態度を示した店の男を不快に感じていたので，喜一が男の不意をついてロケットを盗んだこと自体は愉快に思ったが，喜一の言葉から彼が盗みを働いたのは信雄が欲しがっていたからだと知り，自分にも責任があると，後ろめたい気持ちになり，冷静でいられなくなったのである。

7＜表現＞「人波に乗って二人は境内に流されていった」という描写では，硬貨を落としてせっかくの祭りが台なしになってしまった二人のなすすべもない様子が描かれている。一方，「人波をかきわけかきわけ，信雄はむきになって歩いた」という描写では，人波に流されるだけだった先ほどとは異なり，喜一を強く拒絶する信雄の様子が描かれている。

三〔古文の読解―随筆〕出典；兼好法師『徒然草』第百三十五段。

≪現代語訳≫資季大納言入道と申し上げた人が，具氏宰相中将に会って，「あなたが質問する程度のことは，どんなことでもお答えいたしましょう」と，おっしゃったので，具氏は，「さあどうしましょう」と申し上げたのを，(大納言入道が)「それならば私と言い争いなさい」とおっしゃって，(具氏は)「きちんとしたことは，全然学んでいませんし知りませんので，お尋ね申し上げるまでもありません，何でもないどうでもいいことの中から，よくわからないことをお尋ねしましょう」と申された。(大納言入道は)「身近なつまらないことならなおさら，どんなことでも明らかにいたしましょう」とおっしゃったので，側近の人々や，女房なども，「おもしろそうな勝負ですね。同じことなら，帝の前で勝負されるといいでしょう。負けた人は，ごちそうするのですよ」と決めて，帝の前に二人を呼んで勝負させたところ，〈具氏が〉，「幼い頃から聞き慣れておりますが，その意味を知らないことがございます。『むまのきつりやう，きつにのをか，なかくぼれいりくれんとう』と申すことは，どんな意味でございましょうか。教えてください」と申されたところ，〈大納言入道は〉，ぐっと答えに詰まって，「これは〈どうでもいいこと〉なので，答えるにあたらない」とおっしゃったのを，(具氏が)「もともときちんとした学問は学んでおりません。〈どうでもいいこと〉をお尋ねしますと約束申し上げました」と申されたので，大納言入道は，負けということになり，盛大にごちそうなさったということだ。

1＜歴史的仮名遣い＞歴史的仮名遣いの「au」の音は，現代仮名遣いでは「ou」になる。

2＜現代語訳＞①動詞「答ふ」の連用形「答へ」に，「申す」の未然形「申さ」，打ち消しの助動詞「ず」の未然形「ざら」，意志の助動詞「む(ん)」の終止形「ん」，反語の係助詞「や」がついたもので，お答えいたさないでいられようか，いや，お答えいたさずにはいられない，という意味。
③はっきりさせるという意味の動詞「あきらむ」の連用形「あきらめ」に「申す」の未然形「申さ」，意志の助動詞「む(ん)」の終止形「ん」がついたもので，明らかにいたしましょう，という意味。

3＜古文の内容理解＞「おぼつかなし」は，ここでは，はっきりしなくてあやふやだ，という意味。具氏は，幼い頃から聞いていたが意味を知らないこととして，「むまのきつりやう，きつにのをか，なかくぼれいりくれんとう」という言葉の意味を大納言入道に尋ねたのである。

4＜古文の内容理解＞A．帝の前で大納言入道に質問することになった具氏は，幼い頃から聞いていたが意味を知らない言葉を大納言入道に質問した。　B．具氏の質問に対し，大納言入道は答えがわからず，返事に詰まってしまった。

5＜古文の内容理解＞「深き道」は，ここでは，奥深く専門的なこと，という意味。具氏は，前もって，きちんとしたことは全然学んでいないし知らないから，何でもないどうでもいいことを尋ねると言っていた。

6＜古文の内容理解＞大納言入道は，はじめに，身近なつまらないことならなおさらどんなことでも答えると言ったにもかかわらず，答えを知らないことを質問されると，どうでもいいことだから，答えてもしかたないとはぐらかし，矛盾が生じている。具氏は，どうでもいいことを質問すると最初から約束していたのに(答えないのはおかしい)と言って矛盾を指摘したのである。

2021年度 昭和学院秀英高等学校

【英　語】（50分）〈満点：100点〉

※　チャイムが鳴って１分後にリスニング問題が開始されます。開始までに，1のリスニングの問題に目を通しておいてください。

1　［リスニング問題］　これから放送で“Bananas at Risk”というタイトルの記事を放送します。内容について，以下の問いに答えなさい。記事は２回放送されます。

問１　次の英文が記事の内容に沿うよう，下線部に当てはまる表現を①～④の中から１つ選び，マークシートの(1)にその数字をマークしなさい。

About 85% of the world's bananas come from ______

① Colombia.
② Latin America and the Caribbean.
③ Panama.
④ six banana farms in Colombia.

問２　次の英文が記事の内容に沿うよう，下線部に当てはまる表現を①～④の中から１つ選び，マークシートの(2)にその数字をマークしなさい。

______ of exported bananas are all Cavendish bananas.

① 9％
② 19％
③ 90％
④ 99％

問３　記事の内容と一致しないものを①～④の中から１つ選び，マークシートの(3)にその数字をマークしなさい。

① Tropical Race 4 is a kind of fungus that lives in soil.
② TR4 doesn't allow banana plants to get water and oxygen well.
③ All Cavendish bananas are at risk because they are all similar.
④ The Manzano banana is one example of less-common banana types.

問４　放送の中で，専門家たちが現在の取り組みとして様々な種類のバナナを作ることをあげているが，これに対して，あなたはどう思いますか。「賛成か反対かを明らかに述べる文」と「その理由を述べる文」，合わせて３～４文の英文を書きなさい。

※**＜リスニング問題放送原稿＞**は英語の問題の終わりに付けてあります。

2　次の日本語を表す英文を，それぞれ（　）内の語句を並べ替えて完成するとき，（４）～(11)に入れるのに最も適切な語句は何か。マークシートの(4)～(11)にその数字をマークしなさい。ただし，（　）内の語は，文頭で用いる場合であっても大文字が小文字で表されている。

１．この機械に何か問題があるに違いない。

There (　4　) (　　) (　　) (　5　) (　　) (　　) (　　).

(① something　② this　③ wrong　④ must　⑤ machine　⑥ be　⑦ with)

２．トムが外国に行ってから10年の年月が過ぎた。

Ten (　　)(　　)(6)(　　)(　　)(7)(　　).

(① passed　② since　③ years　④ went　⑤ have　⑥ Tom　⑦ abroad)

3．一緒に川に泳ぎに行きませんか。

(　　)(8)(　　)(　　)(9)(　　)(　　)?

(① swimming　② we　③ why　④ don't　⑤ in　⑥ go　⑦ the river)

4．ベンチに座っている男性に話しかけられた。

I was (　　)(10)(　　)(　　)(11)(　　)(　　) on the bench.

(① spoken　② sitting　③ the man　④ to　⑤ was　⑥ by　⑦ who)

3　次のAとBの会話が成立するように，(　)内の語を必ず使用して，次の日本語を表す英文を書きなさい。ただし，(　)内の語は，文頭で用いる場合であっても大文字が小文字で表されている。使う順番は自由とする。

[1]　A：I'm not feeling well.

　　B：You look pale. すぐに医者に診てもらったほうがいいよ。(see, at)

[2]　A：I like playing tennis. How about you?

　　B：Well, 私はテニスをするより読書をすることが好きだ。(prefer)

[3]　A：Can I visit you tomorrow?

　　B：I'm sorry, I'm going to go out. もし明日雨が降ったら，私は家にいます。(if)

4　次の英文の記事を読み，以下の問いに答えなさい。

SAN FRANCISCO(AP)—In the San Francisco area, a lot of coffee houses have stopped using paper to-go cups and have (12) them with everything from glass jars to rental mugs.

Chef Dominique Crenn, owner of the three-star Michelin restaurant Atelier Crenn, plans to open a San Francisco cafe that will have no to-go bags or (13) coffee cups, and won't use any plastic. Customers who want to take their drink away will be told to bring their own coffee cups.

The Blue Bottle coffeehouse chain, which uses about 15,000 to-go cups a month at its 70 US cafes, says it wants to "show our guests and the world that we can stop using disposable cups."

Blue Bottle will stop using paper cups at two of its San Francisco cafes in 2020. Coffee to-go customers will have to bring their own mug or pay some money for a (14) cup, and they can keep it or return it for their money back. The money, deposit fee, will likely be between $3 and $5, the company said.

"We expect to lose some business," said Blue Bottle CEO Bryan Meehan. "We know some of our guests won't like it—and we're prepared for that."

Small-cafe owner Kedar Korde is (15) that one day it will become trendy for coffee drinkers to carry around reusable mugs, just like stainless steel water bottles have become a must-have accessory in the San Francisco area. Korde's Perch Cafe in Oakland stopped using paper and plastic cups in September, along with lids and straws. "We now offer a glass jar that comes in a 12 ounce (350 milliliters) or 16 ounce (470 milliliters) size," Korde said. (16)Customers pay a 50 cent deposit and can return the jar for their money back or keep it and get 25 cents off future drinks.

Korde made the change after his 9-year-old daughter's school did a cleanup project at Lake Merritt, near his cafe, and found his disposable cups in the water. (17)His daughter joked to him, "I don't have to clean my room if you can't keep your cups out of the lake." But he took it more seriously.

問１　文中の(12)に入れるのに最も適切なものを下の①～④の中から１つ選び，マークシートの⑿にその数字をマークしなさい。

①　connected　　②　mixed
③　replaced　　④　used

問２　文中の(13)～(15)に入れるのに最も適切なものを下の①～④の中から１つずつ選び，マークシートの⒀～⒂にその数字をマークしなさい。ただし，同じものは一度しか使えない。

①　convenient　　②　disposable
③　optimistic　　④　reusable

問３　下線部⒃⒄の英文の意味を説明している英文を，以下のそれぞれの①～③の中から１つずつ選び，マークシートの⒃⒄にその数字をマークしなさい。

⒃　①　Customers have to pay 50 cents for the jar, and they can drink everything at 25 cents at the cafe.　They can also use it at home.
②　Customers have to pay 50 cents for the jar, and they can get the money back when they return it, or they can take it home.　They can drink at a lower price if they use it at the cafe.
③　Customers have to pay 50 cents for a drink in a jar, and they only pay 25 cents when they drink one more in the same jar.

⒄　①　His daughter told him to keep his cups out of the lake and clean her room as a joke.
②　His daughter thought it not fair that she had to clean her room when her father's cups were in the lake.
③　His daughter wanted him to clean the lake and her room.

5　次の英文を読み，以下の問いに答えなさい。

Some words tell their own stories.　One look at *spring* and *fall*, and we know the reason why these names were given to two of our seasons.　New plants spring up in the spring ; (18) fall in the fall of the year.　It's very clear why the *swing* in the playground was given its name.　There can't be any mystery about what time of the day the (19) comes.

But other words are harder to understand.　Most of us have worn *jeans* at one time or another.　If we thought about it at all we might have supposed that it had something to do with the name of a girl.　Not at all.　The truth is that it comes from the name of the cloth from which jeans are made.　This strong cloth was first made in (a), Italy, for sailor's pants that had rough wear.　It was known as (b) cloth and began to be used for overalls and work pants.　It became *Genes* cloth, and then (c) cloth.　The name was finally given to the pants themselves.

問１　文中の(18)(19)のそれぞれに入れるのに最も適切なものを以下のそれぞれの①～④の中から１つずつ選び，マークシートの⒅⒆にその数字をマークしなさい。

(18)　①　snowflakes　　②　leaves　　③　raindrops　　④　stars
(19)　①　*sunshine*　　②　*Sunday*　　③　*sunrise*　　④　*sunburn*

問２　文中の(a)～(c)に入れるのに最も適切なものを下の①～④の組み合わせの中から１つ選び，マークシートの⒇にその数字をマークしなさい。

①　(a)　*Genoa*　　(b)　*jeans*　　(c)　*Genoese*
②　(a)　*jeans*　　(b)　*Genoa*　　(c)　*Genoese*
③　(a)　*Genoa*　　(b)　*Genoese*　　(c)　*jeans*
④　(a)　*Genoese*　　(b)　*jeans*　　(c)　*Genoa*

6 次の "Titles" というタイトルの英文を読み，以下の問いに答えなさい。

Each new semester, I introduce myself to my students and invite them to call me by my first name, 'Paul.' However, over the years, I have noticed that only about ten to twenty percent of students actually use my first name. Many of my students avoid using any name at all, while others call me *sensei*, "Mr. Stapleton," or "teacher." I used to wonder why it was so difficult for most students to use my first name, but now with a better understanding of Japanese culture, I think I know why.

In Japanese culture, it is almost impossible to imagine a student calling his or her Japanese teacher using a first name. Using a teacher's first name plus the title *sensei* may be even stranger. This difference between English and Japanese can be explained by looking at (22)<u>the two triangles on this page</u>.

Notice how the triangle representing Japanese is much more vertical than the one representing English. The vertical shape of the Japanese triangle shows that there is a clear and large distance between people of low and high status. In the English triangle, however, because it is more horizontal, the difference of status between people is less clear.

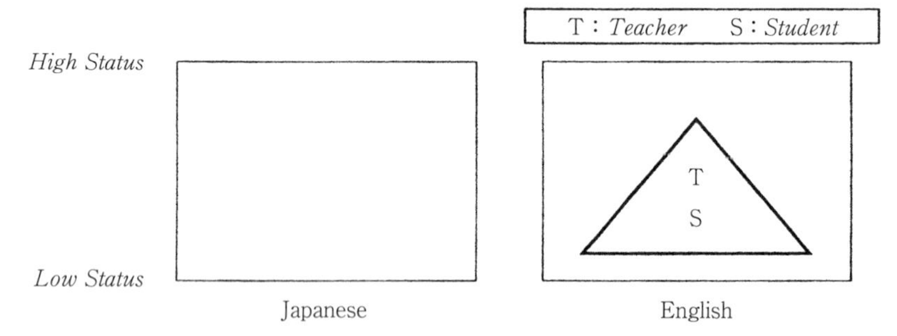

In the graphics, we can see that there is a greater distance between teachers and students in the Japanese triangle than the English one. The greater the distance, the more need there is to use titles when the lower status person, that is, the student, speaks to a higher status person, the teacher.

[1]<u>Titles are also used in many situations in Japanese where they are not used in English.</u> For example, in a store, Japanese clerks refer to customers as *okyakusama*, or in a workplace, titles such as *bucho* and *kacho* are used. In English, however, store clerks simply use the word 'you,' and in the workplace first names are often used, even for people in higher positions. This difference reflects the importance of hierarchy and group-orientation in Japan. [2]<u>By calling a person *okyakusama* a clerk shows respect for his or her higher status in the clerk-customer relationship.</u> In the workplace, titles make the position of the named person in the group very clear. On the other hand, in English, the word 'you' is a term used no matter what the status of the individual. In languages such as French, German, and Japanese, there is more than one word for 'you,' both formal and informal, which shows more concern for hierarchy. In English, the use of first names shows both informality and an appreciation for the individual.

問1 この英文で使われている "title" という語は次の①～③のどの意味で使われているか。最も適切なものを１つ選び，<u>マークシートの(21)</u>にその数字をマークしなさい。

① the name of a book, composition, or other artistic work
② the position of being the champion of a major sports competition
③ a name that describes someone's position or job

問2 下線部(22) "the two triangles on this page" の English の三角形は描かれている。Japanese の三

角形として最も当てはまるものを下記の①～④の中から１つ選び，マークシートの(22)にその数字をマークしなさい。

①
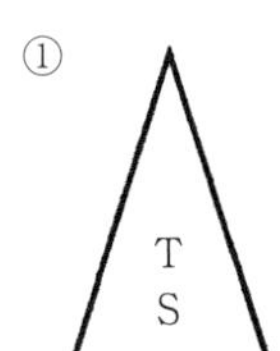

②
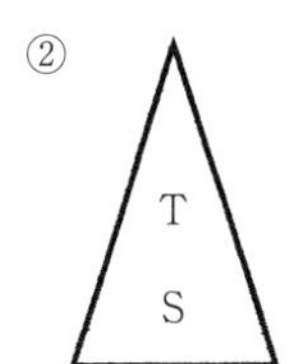

③
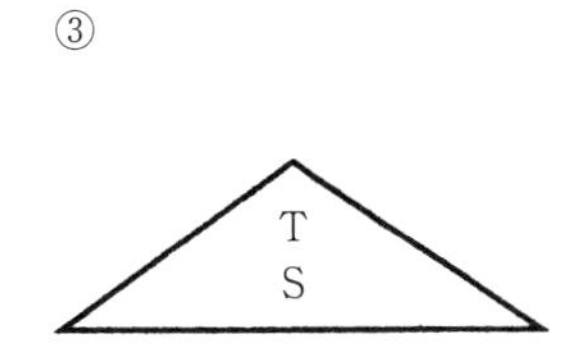

④
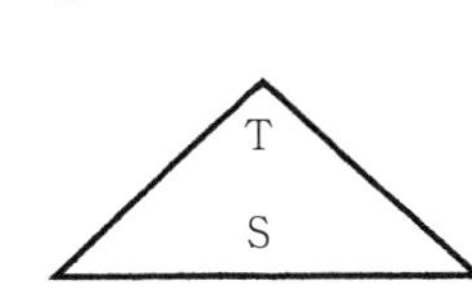

問３　下記のチャートは下線部[１]が示す内容を示したものである。(ａ)～(ｅ)に当てはまる語句を本文中の英語を抜き出して書き，完成させなさい。なお，(ｄ)(ｅ)の解答は順不同とする。

place ＼ language	Japanese	English
in a (　a　)	・*okyakusama*	・(　b　)
in a (　c　)	・*bucho*　　・*kacho*	・(　d　) ・(　e　)

問４　下線部[２]の英文を日本語にしなさい。

7

田中由里(Tanaka Yuri)さんはオーストラリアのある家庭にホームステイで留学することになりました。(A)は，Yuri が初めてホームステイ先に送ったＥメールの本文です。また，(B)はそれに対するホームステイ先 Ms. Brown からの返信のＥメールの本文です。由里はどのようなＥメールを送ったのでしょうか。由里からのＥメール(A)の[１]に始めの挨拶(２文以上)，[２]に質問文２つ，[３]に終わりの挨拶(２文以上)を入れて完成させなさい。書く量は解答欄に収まるようにすること。

(A)

Dear Ms. Brown,

[１] ＿＿＿＿＿＿＿＿＿＿＿＿＿＿＿＿＿＿＿＿＿＿＿＿

＿＿＿＿＿＿＿＿＿＿＿＿＿＿＿＿＿＿＿＿＿＿＿＿＿＿＿

[２] ＿＿＿＿＿＿＿＿＿＿＿＿＿＿＿＿＿＿＿＿＿＿＿＿

＿＿＿＿＿＿＿＿＿＿＿＿＿＿＿＿＿＿＿＿＿＿＿＿＿＿＿

＿＿＿＿＿＿＿＿＿＿＿＿＿＿＿＿＿＿＿＿＿＿＿＿＿＿＿

[３] ＿＿＿＿＿＿＿＿＿＿＿＿＿＿＿＿＿＿＿＿＿＿＿＿

＿＿＿＿＿＿＿＿＿＿＿＿＿＿＿＿＿＿＿＿＿＿＿＿＿＿＿

Sincerely,
Yuri

(B)

Hello Yuri,

I am very happy to get the e-mail from you and I'm really excited for you to arrive in a week!
Yes, all the stationery you need is available here : pens, erasers, staplers, glue, paper and so on. So you don't have to bring any. As for the second question, also yes. You can use our WiFi, so please bring your smartphone. You can use it.

Please ask me if you have any other questions. We wish you a safe trip and see you soon!

All the best,
Mary Brown

＜リスニング問題放送原稿＞

Bananas are important crops. They are a top source of food and money for millions of people. But banana plants are dying. They're being attacked by a type of Panama disease. It is called Tropical Race 4 (TR4).

For years, farmers and experts have been afraid that TR4 would hit Latin America and the Caribbean. That's where about 85% of the world's bananas come from. On August 8, 2019, those fears came true. Cases of TR4 were confirmed at six banana farms in Colombia. The country declared a national emergency. "In Colombia, TR4 is incredibly difficult to control," scientist James Dale told TIME for Kids. "Everybody is absolutely petrified about what's going to happen."

When Good Bananas Go Bad

TR4 is a fungus. It lives in soil. TR4 infects banana plants through the roots. Then it moves into the stems. It stops water and nutrients from entering the plant's leaves. The plant turns yellow. Then it dries up and dies. TR4 spreads easily. "No country is immune to the disease," says Fazil Dusunceli. He works for the Food and Agriculture Organization.

Ninety-nine percent of exported bananas are of the same type. They are all Cavendish bananas. This lack of variety is not good for nature. All Cavendish bananas are very similar. So when a disease like TR4 strikes, they are all equally at risk. "Eating Cavendish bananas is making the situation worse," says Altus Viljoen. He's a professor. He studies plant diseases.

Experts say we should grow and eat many different types of bananas. This would mean turning to less-common types. The Manzano banana is one example. It tastes like apple and strawberry.

An Uncertain Future

People in the banana industry are coming together. They want to save the tropical fruit. James Dale, for example, is working with a team of scientists in Australia to introduce a new type of banana. It is resistant to TR4. But some people are against scientists creating new plants in a lab. They say people shouldn't mess with nature.

Not everyone is worried about the fruit. "I think there's a great future for bananas," Andrew Biles says. He's an adviser to Chiquita. That's one of the world's biggest banana companies.

This isn't the first time bananas have been in trouble (see "Looking Back"). We may find a solution to today's banana crisis. But will history repeat itself in future decades? "Oh, I'm certain it will," Dale says.

【数　学】 (50分) 〈満点：100点〉

1　次の問いに答えよ。

(1) $x=1+\sqrt{2}+\sqrt{3}$，$y=1+\sqrt{2}-\sqrt{3}$ のとき，$xy-x-y$ の値を求めよ。

(2) $x=1111$，$y=-909$ のとき，$\sqrt{x^2-2xy+y^2+2x-2y+1}$ の値を求めよ。

(3) a，b を定数とする。連立方程式 $x-ay=b$，$3x+by=a$ の解が $x=2$，$y=-1$ であるとき，a，b の値を求めよ。

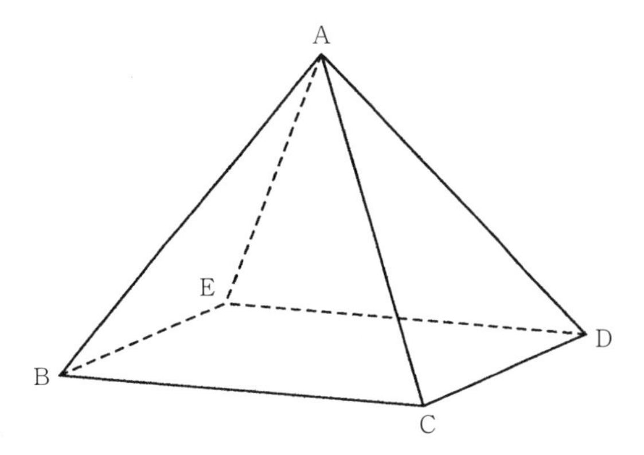

(4) 底面が1辺の長さ2の正方形で，他の辺の長さが $\sqrt{5}$ の正四角すい A-BCDE がある。5点A，B，C，D，Eを通る球の体積を求めよ。

(5) [2]，[3]，[4]，[5]，[6] の5枚のカードがある。このカードから無作為に1枚取り出し，数字を記録してもとに戻す操作を3回繰り返したとき，記録した数字の積が4の倍数になる確率を求めよ。

2　放物線 P：$y=x^2$ と直線 l：$y=x+6$ が図のように2点A，Bで交わっている。放物線 P 上に点Cを△ABCの面積が10になるようにとる。ただし，Cの x 座標は正で，(Cの x 座標)＜(Bの x 座標)とする。このとき，次の問いに答えよ。

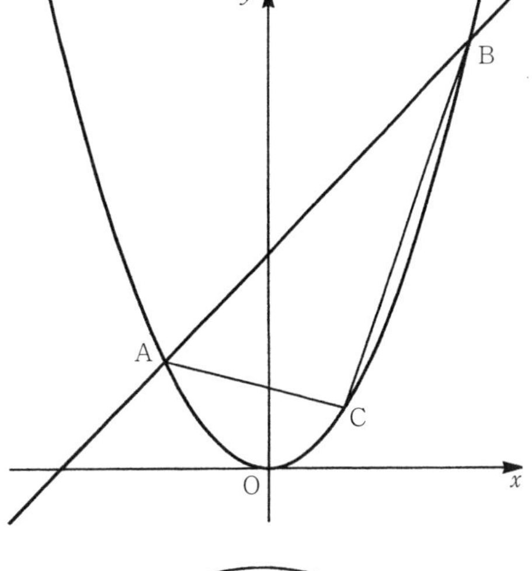

(1) 2点A，Bの座標を求めよ。

(2) 点Cから直線 l に垂線CHを下ろすとき，CHの長さを求めよ。

(3) 点Cの座標を求めよ。

(4) △ABCを直線 l のまわりに1回転してできる立体の表面積を求めよ。

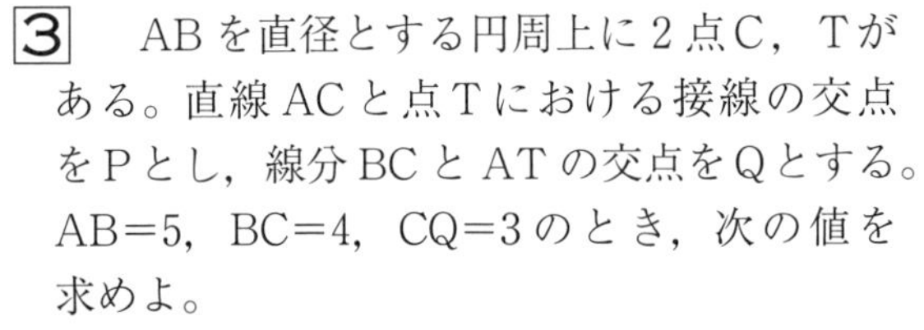

3　ABを直径とする円周上に2点C，Tがある。直線ACと点Tにおける接線の交点をPとし，線分BCとATの交点をQとする。AB=5，BC=4，CQ=3のとき，次の値を求めよ。

(1) 線分CTの長さ

(2) 線分ATの長さ

(3) 線分CPの長さ

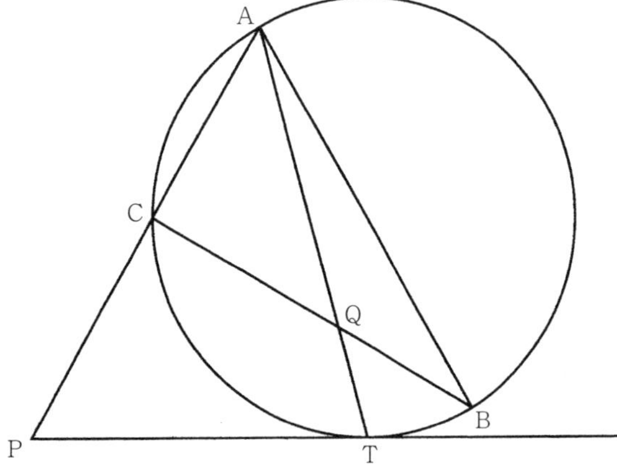

4 自然数nに対して，n以下の自然数でnとの最大公約数が1であるような自然数の個数を$T(n)$で表す。

例えば$n=10$に対しては，このような自然数は1，3，7，9の4個であるから$T(10)=4$である。次の問いに答えよ。

(1) $T(91)$の値を求めよ。

(2) $T(3^k)$の値を求めよ。ただし，kを自然数とする。

(3) $T(pq)=5p+q+6$を満たす素数p，qをすべて求めよ。

【社　会】（40分）〈満点：60点〉

※全ての問題について，特に指定のない限り，漢字で答えるべきところは漢字で答えなさい。

1　太郎さんと花子さんは，夏休みの間，調べ学習を行い，２学期にクラスで発表しました。２人の発表を読み，以下の設問に答えなさい。

太郎：日本列島は，フォッサマグナ(大地溝帯)を境界として「東北日本」と「西南日本」に分かれます。フォッサマグナは東北日本と西南日本の接合部にあたります。

花子：日本列島は，フォッサマグナで大きく亀裂が走り，陥没しています。ただし，地表は新しい時代の堆積物に覆われているので，現地に行っても実際に陥没が観察できるわけではありません。

太郎：フォッサマグナの東の端ははっきりわかっていませんが，西の端はわかっています。それは，(Ｘ)構造線と呼ばれ，日本海側と太平洋側の２つの都市を結ぶ線とほぼ重なる巨大な断層帯です。

花子：この構造線を境に，西側は(Ｙ)プレート，東側は(Ｚ)プレートであると考えられています。

太郎：(Ｘ)構造線の西側には，総称して「日本アルプス」と呼ばれる飛驒・木曽・赤石山脈など急峻な山々が連なります。これらの山脈は，日本列島が東西に圧縮された結果，隆起したと考えられています。

花子：また(Ｘ)構造線に沿って，諏訪湖などの断層湖が多く見られます。

太郎：図１を見てください。この構造線の西側の急峻な山脈からは，富士川，大井川，天竜川などの河川が流出しています。一帯の湖水や河川水は①農業や②工業に利用されています。

花子：これらの河川には多くのダムが建設されています。

太郎：ダムは私たちに多くの恩恵をもたらしました。ダムによって水害のリスクが減少したことに加え，貯水した水の落下エネルギーにより発電が行われます。こうして発電された電力によって，多くの産業が発展し，また私たちの生活が支えられています。

花子：他方で，ダム建設がもたらす負の側面もあります。例えば，河川の中・上流の生態系が損なわれることがあります。また③下流の沿岸部にも問題を引き起こします。

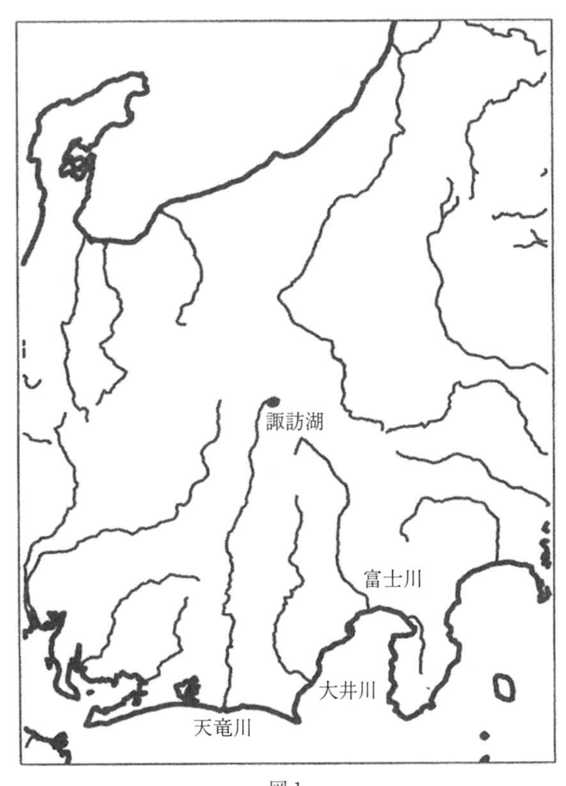

図１

問１　文章中の(Ｘ)にあてはまる語句を答えなさい。

問２　文章中の(Ｙ)・(Ｚ)にあてはまる語句をそれぞれ答えなさい。

問３　下線部①に関連して，次の写真１は図２中のアから矢印の方向を撮影したものです。写真１中に見えるファンの説明文と栽培されている作物の名称との正しい組み合わせを，あとの①～⑥より１つ選び，番号で答えなさい。

写真1

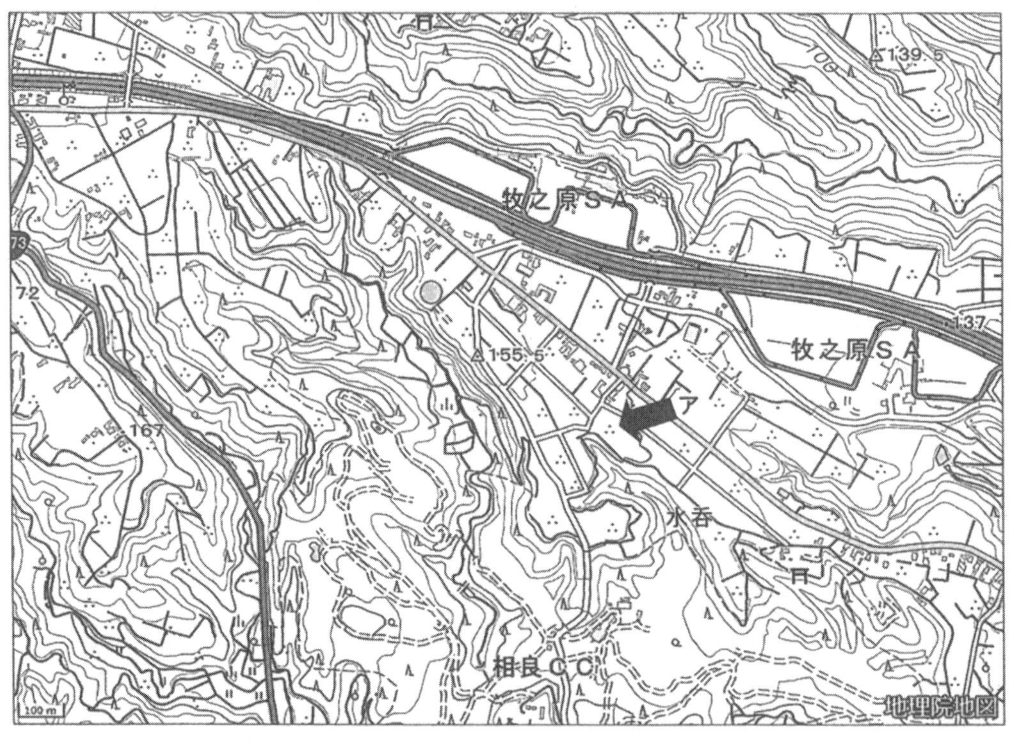

図2

ア．気温が下がる地上付近に上空の温かい空気を送ることで，地上付近を温めている。
イ．気温が上がる地上付近に上空の冷たい空気を送ることで，地上付近を冷やしている。

	①	②	③	④	⑤	⑥
説明文	ア	イ	ア	イ	ア	イ
作　物	桑	桑	茶	茶	綿花	綿花

問4　下線部②に関連して，現在の中部・東海地方の工業を説明した文として下線部が**誤りのもの**を，次のア～エより１つ選びなさい。

ア．浜松市は，織機生産などの技術を背景にして成立した楽器生産が盛んである。

イ．富士市では，富士山の融雪水など豊富な水資源を利用した製紙・パルプ業が盛んである。

ウ．諏訪湖を中心とした地域は，戦時中に精密機械工場が疎開してきたことを契機に精密機械工業が発達している。

エ．富士川の河口を中心とした地域は，水力発電による豊富で安価な電力を背景に，アルミニウムの新地金の生産が盛んである。

問５　下線部③に関連して，以下は天竜川の縦断図（図３）と沿岸部の様子（写真２）です。図３と写真２を参考にしながら，写真中の［　　］部に見られるような「離岸堤」が河口付近に設置されている理由を60字以内で述べなさい。

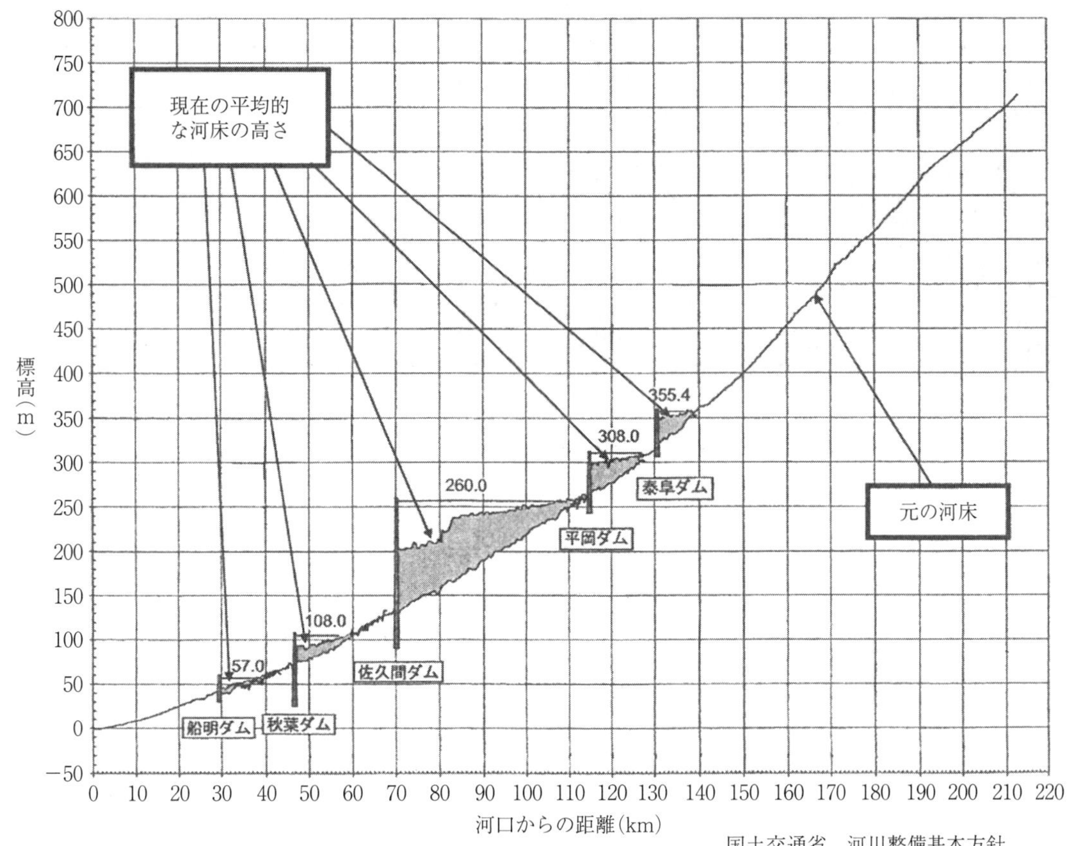

国土交通省　河川整備基本方針
「天竜川水系 資料」をもとに一部改変

図３

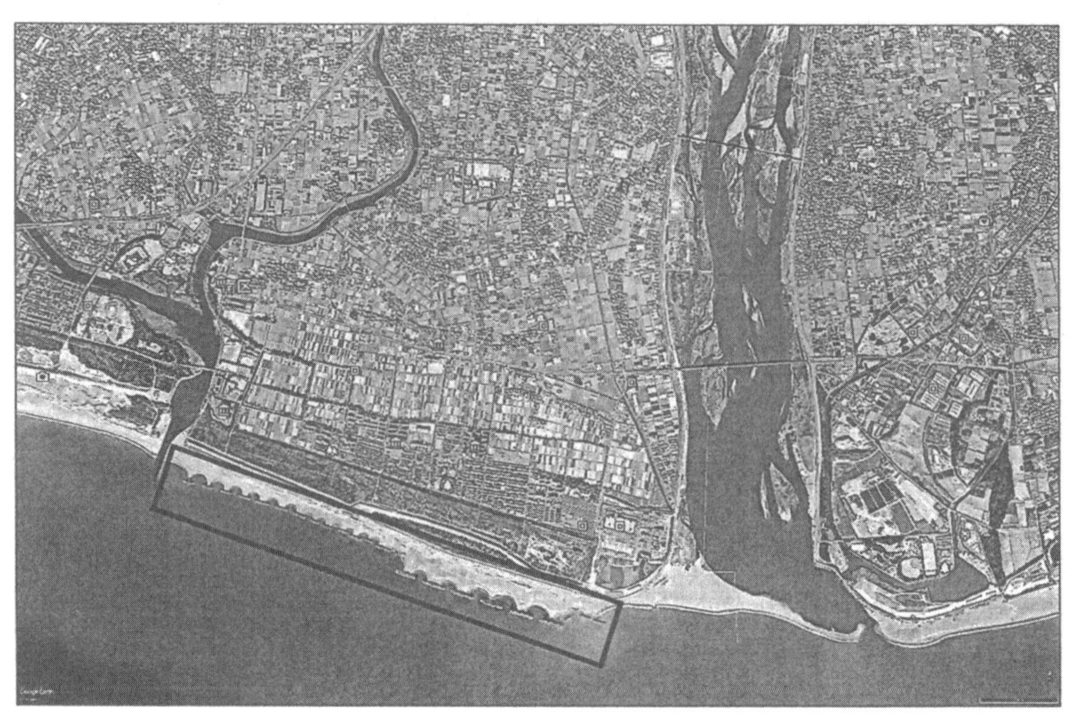

写真2　　Google Earthにより作成

2　次の図1を見て以下の設問に答えなさい。

図1

問1　次の図2中のa～cは，それぞれ図1中のア～ウのいずれかの都市の雨温図です。a～cとア～ウとの正しい組み合わせをあとの①～⑥より1つ選び，番号で答えなさい。

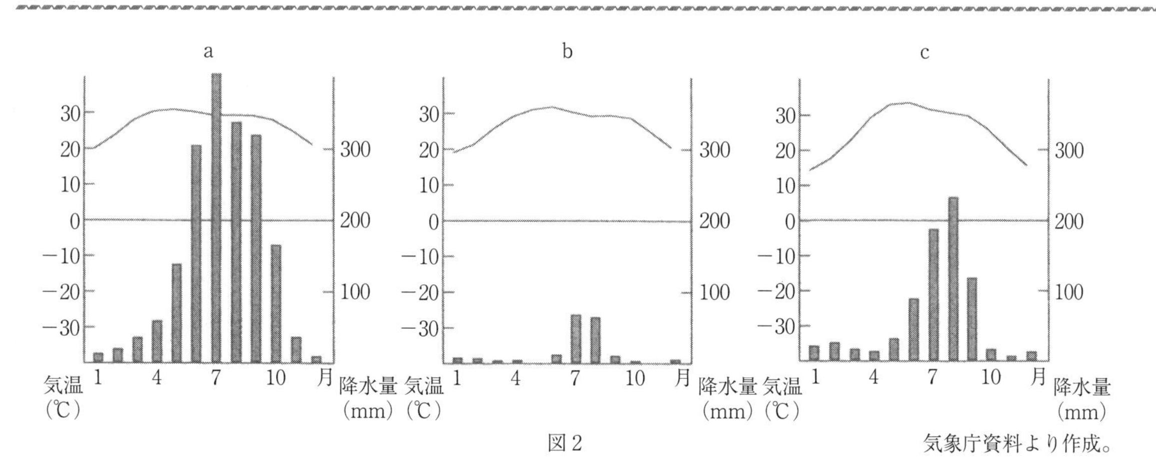

図２　　　気象庁資料より作成。

	①	②	③	④	⑤	⑥
a	ア	ア	イ	イ	ウ	ウ
b	イ	ウ	ア	ウ	ア	イ
c	ウ	イ	ウ	ア	イ	ア

問２　次の図３中のａ～ｃは，それぞれ図１中のカ～クのいずれかの断面図です。ただしａ～ｃは，それぞれ縦軸であらわす標高のスケールが異なっています。ａ～ｃとカ～クの正しい組み合わせをあとの①～⑥より１つ選び，番号で答えなさい。

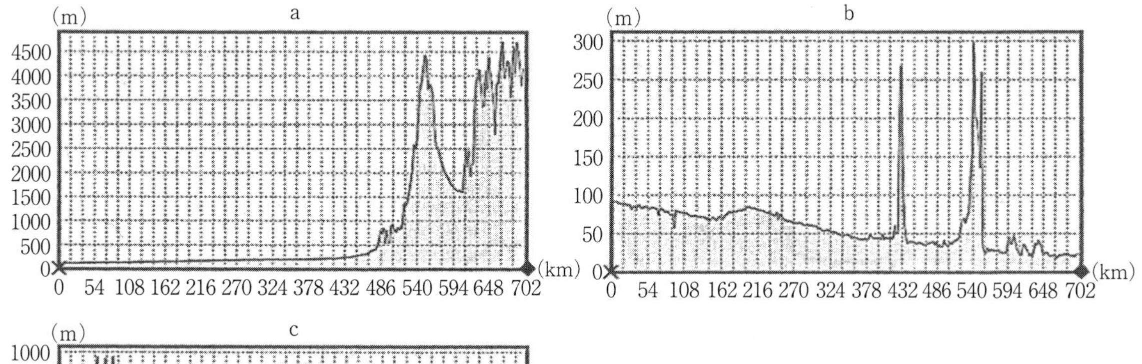

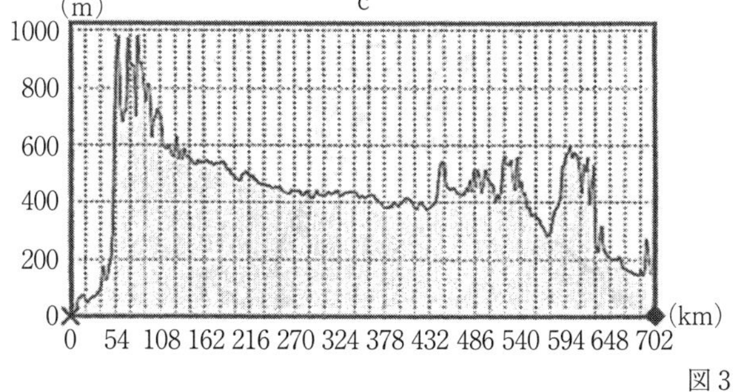

「地理院地図」より作成。

図３

	①	②	③	④	⑤	⑥
a	カ	カ	キ	キ	ク	ク
b	キ	ク	カ	ク	カ	キ
c	ク	キ	ク	カ	キ	カ

問3　世界の主な*言語人口(2018年)を示した右の表1を見て，以下の設問に答えなさい。

＊第一言語による区分

(1)　表1中のYは，図1中のB国でも広く話され，人々のコミュニケーションを円滑にする準公用語の役割を果たしています。その理由について40字以内で述べなさい。

(2)　表1中のZは，図1中のB国の公用語です。表中Zの言語の名称を答えなさい。

表1

順位	言語名	使用人口(百万人)
1	X	1,299
2	スペイン語	442
3	Y	378
4	アラビア語	315
5	Z	260

『データブック オブ・ザ・ワールド 2020』より作成。

問4　次の図4中のア～ウは，それぞれ図1中のA～Cのいずれかの国の宗教人口の割合(%)を示しています。ア～ウとA～Cとの正しい組み合わせをあとの①～⑥より1つ選び，番号で答えなさい。

ア

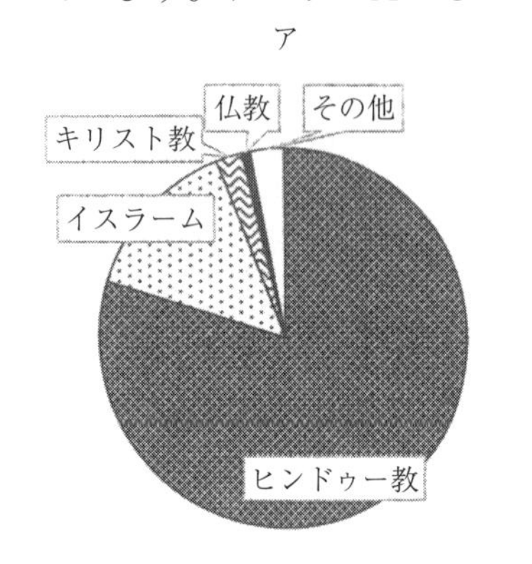

イ

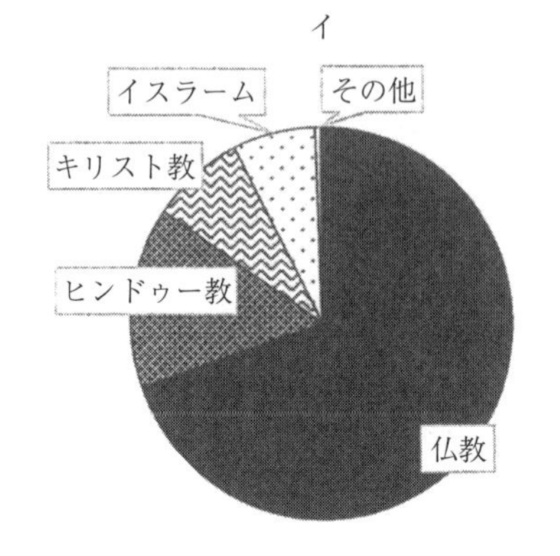

ウ

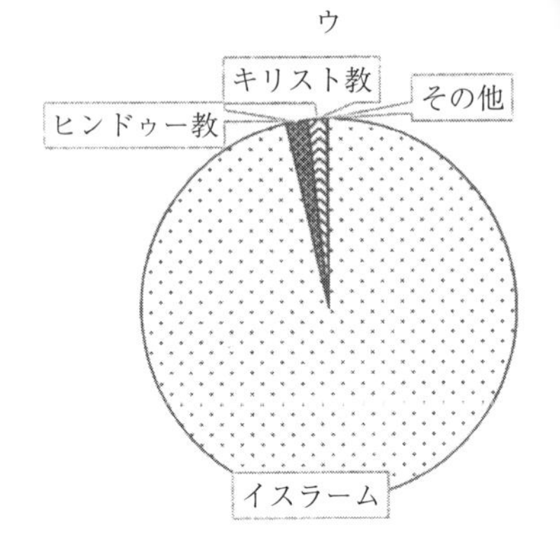

ヒンドゥー教　イスラーム　キリスト教
仏教　その他

『データブック オブ・ザ・ワールド 2020』より作成。

図4

	①	②	③	④	⑤	⑥
ア	A	A	B	B	C	C
イ	B	C	A	C	A	B
ウ	C	B	C	A	B	A

問5　次の表2中のア～ウは，それぞれ図1中のB～Dのいずれかの国の主な輸出品とその割合(2018年)を示しています。ア～ウとB～Dとの正しい組み合わせをあとの①～⑥より1つ選び，番号で答えなさい。

表2

	主な輸出品とその割合(%)
ア	衣類84.2　繊維と織物5.1　履物2.2　えび1.2　革0.9
イ	衣類42.5　紅茶12.5　タイヤ類4.4　機械類4.2　香辛料3.1
ウ	石油製品14.6　機械類10.4　ダイヤモンド7.9　繊維と織物5.6　化学薬品5.5

『データブック オブ・ザ・ワールド 2020』より作成。

	①	②	③	④	⑤	⑥
ア	B	B	C	C	D	D
イ	C	D	B	D	B	C
ウ	D	C	D	B	C	B

3 次の文章を読み，以下の設問に答えなさい。

歴史は事実を語るものではないといわれる。そこに存在するのは編纂者が意図的に取捨選択した情報であり，更に恣意的な評価が加わる。そこに事実が含まれているとしても，歴史は「純粋な事実の記録」ではありえない。

そもそも史料収集自体が困難な営みだ。直近50年ですら危ういのに，ましてや古代の史料など限られた品々に依存せざるをえない。例えば①「漢委奴国王」と記された金印の存在が，同時代の倭の様子を記録した中国の史書と照合し信頼できるから，我々が古代史の冒頭で学ぶ小国は「奴国」とされている。

我が国自身の手で編纂した歴史書として伝わる最古の書物は『古事記』である。（ 1 ）が暗記していた歴史を書き留めてつくった歴史書だ。しかし，歴史書を「つくる」という営みは「記録しないことを選択する」という側面がある。次の歴史書『日本書紀』には遣隋使に関する記述が存在するのだが，隋の記録に残る最初の遣隋使，600年の派遣に関する記述は存在しない。行政制度の整備が不十分な当時の倭が，「国家」としてまともに相手にされなかったということを，後世に伝えるべきではないと判断したのだろう。実際，（ 2 ）の治世で家柄ではなく能力によって役人を登用する（ A ）を定めていることに，行政制度の整備が不十分であることに対する自覚と危機感が現れている。その上で607年に二度目の，『日本書紀』では最初の遣隋使を派遣している。

国家が体裁を気にかけること自体，歴史全体を通じて一般的なことである。1871年（ B ）を代表に欧米へ派遣された使節団の主な目的は条約改正であった。しかし，欧米式の政治制度が存在しない日本はまともな交渉を行うことができず，明治政府は政治制度の整備に腐心することとなる。1885年に太政官を廃して（ 3 ）をつくり，1889年には大日本帝国憲法を発布したことは彼らの努力の成果である。

歴史は同時代的につむがれていくだけでなく，現在からさかのぼり過去を再定義する場合もある。我々にとって身近な例を挙げれば「幕府」がその代表だ。江戸に置かれた徳川氏の武家政権を江戸幕府と表現するようになってから，さかのぼって過去の武家政権も「幕府」と表現するようになった。鎌倉を根拠地に開かれた最初の武家政権を②鎌倉幕府，花の御所を拠点に政務を行った（ 4 ）の時代に南北朝を統一し安定期を迎えた武家政権を室町幕府と我々は呼んでいるが，それは後からつくられた呼称なのだ。

ここまで歴史はつくられるものだという指摘を繰り返し行った。しかし，それは歴史を学ぶ意義を否定するものではない。むしろ歴史の存在意義は，それが「事実」ではなく「評価」であるからこそ高まる。例えば③19世紀半ば，④江戸時代の末期にあたる時代，当時の老中は物価高騰の原因を一部の商人による物流の阻害にあると考え（ 5 ）を行った。しかし，その政策は物価高騰に対してほとんど影響を及ぼすことがなかった。物価高騰の原因がそもそも江戸に至る物資の不足，すなわち供給の絶対的不足であったからである。こうした評価を歴史として明確に伝えることは，本当の意味で過去の失敗に学ぶ最良の教材となる。今を生きる私たちにとって大勢を巻き込む失敗は許されない。だからこそ，過去の失敗例とその原因を冷静に評価する歴史を参考に，取り返しのつかない失敗を避ける意義は大きい。

最後に，歴史を参考に判断を改めた実例を紹介したい。⑤第一次世界大戦の講和会議に臨んだ当時のアメリカ大統領（ 6 ）は，過酷な賠償請求が国際平和の障害になると主張した。しかし，英仏はこの主張を受け入れず，結果として敗戦国ドイツは巨額の賠償金を要求された。この賠償金問題はその後ヨーロッパ情勢のひずみとなり，第二次世界大戦に至る遠因となったとされる。その反省から，第二次世界大戦後，1951年に行われた日本と資本主義国との講和で，多くの国が賠償請求権を放棄した。もちろんその背景には条約調印時の内閣総理大臣（ C ）をはじめ多くの日本人の交渉と，冷戦という社会情勢が大きく影響している。ただ，多くの国が過酷な賠償請求は割に合わないということを，歴史から学んだことは間違いないだろう。

語群

a．推古天皇	b．雄略天皇	c．大友皇子	d．舎人親王
e．天武天皇	f．天智天皇	g．太安万侶	h．稗田阿礼
i．足利義政	j．足利直義	k．足利義満	l．足利義昭
m．足利尊氏	n．ローズベルト	o．ウィルソン	p．リンカン
q．トルーマン	r．帝国議会	s．内閣	t．元老院
u．貴族院	v．新田開発	w．貨幣の改鋳	x．株仲間の解散

問1　文章中の(1)～(6)にあてはまる人名や語句を 語群 より選び，記号で答えなさい。

問2　文章中の(A)～(C)にあてはまる人名や語句を答えなさい。

問3　下線部①について，この金印が発見された場所として最も適切な場所を，右の地図のア～エより1つ選び，記号で答えなさい。

問4　下線部②について，鎌倉時代の出来事について述べた文章ア～エを読み，時代の古い順に並べ替えなさい。

ア．源実朝が暗殺された。

イ．京都に六波羅探題が設置された。

ウ．北条義時が侍所長官を兼ねるようになった。

エ．御成敗式目が制定された。

問5　下線部③について，下の年表に「アヘン戦争で清がイギリスに敗北した」という項目を書き加える場合，適切な位置を年表中のア～オより1つ選び，記号で答えなさい。

年	出来事
	ア
1825年	異国船打払令が出された
	イ
1839年	高野長英や渡辺崋山が厳しく処罰された
	ウ
1844年	オランダ国王より開国を勧める親書が届いた
	エ
1853年	ペリーが来日し，大統領からの国書を届けた
	オ

問6　下線部④について，以下の設問(1)・(2)に答えなさい。

(1)　下の史料Xは1615年に制定された武家諸法度の一部，史料Yは1683年に5代将軍への代替わりに際して行われた武家諸法度改訂の一部を示しています。X・Yを比較すると，武士に求められる役割が変化したことを読み取ることが出来ます。X・Yから見える武士に期待された役割の変化を，史料Yのような役割を武士に求める上で幕府が重視した思想に言及しながら，60字以内で述べなさい。

史料X：一　文武弓馬の道，もっぱら相たしなむべきこと。

史料Y：一　文武忠孝をはげまし，礼儀を正すべきこと。　　※史料は一部をひらがなに直して記載

(2)　江戸時代の社会や文化に関して述べた次の文章①・②を読み，その正誤の正しい組み合わせをあとのア～エより1つ選び，記号で答えなさい。

①　経済発展に伴い江戸は都市として大きく成長し，主に陸路で米や酒など大量の物資が運びこ

まれた。

② 浮世絵の祖と呼ばれた葛飾北斎は，多くの美人画の傑作を残した元禄文化を代表する人物である。

	ア	イ	ウ	エ
①	正	正	誤	誤
②	正	誤	正	誤

問7 下線部⑤について，第一次世界大戦前後の出来事について述べた文章ア～エを読み，時代の古い順に並べ替えなさい。

ア．ワシントン会議で軍縮に関する国際的な合意が行われた。

イ．日本による旧ドイツ権益継承を国際社会が容認したことへの反発から中国で五・四運動が起こった。

ウ．民族自決の思想に刺激され朝鮮で三・一独立運動が起こった。

エ．ロシアでレーニンを指導者とする武装蜂起が起こり，ソヴィエトが政権を掌握した。

4 次の文章を読み，以下の設問に答えなさい。

昭和学院秀英高等学校のある千葉県千葉市は，2021年1月1日に市制100周年を迎えた。市制100周年を迎えるにあたって，熊谷俊人市長は※「①市制施行時には約3万4千人だった人口は，現在約98万人にまでなりました。この100年のあゆみは，戦争からの復興や②高度経済成長，1992年の政令指定都市移行など，③市民，④企業，団体の皆様が町の発展のために知恵を絞り，努力を積み重ねてこられた軌跡であり，改めまして先人たちに心からの敬意と感謝を表します。…(略)…この大きな節目を，皆様とともに本市の都市としての成長のあゆみを振り返り，日本の中で果たしてきた役割やその価値を見つめ直し，これを未来へ継承，発展させていくのかを考え，行動につなげる機会としていきたいと考えております。」と述べている。

1989(平成元)年2月には，⑤核兵器などによる戦争への脅威をなくし，市民共通の願いである世界の恒久平和を求めて「平和都市」を宣言し，1995年に戦争の悲惨さと平和の大切さを次代に伝えるために，空襲の被災地である京成千葉中央駅東口前にこの宣言のシンボルとなる記念像「未来を支える人々」が設置されている。この記念像は人々が互いに尊重し，信頼し合いながら支え合う姿を表現している。また，千葉市は戦争反対だけでなく，⑥人々が互いに尊重するということに関して，⑦男女共同参画も推進している。その1つの例として，2019年に同性・異性を問わない千葉市パートナーシップ宣誓制度を導入したことが挙げられる。同性だけでなく，異性との事実婚を対象としたのは全国で初の制度である。

さて，千葉市は，1992年に政令指定都市に移行した際に，都市基盤整備などに積極的に取り組んできた結果，市債残高が急増し，2008年度は実質公債費比率が20.1%となった。実質公債費比率とは，地方公共団体の公債費の大きさをその⑧地方公共団体の財政規模に対する割合で表したもので，25%を超えると財政破綻寸前と見なされる数値である。この状況下で，2009年に財政再建を公約にした熊谷市長が⑨無所属で立候補し，初当選すると，「脱・財政危機」宣言を出し，⑩公共事業を抑制し，建設事業債発行額を半分以下に減らし，国民健康保険料等の徴収率を上げることに成功した。この結果，2016年度の決算で実質公債費比率は17.3%となり，2017年には「脱・財政危機」宣言を解除するに到っている。その後も引き続き公債残高は減少し，2018年度には実質公債費比率も13.8%まで低下しているが，その数値は依然として政令指定都市の中で最も高く，今後の高齢化による⑪社会保障分野での支出増大が見込まれるため，更なる財政健全化が求められていることには変わりはない。市民の賛同と期待を受けて，⑫熊谷市長は初当選した2009年の後に，2013年，2017年の選挙で，千葉市長選歴代最多得票数を更新する形で当選している。

※千葉市HP内『市制100周年にあたって』より引用

問1　下線部①に関連して，下の２つのグラフは，首都圏にある５つの政令指定都市の2007年～2018年の人口増減のグラフです。社会増減とは転出者数と転入者数の差，自然増減とは出生数と死亡数の差を表しています。この２つのグラフに関して，あとのア～エより，内容が正しいものを１つ選び，記号で答えなさい。なお，相模原市は政令指定都市に移行した2010年以降のみ記されている。

社会増減数の推移

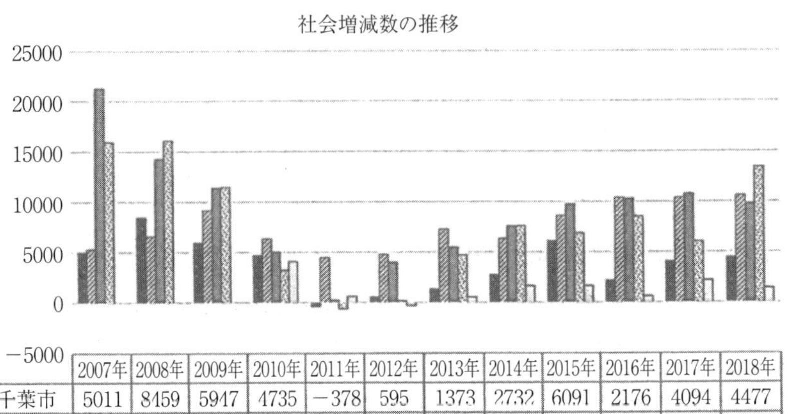

	2007年	2008年	2009年	2010年	2011年	2012年	2013年	2014年	2015年	2016年	2017年	2018年
■千葉市	5011	8459	5947	4735	−378	595	1373	2732	6091	2176	4094	4477
▨さいたま市	5336	6578	9148	6322	4494	4749	7293	6312	8590	10383	10385	10631
■川崎市	21208	14260	11362	5002	279	3957	5482	7601	9727	10274	10786	9872
▨横浜市	15951	16049	11440	3215	−590	162	4688	7579	6852	8485	6061	13456
□相模原市				4091	637	−312	587	1669	1683	664	2180	1431

自然増減数の推移

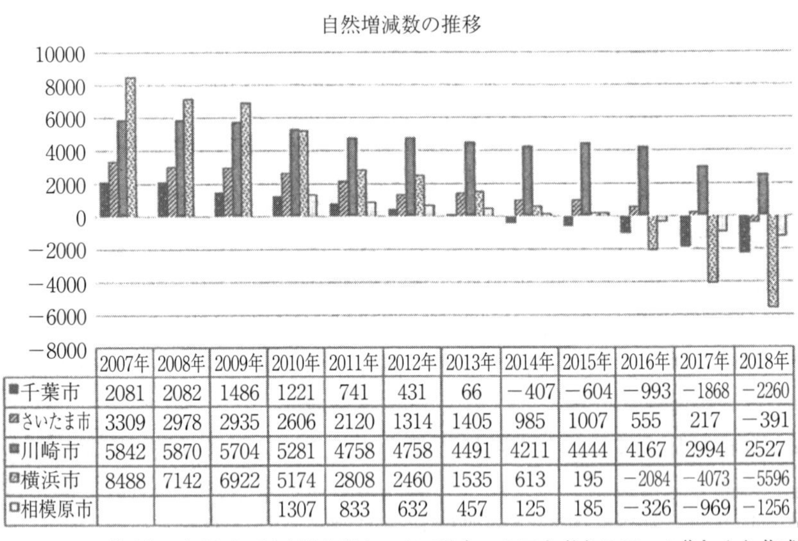

	2007年	2008年	2009年	2010年	2011年	2012年	2013年	2014年	2015年	2016年	2017年	2018年
■千葉市	2081	2082	1486	1221	741	431	66	−407	−604	−993	−1868	−2260
▨さいたま市	3309	2978	2935	2606	2120	1314	1405	985	1007	555	217	−391
■川崎市	5842	5870	5704	5281	4758	4758	4491	4211	4444	4167	2994	2527
▨横浜市	8488	7142	6922	5174	2808	2460	1535	613	195	−2084	−4073	−5596
□相模原市				1307	833	632	457	125	185	−326	−969	−1256

『平成31年(令和元年)版千葉市の人口動向・人口を考えるデータ集』より作成

ア．東日本大震災の年に，千葉市と横浜市では転出者数よりも転入者数の方が少なかった。

イ．千葉市では，2014年から少子化の影響によって総人口が毎年減少している。

ウ．相模原市では，政令指定都市に移行された年と2018年の総人口を比較すると，政令指定都市に移行した年の方が総人口が多かった。

エ．2018年に前年と比較して，総人口が最も増加したのは横浜市である。

問2　下線部②に関して，この時期に起きた環境問題についての説明として正しいものを，次のア～

エより１つ選び，記号で答えなさい。

ア．公害対策を求める世論が高まり，公害対策基本法が成立した。

イ．地球温暖化への世界的な取り組みを目指して，京都議定書が採択された。

ウ．足尾銅山鉱毒事件が発生したが，政府は貯水池をつくって治水問題にすりかえた。

エ．大規模開発を行う前の環境への影響調査を義務づけた，環境アセスメント法が成立した。

問３　下線部③に関して，市民は選挙や住民投票以外にもさまざまな政治参加の仕方があります。その１つに地方公共団体から独立した人や組織が，住民の苦情を受け付けて調査を行うなど，行政を監視する制度があります。スウェーデンで始まり，千葉市にも存在するこの制度を何というか，答えなさい。

問４　下線部④に関して，企業に関する説明として正しいものを，次のア～エより１つ選び，記号で答えなさい。

ア．卸売業では，資本金３億円以下または従業員300人以下の企業を中小企業と定義している。

イ．企業数では日本全体の約10％が大企業である。

ウ．株式会社の所有者は，代表取締役社長である。

エ．輸出を中心とした企業では，円高になると貿易において不利になる。

問５　下線部⑤に関連して，2014年の閣議決定によって限定的な行使が認められた，同盟関係にある国が攻撃を受けたときに，自国は攻撃を受けていなくてもその国の防衛活動に参加する権利を何というか，答えなさい。

問６　下線部⑥に関連して，年齢の違いや障がいの有無，国籍などに関わらず，すべての人が使いやすいように意図して設計された製品や情報，生活環境，またはその設計自体のことを何というか，カタカナで答えなさい。

問７　下線部⑦に関連して，下のア～エは，中学校の授業において，グラフを見てわかることを発表したときの発言です。グラフの読み取りとして内容が正しいものを，ア～エより１つ選び，記号で答えなさい。

６歳未満の子供を持つ夫婦の家事・育児関連時間（１日あたり，国際比較）

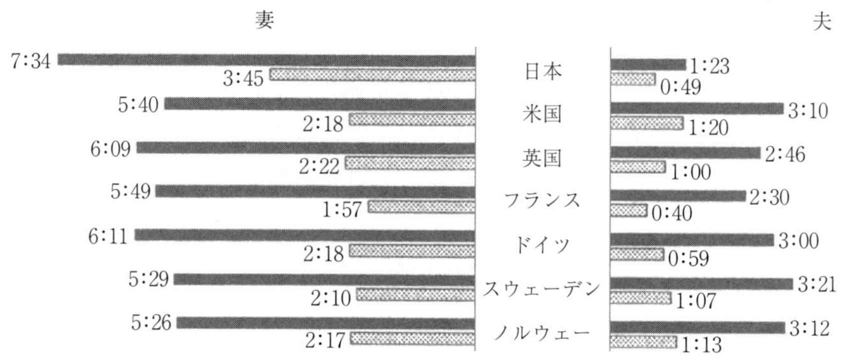

■家事･育児関連時間全体　▨うち育児の時間

『男女共同参画白書　令和元年版』より作成

ア．福祉先進国として知られる北欧の２カ国は，他のどの国よりも夫の育児の時間が長いことがわかりました。

イ．育児の時間の妻と夫の合計を計算すると，最も少ない国は2020年にEUを離脱した国であることがわかりました。

ウ．家事・育児関連時間全体の妻と夫の時間差を計算すると，最も差が大きい国と最も差が小さい国ではその時間に約6倍の違いがあることがわかりました。

エ．日本は，他のどの国よりも育児以外の家事関連の時間の妻と夫の合計時間が短いことがわかりました。

問8　下線部⑧に関連して，地方自治についての説明として**誤りのもの**を，次のア～エより1つ選び，記号で答えなさい。

ア．地方自治は，人々の暮らしに身近な民主政治の場であり，「民主主義の学校」と呼ばれている。

イ．条例は地方公共団体が独自に定めるため，裁判所は違憲，違法か否かの判断をすることはできない。

ウ．地方公共団体の首長は，地方議会を解散させる権限を持っている。

エ．地方自治の本旨とは，団体自治と住民自治の2つの要素で構成されている。

問9　下線部⑨に関連して，日本は政党政治が行われています。政治献金を制限する代わりに，国から毎年，政党の得票数や国会議員数に応じて各党に資金を渡すことを定めた1994年に制定された法律は何か，答えなさい。

問10　下線部⑩に関連し，景気を安定化させるために好景気の時に行う金融政策・財政政策の組み合わせとして適切なものを次のア～エより1つ選び，記号で答えなさい。

	金融政策	財政政策
ア	買いオペレーション	増税
イ	買いオペレーション	減税
ウ	売りオペレーション	増税
エ	売りオペレーション	減税

問11　下線部⑪に関連して，社会保障の4つの柱のうち，生活に困っている人々に対して，生活費や教育費などを支給することによって最低限度の生活を保障し，自立を支える仕組みを何というか，答えなさい。

問12　下線部⑫に関して，熊谷市長はすでに三選していますが，アメリカの大統領は三選禁止の決まりがあります。日本には多選を禁止する法律はなく，神奈川県で法的拘束力のない条例があるだけです。多選は独裁化や癒着などの問題が起きることが懸念されるため，禁止する法律や条例を定めることを求める意見があります。しかし，多選することで政策が強力に進められる，何回目からを多選と定義するかが難しいなどの反対意見もあるため，多選は法的には禁止されていません。多選を禁止する法律や条例を制定することに対して，例示したもの以外の反対意見を，1つ考えて説明しなさい。

【理　科】（40分）〈満点：60点〉

1　以下の各問いに答えよ。

問1　エタノールは有機物の１つで，常温では液体で存在しており，水と任意の割合で溶解する。試験管A，B，Cの３本を用意し，試験管Aから順にエタノールの割合を減らしていき，異なる比率で水と混ぜ合わせた。次に，切ったストロー(ポリプロピレン製)をそれぞれの試験管の中に入れると表１のような結果となった。この結果をふまえ，《文章１》の空欄(あ)～(え)に当てはまる適切な語句をそれぞれ答えよ。

表１

試験管A	試験管B	試験管C
沈んだ	浮いた	浮いた

《文章１》

表１の結果から，(　あ　)の違いが分かる。水，エタノール，ストローでは，(　あ　)の小さい順に(　い　)，(　う　)，(　え　)となる。

問2　《文章２》の空欄(お)，(か)，(け)には化学式を，(き)，(く)には当てはまる適切な語句をそれぞれ答えよ。

《文章２》

有機物を完全燃焼させると，水と(　お　)が生じる。(　お　)を水酸化カルシウムの飽和水溶液に通じると，(　か　)が生じ白濁する。この反応は一般的に(　き　)反応と呼ばれ，水と(　く　)が生じる。例えば硝酸と水酸化カリウムの(　き　)反応では，(　く　)である(　け　)が生じる。

問3　有機物の燃焼にガスバーナーを使うことがある。図１のガスバーナーを点火する操作について，次のア～キの選択肢を正しい順に並べ替え，記号で答えよ。ただし，全ての記号を使うとは限らない。なお，ねじをひねる向きは，ガスバーナーを上から見たときの場合とする。

ア．マッチを点火し，炎を近づける。
イ．コックを開ける。
ウ．ねじAを時計まわりにひねり開ける。
エ．ねじAを反時計まわりにひねり開ける。
オ．ねじBを時計まわりにひねり開ける。
カ．ねじBを反時計まわりにひねり開ける。
キ．ねじAとねじBが閉まっていることを確認する。

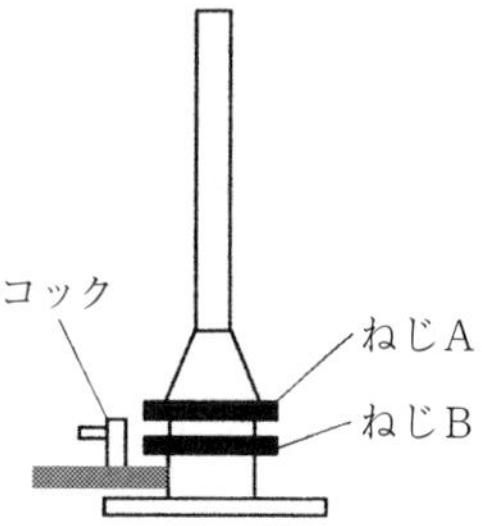

コック　ねじA　ねじB

図１

問4　図２のような，自由に動くピストン付きの容器の中に気体を入れ，その気体と過不足なく反応する酸素を加えて完全燃焼させた。必要であれば，「同じ温度，圧力のもとで，全ての気体は，その種類に関係なく同体積中に同数の分子を含む」という法則を使うこと。

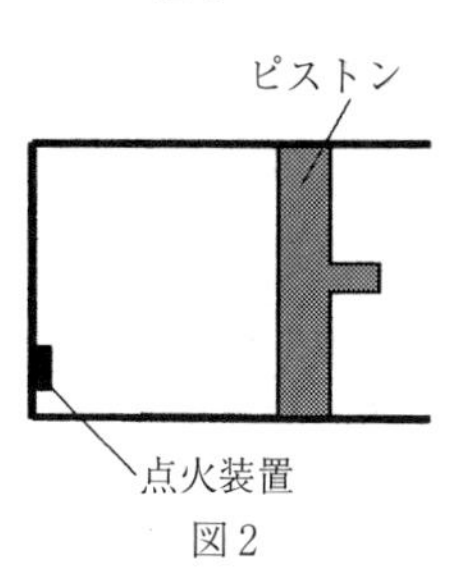

図２

(1)　プロパン C_3H_8 が完全燃焼したときの化学反応式を答えよ。

(2)　気体Xを過不足なく反応させ完全燃焼するには，その温度，圧力下で気体Xの3.5倍の体積の酸素を要した。また，気体Xは炭素原子と水素原子のみで構成されており，その原子数の比は1：3である。気体Xの化学式と，気体Xの完全燃焼の化学反応式を答えよ。

(3)　以下の(i)，(ii)の気体を入れて完全燃焼させた後の容器中の体積は，反応前の体積の何倍になるか。小数第３位を四捨五入し，第２位まで答えよ。ただし，反応前と反応後でピストンの外からかかる圧力(大気圧)と温度は同じであり，反応で生じた水は全て液体であるとする。また，点火装置と液体の体積は気体の体積に比べ限りなく小さいため無視できるものとする。

(i) 気体のプロパン

(ii) 気体のプロパンと気体Xが体積比で2：1の混合気体

2 以下の各問いに答えよ。

図1のように，A，B，Cの3人が一直線上に立っている。Aの左側には壁がある。壁面は3人が立つ一直線上に垂直であり，音を完全に反射する。AB間，BC間はともに102mである。Bは運動会で使うスタート合図用のピストルを撃った。A，Cはその音を聞いた。空気中の音速は340m/sである。

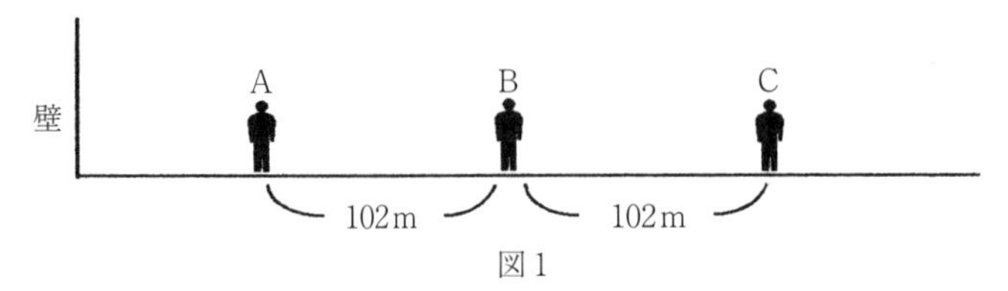

図1

問1 Aが直接音を聞くのは，Bがピストルを撃ってから何秒後か。

問2 Aは直接音を聞いてから，0.40秒後に壁からの反射音を聞いた。Aと壁との間の距離は何mか。

問3 Cは直接音を聞いてから，何秒後に壁からの反射音を聞いたか。

次に，Bが35mだけCに近づきピストルを撃った。

問4 BがCに近づく前に比べて，Cが直接音を聞いてから，壁からの反射音を聞くまでの時間について正しく述べられているものを，次のア～ウから選び，記号で答えよ。

ア．長くなる　　イ．短くなる　　ウ．変わらない

問5 BがCに近づく前に比べて，Aが直接音を聞いてから，壁からの反射音を聞くまでの時間について正しく述べられているものを，次のア～ウから選び，記号で答えよ。

ア．長くなる　　イ．短くなる　　ウ．変わらない

最後に，壁とBを結ぶ直線上でAの位置を変えた。なお，Bの位置は**問4**，**問5**での位置と変わらない。

問6 Bがピストルを0.50秒間隔で2回撃った。Aが聞いた音の回数は，合計で3回だった。Aの立っている位置は壁から何mか。

3 以下の各問いに答えよ。ただし空気の質量は地面からの高さによらず，一様に1m^3あたり1250gであるとする。また，100gの物体の重さを1Nとする。

問1 大気圧を1025hPa(1hPa＝100Pa)とする。縦の長さ80cm，横の長さ50cmの長方形の窓ガラスが大気から受ける力の大きさは何Nか。

問2 **問1**の力の大きさは2050kgの自動車何台分の重さに等しいか。

問3 地上付近の大気圧が1025hPaだとすると，地面4.0m^2の上にある空気の重さは何Nか。

問4 **問3**のとき，大気の厚さは何mになるか。

問5 実際の大気の厚さについて正しく述べた文をア～ウから，その理由を示しているグラフとして正しいものをエ～カからそれぞれ選び，記号で答えよ。

ア．実際の大気の厚さは**問4**で計算した値より薄い。

イ．実際の大気の厚さは**問4**で計算した値とほぼ同じである。

ウ．実際の大気の厚さは**問4**で計算した値より厚い。

エ.

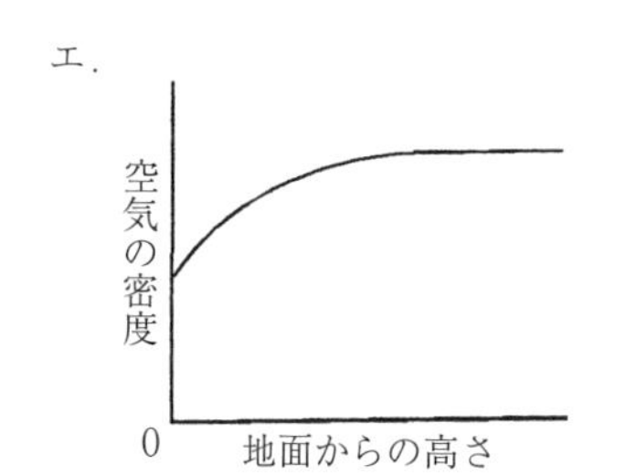

オ.

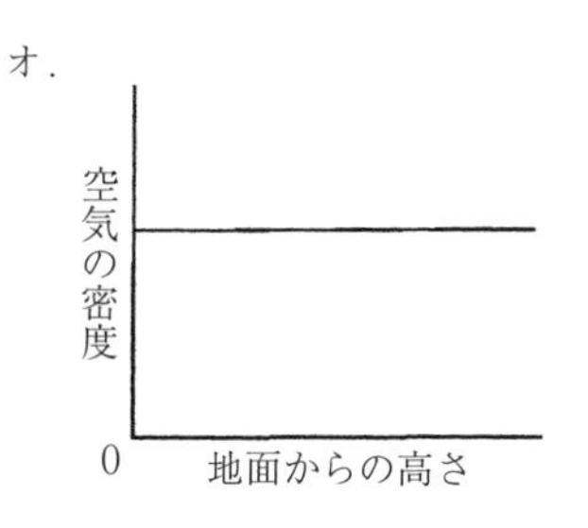

カ.

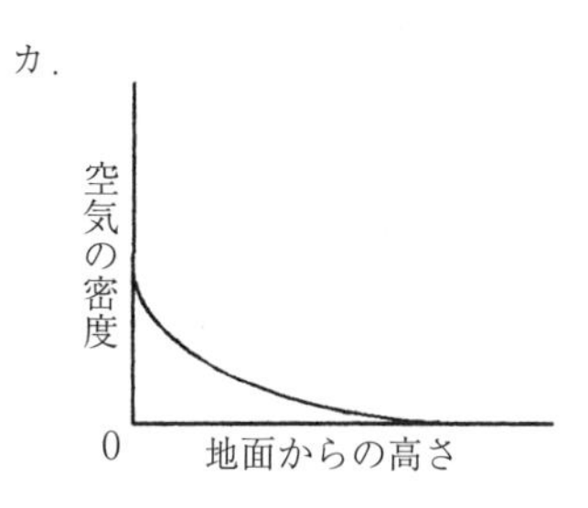

4 以下の各問いに答えよ。

図1にあるように，ある地域で標高の異なるA，B，Cの3地点においてボーリング調査を行い，得られた柱状図が図2である。横に併記してある深度の値は地表面からの深さを表している。

異なる地点にある地層を対比するには鍵層となる地層を基に考える方法がある。

図2の柱状図中には起源の異なる火山灰の層a～iが存在している。それぞれの堆積物を顕微鏡下で観察したところ，図3のような様々な鉱物が確認された。

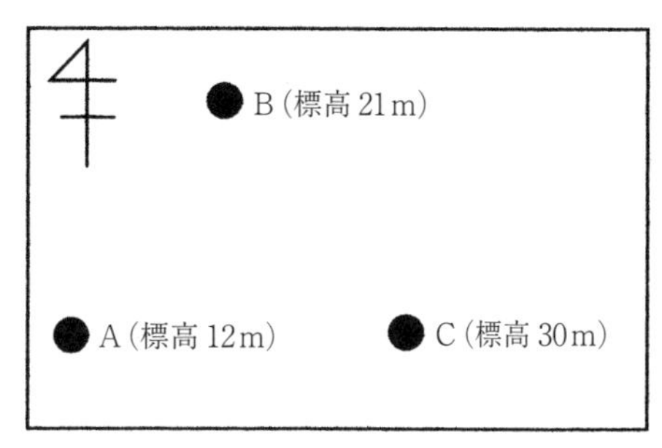

図1

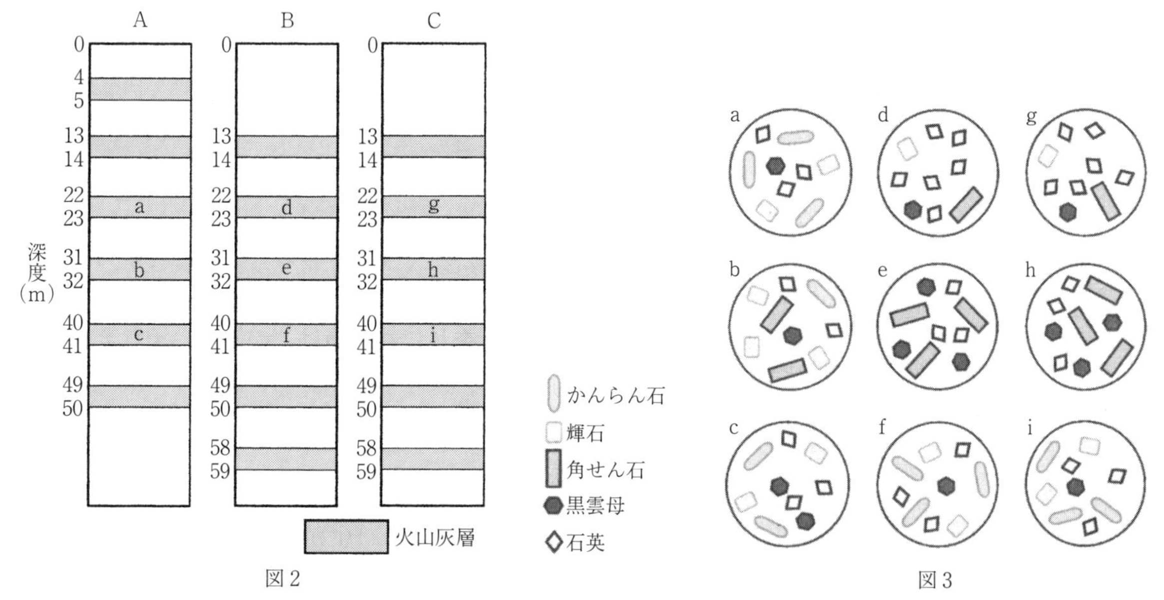

図2

図3

問1　柱状図においてA，B，Cの3地点の鍵層となる火山灰の層はどれか。a～iから全て選び，記号で答えよ。

問2　鍵層を基に，A，B，Cの3地点の地層を対比して，この地域の地層の傾斜している(低くなっている)方角を，次のア～エから選び，記号で答えよ。

ア．南東に向かって傾斜している。

イ．北東に向かって傾斜している。

ウ．北に向かって傾斜している。

エ．地層は傾斜していない。

5 以下の各問いに答えよ。

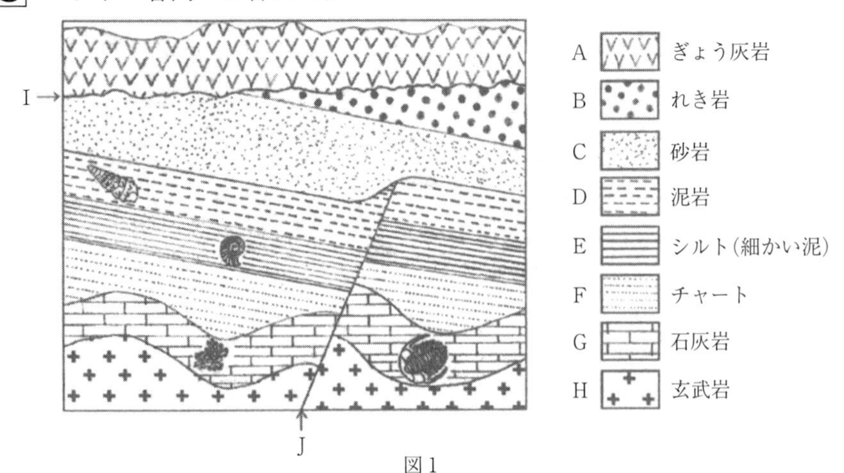

図1

図1はある斜面に見られた地層を模式的に表したものである。G層からはサンゴと三葉虫の化石が，E層からはアンモナイトの化石が，D層からはビカリアの化石が見つかった。ただし，地層の逆転はないものとする。

問1　G層が堆積した場所の環境と時代(古生代・中生代・新生代)を述べよ。

問2　恐竜の化石が見つかるとしたらA～H層のうち，どの層か。記号で答えよ。

問3　G層に見られるような波打った地層を何というか。

問4　Jのような断層が形成された際に地層に加わったと考えられる力を，次のア，イから選び，記号で答えよ。また，そのような断層を特に何というか。

ア．横方向に押す力

イ．横方向に引く力

問5　Iのような地層の重なり方を何というか。

問6　B～E層の4層を見ると，上にいくにつれ堆積物粒子が粗くなっている。このことから何が起きたと考えられるか述べよ。

問7　A～Jの形成過程を古い順に並べた際に，6番目と9番目にくる層はどの層か。それぞれ記号で答えよ。

6 以下の各問いに答えよ。

生物には，自分と同じ種類の子孫をつくるはたらきがあり，これを生殖という。生殖には，両親を必要とせず，親のからだの一部が分かれてそのまま子になる「(あ)生殖」と，子孫を残すための(い)を用いて子をつくる「(う)生殖」とがある。

「(あ)生殖」の1つには，ジャガイモのように，根・茎・葉などの器官から人工的に新しい個体をつくるものがあり，農業や園芸ではよく利用される方法である。

「(う)生殖」において，親と子の形質を比較すると，親と子の間で遺伝していることがわかる。例えば，メンデルが遺伝の研究で使用していたエンドウの種子の形で，①代々自家受精させてもしわのない丸い種子と，②代々自家受精させてもしわのある種子を親として交雑させてできた子の種子は，③どちらか一方の形質しか発現しない。下線部①と②の関係を対立形質といい，子に発現する方を優性形質，発現しない方を劣性形質という。形質が遺伝するのは，遺伝子による。

このような遺伝が起こるのは，(い)を形成する際，(え)によって対になっている遺伝子が別々の(い)に入るからである。

問1　空欄(あ)～(え)に当てはまる適切な語句をそれぞれ答えよ。

問2　被子植物の生殖に関する問いに答えよ。

(1)　受粉から種子が形成される過程について，次のア～オの選択肢を正しい順に並べ替え，記号で答えよ。

ア．花粉管が伸びてその中を精細胞が移動していく。

イ．めしべの柱頭に花粉がつく。

ウ．卵細胞の核と精細胞の核が合体する。

エ．種子と果実がつくられる。

オ．受精卵が細胞分裂を繰り返して胚になる。

(2)　種子および果実になるのは，めしべのどの部分か。それぞれ答えよ。

問3　下線部①や②のように，代々自家受精しても形質が変わらない系統を何というか。また，下線部③について，遺伝の法則名を何というか。それぞれ答えよ。

問4　遺伝について考える場合，アルファベットを用いると考えやすい。例えば，優性をアルファベットの大文字，劣性をアルファベットの小文字とすると，エンドウの種子を丸くする遺伝子をA，しわにする遺伝子をaと表すことができる。

下線部①と②を交雑して得られた子を自家受精して孫を得た。その孫をそれぞれ自家受精して得られたひ孫の遺伝子型とその分離比を，簡単な整数比で答えよ。

問5　「(あ)生殖」と「(う)生殖」を比較した場合，それぞれ有利な点と，不利な点が考えられる。そのうち，「(あ)生殖」と「(う)生殖」の有利な点について，それぞれ1つずつ述べよ。

人が第一の望みとしていたことだから、それがかなわないとなると、周りの人も、とてもあわてたろうね。

ウ　生徒C…ここに書かれているのは僧侶だから、お寺のものを思いのままに横領する人たちが多かったのかな。その人達に警告したかったのだろうな。

エ　生徒D…無欲であることが求められていた僧が、お寺の財産を私物化することが横行していて、作者はそれを苦々しく思っていたんだね。

オ　生徒E…あの世へは何も持って行くことは出来ないのに、物欲にとらわれてしまう人間の悲しい本性を嘆く気持ちが書かれているよ。

7　『宇治拾遺物語』と同じジャンル（文学形態）の作品を次のア〜オの中から一つ選び、記号で答えなさい。

ア　枕草子　　イ　徒然草　　ウ　今昔物語集

エ　平家物語　　オ　源氏物語

エ　波線部d「重ねられた批評の言葉には、どれも聞き覚えがあった」という叙述から、評論家の辛辣な言葉が記憶に残るくらい、「わたし」も内心では姉の詩集が評価されなかったことに傷ついていたことがわかる。

オ　波線部e「わかっていたのに、言ってしまった」という叙述から、「わたし」が彼に反論しても姉は喜ばないとわかっていながら、それでも黙っていられないほど「わたし」が姉の詩に惹かれていることがわかる。

カ　波線部f「心の中では、これまで何度となく言ったことのあるせりふだ」という叙述から、心のどこかでは尊敬している姉の作品を酷評した人達に対して、「わたし」が内心ではずっと不満を抱いていたことがわかる。

三

次の文章を読んで、後の問いに答えなさい。

今は昔、薬師寺の＊別当僧都といふ人ありけり。別当はしけれども、ことに寺の物も使はで、極楽に生まれん事をなん願ひける。年老い、病して、死ぬるきざみになりて、念仏して消え入らんとす。無下に限りと見ゆる程に、よろしうなりて、弟子を呼びていふやう、A見るやうに、念仏は他念なく申して死ぬれば、極楽の迎へいますらんと待たるるに、極楽の迎へは見えずして、①火の車を寄こす。こはなんぞ。かくは思はず。何の罪によりて、地獄の迎へは来たるぞといひつれば、車につきたる鬼どものいふやう、この寺の物をひとせ、＊五斗借りて、いまだ返さねば、その罪によりて、この迎へは得たるなりといひつれば、我いひつるは、②さばかりの罪にては、地獄に落つべきやうなし。その物を返してんといへば、火の車を寄せて待つなり。さればとくとく＊一石ずきやうにせよといひければ、弟子ども＊手惑ひをして、いふままにずきやうにしつ。その鐘の声のする折、火の車帰りぬ。さてとばかりありて、火の車は帰りて、極楽の迎へ今なんおはすると、手をすりて悦びつつ終はりにけり。

その坊は薬師寺の大門の北の脇にある坊なり。今にその形失せずしてあり。③さばかり程の物使ひたるにだに、火の車迎へに来たる。まして寺物を心のままに使ひたる諸寺の別当の、地獄の迎へこそ思ひやらるれ。

（『宇治拾遺物語』より）

＊別当…寺務を担当する僧。
＊斗・石…ここでは米の容量の単位。一斗＝一八リットル、一石＝一八〇リットル。
＊一石ずきやう…僧に米一石分、経を読ませること。
＊手惑ひ…大あわてすること。

1　二重傍線部「いふやう」の読みを現代仮名遣いで答えなさい。

2　傍線部①「火の車」はどのようなものか、それを言い表している文中の5字の語句を抜き出して答えなさい。

3　波線部A「見るやうに」から始まっている、別当の言葉はどこで終わるか。最後の7字を抜き出して答えなさい。

4　傍線部②「さばかりの罪」とあるが、どのような罪のことか。罪の内容を説明している部分を本文中より25字以内で探し、その最初の5字を抜き出して答えなさい。

5　傍線部③「さばかり程の物使ひたる」の主語として最も適切なものを次のア～オの中から選び、記号で答えなさい。

ア　薬師寺の別当僧都　　イ　弟子
ウ　極楽の迎へ　　エ　地獄の迎へ
オ　車につきたる鬼ども

6　次に示すのはこの文章の作者がいいたかったことについて生徒たちが発言している場面である。本文の内容に**合致しない意見**を次のア～オの中から一つ選び、記号で答えなさい。

ア　生徒A…極楽に往生するための条件はきびしいんだね、わずかな米を、お寺から借りて返さないだけでも地獄へ連れて行かれるんだから。

イ　生徒B…そうだね。極楽往生は、当時の人々、特に出家した

様子

オ　相手を傷つけてしまったと思い、気まずくなったような様子

2　傍線部①「わたしは姉が出した二作目の詩集もかばんに入れた」とあるが、それはなぜか。最も適切なものを次のア～オの中から選び、記号で答えなさい。

ア　姉のデビュー作の詩集を気に入ってくれた彼なら、二作目の詩集もきっと読んでくれており、世間的な評価をくつがえすような感想を述べてくれると思ったから。

イ　平凡な男の子たちとは違う彼なら、詩集の作者が「わたし」の姉だということも世評も関係なく、独自の視点で好意的な感想を述べてくれると思ったから。

ウ　自分の世界を大事にしている彼なら、「わたし」が詩集の作者の妹だとわかっても無関心な態度でいてくれると感じ、気楽に付き合えると思ったから。

エ　多くの文学作品を読んだ彼なら、「わたし」が世間的に評価されていない詩人の妹だと知っても、遠慮することなく詩集の感想を述べてくれると思ったから。

オ　姉の詩を好きだと言った彼なら、二作目の詩集も高く評価してくれ、姉へのバッシングで傷ついた「わたし」の心に寄り添ってくれると思ったから。

3　傍線部②「変わり者と呼ばれるクラスメイトばかりが気になってしまう」とあるが、「わたし」が気になってしまう「変わり者」のクラスメイトとはどのような人のことか。最も適切なものを次のア～オの中から選び、記号で答えなさい。

ア　自分らしくありたいと思いながらも周囲の環境に影響されてしまう「わたし」とは違い、自分の主義主張に自信を持ち、相手にはっきりと伝えることができる人。

イ　普通であることを嫌いながらもどこか安心している「わたし」とは違い、高校生とは思えない達観したものの考え方をし、孤高の存在として一目置かれている人。

ウ　周りの意見に左右されている「わたし」とは違い、自分の世界に没頭することに楽しみを見いだし、友人がいなくても現代社会に適応できなくても気にしない人。

エ　姉との比較や教師の評価を気にしてしまう「わたし」とは違い、他者に流されることなく自分の世界の中で静かな時を過ごす独特な雰囲気を持っている人。

オ　特別でありたいと願いながらも平凡に生きるしかない「わたし」とは違い、日常の中でも自分の才能を発揮し、マイペースに充実した生活を送れている人。

4　傍線部③「小細工をするくらいなら、正直にかまえていたほうがまだましだ」とあるが、「正直にかまえる」とはどういうことか。本文中の語句を用いて10字以上15字以内で説明しなさい。

5　傍線部④「わたしは絶望的な気分に襲われた」とあるが、なぜ「わたし」は「絶望」したのか。70字以内で説明しなさい。

6　波線部a～fからわかる「わたし」の姉に対する感情の説明として**不適切なもの**を次のア～カの中から**二つ**選び、記号で答えなさい。

ア　波線部a「十七歳を、姉が詩人になった年齢を、ひとりで迎えたくない」という叙述から、姉がプロの詩人となった年齢に自分も何か特別なことをしたいという、強い対抗心を抱いていることがわかる。

イ　波線部b「好きと言われたのはわたしではなく、……つまり、姉の書いた詩だった」という叙述から、姉を疎んじながらもどこかで姉の才能を誇りに思っており、もっと評価されるべきだと考えていることがわかる。

ウ　波線部c「わたしはとっさに首を振った。いやな予感を払いのけるように、何度も」という叙述から、詩に関して非凡な才能を持つ彼が姉の才能を理解できないはずがないと、必死に自分に言い聞かせていることがわかる。

るよね、デビュー作にすべてを注ぎこんで、その後は抜け殻っていう。なんか、ちょっと気の毒だよなあ」
ふだんと変わらず低い声に、うきうきした調子がうっすらとにじんでいて、④わたしは絶望的な気分に襲われた。＊例の評論家のにやついた近影写真を、得意そうにふくらんだ小鼻を、頭から追い出そうとつとめた。
「若いうちに売れすぎると、ちやほやされて調子に乗って、だめになっちゃうのかも。結局、天才なんてめったにいるもんじゃないんだよな」
したり顔で言い足した彼の小鼻も、心なしかふくらんでいるように見えた。d重ねられた批評の言葉には、どれも聞き覚えがあった。
「そもそも芸術的に優れてるのと、世の中で売れるっていうのは違うかもしれない。わかるひとにだけはわかるっていうか」
困ったものだとでも言いたげに、肩をすくめる。自分こそ、言うなれば「世の中」の意見を克明になぞっているということは、気にならないのだろうか。それとももしかしたら、気がついていないのだろうか。
「それか、最初もまぐれあたりだったのかな？」
そうかもね、と調子を合わせておけばいいのはわかっていた。詩集をかばんにしまって、じきに運ばれてくるハンバーガーにかぶりつけば、話はここで終わる。
eわかっていたのに、言ってしまった。
「そういうの、読んでから言ったほうがいいんじゃない？」
彼の顔がみるみるうちにひきつった。
わたしだって、えらそうなことは言えない。とりたてて才能を持っているわけでもない。普通であることそのものを、否定するつもりもない。ただ、それをごまかしたがるのはかっこわるい。まして、できあいの意見を借りて賢しげにわかったようなことを言い立てるなんて、ださすぎる。
わたしはかっこわるくなりたくない。ださくなりたくない。そのための努力は惜しみたくない。
「ていうか、文句があるなら自分で書いたら？」
f心の中では、これまで何度となく言ったことのあるせりふだ。でも、実際に口に出したのは、はじめてだった。
わたしはそのまま席を立ち、まっすぐ家に帰って、牛乳を一気飲みした。

（瀧羽麻子『ぱりぱり』より）

＊あの教師…「わたし」の姉の担任の教師。姉の後、「わたし」の担任となった。
＊例の評論家…「わたし」の姉の二作目の詩集を酷評した評論家。

1　二重傍線部A・Bについて、この場合の意味として最も適切なものを後のア～オの中からそれぞれ選び、記号で答えなさい。

A「けげんそうに」
ア　貴重な読書の時間を邪魔されたことを、腹立たしく思ったように
イ　後ろの席からいきなり声をかけられたことに、内心驚いたように
ウ　相手がなれなれしく接してきたことを、疎ましく感じたように
エ　さほど親しくない人に話しかけられたことを、あやしく思ったように
オ　話しかけられた理由がわからず、相手の真意を探っているように

B「ばつが悪そう」
ア　失礼な発言をしたことに気づき、申し訳なくなったような様子
イ　世間知らずだと思われたと感じ、恥ずかしくなったような様子
ウ　好きな子を悲しませてしまい、情けなくなったような様子
エ　謝罪を受け入れてもらえず、いたたまれなくなったような

「でも、これはすごく好き」

ｂ好きと言われたのはわたしではなく、その本だった。つまり、姉の書いた詩だった。くらっときてしまうなんて、ばかみたいだと自分でも思う。運命かも、と感じるなんて、本当にわたしはばかだった。

一昨日の晩、数学の問題集や漢字のドリルと一緒に、①わたしは姉が出した二作目の詩集もかばんに入れた。デビュー作しか読んでいないと言っていた彼に貸すつもりだった。ついでに、作者が自分の姉だと打ち明けてしまってもいいとも考えていた。彼の気を引きたかったのではない。むしろ反対に、無愛想な反応こそを期待していた。彼なら、ふうんそうなんだ、とこともなげに流してくれそうな気がした。これまでわたしが好きになってきた、平凡な男の子たちとは違って。

文学少年ふうのおとなびた男子に、わたしは弱い。自分の世界を大事にするあまり同級生とも距離を置いているような、現実社会にはさほど関心がないような、クールでそっけない態度に、どういうわけかひかれる。自分の持っていないものだからだろうか。趣味が悪いと友達にからかわれつつも、②変わり者と呼ばれるクラスメイトばかりが気になってしまう。

妹さんは、普通なんですね。

さかのぼっていくと、結局そこへたどり着くのかもしれない。

＊あの教師にしてみれば、ほめるつもりで口にしたのだろう。わたしと姉がまるで違うと知り、ほっとしてつい本音がもれたのだ。「普通」というのがやがてわたしを縛る呪いの言葉になるなんて、思ってもみなかっただろう。

これまでの恋がことごとくうまくいかなかったのも呪いがかかっているせいではないかと、わたしは半ば本気で疑っている。

流れはだいたい決まっている。まず、わたしが熱心にアプローチする。はじめのうち、向こうはつれない。恋愛なんて俗っぽい、興味がない、という顔をしている。それでも追いかけていると、ようやく心を開きはじめる。ところが、あこがれの彼と至近距離で向きあってみて、わたしははたと気がついてしまう。個性的だとか変わっているとか噂（うわさ）され、周りに一目置かれているその相手が、実は友達の目を気にしていたり、保守的な考えかたの持ち主だったり、さして感性が鋭いわけでもなかったりすることに。

凡人だと思われたくないという自意識は、わたしにもわかる。痛いくらいわかる。ただ、それなら努力すればいいと思う。凡庸な自分が気に入らないなら、変わる努力をするべきじゃないか。うわべだけとりつくろい、あいつはなにか違うと純朴な同級生に感心されて悦に入っている場合ではない。③小細工をするくらいなら、正直にかまえていたほうがまだましだ。

彼と昼を食べに入ったファストフードの店で、注文したハンバーガーの待ち時間に、わたしはテーブルに詩集を出した。

「ああ、これ」

表紙を見るなり、彼は言った。

「もう読んだ？」

「いや」

彼は即座に答えた。

「読んでない。二作目はいまいちだって聞いたから。ひとつめと比べて、まったく話にならないって」

いやな予感がした。

「あ、ごめん。このひとが好きなんだっけ」

うつむいたわたしをのぞきこんだ彼は、けれどいつものように上品で知的に見えた。少しＢばつが悪そうでもあった。

「ううん、別に。たまたま家にあったから持ってきてみただけ」

ｃわたしはとっさに首を振った。いやな予感を払いのけるように、何度も。

「そっか。ファンってわけじゃないんだ」

彼がほっとしたように息をついた。

「だけど、やっぱり才能ってすり減るのかな。よく作家とかでもあているように見えて実は真理をついている論理になっているところ。

7　次のア～オの中から本文の内容に合致するものを一つ選び、記号で答えなさい。

ア　科学研究とは対象となる自然現象を分けて観察しながら少しずつ経験的な知識を増やしていくことであるが、その際に必要となるのは、観察する対象を集めて終わってしまうコレクターのような姿勢ではなく、対象となる自然現象の中に固有性や多様性を見つけ出そうとする分析力である。

イ　一般的に科学はすでに実証された事実や知識の集積であるかのように思われているが、実際の科学は事実の不足を「科学的仮説」によって補っている構造物のようなものであるから、科学の発展のためには新しいパラダイムによって「科学的仮説」の実証性が証明されなければならない。

ウ　「科学が何であるか」を知るには、逆に「何が科学でないか」を理解することも大切ではあるが、ポパーが提案した「反証可能性」という、科学と非科学の境を決める論理を用いれば、お化けや空飛ぶ円盤が存在するということも、「仮説」の立て方次第で科学的であるということができる。

エ　非科学的な説は検証も反証もできないので無条件に受け入れることしかできないが、こうした検証も反証もできない説は、どんなに科学が進歩しても科学的な説として修正されるということはないから、むしろ間違っていると修正を受けるものの方が科学的な説であるということができる。

オ　科学にとって仮説は大きな役割を果たしているが、科学者の仮説と意見を区別することは一般の人にとっては難しいので、科学者が書いた文章を読むときには科学的良心を見抜く眼力を持ち、どこに証拠があるのかと批判的に考えて、科学的な厳密さに対する感覚を磨くことが大事である。

二　次の文章を読んで、後の問いに答えなさい。

「わたし」の姉は、独特の感性をもち、子供の頃から「変わり者」と呼ばれていたが、十七歳で詩人となり、デビュー作が大ヒットした。しかし二作目の評価は芳しくなく、評論家から酷評された。次の文章は、もうすぐ十七歳の誕生日を迎える「わたし」が、数日前に起こった「彼」との出来事を回想している場面である。

休みの間に、わたしは十六歳から十七歳になる。誕生日はできれば彼と一緒に過ごしたい、とわたしは内心ねらっていた。ａ十七歳を、姉が詩人になった年齢を、ひとりで迎えたくない。

おとなしくて目立たない彼とは、二年になってはじめての席替えで前後の席になるまでは、特に接点がなかった。真後ろに座ってみてはじめて、なかなか感じがいいと気づいた。色白でととのった顔立ちも、聡明（そうめい）そうな低い声も、細くてさらさらの髪も清潔な襟足も、いい。物静かな雰囲気も好みだった。

話しかけた理由は、でも別にある。

彼はよく本を読んでいた。どれもぶあつく、長編小説のようだが、書店のカバーがかかっていて題名や著者はわからない。背中越しに中身をうかがってみても、細かい活字が所狭しと並んでいるのが確認できるだけで、文章までは読みとれなかった。

一学期の期末試験明けに彼が広げていた本は、しかしそれまでと様子がちがっていた。ページの余白が多く、紙の端を縁どるように色刷りで幾何学模様がほどこされ、一見すると絵本のような印象も受ける。

「詩、好きなの？」

わたしが思わず声をかけると、彼はＡけげんそうに振り向いた。中腰になっていたわたしは、自分の椅子に座り直した。

「いや、そういうわけじゃないけど」

答えた彼は、少し考えて続けた。

性が見出せると考えたから。

3　傍線部②「一歩踏み込んだ説明」とは何か。文中から10字以内の語句を抜き出して答えなさい。

4　傍線部③「実際の科学は、事実の足りないところを『科学的仮説』で補いながら作り上げた構造物である」とあるが、次に示すのは、この文章を読んだ五人の生徒が、「科学的仮説」について話し合っている場面である。最も適切な意見を述べているものを後のア～オの中から選び、記号で答えなさい。

教師…本文には「科学的仮説」になる場合の例と、ならない場合の例がいくつか挙げられていますが、それでは、「宇宙には生命が存在する惑星が地球以外にもある」という主張は、本文の論旨に従うと「科学的仮説」になるでしょうか、ならないでしょうか。話し合ってください。

ア　生徒A…「宇宙には生命が存在する惑星が他にもある」という主張は、現在、実際に他の惑星へ行って生命の存在を検証することが不可能だから「科学的仮説」とはなり得ないけれど、将来科学技術が進歩して宇宙旅行が可能になれば「科学的仮説」となり得ると思うな。

イ　生徒B…そうかなあ。宇宙を探索して生命が存在する惑星を発見するという検証は可能だよね。でも、その時、生命が存在する惑星を発見できなかったとしても、それで生命が存在する惑星はどこにもないという反証は成り立たないんだから「科学的仮説」にはならないよ。

ウ　生徒C…僕はね、「宇宙には生命が存在する惑星が他にもある」という主張は、宇宙の中で地球にしか生命がいないという現実によって反証されているし、無数にある惑星の中には生命が存在する星もあるはずだという検証も可能なんだから「科学的仮説」になると思うよ。

エ　生徒D…たしかに、はやぶさのような惑星探査機が何らかの生命の痕跡(こんせき)を地球に持ち帰れば検証は可能だよね。でも、実際に惑星探査機が生命の痕跡を採集して帰還するといった可能性はほとんど無いんだから、この主張を「科学的仮説」とすることはできないんじゃない。

オ　生徒E…地球から宇宙船を送って宇宙を探索して、生命が存在する惑星を発見したら報告するという方法が確立されれば、この主張は検証できるよね。一方で、地球にしか生命は存在しないという反証も成り立っているんだから、この主張は「科学的仮説」になるはずだよ。

5　傍線部④「反証可能性」とは何か。70字以内で説明しなさい。

6　傍線部⑤「逆説めいていて面白い」とあるが、筆者はどのようなところを「逆説めいてい」ると言うのか。その説明として最も適切なものを次のア～オの中から選び、記号で答えなさい。

ア　反証によって仮説の間違いを証明することが仮説の科学的な正しさを証明するという論理に、否定できるから肯定できるという、一見すると真理とは思えないような矛盾が存在しているところ。

イ　反証できることが仮説の科学的根拠になるという論理が、誤りを証明したことが正しさを証明することになってしまったという、本来の目的とは正反対の結果を生み出してしまっているところ。

ウ　反証の間違いを証明することで仮説の科学的な正しさを証明しようとする論理に、遠回りをすることが真理への近道だという、一見すると矛盾とも思われるような真理が内包されているところ。

エ　反証によって仮説の誤りを証明できればその仮説は科学的に成立するという論理に、間違いと言えるから成り立つという、一般的な理屈からすれば矛盾のように思われる論理が存在するところ。

オ　反証が間違っていれば仮説が科学的に成立するという論理が、無いことが有ることを証明するという、一見すると真理に背いただし、自分の意見を「われ思う、ゆえに真なり」のように見なすようになったら、もはや科学者としては終わりである。科学にとって実証性こそが命であり、これを失うことは科学を放棄するのに等しい。危険なのは、一般の人々に向けて自分の考えを述べているうちに、仮説と意見の境についての感覚が麻痺(まひ)してしまうことである。そのため、科学者が書いたエッセーの中にもずいぶん無責任な意見があるのだ。

一般向けの科学についての本を手に取ったら、どの程度科学的な良心に従って書かれているかを見抜く眼力が必要である。科学的な厳密さに対する感覚は、どのような証拠があるのか、どうして別の説ではいけないのか、と仮説と意見を見分けるべく批判的に考えることによってのみ磨かれる。科学が分かるには、そのような思考の積み重ねが大切なのだ。

（酒井邦嘉『科学者という仕事』より）

＊R・P・ファインマン…（一九一八〜一九八八）アメリカの物理学者。ノーベル物理学賞受賞。

＊K・R・ポパー…（一九〇二〜一九九四）イギリスの哲学者。

＊分子…原子の結合体で、物質がその化学的性質を保って存在しうる最小の構成単位と見なされるもの。

＊アプリオリ…「先天的」の意。後天的な経験に依存せず、先立つものとして与えられていること。

＊アポステリオリ…「後天的」の意。経験や学習によって得られること。

＊エネルギー保存の法則…外部からの影響を受けない物理系（孤立系）においては、その内部でどのような物理的あるいは化学的変化が起こっても、全体としてのエネルギーは不変であるという法則。

＊風が吹けば桶屋がもうかる…ある出来事が巡り巡って思いがけないところに影響を及ぼすということ。

＊T・S・クーン…（一九二二〜一九九六）アメリカの哲学者、科学者。専門は科学史及び科学哲学。

＊H・ポアンカレ…（一八五四〜一九一二）フランスの数学者、物理学者。

＊R・デカルト…（一五九六〜一六五〇）フランスの哲学者、数学者。

1　傍線部A〜Eのカタカナを漢字に直しなさい。

2　傍線部①「日本語でも、『分かる』という言葉が『分ける』や『分かつ』と関係しているのは興味深い」とあるが、筆者が「興味深い」と考えるのはどうしてか。その理由として最も適切なものを次のア〜オの中から選び、記号で答えなさい。

ア　日本語の「分かる」という言葉とラテン語の「分ける（scindere）」という言葉の根底に共通して存在しているものは、対象となる自然現象を少しずつ分けながら理解しようとする姿勢であって、科学（サイエンス）が画期的であるのはこうした姿勢に基づいていると考えたから。

イ　サイエンス（science）の語源がラテン語で「分ける（scindere）」ことに関係しているように、対象となる自然現象をさまざまな方法で「分け」、そこに固有の性質を見出しながらそれを正確に観察するという科学研究の手法は、洋の東西を問わず共通のものであると考えたから。

ウ　科学が西欧社会で発展してきたことは、サイエンス（science）がラテン語の「分ける（scindere）」を語源としているところからも明確であるが、日本語の「分ける」という言葉が「分かる」ことと関係しているように、日本でも科学が生まれる可能性はあったと考えたから。

エ　「分ける」ことによって対象についての知識を少しずつ増やしていくという科学研究の本質が、サイエンス（science）の語源であるラテン語の「知識・原理（scientia）」や「分ける（scindere）」だけでなく、日本語の「分かる」や「分ける」にも関係していると考えたから。

オ　「分ける」や「分かつ」と関係する日本語の「分かる」という言葉は、「分ける（scindere）」というラテン語に由来する科学（サイエンス）とは何の関係も持っていないはずなのに、両者の間に「分ける」ことで「分かる」ことを導き出すという普遍占いは、当たらないことがあるから非科学的なのではない。天気予報は、いつも正確に予測できるとは限らないが、科学的な方法に基づいている。また、お化けや空飛ぶ円盤の存在は、科学的に証明されてはいないわけだが、逆に「お化けが存在しない」ということを証明するのも難しい。なぜなら、いつどこに現れるかも分からないお化けを徹底的に探すことはできないわけで、結局見つからなかったとしても、「お化けが存在しない」と結論するわけにはいかない。ひょっとして今この瞬間に自分の目の前にお化けが現れるかもしれないからだ。

哲学者の＊K・R・ポパーは、科学と非科学を分けるために、次のような方法を提案した。反証（間違っていることを証明すること）が可能な理論は科学的であり、反証が不可能な説は非科学的だと考える。検証ができるかどうかは問わない。

そもそも、ある理論を裏づける事実があったとしても、たまたまそのような都合の良い事例があっただけかもしれないので、その理論を「証明」したことにはならない。しかも、ある法則が成り立つ条件を調べるといっても、すべての条件をテストすることは難しい。むしろ、科学の進歩によって間違っていると修正を受けうるものの方が、はるかに「科学的」であると言える。

一方、非科学的な説は、検証も反証もできないので、それを受け入れるためには、無条件に信じるしかない。科学と非科学の境を決めるこの基準は、「④反証可能性」と呼ばれている。反証できるかどうかが科学的な根拠となるというのは、⑤逆説めいていて面白い。

たとえば、「すべてのカラスは黒い」という説は、一羽でも白いカラスを見つければ反証されるので、科学的である。しかし、「お化け」が存在することは検証も反証もできないので、その存在を信じることは非科学的である。逆に、「お化けなど存在しない」と主張することは、どこかでお化けが見つかれば反証されるので、より科学的だということになる。一方、「＊分子など存在しない」という説は、一つの分子を計測装置でとらえることですでに反証されており、分子が存在することは科学的な事実である。

科学の知識は、経験による根拠を必要としない数学のDコウリのような「＊アプリオリな知識」と、経験を根拠としていて反証できる「＊アポステリオリな知識」とに、大きく分けられる。たとえば、「＊エネルギー保存の法則」はアプリオリな知識であり、「＊風が吹けば桶屋（おけや）がもうかる」というのは、アポステリオリな知識である。

ここで、反証できるアポステリオリな知識しか科学的と認めないならば、ちょっと極端である。これでは、簡単に証明したり取り下げられたりする理論ばかりが「科学的」ということになってしまい、果たして科学は進歩するのか、という疑問が生ずる。

科学理論の発展という観点から、アメリカの科学史家の＊T・S・クーンは、ある一定の期間を代表して手本となるような科学理論（たとえば天動説）を「パラダイム（範例）」と名づけて、新しいパラダイム（たとえば地動説）へと世界観がEヘンカクしながら科学が進歩するということを、豊富な例をもとに主張した。

このように、科学的仮説は検証と反証をくり返しながら発展していく。科学における仮説の役割がとても大きいことは、数学者・物理学者の＊H・ポアンカレがはっきりと述べているところでもある。

しかし、科学者が述べる説が、いつも仮説の形を取っているとは限らない。科学者の単なる思いつきや予想はあくまで意見にすぎず、科学的な仮説とは違う。科学者は仮説と意見をきちんと分けて述べる必要があるが、一般の人にはその区別がよく分からないので、両者を混同することで誤解が生じやすい。

科学的な仮説に対しては、それが正しいかどうかをまず疑ってみることが、科学的な思考の第一歩である。仮説を鵜呑み（うの）にしたのでは、科学は始まらない。

ラテン語の「コギト・エルゴ・スム」（われ思う、ゆえにわれあり）という＊R・デカルトの言葉は、「われ疑う、ゆえにわれあり。」と解釈する方が実際の意味に近い。これは、疑っている「私」の存在を疑うことはできない、ということなのである。

二〇二一年度 昭和学院秀英高等学校

【国語】（五〇分）〈満点：一〇〇点〉

＊字数制限のある場合は、句読点なども字数に含めます。
＊設問の関係上、原文を一部省略しています。

一 次の文章を読んで、後の問いに答えなさい。

科学者をめざすためには、まず科学（サイエンス）が何であるかを正しく知る必要がある。

サイエンス（science）の語源はラテン語で「知識・原理（scientia）」で、「分ける（scindere）」ことに関係している。①日本語でも、「分かる」という言葉が「分ける」や「分かつ」と関係しているのは興味深い。

科学で「分かる」と言う場合、確かに対象となる自然現象を分けながら理解している。つまり、「ここまでは分かる、ここから分からない」という線を引き、少しずつ分かる部分を増やしていくのが科学研究だと言える。しかし、対象が複雑な場合は、一筋縄ではいかない。謎が謎を呼んで、分かろうとしているのに、逆に分からないことの方がたくさんあることが明らかになることも多い。

科学が分けることならば、対象を分けてうまく分類ができてしまえば科学研究は終わりかというと、そんなことはない。むしろ分類することは科学研究の始まりであって、終わりではないのである。科学は、常に②一歩踏み込んだ説明を必要とする。

たとえば、蝶（ちょう）をたくさん集めたとしよう。まず、Aズカンと照らし合わせて蝶の名前を調べ、色や形で分類して、生息地や採集時期を正確に記録すれば、蝶に対する経験的な知識は、かなり深まることだろう。しかし、これでは蝶のコレクターと変わらない。単なるコレクターから科学者に脱皮できるかどうかは、その先の分析にかかっている。

蝶に共通した固有の性質（たとえば、羽にある鱗粉（りんぷん））を見つけ、それがどのような法則によって多様に変化するかを考えること、それが分析である。多様性の根底にある法則を発見するためには、対象の本質をとらえる分析力が必要となる。

つまり、科学研究を一言で表すならば、「自然法則の解明」に他ならない。物理学者＊R・P・ファインマンの次の言葉は分かりやすい。

自然を理解しようとするときの一つのやり方は、神々がチェスのようなすぐれたゲームをやっているのを想像してみることです。こうした観察から、ゲームのルールや、Bコマの動きのルールがどうなっているかを分かろうとするわけです。

このように、自然界のルール、すなわち自然法則を「分かる」ことが、科学研究である。

科学について、『広辞苑（第五版）』では、「体系的であり、経験的に実証可能な知識。物理学・化学・生物学などの自然科学が科学の典型とされるが、心理学、言語学などの人間科学もある」と定義している。確かに科学そのものは「体系的であり、経験的に実証可能な知識」であるが、科学研究は、知識を越えたその先の「分かる」という領域にある。だから、科学研究は、科学という知識体系と区別して考える必要がある。

多くの人は、科学は正しい事実だけを積み上げてできていると思うかもしれないが、それは真実ではない。③実際の科学は、事実の足りないところを「科学的仮説」で補いながら作り上げた構造物である。科学が未熟なために、本来必要となるべき鉄骨が欠けているかもしれないのだ。新しい発見による革命的な一揺れが来たら、いつCトウカイしてもおかしくないくらいである。

だから、「科学が何であるか」を知るには、逆に「何が科学でないか」を理解することも大切だ。科学は確かに合理的だから、理屈に合わない迷信は科学ではない。それでは、占いや心霊現象についてはどうだろうか。

英語解答

1 問1 ②　問2 ④　問3 ②

問4 (例1) I agree with the experts. If we make a new type of banana, we can protect banana plants and we can enjoy eating them forever. In addition, we can choose our favorite tastes of bananas. So I think it is good to create a new type of banana.

(例2) I don't think it is a good idea. If we create a new type of banana, it may damage the environment. It may also be bad for our health. So I disagree with the experts.

2 1 4…④ 5…③
2 6…① 7…④
3 8…④ 9…①
4 10…④ 11…⑦

3 [1] (例) You should〔had better〕 see a doctor at once.
[2] (例) I prefer reading (books) to playing tennis.
[3] (例) If it rains tomorrow, I'll stay at home.

4 問1 ③(12)
問2 (13)…② (14)…④ (15)…③
問3 (16)…② (17)…②

5 問1 (18)…② (19)…③　問2 ③(20)

6 問1 ③(21)　問2 ②(22)
問3 a store b you
c workplace
d first name e you
問4 (例)(相手を)お客様と呼ぶことで，店員は店員と客の関係で，客〔相手〕のより高い地位への敬意を示している。

7 [1] (例) I'm Yuri Tanaka. You're my host family. I'm very lucky to stay there.
[2] (例) I have two questions. Will you lend me any stationery? Can I use your Wi-Fi?
[3] (例) I am really looking forward to seeing you. Good bye.

1〔放送問題〕解説省略

2〔整序結合〕

1．There is something wrong with ～ で「～に何か問題がある」という意味。ここでは「～に違いない」なので，is を must be にする。　There must be something wrong with this machine.

2．'期間＋have/has passed since ～'「～以来〈期間〉がたつ」の形にまとめる。　Ten years have passed since Tom went abroad.

3．「～しませんか」は Why don't we ～? で表せる。「泳ぎに行く」は go ～ing「(スポーツ・気晴らしなどを)しに行く」の形で go swimming とする。　Why don't we go swimming in the river?

4．speak to ～「～に話しかける」の受け身形は be spoken to by ～「～に話しかけられる」となる。このように動詞句の受け身形は，過去分詞の後ろにその動詞句を構成する語(句)をそのままの順で置き，その後に「～によって」の by を置く。残りは who を主格の関係代名詞として用いて the man を修飾する。　I was spoken to by the man who was sitting on the bench.

3〔和文英訳－完全記述〕

［1］A：気分がよくないんだ。／B：顔色が悪いよ。すぐに医者に診てもらった方がいいよ。〃「～した方がいい」は，should あるいは had better で表せる。「医者に診てもらう」は see a doctor。at が指定されているので「すぐに」は at once とする。

［2］A：僕はテニスをするのが好きなんだ。君はどう？／B：そうねえ，私はテニスをするより読書をすることが好きだな。〃'prefer *A* to *B*' で「*B* より *A* の方が好き」。「読書をすること」は reading 1語のみで可。

［3］A：明日君のところに行ってもいい？／B：ごめん，明日は出かけるんだ。もし雨が降ったら，家にいるよ。〃'時' や '条件' を表す副詞節では，未来のことでも現在形で表すことに注意する。

4〔長文読解総合─説明文〕

≪全訳≫❶サンフランシスコ(AP 通信)―サンフランシスコ地区では，多くのコーヒー店が持ち帰り用の紙のカップを使うのをやめて，ガラス瓶からレンタルのマグカップに至るあらゆるものでそれらを置き換えている。❷ミシュラン3つ星レストラン，アトリエ・クレンのオーナーであるシェフのドミニク・クレンは，持ち帰り用の袋や使い捨てのコーヒーカップがなく，プラスチックもいっさい使わないカフェをサンフランシスコに開店予定だ。飲み物を持ち帰りたい客は自分のコーヒーカップを持ってくるように言われることになる。❸ブルーボトルコーヒーハウスチェーンは全米70店舗で月に約1万5000個の持ち帰り用のカップを使っているが，「使い捨てのカップの使用をやめられることをお客様や世界に見せ」たいと言っている。❹ブルーボトルは2020年にサンフランシスコのカフェ2店舗で紙のカップの使用をやめる予定だ。コーヒーを持ち帰る客は自分のマグカップを持ってくるか，再利用可能なカップのためにお金を払うかしなくてはならなくなり，そのカップは自分のものにしても，返却して返金してもらってもよい。デポジットフィーといわれるお金は3～5ドルになりそうだ，と同社は述べている。❺「多少は仕事がなくなることも予測しています」。とブルーボトルの最高経営責任者ブライアン・ミーハンは述べている。「お客様の中にはこうしたことを好まない人がいるのも知っていますし，その覚悟もできています」❻小規模カフェのオーナーであるケダー・コルデは，ステンレスの水筒がサンフランシスコ地区で必須アイテムになったのと全く同様に，いつかコーヒーを飲む人が再利用可能なマグカップを持ち歩くのがおしゃれになると楽観視している。オークランドにあるコルデのパーチカフェは，紙やプラスチックのカップの使用を，蓋やストローとともに9月にやめた。「現在では，12オンス(350ml)サイズか16オンス(470ml)サイズのガラス瓶を提供しています」とコルデは述べている。客は50セントのデポジットを払って，瓶を返却して返金してもらうか，それを自分のものにして次回以降のドリンクを25セント引きにしてもらえる。❼コルデがこの変更を行ったのは，自分のカフェの近くにあるメリット湖で彼の9歳になる娘の学校が清掃活動をして，店の使い捨てカップが湖の中にあるのを見つけた後のことだ。「お店のカップを湖からなくせないなら，私も自分の部屋を掃除しなくていいわね」と娘は彼に冗談を言った。だが，彼はそれをもっと深刻に受けとめたのだ。

問1＜適語補充＞'replace *A* with〔by〕*B*' で「*A* を *B* で置き換える」。'connect *A* with *B*'「*A* と *B* を結びつける」や 'mix *A* with *B*'「*A* を *B* と混ぜる」では意味が通らない。

問2＜適語補充＞⒀前にある to-go bags は「持ち帰り用の袋」という意味。これと並列になるものなので disposable coffee cups「使い捨てのコーヒーカップ」とする。　*cf*. dispose of ～「～を処分する」　⒁直後に「それを自分のものにしても，返却して返金してもらってもよい」とある。reusable cup「再利用可能なカップ」　*cf*. reuse「再利用(する)」　⒂be optimistic that ～「～だと楽観視している」(⇔be pessimistic that ～「～ということに悲観的だ」)

問3＜英文解釈＞⑯get 25 cents offは「25セント割引になる」ということ。また，50セントはガラス瓶に対して払うので，下線部の意味を説明するものとして適切なのは，②「客は瓶に50セントを払わなくてはならず，瓶の返却時に返金してもらってもよいし，瓶を持ち帰ってもよい。その瓶をカフェで使えば，安めの価格で飲むことができる」。　⑰'keep ～ out of …'は「～を…に寄せつけない，～を…の外に出しておく」という意味。また，下線部には，娘が父に自分の部屋を掃除してほしいと思っているという意味は含まれていない。よって，②「父の店のカップが湖にあるのに，自分が部屋を掃除しなくてはいけないのは不公平だと娘は思った」が適切。

5〔長文読解─適語選択─説明文〕

≪全訳≫❶単語の中には，それ自身を説明するものがある。*spring*と*fall*を見てみると，こうした名前が季節のうちの2つになぜついたのかがわかる。新しい植物はspring「春」にspring up「飛び出てくる」。葉っぱはfall「秋」にfall「落ちる」。遊び場にある*swing*「ブランコ」にその名前がついた理由は明らかだ。*sunrise*「日の出」が一日のいつなのかには何の不思議もない。❷しかし，他の単語は，理解するのがもっと難しい。我々の大半はいつであれ*jeans*「ジーンズ」をはいたことがある。それについてよくよく考えてみると，(Jeanという)女の子の名前と何か関係があったと考えてしまうかもしれないが，全くそんなことはない。実は，この名前は，ジーンズがつくられている生地の名前に由来している。この強い生地は，荒っぽく着られる船乗りのズボン用に，イタリアの*Genoa*「ジェノバ」で最初につくられた。これは*Genoese*「ジェノバの」布として知られ，オーバーオールや作業用ズボン用に使われ始めた。それが*Genes*布となり，そして*jeans*「ジーンズ」布となった。最終的にジーンズという名前がズボン自体に与えられたのだ。

問1．⑱fall「秋」にfall「落ちる」ものはleaves「葉っぱ」。単数形はleaf。　⑲what time of the day「一日のいつ」に関連するのはsunrise「日の出」。sun「太陽が」rise「昇る」時間ということ(⇔sunset「日の入り，日没」)。　sunshine「日光」　sunburn「日焼け」

問2．(a)イタリアの地名であるGenoa「ジェノバ」が入る。　(b)Genoaでつくられたので Genoese cloth「ジェノバの生地」として知られたのである。語尾のeseは，国名や地名について「～の，～人の，～語の」という意味の形容詞をつくる接尾語。（類例）Japan→Japanese　China→Chinese　(c)GenoeseがGenesになり，そしてjeansになったということ。

6〔長文読解総合─エッセー〕

≪全訳≫❶新学期になるたびに，私は学生たちに自己紹介をして，私をファーストネームの「ポール」で呼ぶように求めている。しかし，学生の1～2割しか実際には私のファーストネームを使わないことに，私は長年気づいている。学生の多くはどんな名前も使うことはせず，中には私を「ステイプルトン先生」とか「先生」と呼ぶ学生もいる。学生の大半が私のファーストネームを使うことがなぜそんなに難しいのか私は以前は不思議に思っていたが，今では日本文化が以前よりもわかってきたので，その理由がわかっていると私は思う。❷日本文化では，生徒が日本人の教師をファーストネームで呼んでいるのを想像するのはほとんど不可能だ。「先生」という敬称つきで教師のファーストネームを使うのは，さらに奇妙かもしれない。英語と日本語のこの違いはこのページの2つの三角形を見ることで説明可能である。❸日本語を表す三角形は，英語を表す三角形よりもはるかに縦長であることに気づいてほしい。日本語の三角形の縦長な形は，地位の低い人と地位の高い人の間にはっきりとした大きな距離があることを示している。しかし，英語の三角形はもっと平らなので，人々の間の地位の違いはそんなに明らかではない。／T：教師／S：生徒／高い地位／低い地位／日本語／英語❹図を見ると，英語の三角形以上に，日本語の三角形では教師と学生の間の距離が大きいことがわかる。距離が大きければ大きいほど，地位の低い人である学生が，地位の高い人である教師に話しかける際，敬称を使う必要性が大きくなる。❺さらに，敬称は英語では使われない多くの場面において，日本語では使われている。例えば，店で日本の店員は客を「お客様」と呼ぶし，職場では「部長」や「課長」という敬称が使われている。しかし，英語では店員は単に「you」という単語を使うだけであり，職場では地位の高い人に対してもファーストネームがよく使われる。この違いは，日本における階層構造と集団志向の重要性を反映している。(相手を)お客様と呼ぶことで，店員は店員と客の関係で，客のより高い地位への敬意を示している。職場では，敬称は呼ばれた人の集団内での地位を非常にはっきりさせている。他方，英語では，「you」はその人の地位が何であろうと使われる。フランス語，ドイツ語，日本語といった言語では，正式・略式の両方で「you」にあたる単語が複数あり，それは階層構造へのより高い関心を示している。英語におけるファーストネームの使用は，形式ばらない感じとその人に対する好意の両方を示している。

問１＜**単語の意味**＞本文は，日本語と英語における人の呼び方，つまり「呼称，敬称」について書かれたものである。この意味を示すのは，③「誰かの地位や仕事を表す名前」。①「本や楽曲，芸術作品の名前」は「表題」，②「主要なスポーツ大会の優勝者の地位」は「タイトル」の意味。

問２＜**要旨把握―図を見て答える問題**＞この後に続く２文より，日本語を表す三角形は英語を表す三角形よりも縦長で，地位の高い人と低い人との差が大きいことがわかる。　vertical「縦の，垂直の」

問３＜**内容一致**＞ａ・ｃ．下線部［１］直後の文に，in a store，in a workplace とある。　ｂ・ｄ・ｅ．英語で店員が客に使う言葉は you で，職場ではファーストネームが使われる(次の文)。また，同じ段落の終わりから３行目に「『you』はその人の地位が何であろうと使われる」とあるので，you が職場でも使われることがわかる。

問４＜**英文和訳**＞文頭の By ～ *okyakusama* は副詞句で，文の主語は a clerk「店員」。　by ～ing「～することで，～することによって」　'call＋A＋B'「AをBと呼ぶ」　show respect for ～「～への敬意〔尊敬〕を示す」　status「地位」　customer「(顧)客」　relationship「関係」

7〔**条件作文**〕

≪**全訳**≫(A)ブラウンさんへ／[１](例)私は田中由里です。ブラウンさんが私のホストファミリーです。そちらに滞在できてとてもうれしいです。[２](例)２つ質問があります。文房具は貸してもらえますか？お宅の Wi-Fi は使えますか？[３](例)お会いできるのをとても楽しみにしています。さようなら／由里

(B)由里さんへ❶メールをもらえてとてもうれしいです。あなたが１週間後に到着するのでとてもわくわくしていますよ！❷はい，必要な文房具は全てこちらにあります。ペン，消しゴム，ホチキス，のり，紙などです。ですから何も持ってくる必要はありません。２つ目の質問に関しても，同じくイエスです。うちの Wi-Fi が使えるので，ご自分のスマートフォンをお持ちください。使えますよ。❸他にも質問があったらきいてください。安全な旅を祈っています。まもなくお会いしましょう！／ではごきげんよう／メアリー・ブラウン

＜**解説**＞[１]はじめの挨拶なので，名前などを書くとよい。　[２]ブラウンさんからの返事の第２段落にある，「文房具」と「Wi-Fi」に対応する内容にすればよい。　stationery「文房具」　[３]終わりの挨拶には，look forward to ～ing「～するのを楽しみにしている」などの表現が使える。

数学解答

1 (1)　-2　(2)　2021

(3)　$(a,\ b)=(2,\ 4)$　(4)　$\dfrac{125\sqrt{3}}{54}\pi$

(5)　$\dfrac{93}{125}$

2 (1)　A$(-2,\ 4)$，B$(3,\ 9)$

(2)　$2\sqrt{2}$　(3)　$(2,\ 4)$

(4)　$(8\sqrt{2}+4\sqrt{13})\pi$

3 (1)　$\dfrac{5\sqrt{2}}{2}$　(2)　$\dfrac{7\sqrt{2}}{2}$　(3)　$\dfrac{25}{8}$

4 (1)　72

(2)　$k=1$のとき2，$k\geqq 2$のとき$2\times 3^{k-1}$

(3)　$(p,\ q)=(3,\ 23),\ (19,\ 7)$

1〔独立小問集合題〕

(1)＜**式の値**＞$1+\sqrt{2}=A$とすると，$x=A+\sqrt{3}$，$y=A-\sqrt{3}$となる。これを与式に代入して，与式$=(A+\sqrt{3})(A-\sqrt{3})-(A+\sqrt{3})-(A-\sqrt{3})=A^2-3-A-\sqrt{3}-A+\sqrt{3}=A^2-2A-3=(A+1)(A-3)$となる。$A$をもとに戻して，与式$=(1+\sqrt{2}+1)(1+\sqrt{2}-3)=(\sqrt{2}+2)(\sqrt{2}-2)=2-4=-2$である。

(2)＜**式の値**＞$x^2-2xy+y^2+2x-2y+1=(x-y)^2+2(x-y)+1$とし，$x-y=A$とおくと，$x^2-2xy+y^2+2x-2y+1=A^2+2A+1=(A+1)^2=(x-y+1)^2$となる。よって，与式$=\sqrt{(x-y+1)^2}=\sqrt{\{1111-(-909)+1\}^2}=\sqrt{2021^2}=2021$である。

(3)＜**連立方程式の応用**＞$x-ay=b$……①，$3x+by=a$……②とする。$x=2$，$y=-1$を①に代入して，$2-a\times(-1)=b$より，$a-b=-2$……③　②に代入して，$3\times2+b\times(-1)=a$より，$a+b=6$……④　③＋④より，$a+a=-2+6$，$2a=4$　$\therefore a=2$　これを④に代入して，$2+b=6$　$\therefore b=4$

(4)＜**図形—体積**＞右図で，頂点Aから底面の正方形BCDEに垂線AHを引くと，線分AH上にある点は4点B，C，D，Eから等距離にあるから，5点A，B，C，D，Eを通る球の中心は線分AH上にある。よって，この球の中心をOとすると，OA＝ODである。また，△CDHは直角二等辺三角形で，$\mathrm{HD}=\dfrac{1}{\sqrt{2}}\mathrm{CD}=\dfrac{1}{\sqrt{2}}\times2=\sqrt{2}$であるから，△AHDで三平方の定理より，$\mathrm{AH}=\sqrt{\mathrm{AD}^2-\mathrm{HD}^2}=\sqrt{(\sqrt{5})^2-(\sqrt{2})^2}=\sqrt{3}$となる。ここで，$\mathrm{OA}=\mathrm{OD}=r$とおくと，△OHDで，$\mathrm{OH}=\sqrt{3}-r$となるので，三平方の定理$\mathrm{OH}^2+\mathrm{HD}^2=\mathrm{OD}^2$より，$(\sqrt{3}-r)^2+(\sqrt{2})^2=r^2$が成り立つ。これを解くと，$3-2\sqrt{3}r+r^2+2=r^2$より，$r=\dfrac{5\sqrt{3}}{6}$となる。したがって，求める球の体積は，$\dfrac{4}{3}\pi\times\left(\dfrac{5\sqrt{3}}{6}\right)^3=\dfrac{125\sqrt{3}}{54}\pi$である。

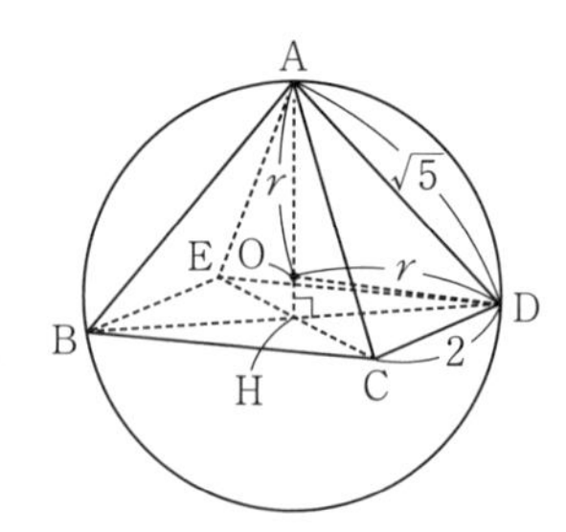

(5)＜**確率—カード**＞取り出したカードをもとに戻すので，3回のカードの取り出し方は全部で$5\times5\times5=125$(通り)ある。このうち，積が4の倍数にならないのは，㋐3回とも3か5を取り出す場合と，㋑3回のうち，2回が3か5で，残り1回は2か6を取り出す場合である。㋐の場合，取り出すカードは3回とも3か5の2通りだから，取り出し方は$2\times2\times2=8$(通り)ある。㋑の場合，1回目に2か6を取り出すとすると，1回目が2通り，2回目と3回目はともに3か5の2通りだから，取り出し方は$2\times2\times2=8$(通り)ある。2回目か3回目に2か6を取り出すときも，同様に8通りずつあるから，㋑の場合の取り出し方は$8\times3=24$(通り)ある。よって，積が4の倍数にならない取り出し方は$8+24=32$(通り)あるので，積が4の倍数になる取り出し方は，$125-32=93$(通り)ある。したがって，求める確率は$\dfrac{93}{125}$となる。

2 〔関数—関数 $y=ax^2$ と直線〕

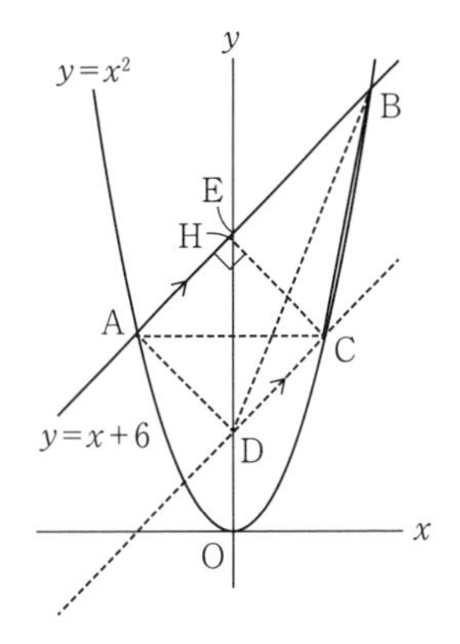

(1)＜**座標**＞右図で，２点A，Bは放物線 $y=x^2$ と直線 $y=x+6$ の交点だから，２式から y を消去すると，$x^2=x+6$ より，$x^2-x-6=0$，$(x+2)\times(x-3)=0$　$\therefore x=-2,\ 3$　よって，点Aの x 座標は -2，点Bの x 座標は３であり，$y=(-2)^2=4$，$y=3^2=9$ より，A$(-2,\ 4)$，B$(3,\ 9)$となる。

(2)＜**長さ—三平方の定理**＞右図で，線分CHは，△ABCの底辺をABと見たときの高さである。(1)より，２点A，Bの x 座標の差は $3-(-2)=5$，y 座標の差は $9-4=5$ だから，三平方の定理より，$AB=\sqrt{5^2+5^2}=\sqrt{50}=5\sqrt{2}$ である。よって，△ABCの面積について，$\frac{1}{2}\times5\sqrt{2}\times CH=10$ が成り立ち，$CH=2\sqrt{2}$ となる。

(3)＜**座標—等積変形**＞右上図のように，点Cを通り，直線ABと平行な直線を引き，y 軸との交点をDとすると，△ABD＝△ABC＝10となる。また，直線ABと y 軸の交点をEとすると，△ABD＝△ADE＋△BDEであり，△ADE，△BDEの底辺をDEと見ると，高さはそれぞれ点A，Bの x 座標より，２，３だから，$\frac{1}{2}\times DE\times2+\frac{1}{2}\times DE\times3=10$ が成り立ち，DE＝4となる。よって，直線ABの切片より，OE＝6だから，点Dの y 座標は $6-4=2$ であり，DC∥ABより，直線DCの傾きは直線ABと等しく１だから，直線DCの式は $y=x+2$ である。これと放物線 $y=x^2$ の交点がCだから，２式から y を消去して，$x^2=x+2$ より，$x^2-x-2=0$，$(x+1)(x-2)=0$　$\therefore x=-1,\ 2$　したがって，点Cの x 座標は０より大きく３より小さいから，２であり，$y=2^2=4$ より，C$(2,\ 4)$となる。

(4)＜**面積**＞右上図でCH⊥ABだから，△ABCを直線ABの周りに１回転してできる立体は，底面の半径CH，高さAHと高さBHの２つの円錐を合わせた立体であり，求める表面積はこの２つの円錐の側面積の和となる。A$(-2,\ 4)$，C$(2,\ 4)$より，辺ACは x 軸に平行で，$AC=2-(-2)=4$ である。これより，高さAHの円錐の側面の展開図は，半径４のおうぎ形となる。よって，その弧の長さは半径が $CH=2\sqrt{2}$ の底面の円の周の長さと等しいので，高さAHの円錐の側面積は $\pi\times4^2\times\frac{2\pi\times2\sqrt{2}}{2\pi\times4}=8\sqrt{2}\pi$ である。また，B$(3,\ 9)$，C$(2,\ 4)$より，点B，Cの x 座標の差は $3-2=1$，y 座標の差は $9-4=5$ だから，$BC=\sqrt{1^2+5^2}=\sqrt{26}$ である。これより，高さBHの円錐の側面積は，$\pi\times(\sqrt{26})^2\times\frac{2\pi\times2\sqrt{2}}{2\pi\times\sqrt{26}}=4\sqrt{13}\pi$ となる。したがって，求める立体の表面積は $8\sqrt{2}\pi+4\sqrt{13}\pi=(8\sqrt{2}+4\sqrt{13})\pi$ である。

3 〔平面図形—円〕

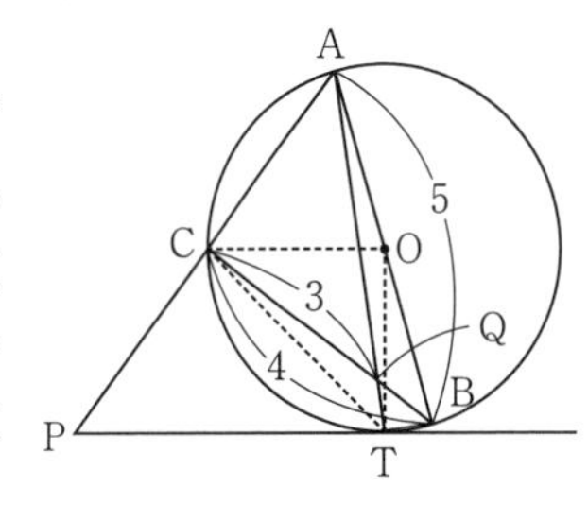

(1)＜**長さ—三平方の定理**＞右図で，円の中心をOとし，点Oと２点C，T，点Cと点Tをそれぞれ結ぶ。線分ABが直径より，∠ACB＝90°だから，△ABCで三平方の定理より，$AC=\sqrt{AB^2-BC^2}=\sqrt{5^2-4^2}=\sqrt{9}=3$ となる。よって，AC＝CQ＝3より，△ACQは直角二等辺三角形だから，∠CAQ＝45°であり，$\overset{\frown}{CT}$ に対する中心角は，∠COT＝2∠CAQ＝2×45°＝90°である。したがって，△OCTは直角二等辺三角形なので，$CT=\sqrt{2}OC=\sqrt{2}\times\frac{5}{2}=\frac{5\sqrt{2}}{2}$ である。

(2)＜**長さ—特別な直角三角形**＞右上図で，(1)より，△ACQはAC＝CQ＝3の直角二等辺三角形だから，AQ$=\sqrt{2}$AC$=\sqrt{2}\times3=3\sqrt{2}$ となる。次に，∠AQC＝∠CAQ＝45°だから，∠BQT＝∠AQC＝45°となり，∠ATB＝90°だから，△BTQも直角二等辺三角形となる。よって，BQ＝BC－CQ＝4－3＝1より，QT$=\frac{1}{\sqrt{2}}$BQ$=\frac{1}{\sqrt{2}}\times1=\frac{\sqrt{2}}{2}$ となるので，AT＝AQ＋QT$=3\sqrt{2}+\frac{\sqrt{2}}{2}=\frac{7\sqrt{2}}{2}$ である。

(3)<**長さ―相似**>前ページの図の△APTと△TPCにおいて，(1)より，∠PAT＝∠CAQ＝45°であり，△OTCが直角二等辺三角形で∠OTC＝45°だから，∠PTC＝∠PTO－∠OTC＝90°－45°＝45°となり，∠PAT＝∠PTCである。これと，∠APT＝∠TPC(共通)より，2つの角がそれぞれ等しいから，△APT∽△TPCとなり，(1)，(2)より，相似比はAT：TC$=\frac{7\sqrt{2}}{2}:\frac{5\sqrt{2}}{2}=7:5$ である。よって，CP$=x$とおくと，AP＝AC＋CP$=3+x$であり，TP：CP＝TP：$x=7:5$より，5TP$=7x$，TP$=\frac{7}{5}x$となるから，AP：TP＝7：5より，$(3+x):\frac{7}{5}x=7:5$が成り立つ。これを解くと，$(3+x)\times5=\frac{7}{5}x\times7$より，$x=\frac{25}{8}$となるから，CP$=\frac{25}{8}$である。

4 〔数の性質〕

(1)<**$T(n)$の値**>91を素因数分解すると，$91=7\times13$となるから，91との最大公約数が1である自然数は，7の倍数でも13の倍数でもない自然数である。91以下の自然数のうち，7の倍数は$91\div7=13$(個)，13の倍数は$91\div13=7$(個)あり，これらのうち，7と13の公倍数は91だから，7または13の倍数は$13+7-1=19$(個)ある。よって，7の倍数でも13の倍数でもない91以下の自然数は$91-19=72$(個)あるから，$T(91)=72$である。

(2)<**$T(n)$の値**>$k=1$のとき，$3^1=3$より，3以下の自然数で，3との最大公約数が1であるような自然数は1，2の2個だから，$T(3^1)=2$である。また，$k\geqq2$のとき，3^kは3以外に素因数を持たないので，3^kとの最大公約数が1であるような自然数は，3の倍数以外の自然数となる。3^k以下の自然数のうち，3の倍数は，$3^k\div3=3^{k-1}$(個)あるから，$T(3^k)=3^k-3^{k-1}=3^{k-1}\times(3-1)=2\times3^{k-1}$となる。

(3)<**条件を満たす素数**>(1)と同様に考えると，p，qが素数のとき，pqとの最大公約数が1である自然数は，pの倍数でもqの倍数でもない数である。pq以下の自然数のうち，pの倍数は$pq\div p=q$(個)，qの倍数は$pq\div q=p$(個)あり，p，qが異なる素数とすると，pとqの公倍数はpqだから，pまたはqの倍数は$q+p-1$個ある。これより，pの倍数でもqの倍数でもないpq以下の自然数は$pq-(q+p-1)=pq-q-p+1$(個)ある。よって，$T(pq)=5p+q+6$のとき，$pq-q-p+1=5p+q+6$が成り立ち，$pq-6p-2q=5$，$p(q-6)-2q=5$，$p(q-6)-2(q-6)-12=5$，$(p-2)(q-6)=17$となる。p，qは素数だから，$p-2\geqq0$，$q-6\geqq-4$である。よって，$(p-2,\ q-6)=(1,\ 17)$，$(17,\ 1)$より，$(p,\ q)=(3,\ 23)$，$(19,\ 7)$となる。これらはp，qが異なる素数なので，条件を満たす。また，p，qが同じ素数とすると，$pq=p^2$以下の自然数で，pの倍数は$p^2\div p=p$(個)あるから，$T(pq)=p^2-p$となり，$p^2-p=5p+p+6$が成り立つ。これを解くと，$p^2-7p-6=0$，$p=\frac{-(-7)\pm\sqrt{(-7)^2-4\times1\times(-6)}}{2\times1}=\frac{7\pm\sqrt{73}}{2}$となり，$p$が素数ではないので，条件を満たさない。以上より，条件を満たす素数p，qの組は$(p,\ q)=(3,\ 23)$，$(19,\ 7)$である。

社会解答

1 問1　糸魚川・静岡

問2　Y…ユーラシア
Z…北アメリカ

問3　③　　問4　エ

問5　(例)ダムに土砂が堆積し，河口に運搬される土砂の量が減少しているため，海岸の侵食を防止するための離岸堤が設置されている。(57字)

2 問1　⑤　　問2　①

問3　(1)　(例)地域により言語が異なるため，イギリス植民地時代に由来する英語が広く使用される。(39字)
(2)…ヒンディー語

問4　④　　問5　⑥

3 問1　1…h　2…a　3…s　4…k
5…x　6…o

問2　A…冠位十二階　B…岩倉具視
C…吉田茂

問3　ア　　問4　ウ→ア→イ→エ

問5　ウ

問6　(1)　(例)武士に期待される役割は有事の際の軍事的貢献から，朱子学の考えを重視し，社会の身分秩序の維持へ貢献することに変化した。(58字)
(2)…エ

問7　エ→ウ→イ→ア

4 問1　ア　　問2　ア

問3　オンブズパーソン〔オンブズマン〕制度

問4　エ　　問5　集団的自衛権

問6　ユニバーサルデザイン

問7　エ　　問8　イ

問9　政党助成法　　問10　ウ

問11　公的扶助

問12　(例)多選を禁止する法律や条例を制定することは，参政権を制限することになってしまうので反対である。

1〔日本地理―中部地方〕

問1＜**フォッサマグナ**＞日本列島を東北日本と西南日本に分ける地溝帯であるフォッサマグナの西端は，日本海側の新潟県糸魚川市と太平洋側の静岡市を結んだ断層線にあたるとされ，これを糸魚川・静岡構造線という。

問2＜**プレート**＞日本列島付近には，ユーラシアプレート，北アメリカプレート，太平洋プレート，フィリピン海プレートの4つのプレートがある。このうち，糸魚川・静岡構造線を境にして西南日本にあるのはユーラシアプレート，東北日本にあるのは北アメリカプレートである。

問3＜**茶の栽培**＞図2は静岡県牧之原市の地形図で，茶の栽培が盛んな牧之原台地では茶畑(∴)が広がっている。茶を霜から守るために，ファンによって上空の比較的温かい空気を送ることで地上付近を温めている。

問4＜**中部地方の工業**＞富士川河口の蒲原には，日本唯一のアルミニウム製錬工場があったが，施設の老朽化などにより，2014年に操業を停止した。

問5＜**離岸堤**＞離岸堤は，海岸に打ち寄せる波の勢いを弱め，海岸が侵食されて土砂が海へ流れることを防ぐために，海岸に平行に築かれる構造物である。図3から，ダムによって土砂が堆積している様子が読み取れる。これらのことから，ダムによって河口に運搬され堆積する土砂が減少し，海岸が侵食されるのを防止するために，離岸堤が設置されていると考えられる。

2〔世界地理―南アジア〕

問１＜**気候**＞アは砂漠気候に属するカラチ(パキスタン)で，降水量が少ないｂの雨温図が，ウは熱帯のサバナ気候に属するコルカタ(インド)で，雨季と乾期が明らかなａの雨温図が，残りのｃの雨温図に温帯に属するイのニューデリー(インド)が当てはまる。

問２＜**断面図**＞いずれも×地点から◆地点に向かって断面を見ていくと，カはインダス川流域の低地からカラコルム山脈の高地へと標高が高くなっていくので，ａの断面図が当てはまる。キはガンジス川の中流から下流へと標高が低くなっていくので，ｂの断面図が当てはまる。クはインド西海岸の低地から海岸近くの山脈を経てデカン高原へと続いていくので，ｃの断面図が当てはまる。

問３＜**言語**＞(1)表１のＸは人口が14億人を超える中国で主に話されている中国語，Ｙは世界の多くの地域で話されている英語を表している。図１中のＢのインドは地域によって言語が異なるため，かつてイギリスの植民地だったことから，英語が広く使われるようになった。　(2)表１のＺはインドで最も多くの人が使っているヒンディー語である。

問４＜**宗教**＞Ａのパキスタンでは主にイスラム教が，Ｂのインドでは主にヒンドゥー教が，Ｃのスリランカでは主に仏教が信仰されている。

問５＜**貿易**＞Ｂのインドは３か国の中で最も機械類の輸出の割合が高く，Ｃのスリランカは紅茶の輸出の割合が高い。Ｄのバングラデシュは衣類の輸出の割合が80％を超えている。

3〔歴史―古代～現代の日本と世界〕

問１＜**適語選択**＞１．奈良時代に成立した『古事記』は，稗田阿礼が暗記していた歴史物語を太安万侶が筆録したものと伝えられている。　２．冠位十二階が定められ，遣隋使が派遣されたのは推古天皇の治世で，摂政の聖徳太子を中心に政治が行われていた時代である。　３．明治時代の前半の1885年，内閣制度が創設され，伊藤博文が初代の内閣総理大臣に就任した。　４．花の御所を拠点にし，南北朝を統一した室町幕府第３代将軍は，足利義満である。　５．江戸時代末の19世紀半ばに天保の改革を進めた江戸幕府の老中水野忠邦は，物価を安定させるために株仲間の解散を行った。　６．第一次世界大戦後のパリ講和会議に出席したアメリカ大統領は，ウィルソンである。

問２＜**適語補充**＞Ａ．推古天皇の治世に，摂政の聖徳太子は，能力に優れた役人を登用するために冠位十二階を定めた。　Ｂ．1871年，条約改正の予備交渉などを目的に欧米に派遣された使節団の代表は，岩倉具視である。　Ｃ．1951年のサンフランシスコ講和会議に出席した日本の首相は，吉田茂である。

問３＜**奴国の金印**＞『後漢書』東夷伝に，後漢の皇帝が倭(日本)の奴国王に金印を授けたという記事がある。この金印と思われるものが，江戸時代に博多湾に位置する福岡県志賀島から発見された。

問４＜**年代整序**＞年代の古い順に，ウ(1213年―北条義時の侍所長官〔別当〕就任)，ア(1219年―源実朝の暗殺)，イ(1221年―六波羅探題設置)，エ(1232年―御成敗式目の制定)となる。

問５＜**アヘン戦争**＞1840年に始まったアヘン戦争は清の敗北に終わり，1842年に南京条約が結ばれた。

問６＜**江戸時代**＞(1)資料Ｘの「文武弓馬の道」の「文武」とは学問と武芸，「弓馬」とは弓術と馬術の意味なので，大名などの武士に，軍事力によって主君に仕えることを求めていると考えられる。これに対して，資料Yの「文武忠孝」，「礼儀を正す」とは，主君に忠義を尽くし，親に孝行することなどによって上下の身分秩序を守るという朱子学の考え方を重視し，社会の安定を維持することを求めていると考えられる。　(2)江戸時代の大消費地である江戸には，東廻り航路や菱垣廻船，樽廻船などによる水運によって大量の物資が運び込まれた(①…誤)。浮世絵の祖と呼ばれ，「見返り美人図」などを描いて元禄文化の時代に活躍したのは，菱川師宣である(②…誤)。

問7 <**年代整序**>年代の古い順に，エ(1917年―ロシア革命)，ウ(1919年3月1日―三・一独立運動)，イ(1919年5月4日―五・四運動)，ア(1921～22年―ワシントン会議)となる。

4 〔公民―総合〕

問1 <**政令指定都市の人口**>東日本大震災の起こった2011年，千葉市と横浜市の人口の社会増減はマイナスになっているので，転出者より転入者が少なかった(ア…○)。なお，総人口の増減は，社会増減と自然増減を合計したものである。2014年以降の千葉市も，2010年以降の相模原市も，社会増が自然減を上回っているので，総人口は増加している(イ，ウ…×)。2018年に前年と比較して最も総人口が増加したのは，社会増9872人＋自然増2527人＝総人口増12399人の川崎市で，横浜市は，社会増は最も多いが，自然減も最も多く，総人口増は7860人である(エ…×)。

問2 <**高度経済成長と公害**>1950年代後半から1970年代前半まで続いた高度経済成長期には，公害問題が深刻化した。公害対策を求める世論が高まり，1967年には公害対策基本法が制定され，1971年には環境庁が設置された。なお，京都議定書の採択と環境アセスメント法の成立は1997年のことである。また，足尾鉱山鉱毒事件は明治時代に発生した。

問3 <**オンブズパーソン制度**>地方公共団体から独立した組織が住民からの苦情を受けつけて中立的な立場から調査を行うなど，行政を監視する制度を，オンブズパーソン〔オンブズマン〕制度という。

問4 <**企業**>日本の輸出品は円高になると海外での価格が上昇するので，輸出業者にとって不利になる(エ…○)。なお，資本金3億円以下または従業員300人以下を中小企業とするのは製造業や建設業で，卸売業では，資本金1億円以下または従業員100人以下を中小企業としている(ア…×)。大企業は，日本全体の企業数の約1％である(イ…×)。株式会社の所有者は，株式の購入という形で出資している株主である(ウ…×)。

問5 <**集団的自衛権**>外国から武力侵略を受けた場合に武力で自国を防衛する権利を，個別的自衛権という。これに対して，同盟関係にある他国が武力攻撃を受けた場合に，自国が攻撃を受けていなくても，攻撃を受けた同盟国を防衛するために武力行使を行う権利を，集団的自衛権という。日本政府は，集団的自衛権の行使は，日本国憲法の原則から，自衛権の範囲を超えるとして認めてこなかったが，2014年，安倍晋三内閣は，集団的自衛権の行使を認めることを閣議決定した。

問6 <**ユニバーサルデザイン**>障害のある人や高齢者にとって，日常生活の障壁となる段差などをなくすことをバリアフリーというのに対して，障害のある人や高齢者だけでなく，年齢や国籍などにかかわらず，誰にとっても利用しやすいように設計された製品や情報，生活環境などのことを，ユニバーサルデザインという。

問7 <**家事育児**>「育児以外の家事関連の時間」は，「家事・育児関連時間全体」から「育児の時間」を引くことによって求められる。各国の「育児以外の家事関連時間」の妻と夫の合計時間は，日本以外の国が全て5時間以上なのに対して，日本は4時間23分で最も短い(エ…○)。なお，夫の育児時間が最も長いのは，米国である(ア…×)。育児の時間の妻と夫の合計が最も少ないのは，2020年にEUを離脱した英国ではなく，フランスである(イ…×)。「家事・育児関連時間全体」の妻と夫の時間差が最も大きいのは日本で6時間11分，最も小さいのはスウェーデンで2時間8分であり，その差は約3倍である(ウ…×)。

問8＜**地方自治**＞日本国憲法第81条で，違憲審査の対象として，「一切の法律，命令，規則又は処分」と定めていて，地方公共団体が定める条例も含まれる。

問9＜**政党助成法**＞政治資金規正法によって，企業や団体から政党への政治献金は厳しく制限されている。その代わりに，得票数や国会議員数に応じて，国から政党に政党交付金が公布されることが，1994年に制定された政党助成法によって定められている。

問10＜**金融政策と財政政策**＞好景気のときには物価が上昇しやすいので，物価の上昇を防ぐために，社会に流通する通貨量を減らす政策がとられる。日本銀行は，国債などを一般の銀行に売ること(売りオペレーション)によって市場の通貨量を減らし，政府は増税することによって市場の通貨量を減らす。

問11＜**社会保障制度**＞日本国憲法第25条が定める生存権を保障するために，日本では，社会保険，公的扶助，社会福祉，公衆衛生の4つの柱による社会保障制度が整えられている。このうち，最低限度の生活を維持するだけの収入がない人に生活費などを支給する生活保護を中心とする仕組みを，公的扶助という。

問12＜**多選の弊害と参政権**＞多選を禁止するということは，その人の被選挙権を制限することになる。その他，多選を禁止すると，最後の任期に指導力が低下する，経験豊かな優秀な人材が立候補できず，経験の浅い人が職につくことになるなどの反対理由も考えられる。

理科解答

1 問1 あ…密度　い…エタノール
う…ストロー　え…水
問2 お…CO_2　か…$CaCO_3$　き…中和
く…塩　け…KNO_3
問3 キ，イ，ア，カ，エ
問4 (1) $C_3H_8+5O_2 \longrightarrow 3CO_2+4H_2O$
(2) 化学式…C_2H_6
化学反応式…$2C_2H_6+7O_2 \longrightarrow 4CO_2+6H_2O$
(3) (i) 0.50倍　(ii) 0.48倍

2 問1 0.30秒後　問2 68m
問3 1.00秒後　問4 ア
問5 ウ　問6 85m

3 問1 41000N　問2 2台
問3 410000N　問4 8200m
問5 文…ウ　グラフ…カ

4 問1 a，f，i　問2 ウ

5 問1 環境…(例)温暖で透明度の高い浅い海
時代…古生代
問2 E　問3 しゅう曲
問4 記号…イ　名称…正断層
問5 不整合
問6 (例)隆起が起きたと考えられる。
問7 6番目…J　9番目…I

6 問1 あ…無性　い…生殖細胞
う…有性
え…減数分裂〔分離の法則〕
問2 (1) イ→ア→ウ→オ→エ
(2) 種子…胚珠　果実…子房
問3 系統…純系
法則名…優性〔顕性〕の法則
問4 3：2：3
問5 (あ)生殖…(例)環境が整えば，すぐに個体数をふやせる。
(う)生殖…(例)多様な子孫がつくられるため，環境の変化に適応しやすい。

1〔小問集合〕

問1＜密度＞水などの液体の中に物体を入れたとき，物体の密度が液体よりも大きいと沈み，小さいと浮く。表1より，ストローは，試験管Aでは沈み，試験管Bでは浮いたことから，試験管A，Bの中のエタノール水溶液とストローの密度の大きさの関係は，A<ストロー<Bとなる。試験管Aの中のエタノール水溶液は試験管Bの中のエタノール水溶液よりもエタノールの割合が大きいため，エタノールの方が水よりも密度が小さいことがわかる。よって，エタノール水溶液の密度は，エタノールの割合が小さくなるほど大きくなる。以上より，エタノールと水，ストローの密度の大きさの関係は，エタノール<ストロー<水となる。

問2＜化学変化＞有機物は主に炭素(C)と水素(H)からなる物質なので，完全燃焼すると，それぞれが酸素と結びついて，二酸化炭素(CO_2)と水(H_2O)ができる。二酸化炭素の水溶液(炭酸水)は弱い酸性を示すので，二酸化炭素をアルカリ性の水酸化カルシウム水溶液(石灰水)に通じると，中和反応が起こり，水に非常に溶けにくい塩(えん)である白色の炭酸カルシウム($CaCO_3$)が生じて，水溶液が白く濁る。また，硝酸(HNO_3)と水酸化カリウム(KOH)水溶液の中和反応では，塩である硝酸カリウム(KNO_3)が生じる。

問3＜実験器具の操作＞最初に，図1のねじA(空気調節ねじ)とねじB(ガス調節ねじ)が閉まっていることを確認してから(キ)，ガスの元栓とコックを開ける(イ)。次に，マッチに点火し，炎をガスバーナーの口に近づけてから(ア)，ねじBを反時計回りにひねって開き(カ)，ガスを出して点火する。ねじBでガスの量を調節して炎の大きさを適正にした後，ねじBを押さえてねじAを反時計回りにひねって開け(エ)，空気を送って炎を青白色に調節する。

問4＜化学反応＞(1)プロパン(C_3H_8)が完全燃焼する(酸素(O_2)と反応する)と，二酸化炭素(CO_2)と水(H_2O)ができる。化学反応式は，矢印の左側に反応前の物質の化学式，右側に反応後の物質の化学式を書き，矢印の左右で原子の種類と数が等しくなるように化学式の前に係数をつける。　(2)気体Xを構成する炭素原子と水素原子の個数の比が1：3なので，気体Xの分子の化学式はC_nH_{3n}と表すことができる。これより，気体X1分子が完全燃焼したとき，二酸化炭素分子はn個，水分子は$\frac{3}{2}n$個発生するから，反応した酸素分子の数は，$\left(2n+\frac{3}{2}n\right)\div2=\frac{7}{4}n$個である。よって，この反応を表す化学反応式は，$C_nH_{3n}+\frac{7}{4}nO_2 \longrightarrow nCO_2+\frac{3}{2}nH_2O$となる。化学反応式では，化学式の係数の比が反応する気体の体積の比に等しいから，この反応で，酸素の体積が気体Xの体積の3.5倍であることから，$\frac{7}{4}n\div1=3.5$となる。これを解くと，$n=2$となるので，気体Xの分子式はC_2H_6である。したがって，化学反応式は$n=2$を代入して，$C_2H_6+\frac{7}{2}O_2 \longrightarrow 2CO_2+3H_2O$となるから，さらに両辺を2倍して，$2C_2H_6+7O_2 \longrightarrow 4CO_2+6H_2O$と表される。なお，気体X($C_2H_6$)はエタンである。　(3)(i)(1)より，プロパンを完全燃焼したときの化学反応式は，$C_3H_8+5O_2 \longrightarrow 3CO_2+4H_2O$だから，燃焼するプロパンと反応する酸素，生じる二酸化炭素の体積比は1：5：3であり(水は液体となるので，体積を無視する)，燃焼後は二酸化炭素だけが残るので，反応後の体積は反応前の体積の，$3\div(1+5)=0.50$(倍)である。　(ii)(1)，(2)より，プロパンが完全燃焼するとき，燃焼するプロパンと反応する酸素，生じる二酸化炭素の体積比は1：5：3で，気体Xが完全燃焼するとき，燃焼する気体Xと反応する酸素，生じる二酸化炭素の体積比は$2:7:4=1:\frac{7}{2}:2$である。これより，プロパンと気体Xが体積比で2：1のとき，燃焼するプロパンと気体X，反応する酸素，生じる二酸化炭素の体積比は，$1\times2:1:\left(5\times2+\frac{7}{2}\right):(3\times2+2)=4:2:27:16$である。よって，$16\div(4+2+27)=0.484\cdots$より，反応後の体積は反応前の約0.48倍である。

2 〔身近な物理現象〕

問1＜音の速さと時間＞音の速さは340m/sで，Aとピストルを撃つBの距離は102mだから，Aが直接音を聞くのは，Bがピストルを撃ってから，$102\div340=0.30$(秒)後である。

問2＜音の速さと距離＞Aが聞いた壁からの反射音は，Aを通過して壁で反射し，再びAに届いたものである。つまり，音は，Aから壁までを0.40秒で往復している。よって，Aと壁との間の距離は，$340\times0.4\div2=68$(m)である。

問3＜音の速さと時間＞Cが聞く反射音は，直接音より，Bと壁の間を往復する時間だけ遅れてCに届く。問2より，Bと壁の間の距離は$68+102=170$(m)なので，Cは直接音を聞いてから，$170\times2\div340=1.00$(秒)後に壁からの反射音を聞いた。

問4＜音の速さと時間＞BがCに35m近づいてピストルを撃ったとき，Cに直接音が届くまでの時間は前より短くなる。また，Bと壁の間の距離は大きくなるので，反射音が届くまでの時間は前より長くなる。よって，2つの音が届く間の時間は前よりも長くなる。

問5＜音の速さと時間＞Aと壁の間の距離は変わっていないので，Aが直接音を聞いてから反射音を聞くまでの時間，つまり，音がAと壁の間を往復する時間は変わらない。

問6＜音の速さと距離＞Bが2回撃ったピストルの音が3回聞こえたのは，1回目の直接音が聞こえた後，0.50秒後に2回目の直接音が届くと同時に1回目の反射音が届く場合である。この場合，Aの位置がBよりも壁から遠いとすると，1回目の反射音は0.50秒でBと壁の間の，$170+35=205$(m)を往復しなければならないので適さない。よって，Aの位置はBと壁の間であり，1回目の反射音がAの位置と壁の間を往復してAに届くまでの時間が0.50秒ということになる。したがって，

Aの位置は壁から，340×0.50÷2＝85(m)である。

3 〔身近な物理現象〕

問1＜大気圧＞大気圧は1 m^2当たりに加わる大気の重さによる力で，1025hPaは1025×100＝102500(Pa)である。よって，0.8×0.5＝0.40(m^2)の面が大気から受ける力の大きさは，102500×0.40＝41000(N)である。

問2＜力＞2050kgの自動車の重さは，2050×1000÷100＝20500(N)だから，問1の力の大きさは，41000÷20500＝2(台)分の重さに等しい。

問3＜大気圧＞大気圧は1 m^2当たりに加わる大気の重さである。よって，地面4.0m^2の上にある空気の重さは，102500×4.0＝410000(N)である。

問4＜大気＞空気1 m^3当たりの質量は1250gなので，その重さは，1250÷100＝12.5(N)である。よって，問3より，地面4.0m^2の上にある空気の重さは410000Nだから，大気の厚さは，410000÷4.0÷12.5＝8200(m)となる。

問5＜大気＞問4では，空気の密度を地面からの高さによらず一様としたが，実際には上空にいくほど空気は薄くなるため，カのように密度は小さくなる。そのため，実際の大気の厚さは，問3で計算した値より厚い。

4 〔大地のつくりと変化〕

問1＜鍵層＞火山灰に含まれる鉱物の種類とその割合は，火山により，また，同じ火山でも噴火の時期により異なるので，成分を調べることで同じ噴火で生じたものかどうかを知ることができる。そのため，火山灰の層は，離れた地域の地層のつながりを判別するときの手がかりとなる層として利用される。このような層を鍵層という。図3で，A，B，Cの3地点の鍵層となる火山灰の層は，層を構成する成分とその割合が同じa，f，iである。

問2＜地層の広がり＞図1，2より，A，B，Cの3地点における鍵層の上面の標高を求めると，Aのaの層では12－22＝－10(m)，Bのfの層では，21－40＝－19(m)，Cのiの層では，30－40＝－10(m)となる。よって，aの層とiの層の上面の標高は同じだから，この地域の地層は東西方向には水平である。また，fの層の上面の標高はaやiの層の上面の標高より低いから，南北方向では北側へ向かって低くなっていることがわかる。

5 〔大地のつくりと変化〕

問1＜化石＞サンゴは暖かいきれいな浅い海の海底にすむ生物なので，その化石を含む図1のG層は温暖できれいな(透明度の高い)浅い海底に堆積したと考えられる。また，三葉虫は古生代に栄えた動物なので，三葉虫の化石を含むG層は古生代に堆積したと考えられる。なお，サンゴの化石のように地層が堆積した当時の環境を知る手がかりとなる化石を示相化石，三葉虫の化石のように，地層が堆積した時代を知る手がかりとなる化石を示準化石という。

問2＜示準化石＞恐竜は，アンモナイトと同じ中生代に栄えた生物なので，恐竜の化石が見つかる可能性があるのは，アンモナイトの化石を含むE層である。

問3＜しゅう曲＞地層が横方向から押し縮める向きの力を受けると，G層のように波打つように曲げられることがある。このような地層をしゅう曲という。

問4＜断層＞E層やF，G層のずれ方を見ると，断層面の上側(上盤・図1の左側)が下側(下盤・図1の右側)に対して下がっている。このような断層のずれ方を正断層といい，地層に対し横方向に引く力がはたらいたときにできる。

問5＜不整合＞Iのような不連続な重なり方を不整合という。不整合は，海底に堆積した地層が隆起して陸地になり，その表面が侵食を受けた後に沈降して再び海底となって，その上に新しい地層が堆積することでできる。

問６<**地層の重なり**>流水によって運ばれた土砂は，海底に堆積する。このとき，れきのように大きな粒は早く沈むので海岸に近い場所に堆積し，粒が小さくなるにつれて堆積する場所は海岸から遠くなる。これより，Ｂ～Ｅ層のように，上にいくにつれ堆積物の粒子が粗くなるとき，その場所はしだいに浅い海底になったこと，つまり，海岸に近づいたことがわかる。このような地形の変化は，土地が隆起した場合や海岸線が後退した(海岸線が沖の方へ移動した)場合に起こる。

問７<**地層**>地層の逆転はないので，下にある層ほど古く，下からＨ→Ｇ→Ｆ→Ｅ→Ｄの順に地層が堆積し，Ｊの断層が生じた後，Ｃ→Ｂの順に堆積したと考えられる。続いて，地層が隆起して地上に現れ，侵食されてＩができ，沈降して海底になり，その上にＡが堆積して，再び隆起して地表に現れたと考えられる。よって，６番目にはＪ，９番目にはＩが当てはまる。

6 〔生命の連続性〕

問１<**生殖**>雄，雌に関係せず，親のからだの一部が分かれることによって新しい個体が生まれる生殖を，無性あ生殖という。これに対して，雄と雌が関わり，それぞれがつくる生殖細胞いにより新しい個体が生まれる生殖を，有性う生殖という。また，生殖細胞は，染色体数が体細胞の半分になる減数分裂えによってつくられる。減数分裂では，対になっている遺伝子が分かれてそれぞれ別々の生殖細胞に入る。これを分離の法則という。

〔編集部注：空欄 え には，分離の法則も当てはまるため，別解とした。〕

問２<**被子植物の生殖**>(1)めしべの柱頭に花粉がつくことを受粉という(イ)。受粉すると，花粉から花粉管が伸び，その中を精細胞が卵細胞に向かって移動していく(ア)。精細胞が卵細胞に到達すると，それぞれの核が合体し受精が起こる(ウ)。受精卵は体細胞分裂を繰り返して成長し，胚珠の中で胚になる(オ)。やがて，胚珠は種子に，胚珠を包む子房は果実になる(エ)。　(2)種子は胚珠が成長してでき，果実は子房が成長してできる。

問３<**遺伝**>代々自家受精を繰り返しても形質が一定で変わらない系統を，その形質の純系という。形質には優性(顕性)のものと劣性(潜性)のものが対になって存在していて，優性(顕性)の形質を持つ純系と劣性(潜性)の形質を持つ純系を交雑させると，優性(顕性)の形質を持つ子だけが生まれる。この法則を優性(顕性)の法則という。

問４<**遺伝**>下線部①の純系の遺伝子の組み合わせはAA，下線部②の純系の遺伝子の組み合わせはaaと表せる。これらを交雑してできる子の遺伝子の組み合わせは全てAaとなる。この子を自家受精させると，右表のように，孫の遺伝子の組み合わせと数の比は，AA：Aa：aa＝1：2：1となる。これらの孫を自家受精させると，AAの孫からは全てAAのひ孫ができ，aaの孫からは全てaaのひ孫ができる。Aaの孫からは，AAとAaとaaのひ孫が1：2：1の比でできる。ここで，AAの孫からできたAAのひ孫とaaの孫からできたaaのひ孫の数の比をそれぞれ4とすると，Aaの孫の数はAAやaaの孫の2倍なので，ひ孫の数もそれぞれ2倍になり，それぞれのひ孫の数の比は，AAが1×2＝2，Aaが2×2＝4，aaが1×2＝2である。以上より，ひ孫の遺伝子の組み合わせと数の比は，AA：Aa：aa＝(4＋2)：4：(4＋2)＝6：4：6＝3：2：3となる。

	A	a
A	AA	Aa
a	Aa	aa

問５<**生殖**>無性生殖は雄，雌によらない生殖なので，雄，雌の出会いを待たず，生殖と生活に適した環境であればすぐに個体数(子孫)を増やすことができるという利点がある。一方，親と子が完全に同じ形質を持つため，環境が変化し生活に適さなくなると，種として絶滅するおそれがあるという欠点がある。これに対し，有性生殖では両親の遺伝子を半分ずつ受け継ぐため，多様な形質の子が生まれやすく，その中には環境の変化に適応できるものも含まれる可能性があるので，環境の変化に適応しやすいという利点がある。一方，雄と雌が関わるため，無性生殖に比べ子のつくりやすさでは劣るという欠点がある。

国語解答

一　1　A　図鑑　B　駒　C　倒壊
　　D　公理　E　変革
2　オ
3　自然法則の解明〔「自然法則の解明」〕
4　イ
5　科学と非科学の境を決める基準であり，反証が可能な理論は科学的とし，反証が不可能な説は非科学的だと考え，検証できるかどうかは問わないこと。(68字)
6　エ　　7　オ

二　1　A…エ　B…オ　　2　イ
3　エ
4　凡庸な自分をごまかさないこと。〔平凡な自分をさらけだすこと。〕
5　彼は，独自の感性を持つ，姉を評価してくれる人間だと期待していたのに，姉の詩集を読みもせずに，世の中の意見をなぞって得意気に批判してきたから。(70字)
6　ウ，オ

三　1　いうよう〔ゆうよう〕
2　地獄の迎へ　　3　ずきやうにせよ
4　この寺の物　　5　ア　　6　オ
7　ウ

一〔**論説文の読解―自然科学的分野―科学**〕出典；酒井邦嘉『科学者という仕事　独創性はどのように生まれるか』。

≪本文の概要≫科学研究とは，対象となる自然現象を分けて経験的な知識を深めたうえで，分析力を用いて自然法則を解明することである。また，科学は，正しい事実だけを積みあげてできているのではなく，事実の不足を科学的仮説によって補っている。ポパーによれば，反証が可能な理論は科学的であり，反証が不可能な説は非科学的であり，「反証可能性」が，科学と非科学の境を決める基準となる。科学的仮説は検証と反証を繰り返しながら発展していくが，科学者の述べる説が常に科学的な仮説とはかぎらない。科学的な仮説に対して，それが正しいかどうかを疑ってみることが科学的な思考の第一歩であるから，一般向けの科学の本を読む際は，科学者が仮説と意見を分けて述べているか批判的に考え，科学的な厳密さに対する感覚を磨かなければならない。

1＜**漢字**＞A．「図鑑」は，絵や写真などによって実際の形などを示して，事物を説明した書物。　B．「駒」は，ゲームのときに盤上に並べて動かすもの。　C．「倒壊」は，建物などがこわれ，たおれること。　D．「公理」は，数学において，自明の真理として証明がなくても承認され，他の命題の前提となる命題のこと。　E．「変革」は，新しいものに変えること，または変わること。

2＜**文章内容**＞日本語の「分かる」とラテン語由来の「サイエンス」は，互いに関係がないにもかかわらず，サイエンスでは対象を「分ける」ことによって理解しようとしていて，「分ける」ことでわかろうとする点で二つの語が共通していることが興味深いのである。

3＜**文章内容**＞「たとえば，蝶をたくさん集めた」場合，コレクターから科学者に脱皮できるかどうかは，分類した後の「その先の分析にかかっている」のであり，蝶に共通した固有の性質を見つけ，その法則を発見する分析力が必要である。つまり，科学研究とは，「自然法則の解明」である。

4＜**文章内容**＞ポパーによれば，「反証(間違っていることを証明すること)が可能な理論は科学的」であり，「検証ができるかどうか」は問題とされない(ア・エ…×)。「反証が不可能な説」は，科学的とはいえない(イ…○)。反証とは「間違っていることを証明すること」だが，そもそも「地球にしか生命がいない」ことは証明できないので，「宇宙には生命が存在する惑星が地球以外にもある」の反証にはならない(ウ・オ…×)。

5＜**文章内容**＞反証可能性とは，ある理論が「検証ができるかどうか」は関係なく，「反証(間違っていることを証明すること)が可能な理論は科学的」で「反証が不可能な説は非科学的」とし，「科学と非科学の境を決める」基準のことである。

6＜**文章内容**＞反証可能性の論理では，ある理論の間違いが証明されることによって，その理論が科学的であることが成り立つが，間違っていると証明されたから科学的な理論として成り立たないと考えるのが一般的な理屈なので，矛盾しているように見えることが興味深いのである。「逆説」は，一見すると正しくなさそうに見えて実は正しいこと。

7＜**要旨**＞「自然現象を分けながら理解」して，「分かる部分を増やしていく」ことが科学研究であり，科学研究で必要とされるのは，自然現象の「多様性の根底にある法則を発見するため」の「対象の本質をとらえる分析力」である(ア…×)。「科学が何であるか」を知るには，「何が科学でないか」を理解することも大切であり，ポパーの論理に従えば，「お化けや空飛ぶ円盤の存在」は，「検証も反証もできない」ので科学的ではない(ウ…×)。このような「非科学的な説」は，「無条件に信じる」ことによってのみ受け入れることができるのである(エ…×)。科学的仮説は，天動説から地動説へと新しいパラダイムへ変わることで「科学が進歩」するように，必ずしもその実証性が証明されなくても，「検証と反証をくり返しながら」発展していく(イ…×)。しかし，科学者の発言がいつも仮説であるとはかぎらず，一般の人には「仮説と意見」の区別がよくわからないので，一般向けの科学の本を読む際は，「どの程度科学的な良心に従って書かれているかを見抜く眼力」が必要であり，「仮説と意見を見分けるべく批判的に考えること」によって「科学的な厳密さに対する感覚」を磨かなければならない(オ…○)。

二〔**小説の読解**〕出典；瀧羽麻子『ぱりぱり』。

1．A＜**語句**＞「けげん」は，不可解な状況や納得のいかない場面において，不思議に思ったり，疑わしく思ったりすること。「特に接点」もなく前後の席だというだけの「わたし」から話しかけられたため，「彼」は，なぜ話しかけられたのか不思議に思ったのである。　B＜**慣用句**＞「ばつが悪い」は，その場にいると居心地が悪いさま。自分が批判した作家のことを「わたし」が好きなのかもしれないと思い，「彼」は，気まずい気持ちになったのである。

2＜**文章内容**＞一冊目の姉の詩集を「すごく好き」と評価してくれて，「平凡な男の子たちとは」違って「現実社会にはさほど関心がない」ような「彼」だったら，「わたし」が作者の妹と聞いても気にすることなく，二冊目の詩集を評論家とは別の視点から鑑賞して好きになってくれるのではないかと，「わたし」は思ったのである。

3＜**文章内容**＞姉と自分を比較し，教師からの評価にずっと縛られているように，「わたし」自身は他者の目を気にしてしまうため，「わたし」は，自分とは真逆で「自分の世界を大事に」して「同級生とも距離を」置き，「現実社会にはさほど関心がないような」態度の人にひかれるのである。

4＜**文章内容**＞「凡庸な自分」が気に入らないからといって，「うわべだけ」取り繕って「凡庸な自分」をごまかしたり隠したりせず，「変わる努力をするべき」だと，「わたし」は思っている。

5＜**文章内容**＞「わたし」は，「彼」に対し，「平凡な」他の人とは違った感性を持っていて，姉の二作目を好意的に評価してくれるのではないかと期待していた。しかし「彼」は，評論家の意見をそのまま受け入れて作品を読みもしないうえに，「うきうきした調子」で「『世の中』の意見を克明になぞって」批判したため，「わたし」は，心の底からがっかりしたのである。

6＜**心情**＞姉の二作目の本を持ってきたことを「たまたま家にあったから」と言いながら，「わたし」が首を何度も振ったのは，「彼」が評論家の言葉をそのまま受け入れるような「平凡な男の子」であるはずがないと，自分に言い聞かせていたからである(ウ…×)。読んでもいない姉の作品を批判する「彼」が，自分をごまかして個性的に見せていることに怒りを感じた「わたし」は，「調子を合わせておけばいい」とわかっていても反論してしまったのである(オ…×)。

三〔**古文の読解―説話**〕出典；『宇治拾遺物語』巻第四ノ三。

≪**現代語訳**≫今となっては昔のことだが，薬師寺に別当僧都という人がいた。別当は務めていたけれども，特に寺の物は使わず，(死後に)極楽に行けることを願っていた。年老いて，病気になり，死ぬ間際になって，念仏を唱えながら息を引き取ろうとする。まぎれもなく臨終であると思われたときに，いくらかよくなって，弟子を呼んで言うには，(皆が)見てわかるように，他のことは考えず念仏を唱えて死ぬのだから，極楽からの迎えがおいでになるだろうと待っていると，極楽からの迎えは見えずに，火の車が寄こされてきた。これは何ごとか。このようなことは考えられない。何の罪によって，地獄から迎えが来たのだと言ったところ，車についていた鬼たちが言うには，(お前は)この寺の物(＝米)を先年，五斗借りて，まだ返さないので，その罪によって，この(地獄からの)迎えを受けることになったのだと言ったので，私が言ったことには，その程度の罪で，地獄に落ちるべき理由はない。その(借りた)物を返しましょうと言うと，(鬼たちは)火の車を引き寄せて待っている。だから大急ぎで米一石分経を読み，読経料として寄進せよと(弟子の僧たちに)言ったので，弟子たちは大慌てして，言われるままに米一石分，経を読み読経料にした。その(読経の)鐘の音がする頃，火の車は帰った。そしてしばらくたって，(僧都は)火の車は帰って，極楽からの迎えが今おいでになると，手をすり合わせて喜びながら亡くなった。／(僧都の住んでいた)その坊は薬師寺の大門の北の脇にある建物である。今でも(建物は)その形を失わずある。その程度の(わずかな)物を(私用に)使っただけでさえ，火の車が迎えにやってきた。まして寺の物を思うまま使っている寺々の別当への，地獄の迎えのほどは思いやられることだ。

1 <**歴史的仮名遣い**>歴史的仮名遣いの語頭以外のハ行は，現代仮名遣いでは原則として「わいうえお」になり，歴史的仮名遣いの「au」は，現代仮名遣いでは「ou」になる。

2 <**古文の内容理解**>火の車が来たのを見て，僧都は，「何の罪によりて，地獄の迎へは来たるぞ」と言っている。「火の車」は，罪人を地獄に運ぶ，火の燃えている車のこと。

3 <**古文の内容理解**>僧都は，弟子を呼び，ひたすら念仏を唱えているにもかかわらず，寺の米を五斗借りた罪で地獄から迎えが来たため，罪を償うために，借りていた米を返すという意味で，米一石分の経を読んで読経料として寄進するように言った。

4 <**古文の内容理解**>僧都が何の罪で地獄の迎えが来るのか尋ねると，鬼が言うには，「この寺の物を～いまだ返さね」，つまり，先年，寺の米を五斗借りて，返さないでいたためだった。

5 <**古文の内容理解**>米五斗程度の寺の物を借りて，いまだに返していないのは，薬師寺の別当僧都である。

6 <**古文の内容理解**>僧都は，寺の米を「五斗借りて，いまだ返さねば，その罪によりて」地獄からの迎えを受けることになっており，極楽に行くのは簡単なことではない(ア…○)。僧都は，「極楽に生まれん事」を願っていたため，借りた五斗分の米を返していないという理由で極楽へ行けないことがわかると，弟子たちを呼んで一石分の読経をするように言い，言われた弟子たちも「手惑ひをして」読経した(イ…○)。米五斗程度の物の私用でさえ火の車がやってくるのに，「まして寺物を心のままに使ひたる諸寺の別当」には地獄からの迎えが来るだろうと，作者は横領する僧侶を批判している(ウ・エ…○)。僧都は，極楽へ行くことを願っているだけで，極楽へ何かを持っていこうとしてはいない(オ…×)。

7 <**文学史**>『宇治拾遺物語』は，鎌倉時代の，『今昔物語集』は，平安時代の説話集である。『枕草子』は，清少納言が書いた平安時代の随筆。『徒然草』は，兼好法師が書いた鎌倉時代の随筆。『平家物語』は，鎌倉時代の軍記物語。『源氏物語』は，紫式部が書いた平安時代の物語。

Memo

Memo

Memo

2020年度 昭和学院秀英高等学校

【英　語】（50分）〈満点：100点〉

※ 1 はリスニング問題です。放送の間，問題冊子にメモをとってもかまいません。なお，問題の指示は印刷されており放送されませんので，放送までの約1分間の間にできるだけ目を通しておいてください。

1 ［リスニングテスト］ これから放送で“Why I'm a Weekday Vegetarian”というタイトルのスピーチを流します。内容について，以下の(1)～(5)の問いに答えなさい。スピーチは2回放送されます。

(1) 次の英文がスピーチの内容に沿うよう，あとに続く表現を①～④の中から1つ選び，マークシートの(1)にその数字をマークしなさい。

If you eat a hamburger every day, your risk of dying will increase by about ＿＿＿＿＿

① 10 percent.　② 30 percent.　③ 50 percent.　④ 70 percent.

(2) 次の英文がスピーチの内容に沿うよう，あとに続く表現を①～④の中から1つ選び，マークシートの(2)にその数字をマークしなさい。

People in the 1950s ate ＿＿＿＿＿

① twice the amount of beef that we eat now.
② more variety of fish than we do now.
③ much less meat than we do now.
④ as much meat as we do now.

(3) Weekday Vegetarian の利点として，講演者が述べなかったものを①～④の中から1つ選び，マークシートの(3)にその数字をマークしなさい。

① There will be more animal kingdoms across the world.
② There is a chance that you will lose some weight.
③ You can help reduce pollution.
④ You can probably live longer.

(4) スピーチの内容と一致するものを①～④の中から1つ選び，マークシートの(4)にその数字をマークしなさい。

① Meat production causes more carbon emissions than all the cars and planes combined.
② The speaker has been practicing being a weekday vegetarian for two years now.
③ On Saturday and Sunday you can only eat red or processed meat.
④ To produce 1 kg of beef you need 100 liters of water.

(5) スピーチの内容を受けて，あなたの考えを英語30語程度でまとめなさい。ただし書き出しの文は次の［A］か［B］のどちらかを選び，解答欄の□に ✔ 印をつけること。またスピーチの内容に関する言及を必ず1つ以上含めること。

［A］ I would like to try being a weekday vegetarian.
［B］ I don't think I can give up hamburgers.

＊ 解答用紙の記入例を参考にすること。符号(,.?! など)は語数に含めない。

※**＜リスニングテスト放送原稿＞**は英語の問題の終わりに付けてあります。

2 次の日本語を表す英文を，それぞれ[　]内の語を並べ替えて完成するとき，(5)～(8)に入れるのに最も適切な語は何か。マークシートの(5)～(8)にその数字をマークしなさい。ただし，[　]内の語は，文頭に来るものも小文字で示してある。

(1) 先週私が読んだ小説はどちらもあまりよくなかった。

(　)(　)(5)(　)(　)(　)(6)(　)(　).

[① last　② very　③ I　④ novel　⑤ read　⑥ good　⑦ neither　⑧ week　⑨ was]

(2) トムが撮った写真を見なさい。

(7)(　)(　)(　)(　)(　)(8)(　)(　).

[① Tom　② look　③ taken　④ the　⑤ a　⑥ take　⑦ picture　⑧ at　⑨ by]

3 AとBの会話が成立するように，次の日本語を表す英文を書きなさい。ただし，(　)内の語をそのまま，または適切に変化させて必ず使用すること。使う順番は自由とする。

(1) A : You look very sad.　What's wrong?

B : 昨夜財布を盗まれてしまったんだ。 (have / wallet)

(2) A : 私の眼鏡がどこにあるか知っていますか。 (glasses / be)

B : I don't know.

4 次の英文を読み，(　)に共通して入れるのに最も適切なものを下の①～④の中から１つ選び，マークシートの(9)にその数字をマークしなさい。

Anyone who has traveled to a foreign country will recognize the need not only to acquire some basics of the new language, but also to become acquainted with the new (　　). If you travel to Japan, it is essential to understand the requirement to take off your shoes before entering someone's house.　If you travel to the U.K., you should understand how people love to talk about the weather, and the importance of pubs.　There are also taboos in every (　　).　If you travel to Thailand, you should take great care when talking about the king.

① environment　② fashion　③ culture　④ season

5 次の英文を読み，(10)～(14)に入れるのに最も適切なものを下の①～④の中から１つずつ選び，マークシートの(10)～(14)にその数字をマークしなさい。

An increasing number of wedding halls are not permitting the use of music downloaded from the Internet for wedding parties. Doing so is considered beyond (10) use of the music and in violation of the Copyright Law.

Since playing music on CDs is permitted at wedding halls, customers of online music distribution services are complaining that it is (11) to prohibit the use of purchased downloaded music.

"Please purchase a CD, (12) you cannot use this music here," a wedding hall employee told one woman in Tokyo who was asked about the entertainment for her friend's wedding party. The woman had (13) for the song and downloaded it from an online music distribution service.

"Recently, some songs have only been distributed via the Internet," she complained. "Although I purchased it, like a CD, I was told using it at my friend's wedding party would be in violation of copyright. I can't (14) that."

(10)	① mass	② private	③ public	④ formal
(11)	① good	② natural	③ unfair	④ fair
(12)	① and	② because	③ in case	④ when
(13)	① sold	② bought	③ paid	④ sent
(14)	① believe in	② dream of	③ agree with	④ come up with

6 次の英文を読み，(15)～(17)に入れるのに最も適切なものを下の①～③の中から１つずつ選び，マークシートの(15)～(17)にその数字をマークしなさい。

Parents want what is best for their children. Providing food and shelter is important. (15) Doing well in school can help children succeed in the future. In Japan, this means attending juku, cram schools. Cram schools began gaining popularity in the 1970s. For many, getting into university is not enough. They must get into the right university. Competition is fierce. Exams are incredibly difficult. Cram schools are seen as a way to take up the slack. (16) These days, students begin to feel the pressure at a much earlier age. Some children have even begun attending cram schools before they have started elementary school!

Cram schools are often located near subway stations. This makes it easier to attend. Students take extra classes two to three hours a day, three to four days a week. Students who have attended cram schools often say that it is more interesting than regular school. (17) Children have also mentioned that they enjoy cram schools because they can make new friends.

① There are more activities designed to keep children interested.
② However, parents must also think about the future.
③ Recently, it was discovered that 60% of Japanese high school students attend cram schools.

7　次の英文を読んで，問いに答えなさい。

If you said to me, "This is what it's like to be a teenager in today's world," and I immediately replied, "Yeah, I know," you'd probably think I was (1)<u>full of it</u>. And you'd be right. Or, if you said, "It's really hard being a teen because..." and I chimed back, "I know," you might also think I was misguided, maybe even a little disrespectful. Again, you'd be right.

While there are exceptions, the same applies to many instances where our response is "I know." Many times we really don't "know," we're just saying that we do or assuming that we do. Often our "I know" response is offered before the person talking to us is even finished with what he or she had to say. It's a way of cutting someone off, of not having to pay close attention, or of tuning someone out.

When you automatically respond to someone by saying "I know," what you're really saying is, "(2)<u>I'm not (　　) to you.</u>" You're minimizing their comments. It's as if you stop listening because you think you already know all there is to know about something, or you simply don't want to know about something, or you're waiting for your turn to talk, or you're not interested in listening or are unwilling to take the time to listen. Whatever the reason, this response prevents you from hearing things that may be important and drives a deep wedge between yourself and the person you're talking to. Again, how would you feel about me if I responded to each of your statements that way?

I remember a conversation I had with a sixteen-year-old woman and her mother. The teenager asked me, in her mother's presence, if I could make a single suggestion that might possibly improve their relationship. My suggestion was for both of them to stop the use of "I know" as a response to the other. The mother had complained that her daughter used this response constantly—especially when she was reminding her daughter of her responsibilities. Likewise, the teen insisted that her mother used this same response many times a day, especially when she was trying to share her feelings with her mom. Both sensed a lack of respect and felt as if they weren't being listened to when this response was used.

According to both people, (3)<u>this single shift in the way they communicated with one another</u> turned out to be a major turning point in their relationship. It encouraged them to listen to each other and learn from one another.

This is one of those strategies that has the potential to show results right away. If you give it a try, you may notice that (4)<u>you have more fun than before</u> when listening to others. You'll hear all of what they have to say instead of the interrupted version. What's more, because you're listening better, the people who talk to you will sense your improved listening skills and will begin to relax around you. Their lack of tension will, in turn, make it easier for you to be around them. As always, good listening skills feed good communication and enhance the quality of your relationships.

One more thing: once you practice this one for a while, feel free to share this strategy with your mom and dad as well as with other important people in your life who might also benefit from it.

問1　下線部(1)の内容に最も近いものを①～④の中から１つ選び，<u>マークシートの⑱</u>にその数字をマークしなさい。

① someone who could understand you deeply
② someone who you might find hard to trust
③ someone who had a lot of respect for teenagers
④ someone whose heart was filled with regret

問2　下線部(2)の空欄に入れるのに最も適切な語を①～④の中から１つ選び，<u>マークシートの⑲</u>にその数字をマークしなさい。

① talking　② interesting　③ responding　④ listening

問3　下線部(3)が指す内容を本文中から10語以上15語以内で抜き出して答えなさい。

問4　下線部(4)に more fun とあるが，具体的にどんな良いことがあると言っているのか，日本語で2つ述べなさい。

8　あなた(Naomi)はニュージーランドにある ABC 中学校に在学中です。以下のチラシを読み，メールで問い合わせてみることにしました。次の内容を含む問い合わせのメール本文を，解答欄に収まる分量の英語で書きなさい。なお，あて先と差出人は解答用紙にあらかじめ記入されているので，メール本文のみ書くこと。

●チラシ(flyer)を見て，参加したいと思っている。

●学生なので土曜クラスしか受けられないが，大丈夫か。

●何か持っていくべきものはあるか。

New Plymouth NZ
Community Center

Morning Yoga

Wednesdays & Saturdays 9-10 a.m.

Join us every Wednesday and Saturday morning for a FREE, all-ages, all-levels community yoga class.　A great way to start your day!

Classes are held at Community Center: Education Room A, 1st floor

2471 Ipsum Street, New Plymouth

Wear comfortable clothing that allows free range of motion

****

For more information: Tel (08) 1234 5678

Or contact **Michelle Green**: michellegn@mailmail.com

＜リスニングテスト放送原稿＞

About a year ago, I asked myself a question : "Knowing what I know, why am I not a vegetarian ?" After all, I'm one of the green guys : I grew up with hippie parents in a log cabin. I started a site called TreeHugger—I care about this stuff. I knew that eating a mere hamburger a day can increase my risk of dying by a third. Cruelty : I knew that the 10 billion animals we raise each year for meat are raised in factory-farm conditions that we, hypocritically, wouldn't even consider for our own cats, dogs and other pets. Environmentally, meat, amazingly, causes more emissions than all of transportation combined : cars, trains, planes, buses, boats, all of it. And beef production uses 100 times the water that most vegetables do.

I also knew that I'm not alone. We as a society are eating twice as much meat as we did in the 50s. So what was once the special little side treat now is the main, much more regular. So really, any of these angles should have been enough to convince me to go vegetarian. Yet, there I was—chk, chk, chk—tucking into a big old steak.

So why was I stalling ? I realized that what I was being pitched was a binary solution. It was either you're a meat eater or you're a vegetarian, and I guess I just wasn't quite ready. Imagine your last hamburger. (Laughter) So my common sense, my good intentions, were in conflict with my taste buds. And I'd commit to doing it later, and not surprisingly, later never came. Sound familiar ?

So I wondered, might there be a third solution ? And I thought about it, and I came up with one. I've been doing it for the last year, and it's great. It's called weekday veg. The name says it all : Nothing with a face Monday through Friday. On the weekend, your choice. Simple. If you want to take it to the next level, remember, the major culprits in terms of environmental damage and health are red and processed meats. So you want to swap those out with some good, sustainably harvested fish. It's structured, so it ends up being simple to remember, and it's okay to break it here and there. After all, cutting five days a week is cutting 70 percent of your meat intake.

The program has been great, weekday veg. My footprint's smaller, I'm lessening pollution, I feel better about the animals, I'm even saving money. Best of all, I'm healthier, I know that I'm going to live longer, and I've even lost a little weight.

So, please ask yourselves, for your health, for your pocketbook, for the environment, for the animals : What's stopping you from giving weekday veg a shot ? After all, if all of us ate half as much meat, it would be like half of us were vegetarians. Thank you.

【数　学】（50分）〈満点：100点〉

1　次の問いに答えよ。

(1) $x=2+3\sqrt{3}$ のとき $\dfrac{x^2-1+(x-1)2\sqrt{3}}{x^2-3x+2}$ の値を求めよ。

(2) $(x^2+11x+9)(x^2+11x+19)+9$ を因数分解せよ。

(3) 方程式 $(x-2y+6)(3x+4y-14)^2=7$ をみたす整数 x，y を求めよ。

(4) 1g，2g，3gのおもりをいくつか使って12gにするには全部で何通りの方法があるか。ただし，使わない重さがあってもよいものとする。

(5) 容器Aには濃度 x %の食塩水が200g，容器Bには濃度 y %の食塩水が100g入っている。200g入っている容器から別の容器に100gを移し，よくかき混ぜる操作を続けて3回行った。このとき容器Bの食塩水の濃度を x，y で表せ。

2　放物線 $y=\dfrac{1}{9}x^2$ 上に点Aがあり，Aの x 座標は正，y 座標は a であるとする。また，1辺の長さがOAと等しい正方形ABCDがあり，ADは x 軸と平行であるとする。ただし，(Cの x 座標)＞(Aの x 座標)，(Cの y 座標)＜(Aの y 座標)である。このとき，次の問いに答えよ。

(1) 正方形ABCDの面積を a を用いて表せ。

(2) 正方形ABCDの面積が10のとき，点Cの座標を求めよ。

(3) OA∥BDのとき，点Cの座標を求めよ。

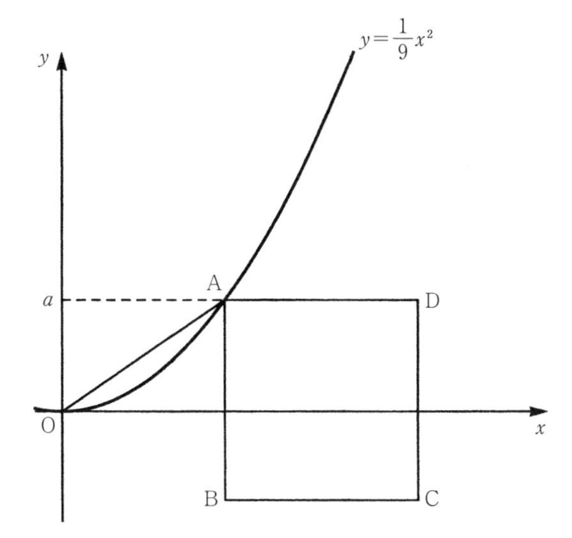

3　図のような $AB=\sqrt{3}$，$AC=AD=BC=CD=DB=4$ の四面体 ABCD がある。また，辺 CD の中点をMとするとき，次の問いに答えよ。

(1)　頂点Aから △BCD に垂線 AH を下ろしたとき，AH の長さを求めよ。

(2)　四面体 ABCD の体積を求めよ。

(3)　△ABM 上で，点Mから辺 AB に垂線 ME を引いたとき，線分 AH との交点をPとする。このとき，$AP\times PH$ の値を求めよ。

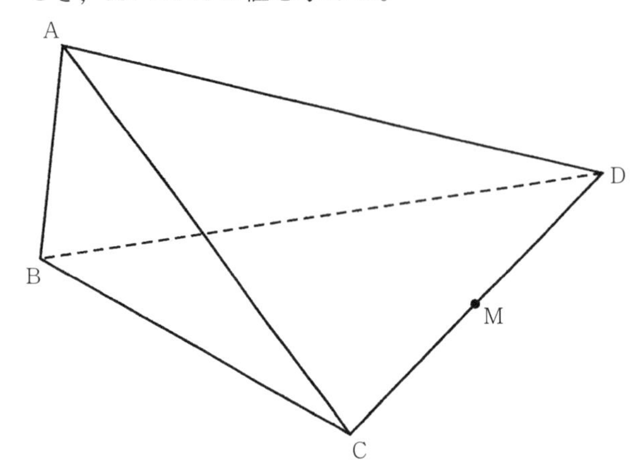

4　円と △ABC と △CDE が 2 点F，Gで交わっている。AD∥BE，$CD=8$，$CF=3$，$CG=4$ のとき，次の問いに答えよ。

(1)　AG の長さを求めよ。

(2)　BC：CE を最も簡単な整数比で表せ。

(3)　$AF=9t$ とするとき，EG の長さを t を用いて表せ。

(4)　△ACD の面積を S とするとき，四角形 BFGE の面積を S を用いて表せ。

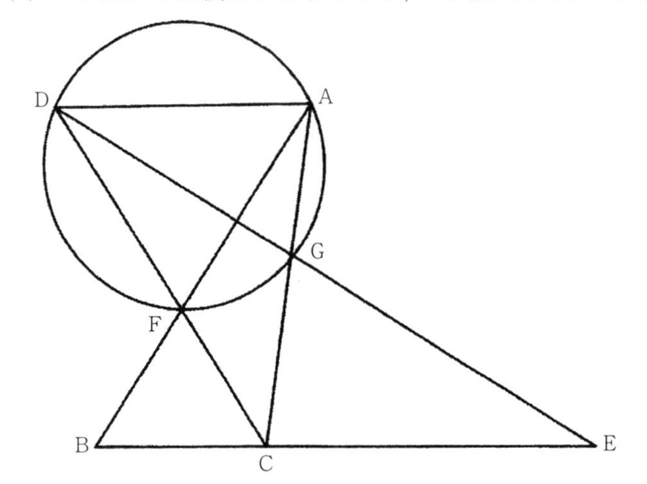

【社　会】（40分）〈満点：60点〉

※全ての問題について，特に指定のない限り，漢字で答えるべきところは，漢字で答えなさい。

1　ヨーロッパ州について述べた次の文章を読んで，以下の設問に答えなさい。

ヨーロッパ州は，標高200m未満の低平な地形が大半を占めるが，南部には高くて険しい山脈が連なる。火山活動や地殻変動が活発な地域ではないが，①アイスランドのように多数の活火山が集中する国もみられる。②気候は高緯度のわりに温暖である。このような気候下では③さまざまな農業が展開されている。家畜の飼育と農産物の生産を並行しておこなう（ X ）が特徴的だが，南部には地中海式農業，北部には酪農のさかんな地域がみられる。また，ヨーロッパ州は世界の重工業をリードしてきた。ライン川流域に位置する（ Y ）工業地帯では，豊富な石炭や輸入鉄鉱が結びつき鉄鋼業が発達し，現在，ヨーロッパ最大の工業地帯を形成している。フランス南西部の（ Z ）では周辺国で製造された部品を用い，航空機の生産がさかんである。

ヨーロッパ州では1993年に④EU（ヨーロッパ連合）が発足した。1995年にはスウェーデンやフィンランド，オーストリアが，2004年にはスロバキアやチェコ，ハンガリーなど東欧や地中海の10カ国が加盟し，以降も加盟国を増やしていった。2019年時点の加盟国は28カ国にのぼる。

問１　文中の空欄（X）～（Z）に最も適切な語句を答えなさい。

問２　下線部①に関して，ヨーロッパ北西部に位置するアイスランドには30ほどの活火山が存在しています。次の図１中のエイヤフィヤトラヨークトル山はそのうちの１つであり，2010年４月に大規模な噴火が起きました。これによって，ヨーロッパ各都市の主要空港は閉鎖され，航空混乱がもたらされました。火山噴火が大規模な混乱をもたらした自然的要因について30字以内で説明しなさい。

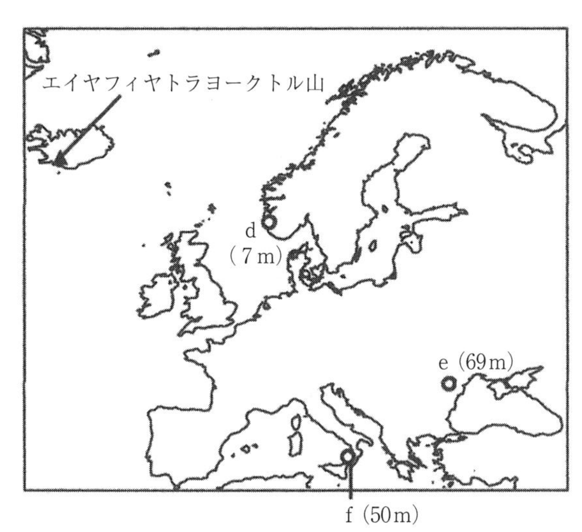

（　）内の数字は観測地点の標高。

図１

問3　下線部②に関して，次の図2中のA～Cは，図1中のd～fのいずれかの都市の最暖月および最寒月平均気温と，最多雨月および最少雨月降水量について示したものです。A～Cとd～fとの正しい組み合わせをあとのア～カより1つ選び，記号で答えなさい。

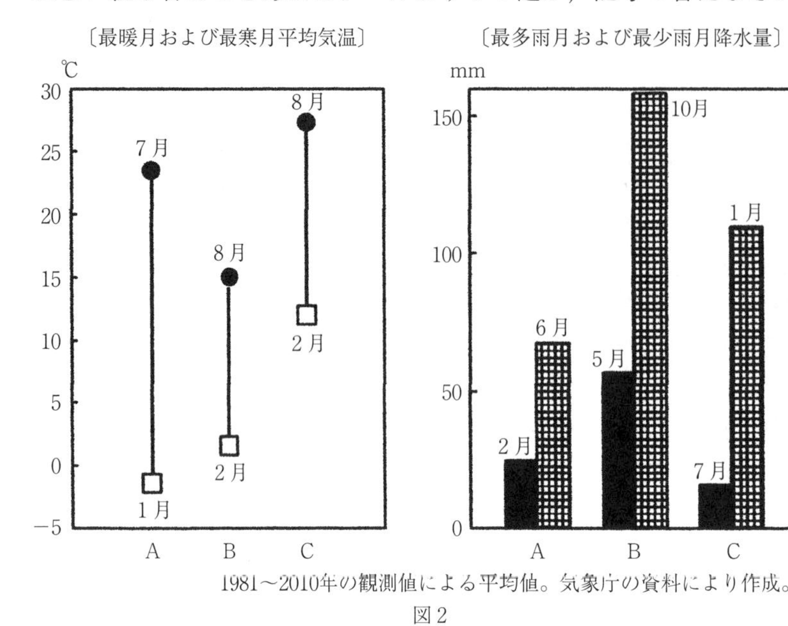

1981～2010年の観測値による平均値。気象庁の資料により作成。

図2

	ア	イ	ウ	エ	オ	カ
A	d	d	e	e	f	f
B	e	f	d	f	d	e
C	f	e	f	d	e	d

問4　下線部③に関して，次の会話文はヨーロッパの農牧業についてシンジくんとマサミさんが話したものです。また，あとの表1はヨーロッパの主要国の農牧業について示したものであり，表中のg～jはオランダ，デンマーク，ドイツ，フランスのいずれかです。会話文を読んで，オランダに該当するものを1つ選び，記号で答えなさい。

シンジ「ヨーロッパでは，地域によってみられる農業景観が大きく異なるね」

マサミ「気候や地形との関わりも大きいようね」

シンジ「うん。北部はかつて氷河に広く覆われたため，土地がやせていて農耕には適さないようだね」

マサミ「だから家畜を飼育する農家が集中するのね。夏が冷涼だということも関係あるみたいね」

シンジ「ヨーロッパ最大の農業国は日本よりも国土面積が大きいよ。この国の大部分の気候は温暖湿潤な上，地形も平坦なので農業には有利な条件を備えているんだね」

マサミ「国土面積が小さいわりに農産物輸出額が多い国もあるのね」

シンジ「そうだね。このような国では，国土面積や国内市場が小さい分，花卉や野菜をはじめとする付加価値の高い商品作物を輸出しているんだ」

マサミ「なるほど。耕地面積を大きくできない分，高値で売れる農産物を輸出しているわけね。ところで，ライ麦は黒パンの原料になるものだったよね」

シンジ「そうそう。小麦よりも寒さに強い農産物なんだよ」

マサミ「ヨーロッパは，地域や国によって展開される農牧業に大きな違いがみられるのね」

表1

	農産物輸出額(千ドル)	農産物生産量(トン)				
		トウモロコシ	小麦	ライ麦	牛肉	牛乳
g	50,798,746	116,711	1,054,818	4,408	440,639	14,297,361
h	46,136,259	14,121,680	36,924,938	101,871	1,423,404	24,400,000
i	42,045,626	4,547,600	24,481,600	2,737,400	1,137,008	32,666,363
j	9,847,191	38,900	4,834,100	723,200	124,148	5,557,160

統計年次は2017年。農産物輸出額は2016年。FAOSTATにより作成。

問5 下線部④に関して，次の図3はスロバキア，チェコ，ハンガリー，ポーランドにおける自動車生産台数の推移について示したものです。また，図4はヨーロッパの主な都市における労働者の月額平均賃金について示したものです。2000年以降，図3で示す国では自動車生産台数が著しく増加しています。この理由について図4を参照しながら60字以内で説明しなさい。

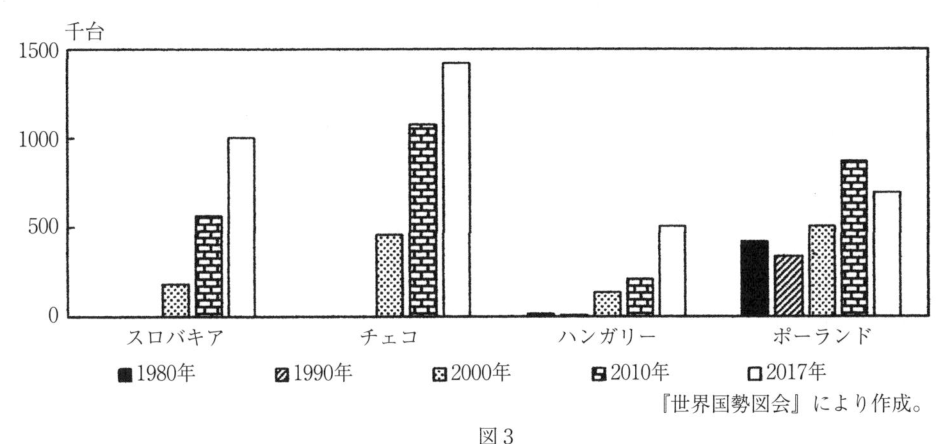

『世界国勢図会』により作成。

図3

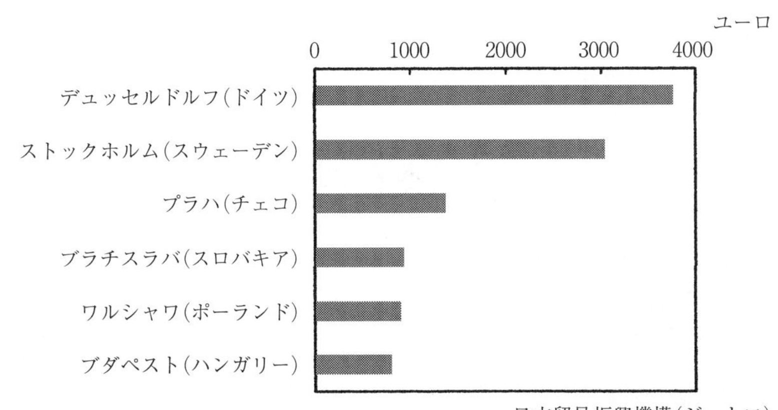

日本貿易振興機構(ジェトロ)
『2018年度 欧州・ロシア・CIS投資関連コスト比較調査』により作成。

図4

2 右の図1は，夏休みに近畿地方や四国地方を旅行した際のルートを示したものです。これを見て，以下の設問に答えなさい。

図1

問1 自動車で図1中のaからcに移動するためには2つの海峡を越える必要があります。これらのうち，2つ目に通過する海峡について述べた次の文中の(　　)に最も適切な語句を答えなさい。

この海峡は(　　)海峡と呼ばれ，この上に大(　　)橋が架かっている。現在，この橋を多くの自動車が行き交い，2007年には通行台数が1億台を超えた。(　　)海峡は，瀬戸内海と太平洋の干満時刻のずれによって生じる「渦潮」でも知られ，年間で多数の観光客が訪れる。

問2 図1中のaは兵庫県西宮市です。この都市には，夏に全国高校野球選手権大会の開催される阪神甲子園球場があります。表1は，平成22～27年の人口増減率，昼夜間人口割合，65歳以上の人口の割合について示したものであり，表中のd～fは大阪市，高知市，西宮市のいずれかが入ります。d～fと都市名との正しい組み合わせを次のア～カより1つ選び，記号で答えなさい。

表1

	平成22～27年の人口増減率(%)	昼夜間人口割合(%)	65歳以上の人口の割合(%)
d	1.08	90	23.3
e	0.97	132	25.3
f	−1.81	103	27.7
全国	−0.75	100	26.6

昼夜間人口割合＝$\frac{昼間人口}{夜間人口}$×100。統計年次は2015年。

『平成27年国勢調査』により作成。

	ア	イ	ウ	エ	オ	カ
d	大阪市	大阪市	高知市	高知市	西宮市	西宮市
e	高知市	西宮市	大阪市	西宮市	大阪市	高知市
f	西宮市	高知市	西宮市	大阪市	高知市	大阪市

問3 図1中のbは兵庫県淡路市です。ここには1995年に発生した自然災害を記念した公園があり，右の写真のように災害の痕跡を保存しています。この災害について述べた文として最も適切なものを次のア～エより1つ選び，記号で答えなさい。

ア．大都市直下型の地震が発生し，建造物の倒壊とともに液状化現象による被害がみられた。

イ．大型台風が襲来し，強風による電線の断線や交通障害が起き，低地部では浸水被害がみられた。

ウ．大雨が続いたことで，大がかりな土砂崩れが各地で発生し，家屋の倒壊の被害がみられた。

エ．火山の噴火が発生し，これに伴って流出した溶岩流が家屋や田畑を飲み込むなどの被害がみられた。

問４　図１中のｃは香川県丸亀市を示しています。これに関する次の設問に答えなさい。

①　丸亀市を含む香川県の特産品の１つに「讃岐うどん」があります。この原料には小麦が使われ，その大半は輸入に頼っています。この輸入先として最も適切な国を次のア～エより１つ選び，記号で答えなさい。

ア．インド　　イ．オーストラリア　　ウ．中国　　エ．ブラジル

②　次の図２は丸亀市およびその周辺を示した国土地理院発行の５万分の１地形図(原寸，1999年発行)です。この図から読み取れることがらを述べた文として最も適切なものをあとのア～エより１つ選び，記号で答えなさい。

図２

ア．図２の範囲内における最高地点は，標高500ｍを上まわっている。
イ．「丸亀市」には多数の湿地が散在し，周囲では稲作がおこなわれている。
ウ．臨海部には河川が形成した砂地が沖合にのび，港湾や娯楽施設が整備されている。
エ．丸亀城跡の北部には官庁街が形成され，公共施設が集中している。

３　仏教文化に関する次の文章を読み，以下の設問に答えなさい。

仏教は６世紀の半ばに，倭(日本)へ伝えられたとされる。伝来した年は，①厩戸王(聖徳太子)の伝記である『上宮聖徳法王帝説』によれば538年，『日本書紀』によれば552年とされるが，いずれの史料も当時倭とさかんに交流していた（　Ａ　）の王が仏像や経典を送ってきたことを記している。仏教の受容をめぐっては大王や豪族の間での対立・争乱があったものの，７世紀以降の②朝廷ではおおむね仏教が受け入れられ，③豪族層を中心に広まっていった。

仏教の伝来について考える際には，その教えだけでなく，仏教とともに伝わってきた建築や④絵画，彫刻などの文化・技術も重要である。例えば，法隆寺は⑤朝鮮半島の建築様式を受け継いでおり，寺の建立に⑥渡来人が携わっていたことを示している。また，法隆寺金堂の釈迦如来像の表情に見られるアルカイック・スマイルは，⑦古代ギリシャ彫刻の影響を受けているとも言われ，仏像の頭上をおおう天蓋には⑧中央アジアに由来する唐草文様が描かれている。

仏教は人々の食生活にも影響を与えた。奈良時代のころから人々は豚や牛といった獣の肉は食べなくなる。このような仏教の戒律に基づいてつくられた料理は精進料理とよばれ，豆腐や⑨めん類など今日の和食の基礎をつくっている。また，鎌倉時代に（　Ｂ　）が薬用として伝えた⑩茶も，彼が説く禅宗の教えとともに人々の生活へ広まっていった。武士を中心に信仰された禅宗は幕府に保護されて発展したが，室町幕府は⑪明との外交や貿易を禅僧に頼っていた。その過程で宋の建築様式が⑫禅宗様として取り入れられ，また，本来禅僧の修行として描かれてきた水墨画が明で学んだ（　Ｃ　）によって大成され，後の日本の絵画に影響を与えた。

問１　文中の空欄(Ａ)～(Ｃ)に適切な語句を，次のア～コよりそれぞれ１つずつ選び，記号で答えなさい。

ア．道元	イ．雪舟	ウ．新羅	エ．蓮如	オ．唐
カ．百済	キ．日蓮	ク．栄西	ケ．空海	コ．後漢

問２　下線部①について，厩戸王(聖徳太子)が蘇我馬子らと協力しておこなった政治についての説明として適切なものを，次のア～エより１つ選び，記号で答えなさい。
ア．日本で最初の全国的な戸籍をつくった。
イ．家柄にとらわれず，才能や功績のある個人に対して高い地位を与えるしくみを定めた。
ウ．耕地の拡大をはかって，開墾した土地の私有を永年認めることとした。
エ．積極的に遣唐使を派遣し，律や令などの制度を取り入れた。

問３　下線部②について，その結果，８世紀末には僧が朝廷で権力を握る事態にもなりました。桓武天皇が政治の立て直しをはかっておこなったこととして**誤りのもの**を，次のア～エより１つ選び，記号で答えなさい。
ア．平城京から藤原京へ遷都し，その後，平安京へと遷都した。
イ．民衆の負担軽減のため，雑徭(労役)の日数を少なくした。
ウ．坂上田村麻呂を征夷大将軍に任命して東北地方へ派遣し，蝦夷を攻撃させた。
エ．最澄らを唐に留学させ，天台宗を保護した。

問４　下線部③について，豪族は一族のための氏寺を建立しました。藤原氏の氏寺を次のア～エより１つ選び，記号で答えなさい。

ア．飛鳥寺　　イ．円覚寺　　ウ．東寺　　エ．興福寺

問5　下線部④について，これまでの絵画は仏教や中国を題材とした唐絵がほとんどでしたが，平安時代になると日本の風物を題材とする絵画が描かれるようになりました。このような絵画の様式を何といいますか。

問6　下線部⑤について，朝鮮半島の歴史について述べたものとして適切なものを，次のア～エより１つ選び，記号で答えなさい。

ア．朝鮮は，明や日本，東南アジアの産物を各地へ運んで転売する中継貿易で栄えた。

イ．高麗では，朝鮮半島独自の文字としてハングルがつくられた。

ウ．朝鮮半島南部で太平天国の乱が起きると，清と日本が出兵して日清戦争へ突入した。

エ．朝鮮は釜山に倭館を置き，対馬の宗氏を仲介として江戸時代の日本と貿易をおこなった。

問7　下線部⑥について，朝鮮半島の渡来人がもたらした技術によってつくられた，硬質で灰色の土器の名称を答えなさい。

問8　下線部⑦について，古代ギリシャについて述べた文として適切なものを，次のア～エより１つ選び，記号で答えなさい。

ア．ポリスとよばれる都市国家を建設し，成人男性市民による直接民主政がおこなわれた。

イ．哲学や芸術が発展し，カーバ神殿などの人間的な神々をまつる神殿も建てられた。

ウ．太陽の動きを基準にした暦がつくられるなど，太陽を神聖なものとして崇めていた。

エ．建築技術に優れ，水道橋や円形闘技場が現代にまでのこっている。

問9　下線部⑧について，中央アジアを経由し，文化や品物の通り道となった東西貿易路を何といいますか。

問10　下線部⑨について，室町時代にめん類が広まったのは，鎌倉時代に畿内や西日本で広まったある農業の方法が，室町時代に全国的に普及したことが背景の１つとなっています。この農業の方法を何というか答えなさい。

問11　下線部⑩について，庶民の生活にまで茶が普及した江戸時代には，茶道具となる陶磁器の生産もさかんになりました。19世紀に有田焼など陶磁器の専売で藩の財政を立て直し，軍備の近代化に成功した藩主を答えなさい。

問12　下線部⑪について，この時代の日明貿易では，明は勘合を用いて相手国に正式な貿易船であることを証明させました。そのねらいを説明しなさい。

問13　下線部⑫について，室町幕府の将軍によって京都の北山に建てられた，公家文化と武家文化を融合させ，第１層には寝殿造，第３層には禅宗様を取り入れた建築物を答えなさい。

4　北京で起こった出来事に関する次の各文を読み，以下の設問に答えなさい。

A：北京の天安門広場においてパリ講和会議に抗議する①五・四運動が起こった。

B：②中華民国が成立すると，袁世凱が大総統の地位を譲り受け，北京に政府を移した。

C：山東省を中心に③義和団が蜂起し，北京の公使館を包囲するなど外国人排撃の運動を起こした。

D：北京の天安門広場において④民主化を求める運動が起こり，政府によって弾圧された。

E：北京郊外の盧溝橋において⑤日中両軍が衝突した。

問1　下線部①について，この運動で抗議された，日本へ山東省などの権益を譲ることを中国に認めさせた文書を答えなさい。

問2　下線部②について，中国南部の反乱をきっかけとして清の滅亡と中華民国の成立に至った出来事を何といいますか。

問3　下線部③について，義和団の鎮圧後も中国東北部に大軍をとどめた国を答えなさい。

問4　下線部④に関連して，日本のデモクラシーの進展の過程で，普通選挙法を定めた内閣の首相は誰ですか。

問5　下線部⑤について，この時期の日本では重化学工業が急速に発展していましたが，その理由として適切なものを，次のア～エより１つ選び，記号で答えなさい。

ア．石油の輸入と加工に有利な太平洋沿岸に，石油化学コンビナートがつくられたから。

イ．ヨーロッパで大戦が起こり，ドイツからの化学製品の輸入が途絶えたから。

ウ．中国東北部への進出により，軍需品が大量に必要になったから。

エ．朝鮮戦争が始まり，アメリカ軍の軍需品の生産を引き受けたから。

問6　Ａ～Ｅの各文を時代の古いものから順に並べ替え，２番目の出来事を選んで記号で答えなさい。

5　次の文章を読み，以下の設問に答えなさい。

2018年６月，安倍晋三首相が①「働き方改革国会」と位置づけた国会で，働き方改革関連法が可決，成立した。これは，日本における８本の②労働法の改正を行うための法律の通称である。働き方改革の背景には，③少子高齢化に伴う④生産年齢人口の減少，働く人々のニーズの多様化など，日本が近年抱えているさまざまな社会問題がある。これらの課題に対応するために，投資やイノベーションによる生産性向上とともに，潜在⑤労働力の活用などを目指している。

働き方改革関連法は，⑥長時間労働を防ぎながら，仕事とその他の生活時間を上手に調和させる，いわゆる（　１　）の実現を目的としている。その主な内容は，「残業時間の上限を規制する」，「労働時間の状況把握を企業に義務付ける」，「正社員と非正規社員の間の不合理な待遇の差をなくす」などである。非正規社員には，労働者と雇用関係を結んだ事業主が企業などと交わした契約により企業へ（２）する（２）労働者などがある。また，国会答弁で使用された裁量労働制に関する労働時間のデータに不備が見つかったことから，「⑦裁量労働制の拡大」は法案から削除された。

問1　文中の空欄（１）・（２）に適切な語句を答えなさい。ただし，（１）はカタカナで答えなさい。

問2　下線部①に関する記述として，適切なものを次のア～エより１つ選び，記号で答えなさい。

ア．毎年１回召集され，当初予算を議決する。会期は150日と定められているが，会期の延長も認められている。

イ．内閣または衆議院・参議院いずれかの総議員の４分の１以上の要求で開かれ，補正予算など緊急議題を議決する。

ウ．衆議院解散後の衆議院総選挙の日から30日以内に開かれ，内閣総理大臣の指名を行う。

エ．衆議院解散中に緊急の必要がある場合，内閣が求めたときに開かれる。会期は不定である。

問3　下線部②について，労働基準法についての記述に関して適切なものを，次のア～エより１つ選び，記号で答えなさい。

ア．使用者は時間外労働に対して割増賃金を支払う必要はない。

イ．休日は原則，毎週２回以上とらなければならない。

ウ．使用者が労働者を解雇する場合，原則30日前までに予告しなければならない。

エ．女性の休日労働や22時から５時までの深夜業は禁止とされている。

問4　下線部③について，日本の合計特殊出生率と総人口に占める65歳以上の高齢者の割合として適切なものを次のＡ～Ｄより１つ，ア～エより１つ選び，それぞれ記号で答えなさい。

【合計特殊出生率(2018年)】

Ａ．1.26　　Ｂ．1.42　　Ｃ．1.58　　Ｄ．1.74

【総人口に占める65歳以上の高齢者の割合(2018年)】

ア．14.1%　　イ．21.1%　　ウ．28.1%　　エ．32.1%

問５　下線部④について，生産年齢人口の減少が続く日本では，人手不足解消のため，外国人労働者に頼るところも大きくなっています。外国人労働者についての以下の文章を読み，空欄(A)に入る文章を簡潔に書きなさい。

> 日本の労働力人口は，6600万人だが，そのうち約50人に１人が外国人である。日本政府は，日系人以外の外国人労働者の受け入れについてこれまで(　　A　　)方針をとってきた。しかし，実際は外国人労働者は安価な労働力の確保の手段として使われた面があり，劣悪な環境で働かされる労働者も少なくはなかった。
>
> ますます深刻化する労働力不足を背景に，2018年12月に出入国管理法を改正し，新たに特定技能という在留資格を創設，労働者として外国人を受け入れることとなった。その後の政府発表では，2025年までに50万人超の受け入れを目指すとされた。

問６　下線部⑤について，次の図は，労働力の需要曲線と供給曲線を表したもので，最初の均衡点はXであることを示しています。好景気により労働力の需要が増加した場合，他の事情に変化がないものとすれば，新たな均衡点はどこになるか，図中Ａ～Ｆより１つ選び，記号で答えなさい。

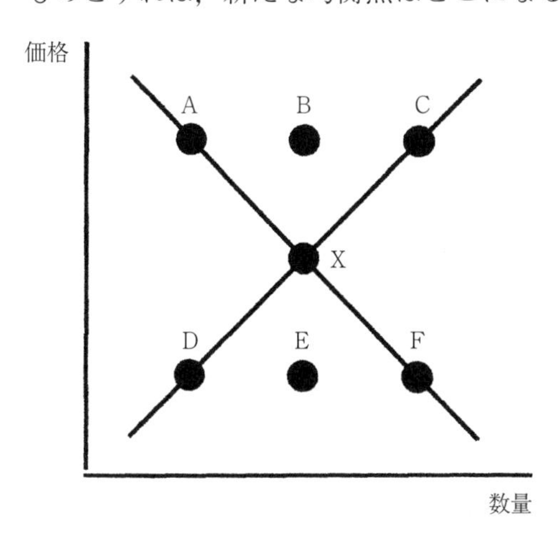

問７　下線部⑥について，次のグラフは年間労働時間の推移を表したものです。グラフ中Ａ～Ｃには日本，アメリカ，ドイツのいずれかが入ります。Ａ～Ｃに入る国名の組み合わせとして適切なものを次のページのア～カより１つ選び，記号で答えなさい。

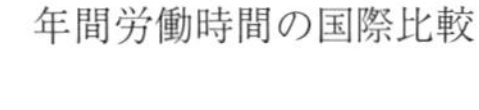

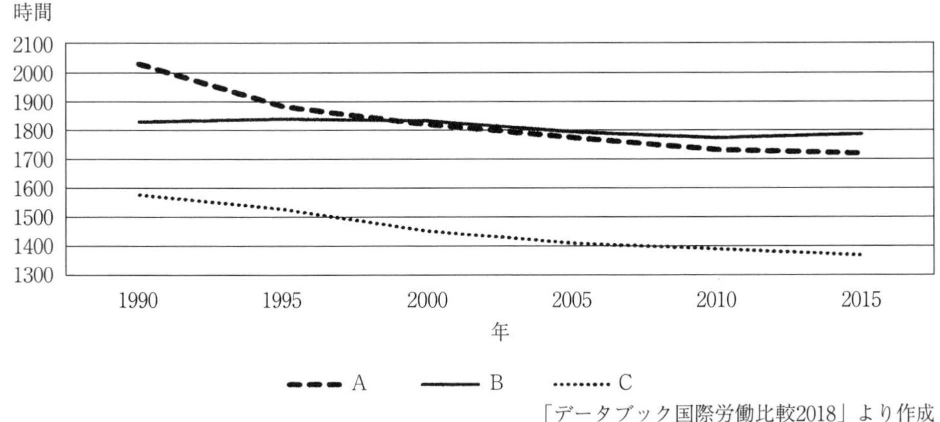

「データブック国際労働比較2018」より作成

	ア	イ	ウ	エ	オ	カ
A	日本	日本	アメリカ	アメリカ	ドイツ	ドイツ
B	アメリカ	ドイツ	日本	ドイツ	日本	アメリカ
C	ドイツ	アメリカ	ドイツ	日本	アメリカ	日本

問8　下線部⑦について，裁量労働制とは，実際の労働時間にかかわらず，あらかじめ定めた時間分を労働時間とみなして賃金を支払う形態をいいます。労働者にとっての，裁量労働制拡大の問題点として考えられることを文章で書きなさい。

6　次の文章を読み，以下の設問に答えなさい。

国が続けたハンセン病患者の隔離政策によって家族も差別を受けたとして，①家族らが国を告訴した訴訟で，2019年7月，政府は国の責任を認め，約3億7千万円の賠償を命じた熊本地裁判決を受け入れ，(　　)しないと表明した。安倍首相が9日の②閣議に先立ち，根本厚生労働相と山下法相の両名と対応を協議し，(　　)しないことを指示したという。

元患者本人の訴訟では2001年熊本地裁判決が隔離政策を違憲として国に賠償を命じ，当時の③小泉純一郎首相が(　　)を見送った。「極めて異例の判断だが，早期に全面的な解決を図ることが必要」との首相談話を公表した。その後，本人の被害を補償する制度が創設されたが，家族は対象外だった。

問1　文中の空欄(　)に適切な語句を，漢字2字で書きなさい。

問2　文中の下線部①について，家族らは憲法上のどの権利を行使し，国を告訴したといえるか，適切なものを次のア～エより1つ選び，記号で答えなさい。

ア．何人も，抑留又は拘禁された後，無罪の裁判を受けたときは，法律の定めるところにより，国にその補償を求めることができる。

イ．何人も，損害の救済，公務員の罷免，法律，命令又は規則の制定，廃止又は改正その他の事項に関し，平穏に請願する権利を有し，何人も，かかる請願をしたためにいかなる差別待遇も受けない。

ウ．何人も，公務員の不法行為により，損害を受けたときは，法律の定めるところにより，国又は公共団体に，その賠償を求めることができる。

エ．すべて国民は，健康で文化的な最低限度の生活を営む権利を有する。

問3　文中の下線部②について，閣議に関して**誤りのもの**を，次のア～エより1つ選び，記号で答えなさい。

ア．すべての大臣が出席し，非公開で行われる。

イ．閣議の決定は，多数決が原則となっている。

ウ．内閣総理大臣は自ら議長となって閣議を開く。

エ．週2回開かれるのが，定例閣議である。

問4　文中の下線部③について，小泉純一郎首相が在任中に起こった出来事として適切なものを，次のア～エより1つ選び，記号で答えなさい。

ア．郵政民営化法が成立した。　　イ．PKO協力法が成立した。

ウ．消費税が5％に引き上げられた。　　エ．東日本大震災が起こった。

【理　科】（40分）〈満点：60点〉

1　理科の授業で空気電池の一種である備長炭電池を作製した。備長炭，キッチンペーパー，アルミニウム箔を用意して，水溶液をしみこませたキッチンペーパーを備長炭に巻き，その上からアルミニウム箔を巻いた。アルミニウム箔の部分と備長炭をワニ口クリップではさんで図1のような回路を作った。以下の問いに答えよ。

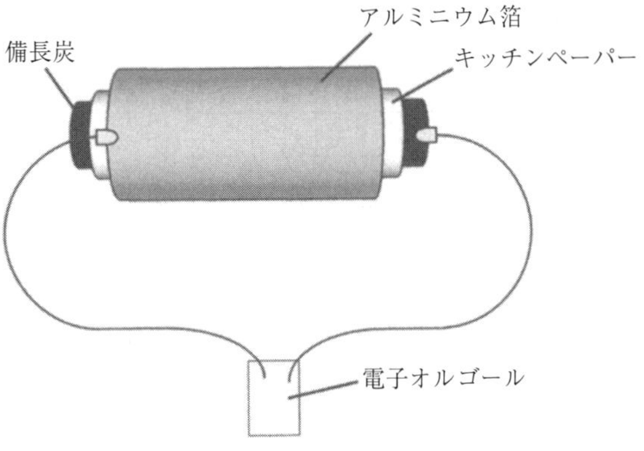

図1

問1　文章中の下線部の水溶液として使用したときに電流が流れるものを，次からすべて選び，記号で答えよ。

ア．砂糖水　　イ．食塩水　　ウ．エタノール水溶液
エ．食酢　　オ．スポーツドリンク

問2　次の文章は備長炭電池の原理について述べたものである。空欄にあてはまる最適な語句を漢字で補い，文章を完成させよ。

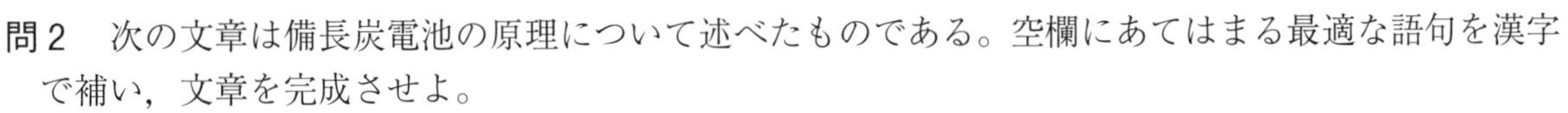

> アルミニウム箔から放出された（　a　）が回路を流れて，備長炭に吸着している空気中の気体の（　b　）と結びつく。このように，（　a　）が回路全体を流れるため電池としての機能を果たすことができる。

問3　備長炭電池の＋極を，次から選び，記号で答えよ。
ア．備長炭　　イ．キッチンペーパー　　ウ．アルミニウム箔

問4　この電池に，電子オルゴールをつなぐと音楽が流れた。音楽を流し続け，一定時間経つとアルミニウム箔はどのようになるか。その様子と理由について，それぞれ具体的に答えよ。ただし，理由は「アルミニウムが～反応をするから。」となるように答えること。

ここで，作製した備長炭電池を複数用いて水の電気分解を行った。水の電気分解に関する以下の問いに答えよ。

問5　水の電気分解を行ったときに，陽極で生じる気体についてあてはまるものを，次からすべて選び，記号で答えよ。
ア．助燃性がある
イ．空気よりも軽い
ウ．亜鉛にうすい硫酸を加えると得られる
エ．酸化銅と活性炭を混合して加熱すると得られる
オ．酸化銀を加熱すると得られる
カ．炭酸水素ナトリウムを加熱すると得られる

問6　複数の備長炭電池を直列につなぎ，図2の装置で水の電気分解を行った。このとき少量の水酸化ナトリウムを加えた水溶液を使用した。なお，図2は装置の正面のみを模式的に表している。

次のページの表は電流を流した時間と陰極側の液面の高さの目盛りを読んだ結果である。電流を流し始めてから7分後までに陽極で生じた気体の質量は何mgであるかを，小数第2位を四捨五入し，小数第1位まで答えよ。ただし，本実験において生じた気体は1.0

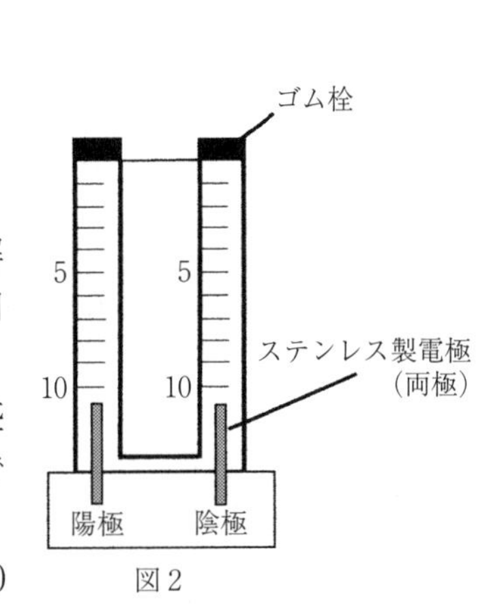

図2

Lで1.43gの気体と0.09gの気体の2種類のみである。また，発生した気体は水に溶解せず，流れる電流の大きさは実験開始時から変わらないものとする。

時間[分]	0	1	2	3
目盛り[mL]	0.1	0.9	1.7	2.5

次に，水や様々な水溶液の電気分解を行っても，発生することのない気体に関する以下の問いに答えよ。

問7　塩化アンモニウムNH_4Clの固体と水酸化カルシウム$Ca(OH)_2$の固体を混合させ加熱すると，電気分解では生じない気体と塩化カルシウムと水が得られる。この気体の捕集法を，次から選び，記号で答えよ。また，この反応の化学反応式を答えよ。

ア．上方置換法　　イ．下方置換法　　ウ．水上置換法

2　以下の問いに答えよ。

問1　地球の地軸は，地球の公転面に垂直な方向に対して23.4°傾いている。この傾きが一定であるために，地球の公転軌道上の位置により太陽の南中高度や，昼の長さが周期的に変化する。

(1)　春分の日の赤道上での太陽の南中高度は何度か。

(2)　夏至の日の北緯53.4°の地点での太陽の南中高度は何度か。

(3)　冬至の日の北緯36.6°の地点での太陽の南中高度は何度か。

(4)　地表の一定面積当たりが受ける太陽の光の量を(1)～(3)の場合で比較し，その比を(1)：(2)：(3)で答えよ。ただし，$\sqrt{\ }$（根号）はそのままでよい。

問2　図1は，太陽と太陽のまわりを公転する金星，地球，火星の公転軌道を北極側から見て模式的に示したものである。各惑星は太陽を中心とする円軌道を，一定の速さで動いているものとし，公転面は一致しているものとする。

あるとき，図1のように太陽から見て，金星，地球，火星が一列に並んだ。このときから時間が経過し，再び太陽から見て同じ順に一列に並ぶまでの時間について考える。

次の文章中の空欄にあてはまる最適な数字を補い，文章を完成させよ。ただし，金星，地球，火星の公転周期をそれぞれ0.6年，1年，1.8年として計算せよ。なお，金星と火星の公転周期は実際の値とは異なる。

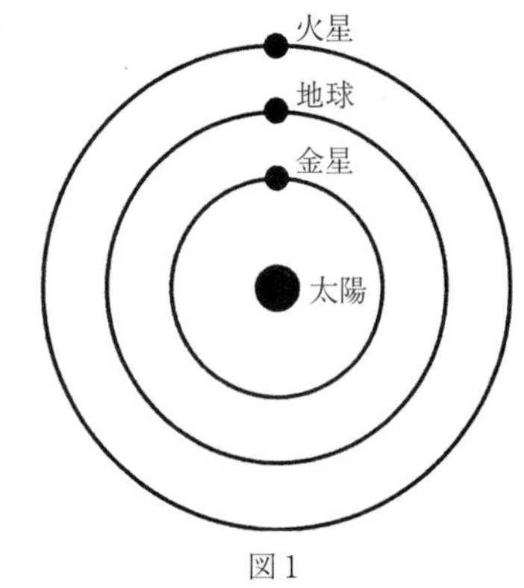

図1

> 火星が太陽のまわりを1周すると，金星は（　a　）周する。再び太陽から見て金星，地球，火星の順に一列に並ぶのは，最短で（　b　）年経過後である。この間に各惑星は太陽のまわりを，金星が（　c　）周，地球が（　b　）周，火星が（　d　）周する。

3　ヒトは，生活する中でいろいろな物質を環境中に廃棄している。以下の問いに答えよ。

問1　河川に生活排水が流れ込んでも，水中生物のはたらきで，生活排水が流れ込む前に近い水質まで戻る場合がある。その作用を自然浄化という。生活排水が流れ込む前の河川水を「河川水A」，生活排水が流れ込んで自然浄化の途中の河川水を「河川水B」として，

	透明度	有機物の量	水中に溶けている酸素の量
河川水A	透明	a	c
河川水B	不透明	b	d

それぞれの特徴をまとめた。前のページの表のａ～ｄにあてはまる最適な語を選択肢から選び，記号で答えよ。

選択肢　ア．多い　　イ．少ない

問２　生活排水の中には，自然浄化できない物質も含まれている。この物質は，食べる食べられるの関係から，生物体内で濃度が高まることがある。これを生物濃縮という。生物濃縮されやすい物質の特徴を述べた文として正しいものを次から選び，記号で答えよ。

ア．体内に吸収され，分解されないが，尿やフンとして排出される
イ．体内に吸収され，分解されないが，尿やフンとして排出もされない
ウ．体内に吸収され，分解されるが，尿やフンとして排出される
エ．体内に吸収されない

問３　次の文章Ｃ，Ｄが説明している現象を何というか，それぞれ答えよ。

Ｃ　二酸化硫黄や窒素酸化物などの物質が雨などに溶け込み，通常の雨などより小さいpHの値を示す。これにより，河川や湖沼，土壌の性質を変化させ生態系に悪影響を与えるほか，コンクリートを溶かしたり，金属を腐食したりして建造物や文化財に被害を与える。

Ｄ　大気中に排出された窒素酸化物や炭化水素が太陽光に含まれる紫外線と反応してできた物質が，高い濃度でとどまることで発生する。５月～９月の晴天または曇りの日に，気温が25℃以上で，風が弱く，日差しが強いなどの条件が重なると発生しやすい。

４　以下の問いに答えよ。

問１　図１のように，密閉された断熱容器に，水を充分含ませたコムギ種子を入れて，一定の温度に保った暗室に設置した。一定時間ごとに容器内の温度を測定すると，温度は上昇していた。はじめの状態と比べて，温度が上昇している最中に増加したと考えられるものを次から４つ選び，記号で答えよ。

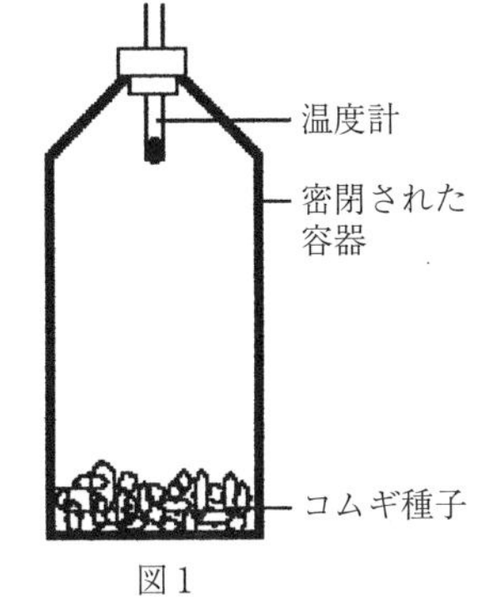

図１

ア．CO_2　　イ．H_2O　　ウ．N_2
エ．デンプン　　オ．グルコース　　カ．種子の乾燥重量
キ．アミラーゼ　　ク．脂肪

問２　根の伸長のようすを観察するために，発芽したソラマメの若い根に図２のように等間隔の印①～⑥をつけた（①は根冠の部分につけた印である）。その後の根の伸長のようすを正しく示しているのは図３のア～オのどれか。また，伸長の理由として正しいと考えられる文はカ～コのどれか。それぞれ次から選び，記号で答えよ。

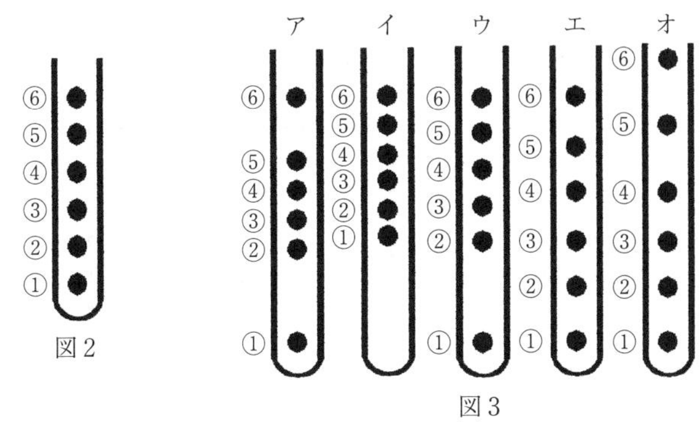

図２　図３

理由
カ．細胞分裂して細胞の数が増加したから

キ．細胞分裂して細胞の数が増加し，その細胞が水を含んで大きくなったから
ク．細胞が貯蔵養分としてデンプンを貯えて大きくなったから
ケ．細胞と細胞のすき間に水が入って，すき間が大きくなったから
コ．細胞と細胞のすき間に貯蔵養分としてデンプンを貯えて，すき間が大きくなったから

問3　ある植物の葉に光をあて，葉の表面を照らした。葉が受けた光と，その葉が1000 cm^2 あたりで1分間に放出した酸素の量を表に示した。この植物の葉1000 cm^2 あたりが1日に大気中に放出した酸素の量は何 cm^3 か。正しい値を選択肢から選び，記号で答えよ。ただし，温度は一定で，1日を昼夜それぞれ12時間ずつとし，葉の表面の照度は常に昼間3万5千※ルクス，夜間0ルクスとする。

※ルクス：照度の単位

葉の表面の照度[万ルクス]	0	0.5	1.0	1.5	2.0	2.5	3.0	3.5	4.0
放出した酸素の量[cm^3]	−0.5	0	0.5	1.0	1.5	2.0	2.5	2.5	2.5

選択肢

ア．−1800 cm^3　　イ．1800 cm^3　　ウ．−1440 cm^3
エ．1440 cm^3　　オ．−360 cm^3　　カ．360 cm^3
キ．−24 cm^3　　ク．24 cm^3　　ケ．0 cm^3

問4　ヒトについて述べた文のうち，誤ったものを次からすべて選び，記号で答えよ。
ア．全ての細胞に核がある
イ．体細胞は2組の遺伝情報を，生殖細胞は1組の遺伝情報をもつ
ウ．刺激は複数の神経細胞を経て脳に伝わるが，伝わり方は一方向である
エ．だ液・胃液・すい液・胆汁・腸液には，それぞれ特有の消化酵素が含まれる

問5　カエルの後ろあしの指先をピンセットでつまんだところ，後ろあしがピクッと動いた。この場合，刺激から反応までの信号の伝わる経路は次のようになっている。

刺激→［感覚器→（ a ）→（ b ）→（ c ）→筋肉］→反応

(1)　上の経路の空欄にあてはまる最適な語句を漢字で答えよ。
(2)　この反応の名称を漢字で答えよ。

5　以下の問いに答えよ。

図1のように，水平な床の上に直方体の物体Bを置き，その上に直方体の物体Aを置いた。

物体A，Bはともに静止した状態で，物体Aの重さは4N，物体Bの重さは6Nである。F_1 ～ F_6 は，物体A，物体B，床にはたらく力を矢印で表したものである。力の大きさに関係なく全て同じ長さの矢印で表している。

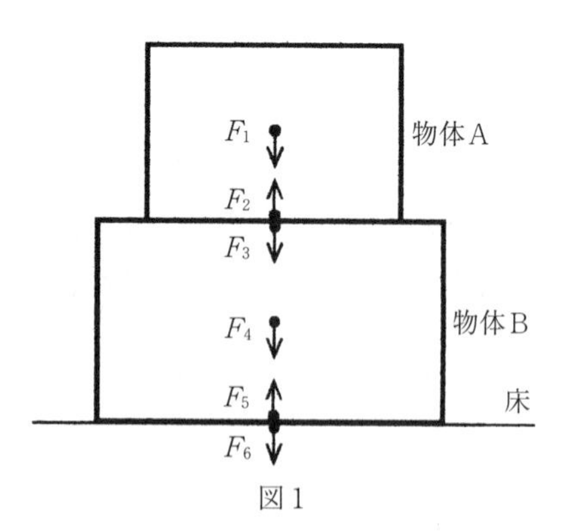

図1

問1　例文を参考にして，空欄にあてはまる最適な語句を答えよ。

例文：F は（ 糸 ）が（物体C）を（引く）力である。

F_3 は（　　）が（　　）を（　　）力である。
F_4 は（　　）が（　　）を（　　）力である。

問2　物体Bにはたらく力をすべて選び，F_1 ～ F_6 の記号で答えよ。

問3　２力のつりあいの関係にある力を選び，F_1 ～ F_6 の記号で答えよ。
問4　F_2 と作用・反作用の関係にある力を選び，F_1 ～ F_6 の記号で答えよ。
問5　物体Ｂに右向きの力を加えたところ，物体Ａはすべることなく物体Ｂとともに運動した。このときの摩擦力について正しいものを次からすべて選び，記号で答えよ。
ア．物体Ａから物体Ｂに摩擦力がはたらき，その向きは右向きである
イ．物体Ａから物体Ｂに摩擦力がはたらき，その向きは左向きである
ウ．物体Ａから物体Ｂに摩擦力は，はたらかない
エ．物体Ｂから物体Ａに摩擦力がはたらき，その向きは右向きである
オ．物体Ｂから物体Ａに摩擦力がはたらき，その向きは左向きである
カ．物体Ｂから物体Ａに摩擦力は，はたらかない

下の図２のように，物体Ａに糸ａを取り付けて真上に引いた。糸ａが物体Ａを引く力の大きさは1.8Ｎである。

答えが割り切れない場合は，小数第２位を四捨五入し，小数第１位まで答えよ。また，必要であれば $\sqrt{2}=1.4$，$\sqrt{3}=1.7$ として計算しなさい。
問6　物体Ｂから物体Ａにはたらく垂直抗力の大きさは何Ｎか。
問7　床から物体Ｂにはたらく垂直抗力の大きさは何Ｎか。

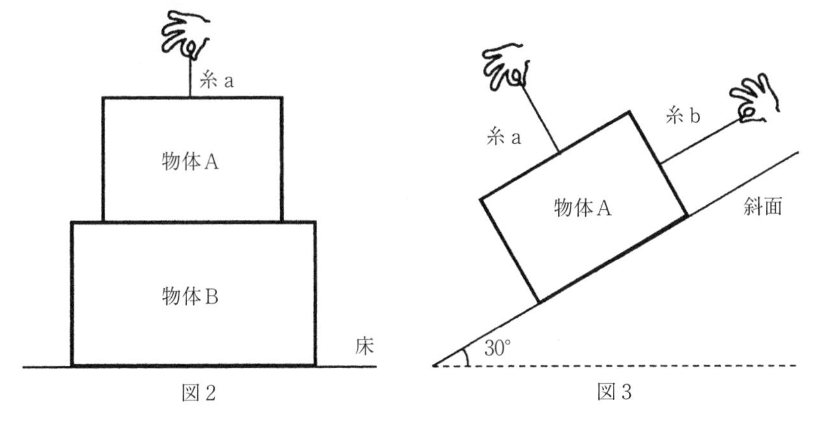

図２　　図３

上の図３のように，物体Ａを水平面との傾きが30°の斜面上に置いた。糸ａは斜面に垂直な方向に1.6Ｎで引いた。また，物体Ａに糸ｂを取り付けて斜面に平行で上向きに引いたところ，物体Ａは斜面上で動かずに，静止し続けた。ただし，物体Ａと斜面との間の摩擦力は無視できる。
問8　糸ｂが物体Ａを引く力の大きさと，斜面から物体Ａにはたらく垂直抗力の大きさはそれぞれ何Ｎか。

ウ　鷹をもらい受けるなどということは人に頼めば済みそうな内容なのに、重明親王自ら出向いてきてくれたから。

エ　重明親王は腹を立てやすい性格で、よい鷹を献上しないと次から次へと代わりの鷹を要求してきそうだから。

4　文字囲部［それ］が示している鷹と同じ鷹を、波線部a〜dからすべて選び、記号で答えなさい。

5　傍線部２「その鷹つたなくて鳥をえ取らざりければ」の現代語訳として最も適当なものを次の中から選び、記号で答えなさい。

ア　この鷹は臆病で、鳥をなかなか捕まえようとしなかったので

イ　この鷹は下手で、鳥を捕まえることができなかったので

ウ　この鷹は弱々しくて、鳥を捕まえることなど思いもよらなかったので

エ　この鷹は小さくて、鳥をたくさん捕まえそうになかったので

6　傍線部３「その鷹、忠文の許にてはならびなく賢かりけれども」とあるが、鷹の賢さが具体的に示されている部分を25字〜30字で抜き出し、その部分の最初の３字を答えなさい。

7　この話について説明している以下の文で、正しいものを次の中から一つ選び、記号で答えなさい。

ア　鷹でさえどのような相手であっても態度を変えずに仕えようとする。ましてや人間ともなれば相手と親しいかどうかにかかわらず、常に誠実な態度をとるべきである。

イ　鷹でさえ身分の高い低いではなく恩義を感じている人のために働こうとする。ましてや人間ともなれば自分にとって親しい人に恩を必ず返すべきである。

ウ　何度も交換を要求するような打算的な人間は鷹でさえ見分けがつく。ましてや人間ともなれば物事をよく理解できている人のためには私利私欲なく働くべきである。

エ　鷹でさえ誰が本当の飼い主であるかを理解し、その人のために働こうとする。ましてや人間ともなれば自分のことを知ってくれる人のためにはしっかりと力を尽くすべきである。

オ　いくら人をだまそうとしても知恵がない鷹でさえその魂胆に気づく。ましてや人間ともなれば心があるのだから親しい人をだまそうなどと考えるべきではない。

人」の、話をしているうちに「ご主人」に対する愛情を次第に取り戻していく様子が、ほほえましく描かれている。

オ　波線部FからGまでの叙述では、「唐代の水瓶」「根来塗りの盆」「備前の皿」といったように、「店」に並べられている品物が具体的に描写されることで、主人公の骨董品に対する知識の豊富さが感じ取れるような手法がとられている。

カ　波線部H「品物の講釈をするのは」以降の叙述では、気に入った品物に見入ったまま講釈する「父」の様子と、「父」の話にこたえて感動を深めていく主人公の様子とが、「父」に対する畏敬の念とともにみずみずしく表現されている。

三

次の文章を読んで後の問いに答えなさい。

民部卿藤原忠文という人が宇治に住んでいた。当時は、飼い慣らした鷹を飛ばして、鳥やけものをその鷹に捕らえさせる鷹狩という狩猟が行われていた。忠文はこの狩りに使うための鷹をたいそう好み、飼育していた。式部卿の重明親王という人もまた鷹を好んでいて、「民部卿忠文のところによい鷹がいる」という噂を聞きつけ、鷹をもらおうと思って、忠文のところへ出向くことにした。

忠文驚き騒ぎて、いそぎ出で会ひて、「こは何ごとによりて思ひかけず※渡りたまへるぞ」と問ひければ、親王、「鷹①あまた持ちたまへる由を聞きて、それ一つ給はらむと思ひて参りたるなり」とのたまひければ、忠文、「人などを以て仰せたまふべきことを、かくわざと渡らせたまへれば、何でか奉らぬ様は侍らむ」といひて、1鷹を与へむとするに、鷹あまた持たる中に、第一にして持たりける鷹なむ、世に並なく賢かりける鷹にて、雉にあはするに必ず※五十丈が内を過ぐさずして取りける鷹なれば、aそれをば惜しみて、次なりける鷹を取り出でて与へてけり。[それ]もよき鷹にてはありけれども、かの第一の鷹には当るべくもあらず。

さて親王、b鷹を得て喜びて、自ら居ゑて京に返りたまひけるに、道に雉の野に臥したりけるを見て、親王、この得たる鷹を合はせたりけるに、2その鷹つたなくて鳥をえ取らざりければ、親王、「かくつたなき鷹を得させたりける」と腹立ちて、忠文の家に返り行きて、この鷹をば返してければ、忠文鷹を得ていはく、「cこれはよき鷹と思ひてこそ奉りつれ。さらば異鷹を奉らむ」といひて、「かくわざとおはしたるに」と思ひて、この第一の鷹を与へてけり。親王、またその鷹を居ゑて返りけるに、木幡の辺にて試みむと思ひて、野に狗を入れて雉を狩らせけるに、雉の立ちたりけるに dかの鷹を合はせたりければ、その鷹また鳥を取らずして飛びて雲に入りて失せにけり。さればその度は親王、何にものたまはずして京に返りたまひにけり。

これを思ふに、3その鷹、忠文の許にてはならびなく賢かりけれども、親王の手にてかくつたなくて失せにけるは、鷹も主を知りてあるなりけり。されば、智なき鳥獣なれども、本の主を知れる事かくのごとし。②いはむや心あらむ人は、故を思ひ、専らに親しからむ人の為にはよかるべきなりとなむ、語り伝へたるとや。

（「今昔物語集」より）

・渡る…移動する、行く、来る。
・五十丈…「丈」は当時の長さの単位で、五十丈は約一五〇メートル。

1　二重傍線部①「あまた」の意味を5字以内で答えなさい。

2　二重傍線部②「いはむや」の読み方を現代仮名遣いのひらがなで答えなさい。

3　傍線部1「鷹を与へむとするに」とあるが、忠文がそう考えた理由として最も適当なものを次の中から選び、記号で答えなさい。

ア　重明親王が鷹をこよなく愛好していると聞き、献上した鷹も大切にしてくれそうだと考えたから。

イ　ちょうど自分が飼育している鷹の中に賢い鷹がいて、親友の重明親王にぜひ献上したいと考えていたから。

ばどこであっても都会だという父の理屈が不思議な説得力を持っていて面白かったから。
エ　都会か田舎かを判断するとき、普通ならば土地の値段といった公的な基準が優先されるのだが、父の理屈には古道具屋が商売として成り立つか否かという私的な事情による基準が優先されていて面白かったから。
オ　古道具屋を営んでいくためには、たとえ都心から離れている町であっても古道具に対する需要や審美眼を持った客が必要であり、そうした需要や客があればそこは田舎ではないとする父の発想が面白かったから。

4　傍線部2「ああいうもの」・3「ああいうもの」とあるが、「ああいうもの」に対して「私」と「父」はそれぞれどのような思いを抱いているか。「私」と「父」の違いがわかるように60字以内で具体的に説明しなさい。

5　傍線部4「素性のよくわからない」と反対の意味で用いられている語句を、ここより前の叙述から5字で抜き出しなさい。

6　傍線部5「あの目を見たくないといつも思う」というのはどうしてか。その理由として最も適当なものを次の中から選び、記号で答えなさい。
ア　一瞬すうっと細くなる目をして父が何かを値踏みするときの顔は、温和でやさしいいつもの父の顔とは違って、私の中のあらゆる欠点を探し出してとがめようとする冷酷さが感じられるから。
イ　何かを値踏みするときに細くなる父の目は、物に秘められた真の美しさを見つけようとする目であり、そうした目を見ていると私の審美眼のつたなさが責められているように感じられるから。
ウ　父がすうっと細くなる目をして何かを値踏みしているとき、その目は物を値踏みしているだけではなく、人の心の中まで冷徹に値踏みしているような気がしていたたまれない感じがするから。
エ　いつもは温和でやさしい父が、一瞬すうっと細くした目を他人に向けるときの冷ややかさの中に、いつもの父とは異なる、物事に対する厳しく容赦のない一面を見てしまうように感じるから。
オ　父が細い目をして私を見るときは、古道具を正確に値踏みしようとする非情さを私に向けているような気がすると同時に、私という存在にも値をつけているような嫌な感じがしてしまうから。

7　空欄 V にはどのような語を入れればよいか。文中の語で答えなさい。

8　傍線部6「閉じ込められていたはずのものが、蓋を開け、ゆるりと正体を現し、目の前で立ち上がる、そんな瞬間をたしかに感じる」とはどういうことをいうのか。80字以内で説明しなさい。

9　この文章の表現と内容に関する説明として適当なものを次の中から二つ選び、記号で答えなさい。
ア　冒頭から波線部Aまでの叙述は、「風に煽てられて機嫌よくハミングする」「童謡のように」「物腰のやわらかな」といったわかりやすい比喩を用いて、主人公の住む町やそこを流れる川の様子を具体的にいきいきと描き出している。
イ　波線部Bから主人公の父が経営する「店」の紹介がはじまるが、「フルドーグヤ」「コットーヒンテン」といったカタカナ表記を使うことで、「店」が何を商売にしているのか見当もつかない主人公の幼さと戸惑いを効果的に表している。
ウ　波線部CとDは「客」と「商品」の様子を対句的表現によって描写している箇所であり、波線部Dにある「どんどん出ていったり入ってきたりすることがない」の主語は、「商品」であり「客」でもあるという二重の構成になっている。
エ　波線部E「亡くなったご主人」以降の回想部分では、「壺」にまつわる「ご主人」の思い出を憎らしげに語っていた「婦どき熱が入って、講釈が長くなることもあったけれど、私はそれが楽しかった。好きだと聞かされる前に、父はこれが好きなんだ、とわかってしまう。ぬるいお風呂に浸(つ)かっているところに熱いお湯をどんどん足していくみたいに、父からの熱がじかに私の肌に伝わってくる。私ははっとして父の顔を見る。父は私の顔なんて見ていなくて、手もとの品物だけを見ている。私も品物に目を戻す。すると、父に今素晴らしさを語られている品物に光があたっているような気がするのだ。なんてことないように見えていた文様の一刷け(ひとはけ)も、いびつなくらいの輪郭も、急に輝きを帯びてくる。遠い昔に生まれ、人の手を伝ってここまでたどりつき、やっとめぐりあえた品物が、ほんの一瞬、私に向かって心を開く。

　そこにすべてがある、と思う。今、私のまわりで現実に起こっているすべてのことを合わせてもかなわない。一枚の皿がどんなにどきどきさせてくれることか。6閉じ込められていたはずのものが、蓋を開け、ゆるりと正体を現し、目の前で立ち上がる、そんな瞬間をたしかに感じるのだ。

・津川…主人公私（麻子）の名字。
・根来塗り…黒塗の上に朱漆を塗り放しにした漆器。
・アケビ…植物の名。蔓を編んで籠などを作る。
・備前…備前焼。焼き物（陶器）の名。
・伊万里…伊万里焼。有田焼とも。焼き物（磁器）の名。
・猪口…小形のさかずき。
・常滑…常滑焼。焼き物（陶磁器）の名。
・七葉…私（麻子）の妹。小学校六年生。
・紗英…私（麻子）の妹。小学校一年生。

1　波線部Ⅰ「唸(うな)る」・Ⅱ「滔々(とうとう)と」の本文中の意味として最も適当なものをそれぞれ後の中から選び、記号で答えなさい。

Ⅰ　唸る
ア　自分の審美眼の確かさを自慢する
イ　優れた出来映えに感嘆する
ウ　高価で手が届かないと残念がる
エ　いくらで買うかと思案する
オ　声を低くして品物を鑑定する

Ⅱ　滔々と
ア　こまごまと具体的に
イ　見ているようにありありと
ウ　ながながと誇らしげに
エ　しみじみと思い出すように
オ　滞ることなくすらすらと

2　空欄Ⅲ・Ⅳにはどのような語を入れればよいか。それぞれ次の中から最も適当なものを選び、記号で答えなさい。

ア　ざわざわと　　イ　おずおずと
ウ　もやもやと　　エ　ふくふくと
オ　しぶしぶと　　カ　しゃあしゃあと
キ　きらりきらりと　　ク　ひょうひょうと
ケ　うつらうつらと　　コ　ぽつんぽつんと

3　傍線部1「田舎か、都会か、うちが食べていけるかどうかにかかっているというのがおかしい」と「私」が思ったのはどうしてか。その理由として最も適当なものを次の中から選び、記号で答えなさい。

ア　穏やかに流れる川に寄り添うように広がっている町を、田舎なのか都会なのかと決めかねていたが、古道具屋という商売が成り立つか否かでそれを判断すればよいという父の意見が目新しくて面白かったから。
イ　都心に出るのにどれほど時間がかかろうが、古道具屋という商売が成り立つ以上田舎ではないとする父の理屈には、自分が住んでいる町が田舎であることを認めたがらない父の自負が感じられて面白かったから。
ウ　私たちが住む町はブランドショップも少なく、都心に出るのにも時間がかかる田舎なのに、古道具屋という商売が成り立てい出を二時間も話すうち、婦人は壺を大事そうに撫(な)ではじめた。いったんは店に置いて帰ったものの、三日も経たずに引き取りにきたらしい。
「そうするとさ、壺だけじゃなく、毎日自分たちが使っている物や、店にある他の品物に対する目も変わってくるんだな」
「どう変わるの」
「うん」父は私を見て、じわりと笑った。
「そうだな、麻子の考えてるとおりだよ、だから『3ああいうもの』も置いてるんだ」
　私は店が好きだ。
　朝、誰もいない店に入り、澱(よど)んだ空気に身を浸すのが好きだ。窓を開けて風を通す前の埃(ほこり)っぽい匂いを嗅(か)ぐと、全身の毛穴が閉じて余分なものが何ひとつ出ていかない、落ち着いた気持ちになれる。
　Fサンダルを履いて、店の中をぐるっとひとまわりする間に、足は勝手に何度も止まる。ここに唐代の水瓶(みずがめ)、あの棚に※根来塗(ねごろぬ)りの盆、こっちには※アケビの籠(かご)。床や棚にいつもの顔を見つけてほっとする。売れないことに安心していいんだろうか、とちょっとだけ思う。いいんだよ、と父なら言うだろう。好きなものが売れないことを父はたぶん本気でよろこんでいる。※備前(びぜん)の皿、香炉、※伊万里(いまり)の※猪口(ちょこ)。そこにそれらがあって、目が合うだけで、[Ⅳ]よろこびが湧き上がる。順々に眺めながら、ゆっくり足を進める。視線を移す。
　※常滑(とこなめ)の壺も、4素性のよくわからない肌の美しい甕(かめ)も、私を待っている。私に話しかけようと、じっと機会を窺(うかが)っているように見える。気安く声をかけてくる陽気なのも、気難しそうにむっつりしているのも、性質はいろいろだけど、みな、眺められ、話しかけられるのを待っている。ときどき、なんと声をかけていいのかわからないのも並んでいる。そういうときは向こうから話しかけてくるのを待って、Gじっと耳を澄ますばかりだ。
　伊万里の赤絵皿の前で立ち止まっていたときに、急に後ろから父に声をかけられたことがあった。足音にも気配にも気づかず皿を眺めていた私は小さく声を上げるほど驚いた。父は振り向いた私の肩に自分の両手を載せ、私が今まで見ていたものを見た。
　へえ、麻子はそれが好きなのか、と父は言った。ごく軽い調子だったけど、その声に込められたものを私は探ろうとし、すぐさま中止した。なにかくすぐったいような、ほんのちょっとだけ誇らしいような響きを私の耳が嗅ぎ分けたから。父が私の目を値踏みした。そうして、たぶん高い値を付けたのだ。それは、怖ろしいことでもあった。
　私は父が何かを値踏みするときの一瞬すうっと細くなる目が苦手だ。5あの目を見たくないといつも思う。特にそれが人間に向けられたときの冷ややかさを想像するとぞっとする。もちろん父が家族にそんな目を向けることなどないのだけど、ときどき母が、凡庸(ぼんよう)な絵付けの皿をとても気に入ったときになんか、父があの細くした目で母を見るんじゃないかとひやひやしてしまう。（中略）
　父は気が向いたときに――特に、いいものが入ったときに――講釈を聞かせてくれた。娘たちを呼び、品物の前にすわらせる。私と※七葉(なのは)は並んで聞いた。※紗英はまだ小さかった。
いつ頃からか、父は七葉を呼ばなくなった。呼んでも来なくなったからだ。私に審美眼があるかどうかは別として、三姉妹のうち私だけが興味を示した。それだけが父の基準だったと思う。私の目のよさを見抜き、信頼して、と言いたいところだけど、ほんとうのところ、父はそれほど期待していなかったのかもしれない。
　ものを見る目は育つんだよ。持って生まれたものなんてたかが知れている。あとはどれだけたくさんいいものを見るかにかかってるんだ。だから、そもそも[Ⅴ]じゃなくちゃいけない。[Ⅴ]じゃなかったら、いいものをたくさん、一生かけて見続けるなんてこと、できないだろう？
　H品物の講釈をするのはいつも温和な、やさしい声だった。とき父の自負だ。田舎かどうかというのは、都心に出るのにかかる時間や、ブランドショップの数や、駅前の土地の値段なんかとは関係がないらしい。1田舎か、都会か、うちが食べていけるかどうかにかかっているというのがおかしい。でも、もしも田舎だとしたら私たちはここで暮らしていけないんだな、というのが子供の頃から胸にあった。この町に食べさせてもらっているのだ。

「町は店で決まる」

それも父得意の言い分だった。娘の目からも父がそんなに熱心に商売をしているようには見えなかったけれど、それでもうちの店があることがこの町の一端を表しているのだとすれば、やっぱりうれしい。父が町に認められるようでうれしい。

B店の名前はマルツ商会という。※津川の津を丸で囲んでマル津と読ませる。情緒も何もない、そのまんまの店名だ。名前を聞いただけでは何の店だかわからない。聞いてもわからない、と子供の頃はよく友達に言われた。

フルドーグヤ。父はそう言った。友達はフルに納得がいかない。真由も未知花ちゃんも顔を見あわせて、なんでシンじゃないの、と訊いた。フルでも売れるの？　幼かった私は一緒になって首を傾げた。たしかに、他の店には新品しか置いていない。読み古した新聞だとか、醤油の染みのついたブラウスだとか、食べかけの林檎だとか、そんなものはどこにも売っていない。うちの店にある品は、古ければ古いほど大きな顔をしているみたいだった。祖母は亡き夫が始めた店をフルドーグヤとは言わず、コットーヒンテンと呼ぶ。コットーヒンってなに？　友達が訊いても私に説明はできない。古道具も骨董品も私の手にはあまりあった。

店にはフルが揃っている。皿だとか椀だとか、由緒正しい掛け軸だとか。お客さんはⅠ唸る。長いこと見入っていて、それから小声でなにやら父と話しはじめる。それでまた長いこと見入る。うんうんうなずきながら眺めたりもする。C一見さんは少なく、たいてい見知った顔だ。D対する商品も、知った顔が多い。どんどん出ていったり入ってきたりすることがない。そこも他の店とは違うところだ。

簡単に手を伸ばしたり、触れたり、ちょっとしにくいようなものが並ぶ。アンティークと呼ばれるような、若い人にうけるお洒落な品物はない。そのあたりを飛ばして、いきなり生活の塊がごろごろするコーナーが現れる。町の人たちから預かった品々だ。それらは一か所に集められ、それでもきちんと正座してお客を待っているような顔をしている。でも私は、この委託品の一角が好きになれなくて、無論父の好みでもないはずで、だから、あるとき訊いたのだ。

「どうして2ああいうものを置くの」

父はやっぱり口の端を上げて私を見た。

「うん、面白いだろ」

持ち込む人は、その品物に価値があると信じている人がほとんどだ。どんないわくがあるか、その品に込められた思いや、それを自分がどんなに大事にしてきたか、Ⅱ滔々と語っていくのだそうだ。その話が話し手に近ければ近いほど面白い。逆にただの品物自慢だと面白くない。自慢するような品なら店の中にいくらでもあるのだ。

E亡くなったご主人が大切にしていたという壺を、年配の婦人が持ち込んだ。

「いわれは特に聞いてませんから」

最初はつまらなさそうにさっさと置いて出ていこうとした婦人は、父の出したお茶を飲みながら、やがて［Ⅲ］語りはじめたのだという。まだ結婚したばかりのある夜、地震があった。婦人は咄嗟に、隣に寝ているはずのご主人に手を伸ばした。ご主人はすでにいなかった。飛び起きて、棚に飾ってあった壺を抱えていたのだそうだ。何年か経ったある日には、子供たちが遊んでいて壺に触れそうになり、ご主人が血相を変えて怒鳴った。そんなに怒るくらいなら大事にしまっておけばいいじゃありませんか、と婦人はあらためて憤ったように話したという。

それがね、と父はおかしそうに言う。壺にまつわるご主人との思記号で答えなさい。

ア　排除されているという現状を当事者である若者が改革できないような社会であるため、本来なら社会全体で解決すべき問題も、個人的な錯覚にすぎない問題として理解されているから。

イ　排除されているという現状を当事者である若者が拒絶してしまうような社会であるため、本来なら社会全体で理解すべき問題が、能力の優劣によって生じる個人的な問題に変質しているから。

ウ　排除されているという現状に当事者である若者が満足してしまうような社会であるため、本来なら社会全体で解消すべき問題も、何も起こらなかったかのように隠蔽されてしまっているから。

エ　排除されているという現状に当事者である若者が反発できないような社会であるため、本来なら社会全体で共有すべき問題が、個人の努力によって改善できる問題として受容されているから。

オ　排除されているという現状を当事者である若者が自覚できないような社会であるため、本来なら社会全体で改善すべき問題が、個人が受け入れなければならない問題に還元されているから。

7　傍線部4「いま若者たちが宿命と考えているものも、新たにシェアの対象とできる」とあるが、その例として**適当ではない**ものを次の中から一つ選び、記号で答えなさい。

ア　銃使用が認められているアメリカで、ある高校の校内で乱射事件が起きた後、別の学校の高校生がもっと厳しい銃規制を求めてデモを行い、多くの参加者を集め、国際社会でも賛同の声が広がった。

イ　記録的な降雨に見舞われた地域に住む高校生が、市長にツイッターで「高校生でもできることはないですか」とメッセージを送ったところ、市長が「手伝いに来てほしい」と返信したことで、多数の十代のボランティアが復旧活動に従事した。

ウ　オリンピックを控え日本語がわからない来日外国人客が増えることを予想した高校生が、スマートフォンの画面で駅の番号を映し出せば行きたい駅までの経路が図示されるというアプリを開発し、企業がその実用化を検討した。

エ　女性であることが理由で差別待遇を受けた経験を、ある二十代女性が「ME TOO」というタグをつけてツイッターで発信したところ、多くの事例が発覚、拡散し、被害者の女性が声を上げられるようになった。

オ　史上最高温度を記録した北欧で、高校生が「未来のために、環境問題を看過することは若者として許せない」と、学校ストライキを呼びかけ、他国の学校でも実施されるなど、国際的な広がりを見せた。

8　二重傍線部「現在の時代精神の落とし穴」とあるが、筆者はこれをどのようなことだと述べているか。65字以内で説明しなさい。

二　次の文章は宮下奈都の小説「スコーレNo.4」の一節で、主人公の「私（麻子）」は十二歳、中学一年生である。よく読んで、後の問いに答えなさい。

広くなったり細くなったりしながら緩やかに流れてきた川が、東に大きく西に小さく寄り道した挙げ句、風に煽(おだ)てられて機嫌よくハミングする辺りに私の町がある。父の父の父の代あたりまでは、川上で氾濫してよく堤防を決壊させたと聞くけれど、そんな話が冗談に聞こえるほど、いつも穏やかな童謡のように流れていく川と、そこに寄り添うような町。私はここで生まれ育った。田舎だと言われたらちょっとむっとするけれど、都会かと言われれば自ら否定しそうな、A物腰のやわらかな町だ。

「田舎のわけないだろ」

父は言う。うちみたいな商売は田舎じゃ成り立たないよ。それがのではないでしょうか。

このように考えるなら、4いま若者たちが宿命と考えているものも、新たにシェアの対象とできるのかもしれません。ただし、ここには注意も必要です。災害ユートピアという言葉もあるように、宿命を共有する感覚は人びとのつながりを一気に強化しますが、それはなかなか長続きしません。情熱的な感情に支えられたつながりは、しばしばその視野を狭めてしまう危うさを併せ持っているからです。これまで歴史のなかで私たちが獲得してきたその教訓を忘れてはなりません。私たちは緩やかに、そしてしなやかに、つながりつづけることが大切です。つねに外部へと開かれたそんなつながりのなかで、視野を広げていくことこそが何にも増して重要なのです。

（土井隆義「『宿命』を生きる若者たち」より）

・属性…物事の本質的な性質。
・マネジメント力…管理力。

1 傍線部A～Eのカタカナを漢字に直しなさい。

2 （1）～（3）に入る語の組み合わせとして最も適当なものを次の中から選び、記号で答えなさい。

ア　1　そもそも　2　むしろ　3　たとえ
イ　1　さて　2　かえって　3　むしろ
ウ　1　はたして　2　いっそ　3　いくら
エ　1　いったい　2　あるいは　3　もし
オ　1　しかし　2　おそらく　3　かりに

3 空欄□に入る四字熟語として最も適当なものを次の中から選び、記号で答えなさい。

ア　千差万別　イ　臨機応変　ウ　当意即妙
エ　公明正大　オ　自由奔放

4 傍線部1「高原期の時代にふさわしい努力のかたち」について、筆者は、高度経済成長期が終了して以来続く現在の状況を「高原期」と呼んでいる。これについて、以下の問いⅠ・Ⅱに答えなさい。

Ⅰ　「高原期」の社会の特徴について、本文の内容に合致するものを次の中から二つ選び、記号で答えなさい。

ア　社会全体に共通する理想を見出しにくい
イ　仕事の内容や住む場所が変動しない
ウ　生得的資質や能力が向上している
エ　人種、民族、性別などで差別されない
オ　物を所有することの価値が低下している
カ　大量の情報に左右されない

Ⅱ　「高原期」より前と現在とで、「努力」の概念がどのように変質したと筆者は考えているか。60字以内で説明しなさい。

5 傍線部2「ピアニストの例と同じことがいえます」とあるが、「同じこと」に該当する内容として適当なものを次の中から二つ選び、記号で答えなさい。

ア　才能や素質は、それを十分に発揮できるか否かは環境によって影響されるが、その環境は構造的に変えることが可能である。
イ　才能や素質は、生まれつき決まったものだとは言い切れないが、それを磨く努力をできるかどうかは才能によって決まる。
ウ　才能や素質は、発揮できる環境に生まれて初めて開花するものであって、活躍や成功が先天的に保証されているわけではない。
エ　人間関係のマネジメント力が高いのは、現代の若者には自然なことだが、社会の変容次第で若者でもマネジメント力が低下する。
オ　人間関係のマネジメント力は社会環境の影響を受けるはずだが、社交性が先天的に低い若者の場合、その影響を受けない。
カ　人間関係のマネジメント力が要求されない時代に生まれた年長者が、どんなに努力しても、すでに備わっている若者に及ばない。

6 傍線部3「けっして望ましい現象とはいえません」とあるが、それはなぜか。その理由として最も適当なものを次の中から選び、によって抑圧され、やむなく希望を諦めているわけではないという点にあります。しかし、前近代的な身分制度を理不尽だと考えるのは、そもそも私たちが近代人だからです。その時代を生きた人びとにはそれこそが自明の現実であって、たとえば農民も努力次第で武士になれるなどとは夢にも思わなかったはずです。そして、現在の時代精神の落とし穴もじつはここにあります。

今日、生まれ持っていると考えられている素質や才能の多くも、じつは与えられた社会環境のなかで、かつての身分制度と同じくらい格差をともないながら、再生産されてきたものです。たとえば、いくら天才的なピアニストであろうと、そもそも日常的にピアノに触れさせてくれ、定期的にレッスンに通わせてくれるような恵まれた成育環境になければ、その才能に目覚めることは難しかったはずです。その点から見れば、それらの素質や才能もけっして生得的属性とはいいきれません。もちろん、生まれ落ちる環境を自分では選べませんから、その点については個人にとっての宿命であり、生得的属性であるかのように感じられます。しかしその環境も、社会制度の設計いかんでいかようにも変えていけるものです。そう考えれば、社会的に見るとそれも宿命などではありません。

このことは、現在の若者たちに見られる人間関係の※マネジメント力の高さにも当てはまります。それは、彼らに生まれ備わった能力というよりも、（２）この高原地帯を歩むなかで育まれてきたものです。生得的な素質などではなく、社会化による産物なのです。

もちろん、彼らがこの時代に生まれ落ちたのは、自己選択の結果ではありません。したがって、その部分については宿命論が成り立つようにも見えます。しかし、ここでも[2]ピアニストの例と同じことがいえます。この高原期の社会をどのようなかたちにしていくかは、まさに私たちの自由選択に託されているからです。社会的に見れば、それもまた環境の産物なのです。

このように見てくると、今日の宿命論的人生観も、じつは前近代的なそれと本質的には違っていないといえます。作られた素質にもとづく社会的な境遇の違いを、あたかも生来的なものと思い込んでいるだけなのです。このように、本来は社会構造的な背景から生まれた格差でありながら、それをあたかも個人的な理由にもとづいたものであるかのように錯覚している状態を、イギリスの社会学者、アンディ・ファーロングとフレッド・カートメルは認識論的誤謬（ごびゅう）と呼んでいます。

私たちの生活満足度は、自分の置かれている環境をどのように判断するかによって異なってきます。ここで視野が狭いと、その環境を客観的に見つめることが難しくなります。その結果、（３）劣悪な環境にあったとしても、その状況に対して不満を抱かなくなります。それは、疎外された状況に置かれているという認識それ自体からも疎外されていることを意味します。今日の若者たちの幸福感の強さは、社会的に排除されていることの認識からも排除された結果といえるのです。いわば二重化された社会的排除の産物なのです。

宿命論的人生観の下では、排除されていることを当事者に意識させないような排除が、したがって剝奪（はくだつ）感さえ抱かせないような排除が、人知れず進行していきます。反発や絶望を覚えることもなく、「それが自分の宿命なのだ」と、納得をもって淡々と迎え入れていってしまいます。だから今日の若年層では、深刻な社会的格差があるにもかかわらず、生活満足度も上昇しつづけているのです。だとしたら、それは[3]けっして望ましい現象とはいえません。それもまた認識論的誤謬の一側面にほかならないからです。

しかし、今日の宿命論的人生観が認識論的誤謬の一つであるなら、努力の意味を組み換えられるのと同様に、その意味を組み換えることもまた可能なはずです。自分の置かれた社会環境の劣悪さや、自身の能力不足などを、個人の自助努力によって補おうとするのではなく、新しい人間関係の構築によって補おうとするのは、まさに高原期の日本に生まれ育った世代の心性です。だとすれば、彼らがその心性をさらに伸ばしていきやすいように、できるだけ格差の少ない社会環境を整えることこそ、私たち大人に託された使命といえる

二〇二〇年度　昭和学院秀英高等学校

【国語】（五〇分）〈満点：一〇〇点〉

＊字数制限のある場合は、句読点なども字数に含めます。
＊設問の関係上、一部原文を改変しています。

一　次の文章を読んで後の問いに答えなさい。

　ある問題に直面したとき、自分自身の能力でその解決が不可能なら、その能力に長けた人をインターネットで探してきて事態に対処する。自分に足りないピースがあったとき、わざわざ時間と手間をかけてそのピースを自分で作り出すよりは、そのピースを外部から探してきてさっと手早く埋め合わせてしまう。現在の若者たちは、そんな能力に長けています。そして、社会が平坦化している現在だからこそ、このような人的交流も可能になっているのだとすれば、それはまさに1高原期の時代にふさわしい努力のかたちともいえます。

　（１）努力とは何でしょうか。昨今の若者たちが考えるように、努力できるか否かも生得的な※属性の一部なのでしょうか。生まれついた資質や才能に差があることを否定はしませんが、しかし本来は、その能力の足りない部分を補う営みこそ、努力という言葉の意味するところだったはずです。だとすれば、個人の能力不足を自己完結的に補うのではなく、他者とのつながりによって補おうとする営みも、また努力の一つのかたちといえるのかもしれません。このように考え方を改めてみると、そして現在の若者たちのふるまい方を見てみれば、けっして努力への信頼感が失われているわけではないのかもしれません。

　しかし、それでもなお、いま努力への信頼感に削がれている面があるとすれば、それは今日の社会の高原化によって、かつてのように超越的な目標を胸に抱きにくくなったからだと考えられます。だとしたら、内実のよく分からない異次元の目標のためになどではなく、その営みのAカテイそれ自体を楽しむことで、努力を続けられるようにしてみるのも一つの手ではないでしょうか。それは、なにか別の目標を実現するための人間関係ではなく、関係そのものを楽しむ自己充足的な人間関係を紡いでいくことでもあるはずです。そう考えれば、それはもうすでに多くの若者たちが営んでいるものだともいえます。

　現在の若者たちは、シェアの世代ともいわれます。たとえば、クルマが必要になったらお金をBカセいで買うのではなく、いま使っていない人から借りればよいと考えます。もちろん、ギブ&テイクですから、いま自分に使う必要のないものは、逆に誰かに貸してあげればよいと考えます。そうやって世界を広げ、分断壁を軽々と乗り越えていける力を持っているのも現在の若者たちです。彼らは、自分の能力不足に自身の内部を改良することで対応するのではなく、人間関係を新たに構築することで対応することのできる世代なのです。

　今日のように流動性の増した社会で、一つのものごとに対してあまりにも強くこだわりすぎると、せっかく新しいチャンスが到来しているかもしれないときに、その兆しを見逃してしまうこともありえます。インターネットを活用し、全世界から絶えず新しい情報をCセッシュしている若者たちは、そのリスクをよく心得ています。そのため、なにか特定のことにDボットウすることは、むしろ積極的にEカイヒしようとします。だとすれば、ひたすら一つのことに集中することではなく、もっと［　　］に人間関係を構築していけるように工夫を重ねることこそ、今日の努力のあり方なのだと考えを改めねばならないのかもしれません。それが、高原期の社会に見合った努力のかたちなのかもしれません。

　このように既成の概念を疑ってみることの意義は、本書で論じた宿命論的人生観についても同様に当てはまるものです。今日のそれが前近代的なそれと根本的に異なっているのは、理不尽な身分制度

英語解答

1 (1) ② (2) ③ (3) ① (4) ①

(5) (例)[A]I have always been interested in being vegetarian but I thought it was too difficult. This speech, however, changed my mind. If I can eat hamburgers on weekends, I think I can try.(33語)

(例)[B]I am sure that being a vegetarian has a wonderful effect on my health as well as the environment. However, I love eating meat too much, especially on weekdays after hard work. (32語)

2 (1) 5…③ 6…⑨

(2) 7…⑥ 8…③

3 (1) I had my wallet stolen last night.

(2) Do you know where my glasses are?

4 ③

5 (10) ② (11) ③ (12) ② (13) ③ (14) ③

6 (15) ② (16) ③ (17) ①

7 問1 ② 問2 ④

問3 for both of them to stop the use of "I know" (as a response)

問4 ・相手の言うことを全て聞ける。
・相手がリラックスしてくれる。

8 (例) Hello. I saw the flyer and I would like to join Morning Yoga. I have some questions. First, as I am a student, I can take Saturday class only. Is that all right? Also, is there anything I should bring to the class? Looking forward to your reply. Thank you.

1〔放送問題〕解説省略

2〔整序結合〕

(1)「先週私が読んだ小説」は novel を I read last week が後ろから修飾する形で表せる。'neither＋単数名詞' で「どちらの～も(…でない)」を表せるので，neither を novel の前に置く。残りは was very good とまとめ，最後に置く。 Neither novel I read last week was very good.

(2)語群から，take a look at ～「～を見る」を用いた命令文だと判断できる。また，過去分詞の taken と「～によって」を表す by があることから，「トムが撮った写真」は「トムによって撮られた写真」と読み換えられる。これは，a picture を '過去分詞＋語句' の taken by Tom で後ろから修飾する形(過去分詞の形容詞的用法)で表せる。 Take a look at the picture taken by Tom.

3〔和文英訳―完全記述〕

(1)「(人が)〈物〉を～される」は 'have＋物＋過去分詞...' で表せる。なお，last night「昨夜」は文頭にも置ける。 steal―stole―stolen「～を盗む」

(2) Do you know「知っていますか」で文を始める。「私の眼鏡がどこにあるか」は，'疑問詞＋主語＋動詞...' の語順の間接疑問で表す。

4〔長文読解―適語選択―説明文〕

≪全訳≫外国を旅したことがある人は誰でも，知らなかった言葉の基礎をいくつか習得することだけでなく，新しい文化を知ることの必要性を実感するだろう。日本に行くなら，人の家に入る前に靴を脱がなければならないと理解するのが重要だ。イギリスに行くなら，人々がいかに天気の話をするのが好きかということと，パブの重要性を理解するべきだ。タブーもまた，どの文化にもある。タイに行くなら，国王について話すときには細心の注意を払うべきである。

＜**解説**＞日本で家に入るときに靴を脱ぐことや，イギリスでは天気の話とパブが好まれていること，タイにおける国王への考え方などは全てculture「文化」の具体例である。

5〔長文読解―適語(句)選択―説明文〕

≪**全訳**≫❶結婚パーティーにおいてインターネットからダウンロードした音楽の使用を認めない結婚式場の数が増えている。そうすることは，音楽の私的利用の範囲を超え，著作権法違反だと見なされる。❷結婚式場では，CDで音楽を流すことは許されているため，オンライン音楽配信サービスの利用者は，ダウンロードで購入した音楽の使用を禁止するのは不公平だと不満をもらしている。❸「CDを買ってください，というのも，ここでこの音楽を流すことは許可されていないからです」　ある結婚式場の従業員が，友人の結婚パーティーの余興について尋ねた東京の女性に言った。女性はその歌にお金を払ってオンライン音楽配信サービスでダウンロードしていた。❹「最近は，インターネットでの配信しかない曲もあるんです」と彼女は訴えた。「私はCDと同じようにそれを買ったのに，友人の結婚パーティーでそれを使うのは著作権の侵害になると言われたのです。私は同意できません」

⑽ダウンロードした曲を，結婚パーティーのような大勢の人がいる所で流すことは，private「私的」な利用の範囲を超えるため，著作権法違反と見なされるのである。　⑾不満の内容について述べた部分なので，unfair「不公平」が適する。　permit「～を許可する」　prohibit「～を禁止する」

⑿空所の後のthis musicは，第3段落最終文で説明されている，女性がダウンロードで購入した音楽を指している。第1段落などからわかるように，結婚式場はダウンロードした曲を流せない。その曲を流せないことは，式場側がCDを買ってくれとお願いすることの‘理由’になっているので，becauseが適する。　purchase「～を購入する」　⒀第4段落第2文参照。女性はその曲を買ったので，pay for ～「～を買うのにお金を払う」が適切。　⒁第3，4段落の話は，第2段落の具体例として挙げられている。オンライン音楽配信サービスの利用者は不満なのだからagree with ～「～に同意する」を用いて「同意できない」とするのが適切。

6〔長文読解―適文選択―説明文〕

≪**全訳**≫❶両親は自分の子どもたちにとって最良のものを欲している。食と住を提供することは重要だ。15しかし，両親は将来についても考えなくてはならない。学校でよい成績をとることは，子どもたちが将来成功する手助けとなるかもしれない。日本では，塾通いを意味する。塾は1970年代からはやり出した。多くの人にとって，大学に入るだけでは十分ではないのだ。彼らはいい大学に行かなくてはならない。競争は激しい。試験は信じられないほど難しい。塾はやる気を起こさせる手段と見なされている。16最近，日本の高校生の60％が塾に行っていることがわかった。近頃は生徒たちがプレッシャーを感じる年代がずっと早まっている。小学校に入る前から塾に通い始めている子どもたちまでいるのだ。❷塾は地下鉄の駅の近くに立地していることが多い。これによって通いやすくなる。生徒たちは授業を1日にさらに2～3時間，週3～4日受ける。塾に通っている生徒たちが，塾はふだんの学校よりもおもしろいと口にすることも多い。17子どもたちに興味を持ち続けさせるよう構成された授業がより多いのだ。子どもたちはまた，塾は新しい友達ができるので楽しいとも言う。

⒂前後で子どものために親ができることが述べられているので，その１つである②が適切。　⒃受験や塾の現状を説明した部分なので，それについてのデータを示した③が適切。　⒄直前の文で，塾が学校よりおもしろいと述べているので，その理由となる①が適切。

7〔長文読解総合―エッセー〕

≪全訳≫❶「今の世界でティーンエイジャーであるというのはこういうことさ」ともしあなたが私に言い，私がすぐに「ああ，わかっているよ」と答えたら，あなたはきっと，私がでたらめを言っていると思うだろう。そう，そのとおりだろう。あるいは「十代は本当に大変だよ。だって…」とあなたが言い，私が話の途中で「わかっているよ」と返したら，あなたはまた，私が見当違いどころか，おそらく少し失礼だとさえ思うだろう。またしても，そのとおりだろう。❷例外はあるが，我々の返事が「わかっているよ」である場合に同じことが当てはまることが多い。多くの場合私たちは本当は「知らない」のだが，ただ知っていると言ったり，知っていることにしたりするのだ。「わかっているよ」という私たちの返事はよく，私たちに話している人が言わねばならないことを言い終えてさえいないうちに出てくる。それは人の話を遮ったり，しっかりと注意を払わないようにしたり，あるいは人を無視したりするための手段なのだ。❸人に「わかっているよ」と言って機械的に応じているとき，その真意は「私は君の言うことを聞いていない」ということだ。あなたは人が言わんとすることを最小限にしている。それはまるで，もう何もかも知り尽くしていると思っているので聞くのをやめる，単にそのことを知りたくない，自分の話す番を待っている，聞くことに興味がない，わざわざ聞く時間をとる意志がない，といったようなものだ。どんな理由であれ，その反応によってあなたは大切かもしれないことを聞き逃してしまい，あなたとあなたに話している人との関係を悪化させてしまう。重ねて尋ねるが，私があなたの言うこと１つ１つにそういう反応をしたら，あなたは私のことをどう思うだろうか？❹私は16歳の女性とその母親と交わした会話を思い出す。そのティーンエイジャーは母親の前で，私が２人の関係を改善できるアドバイスを１つ出せるかどうか尋ねた。私の提案は相手に対する返事として「わかっている」を使うのを２人ともがやめるというものだった。母親の方は，娘がいつもこう答えると文句を言っていた――特に母親が娘の責任について言い聞かせているときに。同様に，その十代の娘は，特に彼女が母親に気持ちをわかってもらおうとしているときに，母親がこの同じ返事を１日に何度も使うと主張した。この返事が使われたときには，どちらも自分に対する敬意が欠けていると感じており，自分の言うことに耳を傾けてもらえていないかのように感じていた。❺２人によると，互いのコミュニケーションのとり方におけるこのたった１つの変化が，彼女たちの関係の大きな転換点となった。そこから２人は，互いの話に耳を傾け，互いに学び合うようになった。❻これは，即座に結果を出すことができる方法の１つだ。これを試してみれば，人の話を聞くことが以前よりも楽しくなっていることに気づくだろう。話の腰を折らず，彼らが言わねばならないことを丸ごと聞くのだ。加えて，あなたは以前より上手に話を聞いているから，あなたに話をする人はあなたが聞き上手になっていることを感じ取り，あなたといるとリラックスするようになるだろう。彼らの緊張感がなくなることで，今度はあなたが彼らと一緒にいやすくなるだろう。常にいえることだが，人の話に耳を傾ける優れた技術は良好なコミュニケーションを促進し，人間関係の質を高める。❼もう１つ。これをしばらく実践したら，あなたのお母さんやお父さんはもちろん，あなたの人生において大切で，あなたと同じようにその恩恵を受けうる人たちにも，気軽にこの方法を教えてあげてほしい。

問１＜語句解釈＞第１段落最後から２文目や第２段落最終文などからわかるように，I know「わかっている」という返事は，人に話を聞いていないと感じさせる失礼なものなのだから，②「信頼しがたいと思われる人」が適切。be full of it は「でたらめを言っている」という意味の熟語。

問２＜適語選択＞第２段落最終文や第３段落第３文からわかるとおり，I know「わかっている」という返事をすることは，自分が相手の言うことをきちんと聞いていないと表明しているようなものなのである。

問３＜英文解釈＞shift は「変化」，one another は「お互い」。they は第４段落で述べられた母親と娘を指す。２人のコミュニケーションが変化したのは，第４段落第３文で筆者が示した提案に２人が従ったからである。なお，解答には to stop the use of "I know" を必ず含むこと。あとはその前の for both of them やその後の as a response (to the other) を適宜加え10～15語に収めればよい。

問４＜語句解釈＞よいことの具体例は続く４つの文に１つずつ挙げられており，そのうちの２つを書けばよいので，解答例のほか，自分がリラックスできる，人間関係の質が高まる，という解答も考えられる。

8〔条件作文〕

３つの具体的な指示があるので，これらをそのまま英訳する形で書けばよいが，問い合わせのメールなので，質問があることを明示する文を入れるとよい。返事を待っていることなどを最後につけ加えて，メールを適切に締めくくること。

数学解答

1 (1) $\dfrac{\sqrt{3}+5}{3}$
(2) $(x+1)(x+2)(x+9)(x+10)$
(3) $x=3$, $y=1$ (4) 19通り
(5) $\dfrac{5x+3y}{8}$%

2 (1) $9a+a^2$ (2) $(3+\sqrt{10},\ 1-\sqrt{10})$
(3) $(9+9\sqrt{2},\ 9-9\sqrt{2})$

3 (1) $\dfrac{3\sqrt{5}}{4}$ (2) $\sqrt{15}$ (3) $\dfrac{7}{10}$

4 (1) 2 (2) 3：10 (3) $24t$
(4) $\dfrac{217}{120}S$

1〔独立小問集合題〕

(1)＜平方根の計算＞与式$=\dfrac{(x+1)(x-1)+(x-1)2\sqrt{3}}{(x-1)(x-2)}=\dfrac{x+1+2\sqrt{3}}{x-2}$ これに $x=2+3\sqrt{3}$ を代入すると，$\dfrac{2+3\sqrt{3}+1+2\sqrt{3}}{2+3\sqrt{3}-2}=\dfrac{3+5\sqrt{3}}{3\sqrt{3}}=\dfrac{(3+5\sqrt{3})\times\sqrt{3}}{3\sqrt{3}\times\sqrt{3}}=\dfrac{3\sqrt{3}+15}{9}=\dfrac{\sqrt{3}+5}{3}$ となる。

(2)＜因数分解＞$x^2+11x=A$ とすると，与式$=(A+9)(A+19)+9=A^2+28A+171+9=A^2+28A+180=(A+10)(A+18)$ となる。Aをもとに戻して，与式$=(x^2+11x+10)(x^2+11x+18)=(x+1)\times(x+10)(x+2)(x+9)=(x+1)(x+2)(x+9)(x+10)$ である。

(3)＜方程式―整数解＞x，yが整数なので，$x-2y+6$，$3x+4y-14$ はともに整数である。よって，$(3x+4y-14)^2$ は0以上の整数となり $x-2y+6$ も0以上の整数である。さらに，$(3x+4y-14)^2$ は整数の2乗だから，$x-2y+6=7$，$(3x+4y-14)^2=1$ である。よって，$x-2y+6=7$ より，$x-2y=1$……①とし，$3x+4y-14=\pm1$ より，$3x+4y-14=1$ のとき，$3x+4y=15$……②，$3x+4y-14=-1$ のとき，$3x+4y=13$……③とする。①，②を連立方程式として解くと，$x=\dfrac{17}{5}$，$y=\dfrac{6}{5}$ となり，x，yは整数にならないので，適さない。①，③を連立方程式として解くと，$x=3$，$y=1$ となり，適する。

(4)＜場合の数＞3g，2g，1gのおもりの個数をそれぞれa個，b個，c個とする。$a=4$ のとき，2gと1gのおもりの重さの和は $12-3\times4=0$(g)だから，$(b,\ c)=(0,\ 0)$ の1通りある。$a=3$ のとき，2gと1gのおもりの重さの和は $12-3\times3=3$(g)だから，$(b,\ c)=(1,\ 1)$，$(0,\ 3)$ の2通りある。$a=2$ のとき，2gと1gのおもりの重さの和は $12-3\times2=6$(g)だから，$(b,\ c)=(3,\ 0)$，$(2,\ 2)$，$(1,\ 4)$，$(0,\ 6)$ の4通り，$a=1$ のとき，2gと1gのおもりの重さの和は $12-3\times1=9$(g)だから，$(b,\ c)=(4,\ 1)$，$(3,\ 3)$，$(2,\ 5)$，$(1,\ 7)$，$(0,\ 9)$ の5通り，$a=0$ のとき，2gと1gのおもりの重さの和は12gだから，$(b,\ c)=(6,\ 0)$，$(5,\ 2)$，$(4,\ 4)$，$(3,\ 6)$，$(2,\ 8)$，$(1,\ 10)$，$(0,\ 12)$ の7通りある。以上より，求める方法は $1+2+4+5+7=19$(通り)ある。

(5)＜文字式の利用＞食塩水が200g入っている容器からもう一方の容器に100g移す操作を3回行うので，1回目はAからBに，2回目はBからAに，3回目はAからBにそれぞれ100g移すことになる。また，この操作では，一方の容器に入っている食塩水の半分がもう一方の容器に移るから，入っている食塩水に含まれる食塩の量のうち半分がもとの容器に残り，半分がもう一方の容器に移る。初めに，Aのx%の食塩水200gには食塩が $200\times\dfrac{x}{100}=2x$(g)含まれ，Bの$y$%の食塩水100gには食塩が $100\times\dfrac{y}{100}=y$(g)含まれているので，1回目の操作後，Aの食塩水の量は100g，含まれる食塩の量は $2x\times\dfrac{1}{2}=x$(g)となり，Bの食塩水の量は200g，含まれる食塩の量は $y+x=x+y$(g)となる。2回目の操作後，Bの食塩水の量は100g，含まれる食塩の量は $(x+y)\times\dfrac{1}{2}=\dfrac{x+y}{2}$(g)となり，Aの食塩水の量は200g，含まれる食塩の量は $x+\dfrac{x+y}{2}=\dfrac{3x+y}{2}$(g)となる。3回目の操作後，

Aの食塩水の量は100g，含まれる食塩の量は$\frac{3x+y}{2}\times\frac{1}{2}=\frac{3x+y}{4}$(g)となり，Bの食塩水の量は200g，含まれる食塩の量は，$\frac{x+y}{2}+\frac{3x+y}{4}=\frac{5x+3y}{4}$(g)となる。よって，3回操作した後のBの食塩水の濃度は$\frac{5x+3y}{4}\div 200\times 100=\frac{5x+3y}{8}$(%)になる。

2〔**関数―関数 $y=ax^2$ と直線**〕

(1)<**面積―三平方の定理**>右図のように，辺ABとx軸の交点をEとすると，AD∥〔x軸〕よりAE⊥〔x軸〕である。また，点Aは放物線$y=\frac{1}{9}x^2$上にあり，y座標がaなので，$a=\frac{1}{9}x^2$より，$x^2=9a$，$x=\pm\sqrt{9a}$，$x=\pm 3\sqrt{a}$となり，点Aのx座標は正だから，A$(3\sqrt{a},\ a)$である。よって，正方形ABCDの1辺の長さはOAと等しいから，△AOEで三平方の定理を利用して，$OA^2=OE^2+AE^2=(3\sqrt{a})^2+a^2=9a+a^2$となり，〔正方形ABCD〕$=AB^2=OA^2=9a+a^2$である。

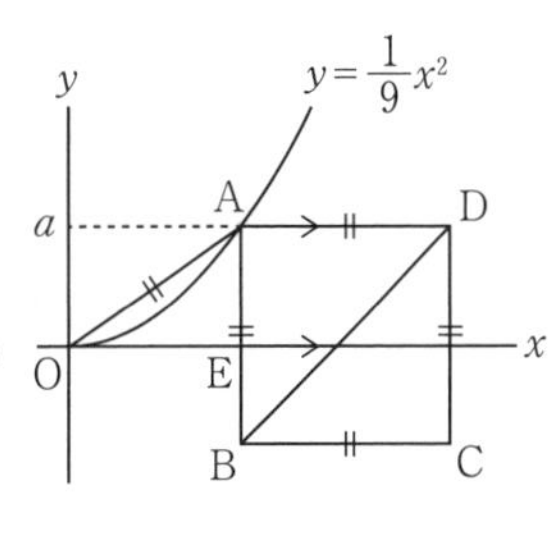

(2)<**座標**>〔正方形ABCD〕=10のとき，(1)より$9a+a^2=10$が成り立つ。これを解くと，$a^2+9a-10=0$，$(a+10)(a-1)=0$　∴$a=-10$，1　$a>0$なので，$a=1$となる。よって，点Aのy座標は1，x座標は$3\sqrt{a}=3\times\sqrt{1}=3$だから，A(3，1)である。また，正方形ABCDの面積が10のとき，1辺の長さは$\sqrt{10}$であり，〔Cのx座標〕>〔Aのx座標〕，〔Cのy座標〕<〔Aのy座標〕より，C$(3+\sqrt{10},\ 1-\sqrt{10})$となる。

(3)<**座標**>右上図で，△ABDは直角二等辺三角形より，OA∥BDのとき，平行線の錯角は等しいから，∠OAB=∠ABD=45°となる。よって，△AOEは直角二等辺三角形となるから，A$(a,\ a)$と表せる。点Aは放物線$y=\frac{1}{9}x^2$上にあるので，$a=\frac{1}{9}a^2$より，$a^2-9a=0$，$a(a-9)=0$　∴$a=0$，9　$a>0$より，$a=9$だから，A(9，9)である。このとき，$OA=\sqrt{2}OE=\sqrt{2}\times 9=9\sqrt{2}$だから，C$(9+9\sqrt{2},\ 9-9\sqrt{2})$である。

3〔**空間図形―四面体**〕

(1)<**長さ―三平方の定理**>右図1で，図形の対称性より，四面体ABCDは面ABMについて対称な立体なので，点Aから△BCDに垂線AHを引くと，点Hは線分BM上にある。また，△ACD，△BCDは1辺が4の合同な正三角形で，点Mは辺CDの中点だから，$CM=DM=\frac{1}{2}CD=\frac{1}{2}\times 4=2$，AM⊥CD，BM⊥CDより，$AM=BM=\sqrt{3}CM=\sqrt{3}\times 2=2\sqrt{3}$となり，図1の△ABMは，右下図2のようになる。ここで，BH=xとおくと，△ABHで三平方の定理より，$AH^2=AB^2-BH^2=(\sqrt{3})^2-x^2=3-x^2$，△AMHで，$MH=BM-BH=2\sqrt{3}-x$より，$AH^2=AM^2-MH^2=(2\sqrt{3})^2-(2\sqrt{3}-x)^2=12-(2\sqrt{3}-x)^2$となるので，$3-x^2=12-(2\sqrt{3}-x)^2$が成り立つ。これを解くと，$3-x^2=12-12+4\sqrt{3}x-x^2$より，$x=\frac{\sqrt{3}}{4}$となる。したがって，$AH^2=3-x^2=3-\left(\frac{\sqrt{3}}{4}\right)^2=\frac{45}{16}$より，$AH=\sqrt{\frac{45}{16}}=\frac{3\sqrt{5}}{4}$である。

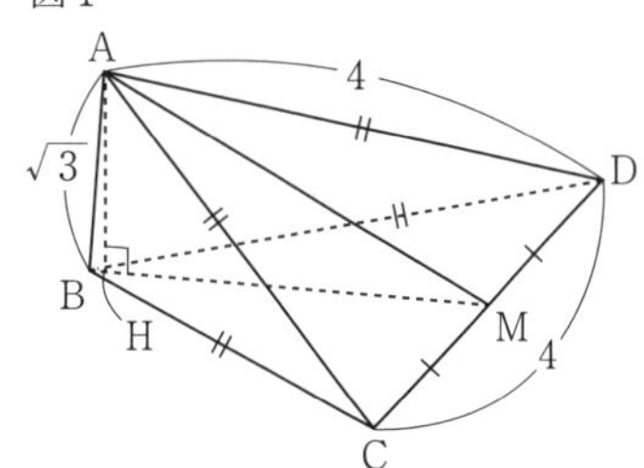

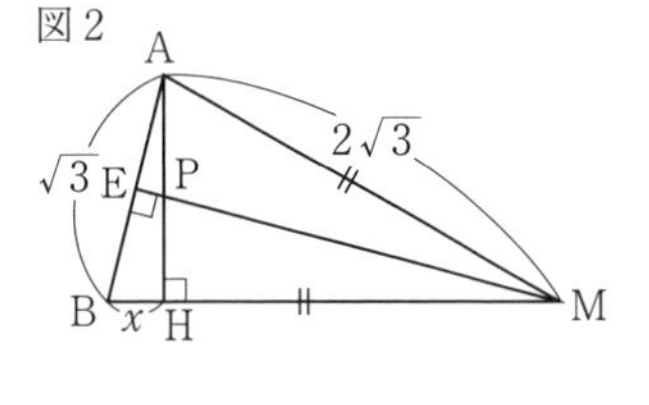

≪別解≫図2で，△ABMは$AM=BM=2\sqrt{3}$の二等辺三角形だから，点Mから辺ABに垂線MEを引くと，点Eは辺ABの中点である。よって，△AEMで，$AE=\frac{1}{2}AB=\frac{1}{2}\times\sqrt{3}=\frac{\sqrt{3}}{2}$より，三

平方の定理を利用すると，$ME=\sqrt{AM^2-AE^2}=\sqrt{(2\sqrt{3})^2-\left(\frac{\sqrt{3}}{2}\right)^2}=\sqrt{\frac{45}{4}}=\frac{3\sqrt{5}}{2}$ となる。よって，△ABMの面積について，$\frac{1}{2}\times BM\times AH=\frac{1}{2}\times AB\times ME$ より，$\frac{1}{2}\times 2\sqrt{3}\times AH=\frac{1}{2}\times\sqrt{3}\times\frac{3\sqrt{5}}{2}$ が成り立ち，これを解くと，$AH=\frac{3\sqrt{5}}{4}$ となる。

(2)＜**体積**＞前ページの図１で，$\triangle BCD=\frac{1}{2}\times CD\times BM=\frac{1}{2}\times 4\times 2\sqrt{3}=4\sqrt{3}$ より，〔四面体ABCD〕$=\frac{1}{3}\times\triangle BCD\times AH=\frac{1}{3}\times 4\sqrt{3}\times\frac{3\sqrt{5}}{4}=\sqrt{15}$ である。

(3)＜**長さ―相似**＞前ページの図２で，△ABMは AM＝BM の二等辺三角形だから，点Eは辺ABの中点となり，$AE=\frac{1}{2}AB=\frac{1}{2}\times\sqrt{3}=\frac{\sqrt{3}}{2}$ である。△ABHと△APEにおいて，∠AHB＝∠AEP＝90°，∠BAH＝∠PAE(共通)より，２組の角がそれぞれ等しいので，△ABH∽△APE である。よって，AB：AP＝AH：AE より，$\sqrt{3}:AP=\frac{3\sqrt{5}}{4}:\frac{\sqrt{3}}{2}$ が成り立つ。これを解くと，$\frac{3\sqrt{5}}{4}AP=\sqrt{3}\times\frac{\sqrt{3}}{2}$ より，$AP=\frac{2\sqrt{5}}{5}$ となるので，$PH=AH-AP=\frac{3\sqrt{5}}{4}-\frac{2\sqrt{5}}{5}=\frac{7\sqrt{5}}{20}$ となる。したがって，$AP\times PH=\frac{2\sqrt{5}}{5}\times\frac{7\sqrt{5}}{20}=\frac{7}{10}$ である。

4 〔平面図形―円と三角形〕

≪基本方針の決定≫(4)〔四角形BFGE〕＝△BCF＋△FCG＋△GCE と考える。

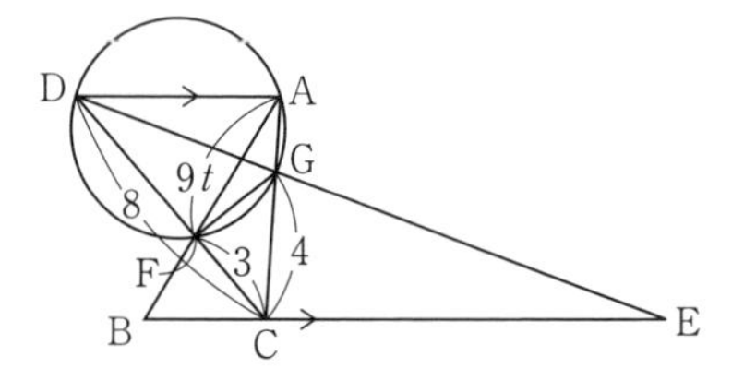

(1)＜**長さ―相似**＞右図の△DCGと△ACFにおいて，∠DCG＝∠ACF(共通)，$\overset{\frown}{FG}$ に対する円周角は等しいから，∠CDG＝∠CAF となり，２組の角がそれぞれ等しく，△DCG∽△ACF である。よって，DC：AC＝CG：CF より，8：AC＝4：3 が成り立つ。これを解くと，4AC＝8×3 より，AC＝6 となるから，AG＝AC－CG＝6－4＝2 である。

(2)＜**長さの比―平行線と線分の比**＞右上図で，AD∥CB より，△ADF∽△BCF だから，AD：BC＝DF：CF＝(8－3)：3＝5：3 となり，$BC=\frac{3}{5}AD$ である。また，AD∥EC より，△ADG∽△CEG だから，AD：CE＝AG：CG＝2：4＝1：2 となり，CE＝2AD となる。よって，$BC:CE=\frac{3}{5}AD:2AD=3:10$ である。

(3)＜**長さ―相似**＞右上図で，(1)より△DCG∽△ACF だから，DG：AF＝CG：CF＝4：3 となり，$DG=\frac{4}{3}AF=\frac{4}{3}\times 9t=12t$ である。(2)より△ADG∽△CEG だから，DG：EG＝AD：CE＝1：2 であり，$EG=2DG=2\times 12t=24t$ と表せる。

(4)＜**面積比**＞高さが等しい三角形の面積の比は，底辺の比に等しいから，上図で，△ACD：△ACF＝CD：CF＝8：3 より，$\triangle ACF=\frac{3}{8}\triangle ACD=\frac{3}{8}S$ であり，△ACF：△BCF＝AF：BF＝DF：CF＝5：3 より，$\triangle BCF=\frac{3}{5}\triangle ACF=\frac{3}{5}\times\frac{3}{8}S=\frac{9}{40}S$ となる。また，△FCG：△ACF＝CG：AC＝4：6＝2：3 より，$\triangle FCG=\frac{2}{3}\triangle ACF=\frac{2}{3}\times\frac{3}{8}S=\frac{1}{4}S$ である。さらに，△DCG：△ACD＝CG：AC＝2：3 より，$\triangle DCG=\frac{2}{3}\triangle ACD=\frac{2}{3}S$ であり，△DCG：△GCE＝DG：EG＝1：2 だから，$\triangle GCE=2\triangle DCG=2\times\frac{2}{3}S=\frac{4}{3}S$ となる。よって，〔四角形BFGE〕＝△BCF＋△FCG＋△GCE$=\frac{9}{40}S+\frac{1}{4}S+\frac{4}{3}S=\frac{217}{120}S$ である。

社会解答

1 問1　X…混合農業　Y…ルール
Z…ツールーズ〔トゥールーズ〕
問2　(例)偏西風により，噴出した火山灰がヨーロッパ全域に広がったため。(30字)
問3　ウ　　問4　g
問5　(例)EU加盟によってモノの移動が自由になったことを契機に，賃金水準の低い東欧諸国に外国企業が進出して，生産拠点となったため。(60字)

2 問1　鳴門　　問2　オ　　問3　ア
問4　①…イ　②…エ

3 問1　A…カ　B…ク　C…イ
問2　イ　　問3　ア　　問4　エ
問5　大和絵　　問6　エ
問7　須恵器　　問8　ア
問9　シルクロード
問10　二毛作　　問11　鍋島直正
問12　(例)倭寇を取り締まるねらい。〔日本に，明に対する朝貢の姿勢を示させるねらい。〕
問13　金閣

4 問1　二十一か条の要求
問2　辛亥革命　　問3　ロシア
問4　加藤高明　　問5　ウ
問6　B

5 問1　1…ワーク・ライフ・バランス
2…派遣
問2　ア　　問3　ウ
問4　合計特殊出生率…B
高齢者の割合…ウ
問5　(例)専門的な知識・技術を持たない単純労働者の入国を制限する
問6　C　　問7　ア
問8　(例)長時間労働になりやすい

6 問1　控訴　　問2　ウ　　問3　イ
問4　ア

1〔世界地理─ヨーロッパ〕

問1＜ヨーロッパの産業＞X．ヨーロッパでは，家畜の飼育と農産物の生産を有機的に結びつけた混合農業が広く行われている。　Y．ドイツ西部のライン川流域に広がるルール工業地帯は，ヨーロッパ最大の工業地帯である。　Z．フランス南西部のツールーズ〔トゥールーズ〕では，航空機の生産が盛んである。

問2＜偏西風＞ヨーロッパを含む北半球の中緯度上空では，年間を通して，偏西風と呼ばれる風が西から東へ向かって吹いている。2010年4月，ヨーロッパ北西部に位置するアイスランドで活火山のエイヤフィヤトラヨークトル山が噴火し，これによって噴出した火山灰が偏西風によってヨーロッパ全域に広がったため，航空機の運行などに大きな影響を与えた。

問3＜ヨーロッパの気候＞dはノルウェーのスタバンゲルで，高緯度に位置するため夏は涼しいが，暖流の北大西洋海流や偏西風の影響を受けて冬は高緯度のわりに温暖な西岸海洋性に属しているので，Bに当てはまる。fはイタリア南西に浮かぶシチリア島の都市メッシナで，温暖で，夏よりも冬の雨量が多い地中海性気候に属しているので，Cに当てはまる。eはルーマニア東部の都市ガラツィで，内陸に位置しているため，気温の年較差が大きく年間降水量が少ないので，Aに当てはまる。

問4＜ヨーロッパの農牧業＞オランダは国土のおよそ4分の1がポルダーと呼ばれる干拓地で，国土面積全体も日本の九州ほどしかない。そこで，会話文中にあるように，「花卉や野菜をはじめとする付加価値の高い商品作物を輸出している」。表１では，小麦やトウモロコシ，畜産物の生産量がｈ，ｉの２か国より少ないにもかかわらず，農産物輸出額が多いｇにオランダが当てはまる。なお，ｈはフランス，ｉはドイツ，ｊはデンマークを表している。

問５＜**東欧諸国のEU加盟**＞図３の４か国はいずれも，かつて東ヨーロッパの社会主義国として，ソ連の影響下にあったが，冷戦の終結，ソ連の崩壊による社会主義経済から市場経済への移行の過程で，2004年にEU〔ヨーロッパ連合〕に加盟した。EU域内では原則としてモノや人，サービス，資本が自由に移動できるため，西ヨーロッパなどの工業国は，図４からわかるように，人件費の安い東ヨーロッパ諸国へと生産拠点を移すようになった。これによって東ヨーロッパ諸国では自動車生産台数が増加した。

２〔日本地理―近畿地方，四国地方〕

問１＜**本州四国連絡橋**＞兵庫県神戸市と淡路島の間には明石海峡があり，この上に明石海峡大橋が架かっている。また，淡路島と徳島県鳴門市の間には，渦潮で知られる鳴門海峡があり，この上に大鳴門橋が架かっている。この２つの橋を通るルートは，３つある本州四国連絡橋のうち，神戸・鳴門ルートと呼ばれる。

問２＜**都市と人口**＞大阪都市圏中心部の大阪市は，周辺の都市から通勤・通学する人が昼間集まるので昼夜間人口割合が高い。一方，西宮市は昼間，大阪市に通勤・通学する人が多いので，昼夜間人口割合が低くなる。地方都市である高知市は昼夜の人口移動が少なく，大阪市や西宮市と比べて高齢化が進んでいる。

問３＜**阪神淡路大震災**＞1995年１月17日，兵庫県淡路島北部を震源とするマグニチュード7.3の大地震が起こった(兵庫県南部地震)。大都市直下型の地震だったため多くの建造物が倒壊し，神戸市などを中心に6000人を超える死者が出る被害が生じた。これを阪神淡路大震災という。

問４＜**讃岐平野**＞①日本は，輸入する小麦のほとんどを，輸入量が多い順に，アメリカ，カナダ，オーストラリアの３か国に頼っている(2018年)。　②丸亀城の北には，市役所(◎)，消防署(Y)，税務署(◇)，裁判所(△)，官公署(ö)，などが見られる。なお，図２の範囲内の最高地点は，飯野山〔讃岐富士〕山頂の421.7mである(ア…×)。図２に多く見られる池は，湿地ではなく，降水量の不足を補うために古くからつくられてきたため池である(イ…×)。臨海部は，直線的な海岸線であることから，埋め立てなどによって整備されたと考えられる(ウ…×)。

３〔歴史―古代～江戸時代〕

問１＜**日本の歴史と仏教**＞Ａ．６世紀半ばの538年，あるいは552年，朝鮮半島南部にあった百済の聖明王が，欽明天皇に仏像や経典を送ったのが，日本への仏教の公式な伝来とされている。　Ｂ．栄西は平安時代末に２度宋に渡って禅宗を学ぶと，帰国して臨済宗の開祖となった。また，茶の種を持ち帰ってその薬効を説き，栽培を広めるきっかけをつくった。　Ｃ．室町時代，京都相国寺の画僧であった雪舟は明に渡って技術を磨き，帰国して日本風の水墨画を大成した。

問２＜**厩戸王の政治**＞厩戸王〔聖徳太子〕は603年に冠位十二階の制度を定めて，個人の功績に対して役人に高い地位を与えた。なお，日本で最初の全国的な戸籍は，天智天皇が670年につくらせた庚午年籍である(ア…×)。開墾した土地の永久私有を認める墾田永年私財法は奈良時代半ば，聖武天皇のときの743年に出された(ウ…×)。遣唐使が盛んに派遣され，律や令などが取り入れられたのは７世紀半ばのことで，厩戸王が派遣したのは遣隋使である(エ…×)。

問３＜**桓武天皇の政治**＞桓武天皇は律令政治を立て直すため，寺院勢力が強くなりすぎた平城京から784年に長岡京へ，794年には平安京へ都を移した。藤原京は平城京の前の都で，694年に持統天皇が遷都した。

問４＜**氏寺**＞興福寺は，藤原不比等が平城京遷都に伴って建てた寺で，藤原氏の氏寺として繁栄した。なお，飛鳥寺は飛鳥時代に蘇我馬子が造営した寺院，円覚寺は鎌倉時代に北条時宗が建てた寺院，東寺は平安時代初めに平安京に建てられた寺院で，空海が開いた真言宗の寺院となった。

問５＜**大和絵**＞平安時代の894年に遣唐使が停止されると，中国の文化の影響が薄れ，日本風の文化である国風文化が栄えた。絵画では，日本の風俗や風物を描く大和絵が発展した。

問６＜**朝鮮と日本**＞室町時代，東アジアや東南アジアの各地域の間に立って中継貿易を行ったのは，琉球王国である(ア…×)。ハングルがつくられたのは，高麗の後に建国された李氏朝鮮の時代である(イ…×)。日清戦争の直接のきっかけとなったのは，1894年に朝鮮で起こった甲午農民戦争〔東学党の乱〕である(ウ…×)。

問７＜**渡来人**＞古墳時代，渡来人は，ろくろを使って整形し，のぼりがまを使って高温で焼く焼き物の技術を日本に伝えた。こうしてつくられた硬質で灰色の土器を須恵器という。

問８＜**古代ギリシャ文明**＞古代ギリシャではポリスと呼ばれる都市国家が発達し，成年男子による直接民主政が行われた。なお，ギリシャの神殿はパルテノン神殿で，カーバ神殿はサウジアラビアのメッカにあるイスラム教の神殿である(イ…×)。太陽暦をつくり，太陽を神聖なものとして崇めていたのは，古代エジプト文明である(ウ…×)。水道橋や円形闘技場がつくられたのは，古代ローマである(エ…×)。

問９＜**シルクロード**＞古代に用いられた東西貿易路のうち，中央アジアを通って中国とローマ帝国を結んだルートをシルクロードという。

問10＜**二毛作**＞鎌倉時代に近畿地方で始まった二毛作は，室町時代以降全国に広まった。二毛作の発達により，稲の裏作として小麦の栽培が盛んになったことで，うどんなどのめん類が普及した。

問11＜**江戸時代の藩政改革**＞有田焼は佐賀県の伝統的工芸品で，江戸時代初め，李参平によって始められた。江戸時代後半になると，財政難に苦しむ藩の中には，財政再建のため，特産物の専売制を採用するところもあった。佐賀藩主の鍋島直正は有田焼などの陶磁器を藩の専売とするなどして藩の財政を再建するとともに，大砲を鋳造して軍備の近代化を図るなどした。

問12＜**勘合貿易**＞室町幕府の第３代将軍を務めた足利義満は，明の皇帝が倭寇の取り締まりを求めてくるとこれに応じ，明と国交を開いて貿易を始めることにした。この貿易では，倭寇と正式な貿易船を区別するために勘合(符)と呼ばれる合い札が用いられた。そのため，この時代の日明貿易は，勘合貿易とも呼ばれる。

問13＜**金閣**＞室町幕府の第３代将軍であった足利義満は1397年，京都北山の山荘内に金閣を建てた。金閣は第１層に寝殿造，第３層に禅宗様が取り入れられ，壁などに金箔が施された。金閣は義満の死後，鹿苑寺という寺とされた。

４〔**歴史―近代の日中関係**〕

問１＜**二十一か条の要求**＞第一次世界大戦中の1915年，日本は二十一か条の要求を中華民国に対して出して，そのほとんどを認めさせた。1919年の五・四運動は，第一次世界大戦後のパリ講和会議で，二十一か条の要求を廃棄するという中国の要求が実現しなかったことなどに対する抗議運動だった。

問２＜**辛亥革命**＞1911年，中国南部で軍の一部が蜂起すると，これをきっかけとして清朝を打倒しようという動きが各地に広がった。これが辛亥革命で，翌1912年，南京で孫文を臨時大総統とする中華民国政府が成立した。

問３＜**義和団事件**＞東アジアへの勢力拡大を狙っていたロシアは，義和団事件の鎮圧後も中国東北部の満州から撤兵しなかったため日本との対立を深め，これが日露戦争へとつながった。

問４＜**普通選挙法**＞1925年，加藤高明内閣の下で，満25歳以上の男子による普通選挙法と，治安維持法が成立した。

問５＜**日中戦争**＞1937年，盧溝橋事件をきっかけとして日中戦争が始まり，戦争が本格化すると，軍需品が大量に必要となった。なお，太平洋岸に石油化学コンビナートがつくられるようになったのは，第二次世界大戦後の高度経済成長期のことである(ア…×)。1914年，ヨーロッパで第一次世界大戦が始まると，ドイツは日本の敵国となったため，ドイツからの化学製品などの輸入が途絶えた(イ…×)。朝鮮戦争は，第二次世界大戦後の1950年に始まった(エ…×)。

問６＜**年代整序**＞年代の古い順に，1900年の義和団の蜂起(C)，1912年の中華民国の成立(B)，1919年の五・四運動(A)，1937年の盧溝橋事件による日中戦争の始まり(E)，1989年の天安門事件(D)となる。

5〔公民―労働〕

問１＜**労働問題**＞１．労働時間を短くして，仕事と家庭生活や地域活動などを調和させることを，ワーク・ライフ・バランスという。　２．人材派遣会社と契約し，他の企業に派遣されて労働する非正規労働者は，派遣労働者と呼ばれる。

問２＜**国会の種類**＞６月は，１月に召集されて150日を会期(１回だけ延長できる)とする通常国会〔常会〕の開会中である。なお，イは臨時国会〔臨時会〕，ウは特別国会〔特別会〕，エは参議院の緊急集会について説明している。

問３＜**労働基準法**＞時間外労働に対して，使用者は労働者に割増賃金を払う必要がある(ア…×)。休日は，原則として毎週１日以上とらなければならない(イ…×)。1999年に労働基準法が改正された際，それまで女性が禁じられていた深夜業は認められるようになった(エ…×)。

問４＜**少子高齢化**＞日本の合計特殊出生率は低下傾向にあり，少子化が続いている。2018年の合計特殊出生率は，人口維持に必要な水準である2.07を大きく下回る1.42だった。また，高齢化も急速に進行し，2018年の高齢者人口の割合は28.1%だった。

問５＜**外国人労働者**＞日本は以前，国内の治安や日本人の雇用の維持などを理由として，専門的な知識や技術を持たない単純労働者の入国を制限してきた。

問６＜**需要と供給**＞価格が低いと数量が増える右下がりの線が需要曲線，価格が高いと数量が増える右上がりの線が供給曲線である。需要が増加すると，需要曲線が数量の多くなる右に移動するので，供給曲線と交差する均衡点はCとなる。

問７＜**労働時間**＞一般に，法律での規制などにより，ヨーロッパ諸国の労働時間は日本などに比べて短い。近年，日本の労働時間も短くなっており，統計上は，日本よりもアメリカの労働時間の方が長くなっている。

問８<**裁量労働制**>裁量労働制では，６時間働いても，10時間働いても，８時間働いたものと見なされる。実際の仕事量が「裁量」で決められた労働時間とかけ離れて多い場合，仕事量をこなすために不当な長時間労働をせざるをえなくなってしまうため，問題視されている。

６〔公民―政治〕

問１<**三審制**>刑事裁判でも民事裁判でも，第一審の判決に不服があるときは，第二審で裁判のやり直しを求めることができる。これを控訴という。なお，第二審の判決にも不服があるときはさらに上級の裁判所に第三審を求めることができる。これを上告という。

問２<**国家賠償請求権**>ハンセン病患者の家族が国を訴えることができるのは，日本国憲法が，公務員の不法行為によって損害を受けたときに賠償を求めることができる国家賠償請求権を保障しているからである。なお，アは刑事補償請求権，イは請願権，エは生存権の内容を示している。

問３<**閣議**>閣議における決定は，全員一致を原則としている。

問４<**小泉内閣**>小泉純一郎は，高い内閣支持率を背景に，政策として掲げた郵政民営化法案を2005年に成立させ，これに基づいて2007年に郵政民営化が実現した。なお，イは宮澤喜一内閣のときの1992年，ウは橋本龍太郎内閣のときの1997年，エは菅直人内閣のときの2011年の出来事である。

理科解答

1 問1　イ，エ，オ
問2　a…電子　b…酸素　問3　ア
問4　様子…(例)アルミニウム箔(はく)がボロボロになる。
理由…(例)アルミニウムイオンとなって溶け出す
問5　ア，オ　問6　4.0mg
問7　記号…ア
化学反応式…$2NH_4Cl+Ca(OH)_2 \longrightarrow CaCl_2+2H_2O+2NH_3$

2 問1　(1)　90°　(2)　60°　(3)　30°
(4)　2：$\sqrt{3}$：1
問2　a…3　b…4.5　c…7.5
d…2.5

3 問1　a…イ　b…ア　c…ア　d…イ
問2　イ
問3　C…酸性雨　D…光化学スモッグ

4 問1　ア，イ，オ，キ
問2　図…ウ　理由…キ　問3　エ
問4　ア，エ
問5　(1)　a…感覚神経　b…脊髄
c…運動神経
(2)　反射

5 問1　F_3…(順に)物体A，物体B，押す
F_4…(順に)地球，物体B，引く
問2　F_3とF_4とF_5　問3　F_1とF_2
問4　F_3　問5　イ，エ
問6　2.2N　問7　8.2N
問8　糸b…2N　斜面…1.8N

1〔化学変化とイオン〕

問1＜電池＞備長炭電池で，キッチンペーパーにしみ込ませるのは，電流が流れる電解質の水溶液である。ア～オのうち，電解質の水溶液は，食塩水と食酢，スポーツドリンクである。

問2＜備長炭電池＞図1で，アルミニウム箔(はく)のアルミニウム原子が電子を放出してアルミニウムイオンになり，水溶液中に溶け出す。放出された電子は導線を通って備長炭へ移動し，備長炭の表面に吸着している空気中の酸素や水溶液中の水と反応して，マイナスイオン(水酸化物イオン)となる。なお，吸着とは，固体の表面に気体や液体が吸いつけられる現象で，備長炭は表面に小さな穴が多数あり，気体や液体を吸着しやすい性質がある。

問3＜備長炭電池＞備長炭電池では，アルミニウム箔のアルミニウム原子から放出された電子が備長炭へ移動する。電子は－極から＋極へ流れるから，アルミニウム箔が－極，備長炭が＋極となる。

問4＜アルミニウム箔の変化＞アルミニウム箔中のアルミニウム原子は，電流を流している間，電子を放出してアルミニウムイオンになり，水溶液中に溶け出している。このため，アルミニウム箔はしだいに薄くなり，やがて穴が開いてボロボロになる。

問5＜水の電気分解＞水を電気分解したときに，陽極で発生する気体は酸素である。酸素には，物を燃やす性質(助燃性)がある。また，酸素は，酸化銀を加熱しても得られる。なお，ウでは水素，エとカでは二酸化炭素が発生する。

問6＜酸素＞水を電気分解すると，陰極から水素，陽極から酸素が発生し，これらの体積の割合は，水素：酸素＝2：1となる。よって，表より，陰極で7分間に発生する水素の体積は，$(0.9-0.1)\times 7=5.6$(mL)となるから，陽極で発生する酸素の体積は，$5.6\div 2=2.8$(mL)である。また，酸素1.0L当たりの質量は1.43gより，1000mL当たり1430mgだから，1mL当たりの質量は$1430\div 1000=1.43$(mg)である。したがって，酸素2.8mLの質量は，$1.43\times 2.8=4.004$より，4.0mgとなる。

問7＜アンモニアの性質＞塩化アンモニウム(NH_4Cl)と水酸化カルシウム($Ca(OH)_2$)を反応させると，気体のアンモニア(NH_3)と塩化カルシウム($CaCl_2$)，水(H_2O)が生じる。アンモニアは水に非常に溶けやすく，空気より軽い気体なので，上方置換法で集める。また，化学反応式は，矢印の左側に反応前の物質の化学式，右側に反応後の物質の化学式を書き，矢印の左右で原子の種類と数

が等しくなるように化学式の前に係数をつける。

2〔地球と宇宙〕

問１＜**南中高度**＞(1)春分の日の南中高度は，〔南中高度(°)〕＝90°－〔緯度(°)〕で求めることができる。よって，赤道上の緯度は0°だから，90°－0°＝90°となる。　(2)夏至の日の南中高度は，〔南中高度(°)〕＝90°－(〔緯度(°)〕－23.4°)で求めることができる。よって，求める南中高度は，90°－(53.4°－23.4°)＝60°となる。　(3)冬至の日の南中高度は，〔南中高度(°)〕＝90°－(〔緯度(°)〕＋23.4°)で求めることができる。よって，求める南中高度は，90°－(36.6°＋23.4°)＝30°となる。　(4)内角が30°，60°，90°の直角三角形の辺の長さの比は，１：２：$\sqrt{3}$である。右図のように，90°の角度で，面が受ける太陽の光の量を２とする。この面を60°に傾けると，受ける光の量は$\sqrt{3}$となり，30°に傾けると，１となる。よって，(1)～(3)の場合で，地表の一定面積当たりが受ける太陽の光の量の比は，(1)：(2)：(3)＝2：$\sqrt{3}$：1となる。

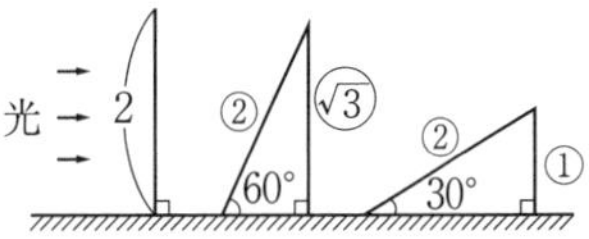

問２＜**惑星の公転周期**＞火星の公転周期が1.8年，金星の公転周期が0.6年より，火星が太陽の周りを１周すると，金星は1.8÷0.6＝3(周)する。また，公転周期より，それぞれの惑星が太陽の周りを１年間で動く角度は，火星が360°÷1.8＝200°，地球が360°，金星が360°÷0.6＝600°となる。これより，火星と地球が１年で動く角度の差は360°－200°＝160°で，１年で160°差が開くから，再び一列に並ぶまでにかかる時間は，360°÷160°＝2.25(年)となる。同様に，一列に並ぶまでの時間を求めると，火星と金星は360°÷(600°－200°)＝0.9(年)，地球と金星は360°÷(600°－360°)＝1.5(年)となる。よって，再び金星，地球，火星がこの順に一列に並ぶのは，これらの最小公倍数のときで，4.5年後である。このとき，金星は4.5÷0.6＝7.5(周)，火星は4.5÷1.8＝2.5(周)する。

3〔自然と人間〕

問１＜**生活排水**＞生活排水には台所や風呂などからの排水に含まれる有機物や，窒素やリンなどの栄養塩類が含まれている。よって，表で，生活排水が流れ込む前のａは有機物が少なく，流れ込んだ後のｂは有機物が多い。また，水中の微生物が浄化を行っている間は，酸素を吸収して二酸化炭素を放出するため，生活排水が流れ込む前のｃは酸素が多く，流れ込んだ後のｄは酸素が少ない。

問２＜**生物濃縮**＞生活排水に含まれる自然浄化できない物質は，体内に吸収され，分解されずにそのまま体内に残り，排出されない。そのため，食物連鎖の上位の生物ほど自然浄化できない物質の濃度が高まることになる。

問３＜**地球の環境問題**＞Ｃが説明している現象は，pHは小さいほど酸性が強くなることから，酸性雨である。また，Ｄが説明している現象は，大気中の窒素酸化物や炭化水素が太陽光に含まれる紫外線と反応してできた物質によって発生することから，光化学スモッグである。光化学スモッグは，周囲の見通しが低下するなどの大気汚染の一種で，目やのどの痛みなどが現れることがある。

4〔小問集合題〕

問１＜**植物の呼吸**＞コムギが発芽するときは，酸素を使って種子内に蓄えられたデンプンを分解し，二酸化炭素(CO_2)と水(H_2O)を排出する。よって，CO_2とH_2Oが増加する。また，デンプンはアミラーゼによって分解されるため，種子内にアミラーゼが増加する。さらに，デンプンの分解によりグルコースが生じるため，グルコースも増加する。

問２＜**根の成長**＞根の先端付近には成長点と呼ばれる部分があり，ここで細胞分裂が行われる。根は，分裂によって細胞の数を増やし，分裂した細胞がそれぞれもとの大きさまで大きくなることで成長する。よって，図３のウのように，①と②の間だけがのびる。

問３＜**光合成と呼吸**＞昼間の照度は３万５千ルクスなので，表より，葉1000cm^{2}が１分間に放出する酸素の量は2.5cm^{3}である。よって，昼の12時間，つまり，12×60＝720(分間)で放出した酸素の量は，2.5×720＝1800(cm^3)となる。また，夜間の照度は０ルクスなので，表より，葉1000cm^{2}が１分間に吸収する酸素の量は0.5cm^{3}である。よって，夜の12時間，つまり，720分間に吸収した酸素の量は，0.5×720＝360(cm^3)となる。以上より，葉が１日に放出した酸素の量は，1800－360＝1440(cm^3)である。

問４＜**ヒトの特徴**＞ア…誤り。ヒトの細胞のうち，血液の成分である赤血球には核がない。　エ…誤り。胆汁は脂肪の消化を助けるが，消化酵素は含まれていない。　イ…正しい。体細胞では染色体が対になっており，それぞれが分かれて生殖細胞に入る。　ウ…正しい。感覚器官で受け取った刺激の信号は，感覚神経を通って脳へ伝えられ，逆の方向へは伝わらない。

問５＜**反射**＞(1)この反応では，信号は感覚器→感覚神経→脊髄→運動神経→筋肉と伝わり，脳を経由していない。　(2)(1)のように，信号が脳を経由せずに無意識に起こる反応を反射という。反射では，脊髄が命令の信号を出している。

5 〔身近な物理現象，運動とエネルギー〕

問１＜**力**＞図１で，F_3は，物体Ａから物体Ｂにはたらく力で，物体Ａが物体Ｂを押す力である。また，F_4は，物体Ｂにはたらく重力だから，地球が物体Ｂを引く力である。

問２＜**力**＞物体Ｂにはたらく力は，物体Ａが物体Ｂを押す力F_3，物体Ｂにはたらく重力F_4，床が物体Ｂを押す力(垂直抗力)F_5の３つである。

問３＜**力のつり合い**＞つり合っている２力は，一直線上にはたらき，向きは反対で，大きさは等しい。よって，図１のF_1～F_6で，つり合っている２力は，物体Ａにはたらく重力F_1と，物体Ａにはたらく垂直抗力F_2である。

問４＜**作用・反作用**＞作用・反作用の関係にある力は，同じ作用点から反対向きに同じ大きさで，それぞれの物体にはたらく。よって，図１で，F_2と作用・反作用の関係にある力はF_3である。なお，F_5とF_6も作用・反作用の関係にある。

問５＜**摩擦力**＞摩擦力は，物体の動きを妨げる向きにはたらく。よって，物体Ｂが右向きに動くのを妨げるため，物体Ａから物体Ｂに左向きに摩擦力がはたらく。また，物体Ｂが右向きに動くとき，慣性により，物体Ａはその場にとどまろうとする。このとき，物体Ａは，物体Ｂから見て左向きに動くように見えるので，物体Ｂから物体Ａに右向きに摩擦力がはたらく。

問６＜**垂直抗力**＞物体Ｂから物体Ａにはたらく垂直抗力は，物体Ａが物体Ｂを押す力と作用・反作用の関係にあり，この２力の大きさは等しい。図２で，物体Ａにはたらく重力は4N，糸ａが上向きに物体Ａを引く力は1.8Nだから，物体Ａが物体Ｂを押す力の大きさは，4－1.8＝2.2(N)となる。よって，物体Ｂから物体Ａにはたらく垂直抗力の大きさは2.2Nである。

問７＜**垂直抗力**＞床から物体Ｂにはたらく垂直抗力は，物体Ｂが床を押す力と作用・反作用の関係にある。図２で，物体Ｂにはたらく重力は6N，問６より，物体Ａに下向きに押される力は2.2Nより，物体Ｂが床を押す力は，6＋2.2＝8.2(N)である。よって，垂直抗力の大きさは8.2Nとなる。

問８＜**斜面上の物体にはたらく力**＞図３で，物体Ａにはたらく重力F_1を，右図のように，斜面に平行な方向の分力F_7と垂直な方向の分力F_8に分解する。このとき，F_1とF_7を２辺とする三角形は内角が30°，60°，90°の直角三角形となるから，F_7，F_1，F_8の大きさの比は，$F_7 : F_1 : F_8 = 1 : 2 : \sqrt{3}$である。よって，物体Ａにはたらく重力$F_1$が4Nより，$F_7$の大きさは$4 \times \frac{1}{2} = 2$(N)，$F_8$の大きさは$4 \times \frac{\sqrt{3}}{2} = 2\sqrt{3} = 2 \times 1.7 = 3.4$(N)となる。したがって，物体Ａが静止し続けたことから，糸ｂが引く力はF_7とつり合っているから2Nであり，物体Ａにはたらく垂直抗力は，F_8と糸ａが引く力の合力とつり合っているから，3.4－1.6＝1.8(N)である。

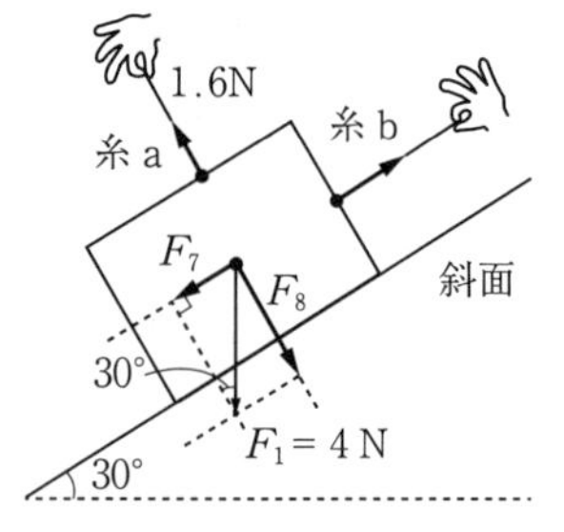

国語解答

一 1 A 過程 B 稼 C 摂取
D 没頭 E 回避
2 ア 3 イ
4 Ⅰ ア，オ
Ⅱ 以前は自分の能力不足を自分で補う営みから，現在は関係そのものを楽しむ自己充足的な人間関係の構築によって補う営みになった。(60字)
5 ア，エ 6 オ 7 ウ
8 素質や環境の差異は，社会的構造によってつくられているにもかかわらず，生得的な宿命であるという思い込みに現代人が陥っていること。
(63字)

二 1 Ⅰ…イ Ⅱ…オ
2 Ⅲ…コ Ⅳ…エ 3 オ
4 私は価値のない生活用品でつまらないものと思っているが，父は持ち込んだ人の思いが込められた大切なものと思っている。(56字)
5 由緒正しい 6 ウ 7 好き
8 遠い昔に生まれ，人の手を伝ってここまでたどり着き，やっと巡り合えた品物が，その品物にまつわるさまざまな物語を私に向かって語りかけてくるように感じるということ。
(79字)
9 イ，カ

三 1 たくさん 2 いわんや
3 ウ 4 b，c 5 イ
6 雉にあ 7 エ

一〔論説文の読解―社会学的分野―現代社会〕出典；土井隆義『「宿命」を生きる若者たち』。

≪本文の概要≫高原期の社会を生きる現代の若者は，自分の能力だけで問題が解決できないときは，自分の努力ではなく，人間関係を新たに構築し，他者の力を借りて補うことで対処する，シェアの世代である。シェアは，平坦化し流動性が増している社会ならではの努力の形ともいえる。一方，現代の若者は，才能や社会環境の格差は社会構造的背景から生み出された産物であって，宿命ではないにもかかわらず，それらを生得的属性であると考える，宿命論的人生観に陥っている。宿命論的人生観のもとでは，疎外された状況に置かれているという認識自体を獲得できないため，社会的格差を宿命として受け入れてしまう。しかし，宿命を個人の問題としてとらえず，新しい人間関係を構築し問題を社会でシェアすることで，宿命論的人生観の意味を，変えることが可能である。

1 <漢字>A．「過程」は，物事が進み，ある結果に至る道筋のこと。 B．音読みは「稼業」などの「カ」。 C．「摂取」は，栄養物などを取り入れ自分のものにすること。 D．「没頭」は，一つのことに熱中し他のことを顧みないこと。 E．「回避」は，危険などを避けること。

2 <表現>1．自分自身に足りない部分があったとき，外部から探して埋め合わせるのは「高原期の時代」に合った努力の形だが，それではもともと努力とは，どういうものだろうか。 2．現代の若者はマネジメント力が高いが，マネジメント力は生まれ備わった能力というよりも，どちらかといえば，「社会化による産物」である。 3．自分の置かれている環境を客観的に見つめることができないと，仮に劣悪な環境にあっても，不満を抱かなくなる。

3 <四字熟語>「臨機応変」は，状況に応じた行動をとること。現代の若者は，自分だけで問題が解決できないなら，新たに人間関係を構築して柔軟に対応している。

4 <文章内容>Ⅰ．高原期は「社会が平坦化」した時代であり，「超越的な目標を胸に抱きにく」い社会になっている。一方，若者たちからは，ものが欲しいときにも買うのではなく，使っていない人と「シェア」するという発想が生まれている。 Ⅱ．高原期より前は，努力とは，「自己完結的」に自分の「能力の足りない部分を補う営み」だったが，高原期においては，「個人の能力不足」を他者との「自己充足的な人間関係」によって補い，「関係そのものを楽しむ」営みととらえられている。

5 <**文章内容**>天才的なピアニストも，恵まれた環境になければ，才能を開花できなかったと考えられるように，「素質や才能」も「生得的属性」とはいえず，生まれ育つ環境も「社会制度の設計」で変えていくことができる。同様に，現代の若者は，マネジメント力が高いといってもそれは環境によって育てられたものだから，社会や環境が変われば，マネジメント力が低くなる可能性はある。

6 <**文章内容**>現代は「排除されていることを当事者に意識させないよう」に排除している社会であるため，社会構造を原因とする深刻な社会的格差という問題を，若者は，「宿命」という個人的な理由に原因があると錯覚させられ，現在の社会や生活を受け入れてしまっている。これでは，問題の原因を認識できず，解決もできないため，「宿命論的人生観」は望ましい現象とはいえない。

7 <**文章内容**>現代の若者たちは，「能力不足」や「自分の置かれた社会環境の劣悪さ」を，宿命だから変えることはできないものと考えているが，実は社会構造的な背景から生まれたそうした問題を，新しい人間関係の構築により補うことができるかもしれない。例えば，銃規制の推進(…ア)，災害からの復旧(…イ)，性的差別の解消(…エ)，環境問題の改善(…オ)などの社会的課題を，デモ(…ア)，ストライキ(…オ)，ツイッター(…イ・エ)などにより他者との間でシェアできる。

8 <**主題**>現代人は，「素質や才能」や「環境」の格差は，生まれ持って与えられた「個人にとっての宿命」であるという考えに陥っているが，そのように思い込んでいるだけで，実はそれらも，前近代的な身分制度と同じように「社会構造的な背景から」つくられた格差なのである。

二〔**小説の読解**〕出典；宮下奈都『スコーレNo.4』。

1 <**語句**>**Ⅰ.**「唸る」は，長く引いた低い声を出すこと。転じて，感嘆したときにそのような声を出すこと。　**Ⅱ.**「滔々と」は，水が流れるように，次から次へとよどみなく話すさま。

2 <**表現**>**Ⅲ.** すぐに出ていこうとした婦人だったが，お茶を飲んで落ち着くと，つぼにまつわる思い出を少しずつゆっくり語り始めた。　**Ⅳ.** 私は，店の品物がいつも同じ場所にあるのを見ていると，喜びが満ちあふれてくるのである。「ふくふくと」は，柔らかく膨らんだ感じのするさま。

3 <**文章内容**>都会とは呼べない町でも，古道具屋の商売は，古道具を売買したいと思う客や「審美眼がある」客がいなければ成り立たないので，そうした客がいるということは，この町は田舎ではないという，父のものの見方が，私にはおもしろく感じられたのである。

4 <**心情**>簡単に触れないような骨董らしい骨董ではない，町の人から委託された生活用品は，私は好きになれず価値がないと思っているが，父は，持ち込んできた人の語る，品物に「込められた思い」や「いわく」を「面白い」と思い大事にしているから，店の一角に置いているのである。

5 <**語句**>「由緒」は，現在に至るいきさつ，歴史のこと。備前，伊万里など歴史のある産地でつくられた「由緒正しい」ものと違い，出所やいわれがわからない甕もあったが，私はそれを眺めるのも好きだった。

6 <**心情**>父は，何かを値踏みするとき，ものの価値を評価する冷ややかなまなざしになるが，それが「人間に向けられたとき」は，相手の考えや能力をものと同じように冷徹に評価しているように思え，私は，人の心の中を値踏みされているような居心地の悪い気持ちになるのである。

7 <**文章内容**>骨董を見る「審美眼」や「目のよさ」は，「持って生まれたもの」ではなく，「たくさんいいものを見る」ことによって育つ力であり，品物が好きで品物を見ることが好きでなければ，いいものを「一生かけて」見続けることはできない，と父は考えているのである。

8 <**文章内容**>私には，「遠い昔に生まれ，人の手を伝ってここまでたどりつき，やっとめぐりあえた品物」が，「私に向って心を開」き，その品物にまつわる思い出やいわくなどを私に話し，それまで隠していた本当の姿を見せてくれるように感じられたのである。

9 <**表現**>カタカナ表記によって，漢字がわからない幼い頃の主人公の子どもらしさが伝わると同時に，名前が何を意味しているかわからない主人公の困惑が表現されている(イ…○)。品物の講釈をしながら「私の顔なんて見ていなくて，手もとの品物だけ」に没頭していく父の話を聞くうちに，父に「素晴らしさを語られている品物」が「急に輝きを帯びてくる」ように思えてくる主人公の様子には，父への尊敬の念と深まっていく品物への感動とが表れているといえる(カ…○)。

三 〔**古文の読解─説話**〕出典；『今昔物語集』巻第二十九ノ第三十四。

≪**現代語訳**≫忠文は驚き騒いで，急いで出てきて(親王に)会い，「これは何事があって思いがけずいらっしゃったのですか」と尋ねたところ，親王は，「(あなたが)鷹をたくさんお持ちだと聞き，一羽いただきたいと思って参ったのです」とおっしゃったので，忠文は，「人を使っておっしゃってもよいことを，このようにわざわざいらっしゃったのですから，どうして差し上げないことがありましょう」と言って，鷹をあげようとしたが，たくさん持っている鷹の中に，一番の鷹がいて，並ぶものがないほど賢い鷹で，雉に合わせて放すと必ず五十丈以内で(雉を)捕まえる鷹なので，その鷹を惜しんで，次に優れた鷹を取り出して差し上げた。その鷹もよい鷹ではあったが，一番の鷹には及ぶはずもない。／さて親王は，鷹を手に入れ喜んで，自分(の腕)に据えて京にお帰りになったが，道端で雉が地面にふしていたのを見て，親王が，この手に入れた鷹を放ったところ，その鷹は下手で鳥を捕まえることができなかったので，親王は，「こんな下手な鷹をくれたとは」と腹が立ち，忠文の家に戻って，この鷹を返したところ，忠文は鷹を受け取り，「これはよい鷹と思って差し上げたのです。それでは別の鷹を差し上げましょう」と言い，「このようにわざわざいらっしゃったのだから」と思って，例の一番の鷹を差し上げた。親王は，またその鷹を据えて京に帰ったが，木幡の辺りで試そうと思って，野原に犬を入らせ雉を狩らせたところ，雉が飛び立ったので例の鷹を向かわせたが，その鷹もまた鳥を取らずに飛んで雲の中に入り見えなくなってしまった。それで今回は親王も，何もおっしゃらずに京にお帰りになった。／これを思うに，その鷹は，忠文のもとでは他に並ぶものもないほど賢かったが，親王のもとではこのように狩りが下手で飛んで行ったのは，鷹も主をわかっているからだろう。だから，智恵がない鳥獣であっても，このようにもとの主がわかっているのである。ましてや心を持つ人間ならば，縁のあった人のことを思い，親しい人のためにはひたすらよいことをすべきだ，と語り伝えたということだ。

1 <**古語**>「あまた」は，数多く，という意味。

2 <**歴史的仮名遣い**>歴史的仮名遣いの語頭以外のハ行は，現代仮名遣いでは原則として「わいうえお」になり，助動詞の「む」や語中の「む」は，現代仮名遣いでは「ん」になる。

3 <**古文の内容理解**>忠文は，鷹が欲しいならば親王のような身分の高い人は他の人に来させることもできるのに，自分でわざわざ来てくれたのだから，その労に報いようと思ったのである。

4 <**古文の内容理解**>忠文は一番よい鷹を渡すのが惜しかったので，二番目によい鷹を親王に渡した。親王はその鷹(…b)をもらったことを喜んだが，雉を狩らせてみるとうまくなかったので，返しに来ると，忠文はその鷹のことをよい鷹(…c)と思ったから差し上げた，と言った。

5 <**現代語訳**>副詞「え」は，下に打ち消しの語や反語表現を伴い，とても～できない，という意味になる。親王がもらった鷹は，雉を狩るのが下手で捕まえることができなかった。

6 <**古文の内容理解**>「その鷹」とは忠文が二度目に親王に差し上げた「第一の鷹」である。他に並ぶものがないほど賢い鷹で，雉を狩らせると必ず五十丈以内で雉を捕まえることができた。

7 <**古文の内容理解**>鷹は，下手だったから飛び去ったのではなく，親王がもとの主とは違うことがわかっていたので，言うことを聞かずにもとの主の所へ戻っていったのである。

Memo

Memo

Memo

当社発行物の無断使用は固くお断りいたします。御使用の前はまずご相談ください。

当社発行物には500点余の首都圏中・高過去問をはじめ、6点の学校案内、そのほかいくつかの情報誌などがございます。その多くが年度版で、限られたスタッフが来るべき受験シーズン前に余裕を持って受験生へ届けられるよう、日夜作業にあたり出版を重ねております。

最近、通塾生ご父母や塾内部からの告発によって、いくつかの塾が許諾なしに当社過去問を複写（コピー）し生徒に配布、授業等にも使用していることが発覚し、その一部が紛争、係争に至っております。過去問には原著作者や管理団体、代行出版等のほか、当社に著作権がございます。当社としましては、著作権侵害の発覚に対しては著作権を有するこれらの著作権関係者にその事実を開示して、マスコミにリリースする場合や法的な措置を取る場合がございます。その事例としましては、毎年当社過去問の発行を待って自由にシステム化使用していたA塾、個別教室でコピーを生徒に解かせ指導していたB塾、冊子化していたC社、生徒の希望によって書籍の過去問代わりにコピーを配布していたD塾などがあります。

当社発行物の全部もしくは一部を無断使用することは固くお断りいたします。

当社コンテンツの中にはリーズナブルな設定で紙面の利用を許諾している塾もたくさんございますので、ご希望の方は、お気軽にご相談くださいますようお願いします。同時に、当社発行物を無断で使用している会社などにつきましての情報もお寄せいただければ幸いです。

株式会社 声の教育社

スーパー過去問の **解説執筆・解答作成スタッフ（在宅）募集！** ※募集要項の詳細は、10月に弊社ホームページ上に掲載します。

2025年度用

■編集人 声の教育社・編集部
■発行所 株式会社 声の教育社

〒162-0814 東京都新宿区新小川町8-15
☎03-5261-5061㈹ FAX03-5261-5062
https://www.koenokyoikusha.co.jp

※本書の内容についての一切の責任は当社にあります。内容・解説・解答その他の質問等は文書にて当社に御郵送くださるようお願いいたします。

昭和学院秀英高等学校

別冊解答用紙

★教科別合格者平均点＆合格者最低点

年度	英語	数学	社会	理科	国語	合格者最低点
2024	65.8	53.9	39.7	38.3	60.3	226
2023	55.4	63.2	34.7	28.4	52.9	203
2022	52.9	49.3	28.5	35.6	50.4	186
2021	69.6	62.0	33.9	31.3	55.1	224
2020	57.4	54.3	35.2	35.6	54.4	204

※社会・理科は、それぞれ60点満点。

注意

○ 解答用紙は、収録の都合により縮小したものや、小社独自に作成したものもあります。
○ 学校配点は学校発表のもの、推定配点は小社で作成したものです。
○ 無断転載を禁じます。
○ 解答用紙を拡大コピーする場合、表示した拡大率に対応する用紙サイズは以下のとおりです。
101%～102%＝B5　103%～118%＝A4　119%～144%＝B4　145%～167%＝A3
(タイトルと配点表は含みません)

２０２４年度　昭和学院秀英高等学校

英語解答用紙

番号		氏名		評点	／100

1 (1) (2) (3) (4) (5)

2 [1] [2] [3] [4] [5]

3 (1) (2) (3) (4) (5) (6)

4 (1) (2) (3) (4)

5 (1) (2)

6 (1) (2) (3) (4) (5)

7 (1) (2) (3) (4) (5)

8 (1) 15 30 45 60 70

(2)

(3)

9 [1] 9 18 25

[2] 9 18 25

(注) この解答用紙は実物を縮小してあります。Ａ３用紙に149%拡大コピーすると、ほぼ実物大で使用できます。(タイトルと配点表は含みません)

学校配点		計
	1～3 各２点×16　4, 5 各４点×４ 6 各２点×５　7 各３点×５ 8 各５点×３　9 各６点×２	100点

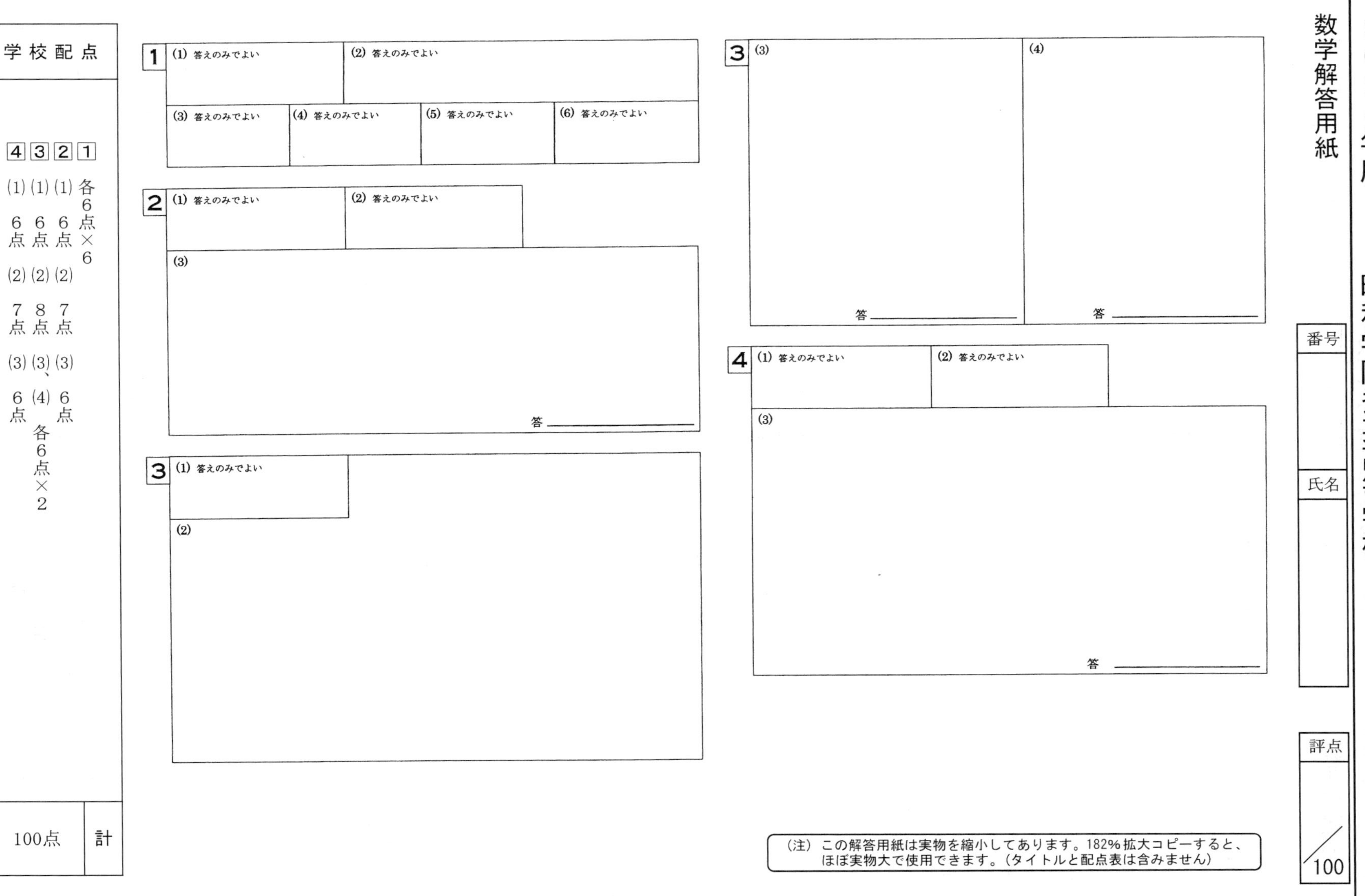

２０２４年度　昭和学院秀英高等学校

数学解答用紙

番号　　氏名　　評点　／100

1
(1) 答えのみでよい
(2) 答えのみでよい
(3) 答えのみでよい
(4) 答えのみでよい
(5) 答えのみでよい
(6) 答えのみでよい

2
(1) 答えのみでよい
(2) 答えのみでよい
(3)
答 ＿＿＿＿

3
(1) 答えのみでよい
(2)
(3)
答 ＿＿＿＿
(4)
答 ＿＿＿＿

4
(1) 答えのみでよい
(2) 答えのみでよい
(3)
答 ＿＿＿＿

（注）この解答用紙は実物を縮小してあります。182％拡大コピーすると、ほぼ実物大で使用できます。（タイトルと配点表は含みません）

学校配点

1 各6点×6
2 (1) 6点　(2) 7点　(3) 6点
3 (1) 6点　(2) 8点　(3)、(4) 各6点×2
4 (1) 6点　(2) 7点　(3) 6点

計　100点

２０２４年度　昭和学院秀英高等学校

社会解答用紙

番号		氏名		評点	／60

1

問1		問2		問3		問4	

問5	X		Y	

問6															

2

問1		問2		問3		問4	

3

問1	

問2		問3		問4		問5	
問6		問7		問8		問9	

4

問1		問2		問3	
問4		問5		問6	

5

問1		問2		問3		問4	

6

問1	（1）		（2）	

問2		問3	

問4	

（注）この解答用紙は実物を縮小してあります。Ａ３用紙に159％拡大コピーすると、ほぼ実物大で使用できます。（タイトルと配点表は含みません）

学校配点		計
	1 問１～問４　各２点×４　問５　各１点×２　問６　２点 2 各２点×４　3 問１　１点　問２～問９　各２点×８ 4 問１　１点　問２　２点　問３，問４　各１点×２　問５　２点　問６　１点 5 各２点×４　6 問１　各１点×２　問２　２点　問３　１点　問４　２点	60点

2024年度　昭和学院秀英高等学校

理科解答用紙

番号 ＿＿＿＿　氏名 ＿＿＿＿　評点 ／60

1
- 問1　a　b　c　D
- 問2　あ　い　う　問3　問4　g/L
- 問5　あ　い　う　*
2
- 問1　問2　g　問3
3
- 問1　A　極　電流の向き　問2　問3　(1)　(2)　(3)
4
- 問1　問2　問3
- 問4　記号　理由
- 問5
5
- 問1　(1)　(2)　問2
- 問3　X1　X2
- 問4　問5　%
6
- 問1　A　hPa　C　hPa　問2　＞　＞　＞　問3
- 問4　e　f　問5
- 問6　緯　度　経　度　問7　問8

（注）この解答用紙は実物を縮小してあります。169%拡大コピーすると、ほぼ実物大で使用できます。（タイトルと配点表は含みません）

学校配点
1 問1、問2 各1点×5〔問2は完答〕 問3、問4 各2点×2 問5 各1点×2 2 各2点×3 3 問1、問2 各1点×3 問3 (1) 1点 (2) 2点 (3) 1点 4 問1～問3 各1点×3 問4 記号 1点 理由 2点 問5 2点 5 問1 各2点×2 問2 1点 問3～問5 各2点×4 6 問1、問2 各1点×3 問3 2点 問4 各1点×2 問5 2点 問6 各1点×2 問7、問8 各2点×2
計 60点

二〇二四年度　昭和学院秀英高等学校

国語解答用紙

番号　　氏名　　評点 /100

一　1　2　3　4　5

二　1　2　3　4　5　ことが可能になると考えている　6 (1) (2)

三　1 A B　2 (i) (ii)　3　4　5　6

四　1　2 a b　3　4　5　6　7

(注) この解答用紙は実物を縮小してあります。A3用紙に164%拡大コピーすると、ほぼ実物大で使用できます。(タイトルと配点表は含みません)

学校配点	計
一 各2点×5　二 1 各3点×2　2、3 各4点×2　4 5点　5 9点　6 各4点×2 三 1 各2点×2　2 (i) 4点　(ii) 5点　3 5点　4 9点　5 4点　6 5点 四 1〜3 各2点×4　4 3点　5 2点　6 3点　7 2点	100点

２０２３年度　　昭和学院秀英高等学校

英語解答用紙　No.1

評点	／100

受験番号			
⓪	⓪	⓪	⓪
①	①	①	①
②	②	②	②
③	③	③	③
④	④	④	④
⑤	⑤	⑤	⑤
⑥	⑥	⑥	⑥
⑦	⑦	⑦	⑦
⑧	⑧	⑧	⑧
⑨	⑨	⑨	⑨

1. 記入欄・マーク欄以外には記入しないでください。
2. 鉛筆で、しっかり濃くマークしてください。
3. 間違った場合には、消しゴムで、きれいに消してください。

マーク例

良い例	●	悪い例	✓ ⊙ ◐

問	解答欄
1	① ② ③ ④ ⑤ ⑥ ⑦ ⑧ ⑨ ⓪
2	① ② ③ ④ ⑤ ⑥ ⑦ ⑧ ⑨ ⓪
3	① ② ③ ④ ⑤ ⑥ ⑦ ⑧ ⑨ ⓪
4	① ② ③ ④ ⑤ ⑥ ⑦ ⑧ ⑨ ⓪
5	① ② ③ ④ ⑤ ⑥ ⑦ ⑧ ⑨ ⓪
6	① ② ③ ④ ⑤ ⑥ ⑦ ⑧ ⑨ ⓪
7	① ② ③ ④ ⑤ ⑥ ⑦ ⑧ ⑨ ⓪
8	① ② ③ ④ ⑤ ⑥ ⑦ ⑧ ⑨ ⓪
9	① ② ③ ④ ⑤ ⑥ ⑦ ⑧ ⑨ ⓪
10	① ② ③ ④ ⑤ ⑥ ⑦ ⑧ ⑨ ⓪
11	① ② ③ ④ ⑤ ⑥ ⑦ ⑧ ⑨ ⓪
12	① ② ③ ④ ⑤ ⑥ ⑦ ⑧ ⑨ ⓪
13	① ② ③ ④ ⑤ ⑥ ⑦ ⑧ ⑨ ⓪
14	① ② ③ ④ ⑤ ⑥ ⑦ ⑧ ⑨ ⓪
15	① ② ③ ④ ⑤ ⑥ ⑦ ⑧ ⑨ ⓪
16	① ② ③ ④ ⑤ ⑥ ⑦ ⑧ ⑨ ⓪
17	① ② ③ ④ ⑤ ⑥ ⑦ ⑧ ⑨ ⓪
18	① ② ③ ④ ⑤ ⑥ ⑦ ⑧ ⑨ ⓪
19	① ② ③ ④ ⑤ ⑥ ⑦ ⑧ ⑨ ⓪
20	① ② ③ ④ ⑤ ⑥ ⑦ ⑧ ⑨ ⓪
21	① ② ③ ④ ⑤ ⑥ ⑦ ⑧ ⑨ ⓪
22	① ② ③ ④ ⑤ ⑥ ⑦ ⑧ ⑨ ⓪
23	① ② ③ ④ ⑤ ⑥ ⑦ ⑧ ⑨ ⓪
24	① ② ③ ④ ⑤ ⑥ ⑦ ⑧ ⑨ ⓪
25	① ② ③ ④ ⑤ ⑥ ⑦ ⑧ ⑨ ⓪

問	解答欄
26	① ② ③ ④ ⑤ ⑥ ⑦ ⑧ ⑨ ⓪
27	① ② ③ ④ ⑤ ⑥ ⑦ ⑧ ⑨ ⓪
28	① ② ③ ④ ⑤ ⑥ ⑦ ⑧ ⑨ ⓪
29	① ② ③ ④ ⑤ ⑥ ⑦ ⑧ ⑨ ⓪
30	① ② ③ ④ ⑤ ⑥ ⑦ ⑧ ⑨ ⓪
31	① ② ③ ④ ⑤ ⑥ ⑦ ⑧ ⑨ ⓪
32	① ② ③ ④ ⑤ ⑥ ⑦ ⑧ ⑨ ⓪
33	① ② ③ ④ ⑤ ⑥ ⑦ ⑧ ⑨ ⓪
34	① ② ③ ④ ⑤ ⑥ ⑦ ⑧ ⑨ ⓪
35	① ② ③ ④ ⑤ ⑥ ⑦ ⑧ ⑨ ⓪
36	① ② ③ ④ ⑤ ⑥ ⑦ ⑧ ⑨ ⓪
37	① ② ③ ④ ⑤ ⑥ ⑦ ⑧ ⑨ ⓪
38	① ② ③ ④ ⑤ ⑥ ⑦ ⑧ ⑨ ⓪
39	① ② ③ ④ ⑤ ⑥ ⑦ ⑧ ⑨ ⓪
40	① ② ③ ④ ⑤ ⑥ ⑦ ⑧ ⑨ ⓪
41	① ② ③ ④ ⑤ ⑥ ⑦ ⑧ ⑨ ⓪
42	① ② ③ ④ ⑤ ⑥ ⑦ ⑧ ⑨ ⓪
43	① ② ③ ④ ⑤ ⑥ ⑦ ⑧ ⑨ ⓪
44	① ② ③ ④ ⑤ ⑥ ⑦ ⑧ ⑨ ⓪
45	① ② ③ ④ ⑤ ⑥ ⑦ ⑧ ⑨ ⓪
46	① ② ③ ④ ⑤ ⑥ ⑦ ⑧ ⑨ ⓪
47	① ② ③ ④ ⑤ ⑥ ⑦ ⑧ ⑨ ⓪
48	① ② ③ ④ ⑤ ⑥ ⑦ ⑧ ⑨ ⓪
49	① ② ③ ④ ⑤ ⑥ ⑦ ⑧ ⑨ ⓪
50	① ② ③ ④ ⑤ ⑥ ⑦ ⑧ ⑨ ⓪

（注）この解答用紙は実物を縮小してあります。B４用紙に128％拡大コピーすると、ほぼ実物大で使用できます。（タイトルと配点表は含みません）

２０２３年度　　昭和学院秀英高等学校

英語解答用紙　No. 2

2 〔1〕 ____

〔2〕 ____

〔3〕 ____ ____

〔4〕 ____ ____ ____

〔5〕 ____ ____ ____

5 〔6〕 ____

〔7〕 ____

8 〔8〕 ____

____

〔9〕 ____

〔10〕 ____

9 〔11〕 ____ ____ ____ ____ ____ 5

____ ____ ____ ____ ____ 10

____ ____ ____ ____ ____ 15

____ ____ ____ ____ ____ 20

〔12〕 ____ ____ ____ ____ ____ 5

____ ____ ____ ____ ____ 10

____ ____ ____ ____ ____ 15

____ ____ ____ ____ ____ 20

〔13〕 ____ ____ ____ ____ ____ 5

____ ____ ____ ____ ____ 10

____ ____ ____ ____ ____ 15

____ ____ ____ ____ ____ 20

（注）この解答用紙は実物を縮小してあります。A３用紙に156％拡大コピーすると、ほぼ実物大で使用できます。（タイトルと配点表は含みません）

学校配点	1～4　各２点×17〔4は各２点×２〕　5　各３点×２ 6　各２点×５　7　各３点×５〔問３は完答〕 8　各５点×３　9　⑾　５点　⑿　10点　⒀　５点	計 100点

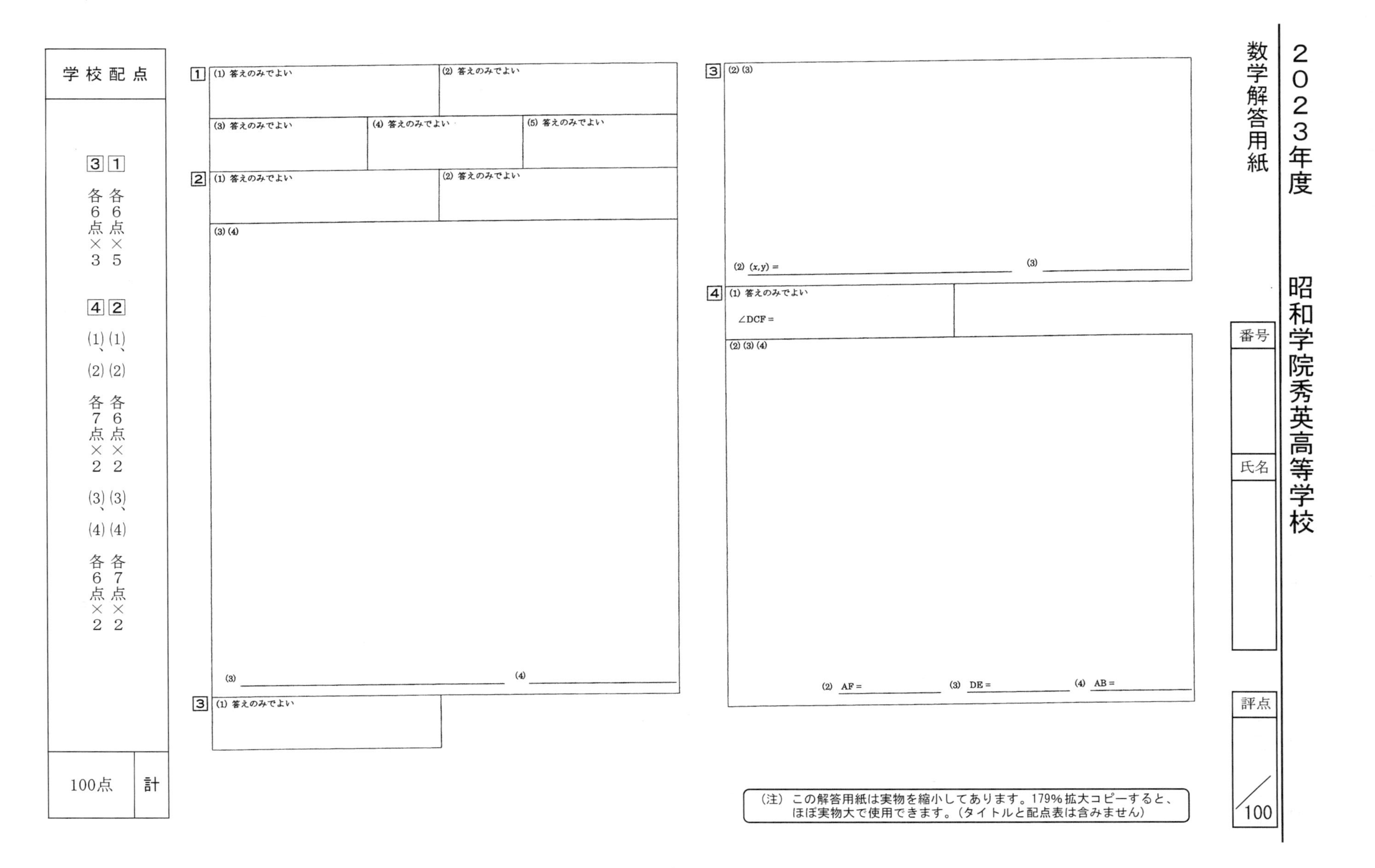

2023年度　昭和学院秀英高等学校

数学解答用紙

番号　　氏名　　評点　　/100

1
(1) 答えのみでよい
(2) 答えのみでよい
(3) 答えのみでよい
(4) 答えのみでよい
(5) 答えのみでよい

2
(1) 答えのみでよい
(2) 答えのみでよい
(3) (4)
(3) ＿＿＿＿　(4) ＿＿＿＿

3
(1) 答えのみでよい
(2) (3)
(2) $(x,y)=$ ＿＿＿＿　(3) ＿＿＿＿

4
(1) 答えのみでよい
∠DCF =
(2) (3) (4)
(2) AF = ＿＿＿＿　(3) DE = ＿＿＿＿　(4) AB = ＿＿＿＿

（注）この解答用紙は実物を縮小してあります。179%拡大コピーすると、ほぼ実物大で使用できます。（タイトルと配点表は含みません）

学校配点
1 各6点×5
3 各6点×3
2 (1)、(2) 各6点×2　(3)、(4) 各7点×2
4 (1)、(2) 各7点×2　(3)、(4) 各6点×2
計　100点

２０２３年度　　昭和学院秀英高等学校

社会解答用紙　No.1

評点	／60

受験番号			
⓪	⓪	⓪	⓪
①	①	①	①
②	②	②	②
③	③	③	③
④	④	④	④
⑤	⑤	⑤	⑤
⑥	⑥	⑥	⑥
⑦	⑦	⑦	⑦
⑧	⑧	⑧	⑧
⑨	⑨	⑨	⑨

1. 記入欄・マーク欄以外には記入しないでください。
2. 鉛筆で、しっかり濃くマークしてください。
3. 間違った場合には、消しゴムで、きれいに消してください。

マーク例

良い例	●	悪い例	✓ ⊙ ◐

問	解答欄									
1	①	②	③	④	⑤	⑥	⑦	⑧	⑨	⓪
2	①	②	③	④	⑤	⑥	⑦	⑧	⑨	⓪
3	①	②	③	④	⑤	⑥	⑦	⑧	⑨	⓪
4	①	②	③	④	⑤	⑥	⑦	⑧	⑨	⓪
5	①	②	③	④	⑤	⑥	⑦	⑧	⑨	⓪
6	①	②	③	④	⑤	⑥	⑦	⑧	⑨	⓪
7	①	②	③	④	⑤	⑥	⑦	⑧	⑨	⓪
8	①	②	③	④	⑤	⑥	⑦	⑧	⑨	⓪
9	①	②	③	④	⑤	⑥	⑦	⑧	⑨	⓪
10	①	②	③	④	⑤	⑥	⑦	⑧	⑨	⓪
11	①	②	③	④	⑤	⑥	⑦	⑧	⑨	⓪
12	①	②	③	④	⑤	⑥	⑦	⑧	⑨	⓪
13	①	②	③	④	⑤	⑥	⑦	⑧	⑨	⓪
14	①	②	③	④	⑤	⑥	⑦	⑧	⑨	⓪
15	①	②	③	④	⑤	⑥	⑦	⑧	⑨	⓪
16	①	②	③	④	⑤	⑥	⑦	⑧	⑨	⓪
17	①	②	③	④	⑤	⑥	⑦	⑧	⑨	⓪
18	①	②	③	④	⑤	⑥	⑦	⑧	⑨	⓪
19	①	②	③	④	⑤	⑥	⑦	⑧	⑨	⓪
20	①	②	③	④	⑤	⑥	⑦	⑧	⑨	⓪
21	①	②	③	④	⑤	⑥	⑦	⑧	⑨	⓪
22	①	②	③	④	⑤	⑥	⑦	⑧	⑨	⓪
23	①	②	③	④	⑤	⑥	⑦	⑧	⑨	⓪
24	①	②	③	④	⑤	⑥	⑦	⑧	⑨	⓪
25	①	②	③	④	⑤	⑥	⑦	⑧	⑨	⓪

問	解答欄									
26	①	②	③	④	⑤	⑥	⑦	⑧	⑨	⓪
27	①	②	③	④	⑤	⑥	⑦	⑧	⑨	⓪
28	①	②	③	④	⑤	⑥	⑦	⑧	⑨	⓪
29	①	②	③	④	⑤	⑥	⑦	⑧	⑨	⓪
30	①	②	③	④	⑤	⑥	⑦	⑧	⑨	⓪
31	①	②	③	④	⑤	⑥	⑦	⑧	⑨	⓪
32	①	②	③	④	⑤	⑥	⑦	⑧	⑨	⓪
33	①	②	③	④	⑤	⑥	⑦	⑧	⑨	⓪
34	①	②	③	④	⑤	⑥	⑦	⑧	⑨	⓪
35	①	②	③	④	⑤	⑥	⑦	⑧	⑨	⓪
36	①	②	③	④	⑤	⑥	⑦	⑧	⑨	⓪
37	①	②	③	④	⑤	⑥	⑦	⑧	⑨	⓪
38	①	②	③	④	⑤	⑥	⑦	⑧	⑨	⓪
39	①	②	③	④	⑤	⑥	⑦	⑧	⑨	⓪
40	①	②	③	④	⑤	⑥	⑦	⑧	⑨	⓪
41	①	②	③	④	⑤	⑥	⑦	⑧	⑨	⓪
42	①	②	③	④	⑤	⑥	⑦	⑧	⑨	⓪
43	①	②	③	④	⑤	⑥	⑦	⑧	⑨	⓪
44	①	②	③	④	⑤	⑥	⑦	⑧	⑨	⓪
45	①	②	③	④	⑤	⑥	⑦	⑧	⑨	⓪
46	①	②	③	④	⑤	⑥	⑦	⑧	⑨	⓪
47	①	②	③	④	⑤	⑥	⑦	⑧	⑨	⓪
48	①	②	③	④	⑤	⑥	⑦	⑧	⑨	⓪
49	①	②	③	④	⑤	⑥	⑦	⑧	⑨	⓪
50	①	②	③	④	⑤	⑥	⑦	⑧	⑨	⓪

（注）この解答用紙は実物を縮小してあります。B４用紙に128％拡大コピーすると、ほぼ実物大で使用できます。（タイトルと配点表は含みません）

2023年度　昭和学院秀英高等学校

社会解答用紙　No. 2

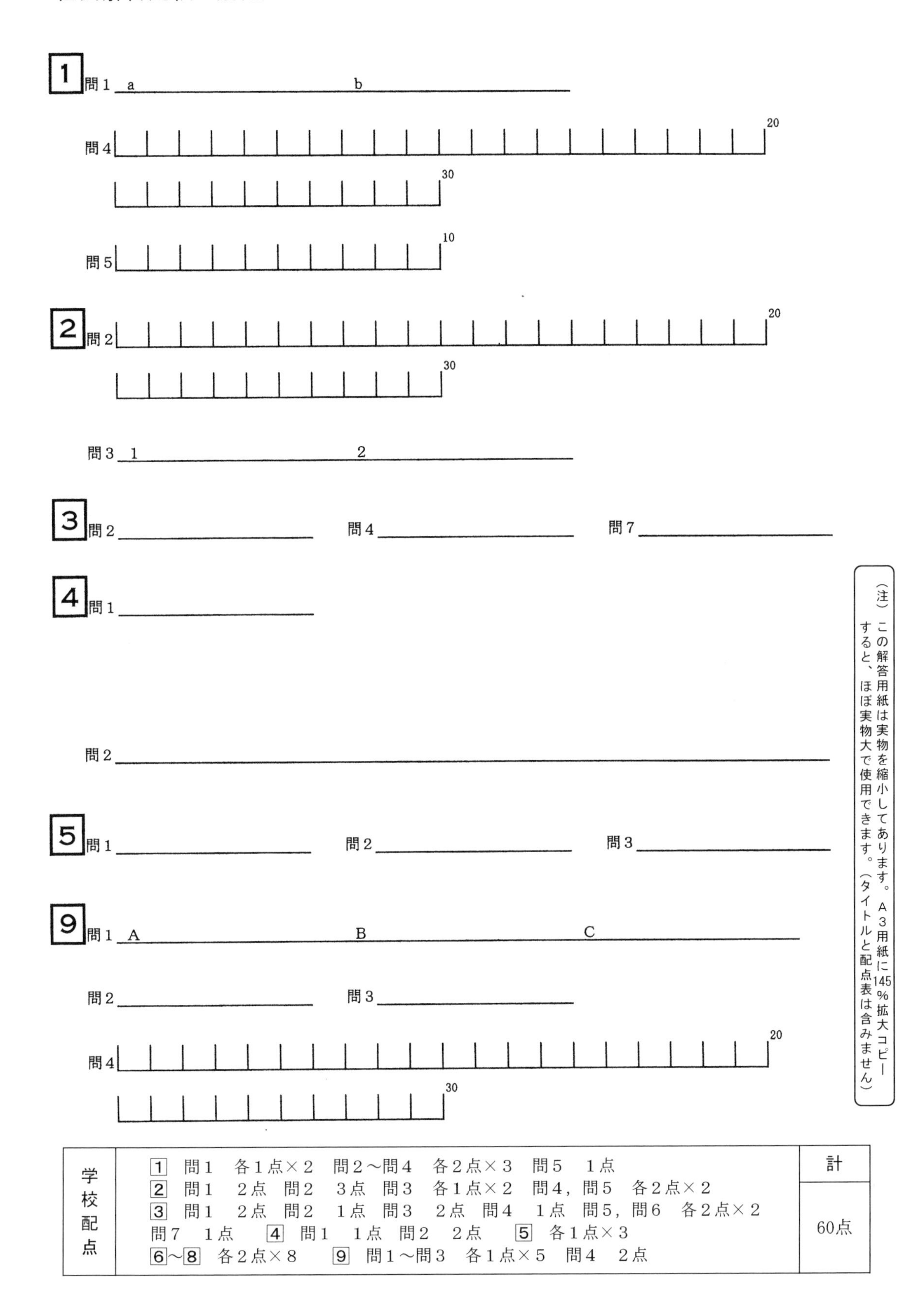

1 問1 a ＿＿＿ b ＿＿＿

問4 □□□□□□□□□□□□□□□□□□□□ 20
□□□□□□□□□□ 30

問5 □□□□□□□□□□ 10

2 問2 □□□□□□□□□□□□□□□□□□□□ 20
□□□□□□□□□□ 30

問3 1 ＿＿＿ 2 ＿＿＿

3 問2 ＿＿＿　問4 ＿＿＿　問7 ＿＿＿

4 問1 ＿＿＿

問2 ＿＿＿

5 問1 ＿＿＿　問2 ＿＿＿　問3 ＿＿＿

9 問1 A ＿＿＿ B ＿＿＿ C ＿＿＿

問2 ＿＿＿　問3 ＿＿＿

問4 □□□□□□□□□□□□□□□□□□□□ 20
□□□□□□□□□□ 30

（注）この解答用紙は実物を縮小してあります。A3用紙に145%拡大コピーすると、ほぼ実物大で使用できます。（タイトルと配点表は含みません）

学校配点		計
	1 問1 各1点×2 問2～問4 各2点×3 問5 1点 2 問1 2点 問2 3点 問3 各1点×2 問4，問5 各2点×2 3 問1 2点 問2 1点 問3 2点 問4 1点 問5，問6 各2点×2 問7 1点 4 問1 1点 問2 2点 5 各1点×3 6～8 各2点×8 9 問1～問3 各1点×5 問4 2点	60点

2023年度　昭和学院秀英高等学校

理科解答用紙

番号　　氏名　　評点　／60

4

問1	あ		い		う		え	
問2	お		か		き		く		け	
問3	こ		さ		し		す		せ	
	そ		た		ち		つ		て	

5

問1	度	問2	南緯（　　）度
問3	A	B	C	D
問4	度	問5	
問6	（　）緯（　）度から（　）緯（　）度まで		

1

問1	(1)		(2)	
問2	(1)			
	(2)	kJ		
	(3) あ	い	問3	
問4				
問5	混合物X	物質Y	問6 (1) g	(2) g

2

問1	N/m^2	問2	cm
問3	Pa	問4	cm

3

問1	N	問2	N
問3	cm	問4	N

（注）この解答用紙は実物を縮小してあります。A３用紙に152%拡大コピーすると、ほぼ実物大で使用できます。（タイトルと配点表は含みません）

学校配点

1 問1 各1点×3〔(1)は完答〕 問2 (1)、(2) 各2点×2 (3) 1点
問3 1点 問4 2点 問5 各1点×2 問6 各2点×2
2、3 各2点×8
4 問1 2点 問2、問3 各1点×13〔問2お・か、き・くはそれぞれ完答〕
5 各2点×6

計 60点

二〇二三年度　昭和学院秀英高等学校

国語解答用紙

番号　氏名　評点 /100

一　1　2　3　4　5（こと）

二　1 Ⅰ Ⅱ Ⅲ　2　3　4　5　6

三　1 Ⅰ Ⅱ　2　3　4　5　6　7　8

四　1 ① ②　2　3　4　5　6

（注）この解答用紙は実物を縮小してあります。A３用紙に152％拡大コピーすると、ほぼ実物大で使用できます。（タイトルと配点表は含みません）

学校配点	
一 各2点×5 二 1 各3点×3　2〜4 各5点×3　5 4点　6 10点 三 1〜3 各2点×4　4 3点　5 8点　6 5点　7 各3点×2　8 5点 四 1 各2点×2　2 3点　3 2点　4、5 各3点×2　6 2点	計 100点

2022年度　　昭和学院秀英高等学校

英語解答用紙　No.1

評点	／100

受験番号			
0	0	0	0
1	1	1	1
2	2	2	2
3	3	3	3
4	4	4	4
5	5	5	5
6	6	6	6
7	7	7	7
8	8	8	8
9	9	9	9

1. 記入欄・マーク欄以外には記入しないでください。
2. 鉛筆で、しっかり濃くマークしてください。
3. 間違った場合には、消しゴムで、きれいに消してください。

マーク例

良い例	●	悪い例	✓ ⊙ ◐

問	解答欄									
1	1	2	3	4	5	6	7	8	9	0
2	1	2	3	4	5	6	7	8	9	0
3	1	2	3	4	5	6	7	8	9	0
4	1	2	3	4	5	6	7	8	9	0
5	1	2	3	4	5	6	7	8	9	0
6	1	2	3	4	5	6	7	8	9	0
7	1	2	3	4	5	6	7	8	9	0
8	1	2	3	4	5	6	7	8	9	0
9	1	2	3	4	5	6	7	8	9	0
10	1	2	3	4	5	6	7	8	9	0
11	1	2	3	4	5	6	7	8	9	0
12	1	2	3	4	5	6	7	8	9	0
13	1	2	3	4	5	6	7	8	9	0
14	1	2	3	4	5	6	7	8	9	0
15	1	2	3	4	5	6	7	8	9	0
16	1	2	3	4	5	6	7	8	9	0
17	1	2	3	4	5	6	7	8	9	0
18	1	2	3	4	5	6	7	8	9	0
19	1	2	3	4	5	6	7	8	9	0
20	1	2	3	4	5	6	7	8	9	0
21	1	2	3	4	5	6	7	8	9	0
22	1	2	3	4	5	6	7	8	9	0
23	1	2	3	4	5	6	7	8	9	0
24	1	2	3	4	5	6	7	8	9	0
25	1	2	3	4	5	6	7	8	9	0

問	解答欄									
26	1	2	3	4	5	6	7	8	9	0
27	1	2	3	4	5	6	7	8	9	0
28	1	2	3	4	5	6	7	8	9	0
29	1	2	3	4	5	6	7	8	9	0
30	1	2	3	4	5	6	7	8	9	0
31	1	2	3	4	5	6	7	8	9	0
32	1	2	3	4	5	6	7	8	9	0
33	1	2	3	4	5	6	7	8	9	0
34	1	2	3	4	5	6	7	8	9	0
35	1	2	3	4	5	6	7	8	9	0
36	1	2	3	4	5	6	7	8	9	0
37	1	2	3	4	5	6	7	8	9	0
38	1	2	3	4	5	6	7	8	9	0
39	1	2	3	4	5	6	7	8	9	0
40	1	2	3	4	5	6	7	8	9	0
41	1	2	3	4	5	6	7	8	9	0
42	1	2	3	4	5	6	7	8	9	0
43	1	2	3	4	5	6	7	8	9	0
44	1	2	3	4	5	6	7	8	9	0
45	1	2	3	4	5	6	7	8	9	0
46	1	2	3	4	5	6	7	8	9	0
47	1	2	3	4	5	6	7	8	9	0
48	1	2	3	4	5	6	7	8	9	0
49	1	2	3	4	5	6	7	8	9	0
50	1	2	3	4	5	6	7	8	9	0

（注）この解答用紙は実物を縮小してあります。B４用紙に128％拡大コピーすると、ほぼ実物大で使用できます。（タイトルと配点表は含みません）

2022年度　昭和学院秀英高等学校

英語解答用紙　No. 2

2

〔1〕

〔2〕

〔3〕

〔4〕

〔5〕

5

〔6〕

〔7〕

8 〔8〕

15
30
45
60
75
80

〔9〕

10
20

〔10〕

9

記入例を参考にすること。符号(, . ? ! など)は語数に含めない。

（書き出し） □ I agree. If they experience a part-time job,

□ I do not agree. Even if they experience a part-time job,

10
20
30
40
50
60
70

（注）この解答用紙は実物を縮小してあります。179%拡大コピーすると、ほぼ実物大で使用できます。（タイトルと配点表は含みません）

学校配点	1～4 各2点×17〔4は各2点×2〕 5 各3点×2　6 各2点×5 7 各3点×5〔問1は完答，問4は各3点×2〕 8 各5点×3　9 20点	計 100点

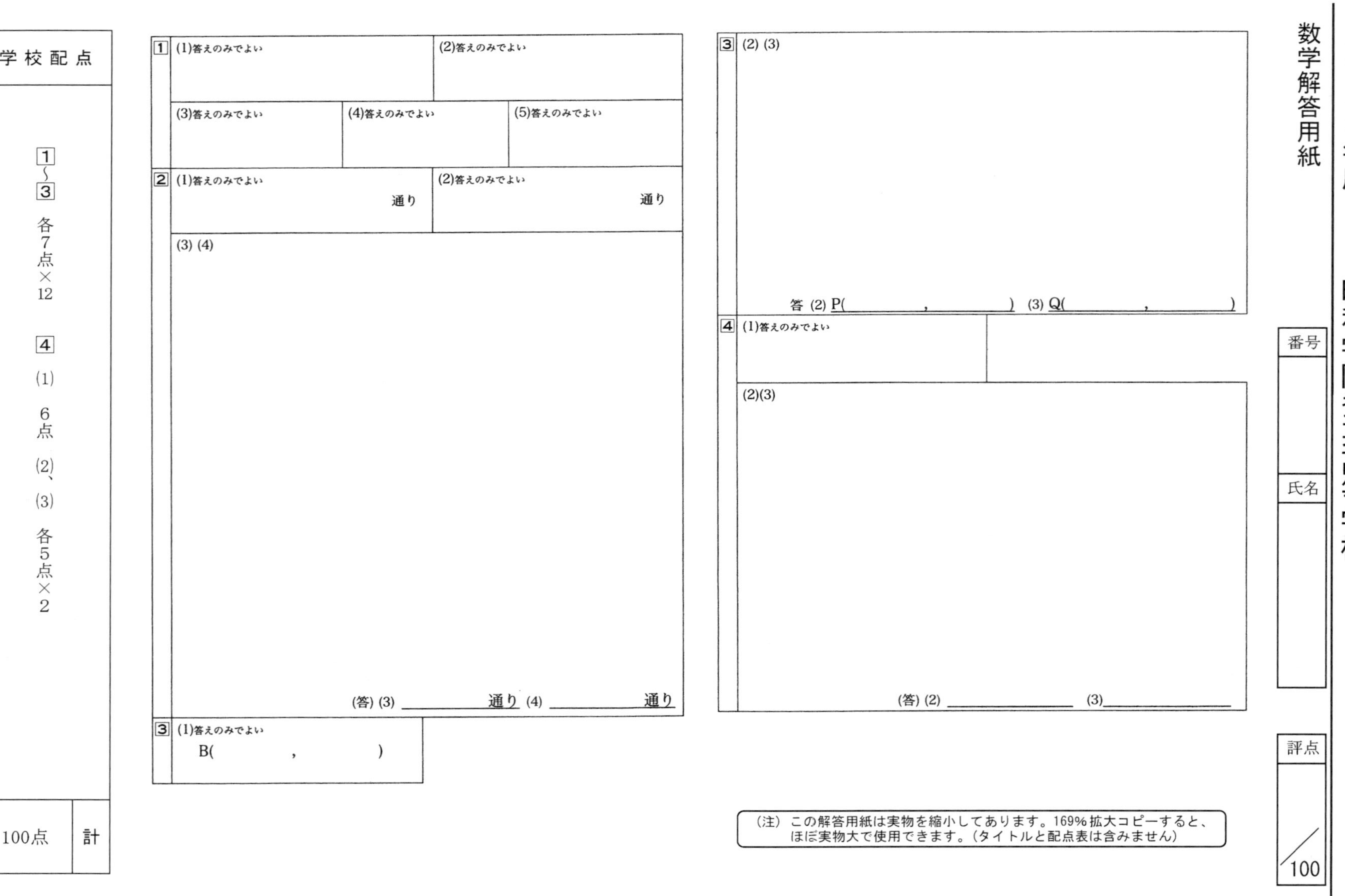

２０２２年度　昭和学院秀英高等学校

数学解答用紙

番号		氏名		評点	/100

1
(1)答えのみでよい
(2)答えのみでよい
(3)答えのみでよい
(4)答えのみでよい
(5)答えのみでよい

2
(1)答えのみでよい　通り
(2)答えのみでよい　通り
(3) (4)
(答) (3) ＿＿＿＿通り　(4) ＿＿＿＿通り

3
(1)答えのみでよい
B(　　　,　　　)

(2) (3)
答 (2) P(　　　,　　　)　(3) Q(　　　,　　　)

4
(1)答えのみでよい
(2)(3)
(答) (2) ＿＿＿＿　(3) ＿＿＿＿

（注）この解答用紙は実物を縮小してあります。169%拡大コピーすると、ほぼ実物大で使用できます。（タイトルと配点表は含みません）

学校配点	
1～3 各7点×12　4 (1) 6点　(2)、(3) 各5点×2	
100点	計

2022年度　　昭和学院秀英高等学校

社会解答用紙　No.1

評点	／60

受験番号			
⓪	⓪	⓪	⓪
①	①	①	①
②	②	②	②
③	③	③	③
④	④	④	④
⑤	⑤	⑤	⑤
⑥	⑥	⑥	⑥
⑦	⑦	⑦	⑦
⑧	⑧	⑧	⑧
⑨	⑨	⑨	⑨

1. 記入欄・マーク欄以外には記入しないでください。
2. 鉛筆で、しっかり濃くマークしてください。
3. 間違った場合には、消しゴムで、きれいに消してください。

マーク例

良い例	●	悪い例	✓ ⦿ ◐

問	解答欄
1	① ② ③ ④ ⑤ ⑥ ⑦ ⑧ ⑨ ⓪
2	① ② ③ ④ ⑤ ⑥ ⑦ ⑧ ⑨ ⓪
3	① ② ③ ④ ⑤ ⑥ ⑦ ⑧ ⑨ ⓪
4	① ② ③ ④ ⑤ ⑥ ⑦ ⑧ ⑨ ⓪
5	① ② ③ ④ ⑤ ⑥ ⑦ ⑧ ⑨ ⓪
6	① ② ③ ④ ⑤ ⑥ ⑦ ⑧ ⑨ ⓪
7	① ② ③ ④ ⑤ ⑥ ⑦ ⑧ ⑨ ⓪
8	① ② ③ ④ ⑤ ⑥ ⑦ ⑧ ⑨ ⓪
9	① ② ③ ④ ⑤ ⑥ ⑦ ⑧ ⑨ ⓪
10	① ② ③ ④ ⑤ ⑥ ⑦ ⑧ ⑨ ⓪
11	① ② ③ ④ ⑤ ⑥ ⑦ ⑧ ⑨ ⓪
12	① ② ③ ④ ⑤ ⑥ ⑦ ⑧ ⑨ ⓪
13	① ② ③ ④ ⑤ ⑥ ⑦ ⑧ ⑨ ⓪
14	① ② ③ ④ ⑤ ⑥ ⑦ ⑧ ⑨ ⓪
15	① ② ③ ④ ⑤ ⑥ ⑦ ⑧ ⑨ ⓪
16	① ② ③ ④ ⑤ ⑥ ⑦ ⑧ ⑨ ⓪
17	① ② ③ ④ ⑤ ⑥ ⑦ ⑧ ⑨ ⓪
18	① ② ③ ④ ⑤ ⑥ ⑦ ⑧ ⑨ ⓪
19	① ② ③ ④ ⑤ ⑥ ⑦ ⑧ ⑨ ⓪
20	① ② ③ ④ ⑤ ⑥ ⑦ ⑧ ⑨ ⓪
21	① ② ③ ④ ⑤ ⑥ ⑦ ⑧ ⑨ ⓪
22	① ② ③ ④ ⑤ ⑥ ⑦ ⑧ ⑨ ⓪
23	① ② ③ ④ ⑤ ⑥ ⑦ ⑧ ⑨ ⓪
24	① ② ③ ④ ⑤ ⑥ ⑦ ⑧ ⑨ ⓪
25	① ② ③ ④ ⑤ ⑥ ⑦ ⑧ ⑨ ⓪

問	解答欄
26	① ② ③ ④ ⑤ ⑥ ⑦ ⑧ ⑨ ⓪
27	① ② ③ ④ ⑤ ⑥ ⑦ ⑧ ⑨ ⓪
28	① ② ③ ④ ⑤ ⑥ ⑦ ⑧ ⑨ ⓪
29	① ② ③ ④ ⑤ ⑥ ⑦ ⑧ ⑨ ⓪
30	① ② ③ ④ ⑤ ⑥ ⑦ ⑧ ⑨ ⓪
31	① ② ③ ④ ⑤ ⑥ ⑦ ⑧ ⑨ ⓪
32	① ② ③ ④ ⑤ ⑥ ⑦ ⑧ ⑨ ⓪
33	① ② ③ ④ ⑤ ⑥ ⑦ ⑧ ⑨ ⓪
34	① ② ③ ④ ⑤ ⑥ ⑦ ⑧ ⑨ ⓪
35	① ② ③ ④ ⑤ ⑥ ⑦ ⑧ ⑨ ⓪
36	① ② ③ ④ ⑤ ⑥ ⑦ ⑧ ⑨ ⓪
37	① ② ③ ④ ⑤ ⑥ ⑦ ⑧ ⑨ ⓪
38	① ② ③ ④ ⑤ ⑥ ⑦ ⑧ ⑨ ⓪
39	① ② ③ ④ ⑤ ⑥ ⑦ ⑧ ⑨ ⓪
40	① ② ③ ④ ⑤ ⑥ ⑦ ⑧ ⑨ ⓪
41	① ② ③ ④ ⑤ ⑥ ⑦ ⑧ ⑨ ⓪
42	① ② ③ ④ ⑤ ⑥ ⑦ ⑧ ⑨ ⓪
43	① ② ③ ④ ⑤ ⑥ ⑦ ⑧ ⑨ ⓪
44	① ② ③ ④ ⑤ ⑥ ⑦ ⑧ ⑨ ⓪
45	① ② ③ ④ ⑤ ⑥ ⑦ ⑧ ⑨ ⓪
46	① ② ③ ④ ⑤ ⑥ ⑦ ⑧ ⑨ ⓪
47	① ② ③ ④ ⑤ ⑥ ⑦ ⑧ ⑨ ⓪
48	① ② ③ ④ ⑤ ⑥ ⑦ ⑧ ⑨ ⓪
49	① ② ③ ④ ⑤ ⑥ ⑦ ⑧ ⑨ ⓪
50	① ② ③ ④ ⑤ ⑥ ⑦ ⑧ ⑨ ⓪

（注）この解答用紙は実物を縮小してあります。B4用紙に128%拡大コピーすると、ほぼ実物大で使用できます。（タイトルと配点表は含みません）

２０２２年度　昭和学院秀英高等学校

社会解答用紙　No.２

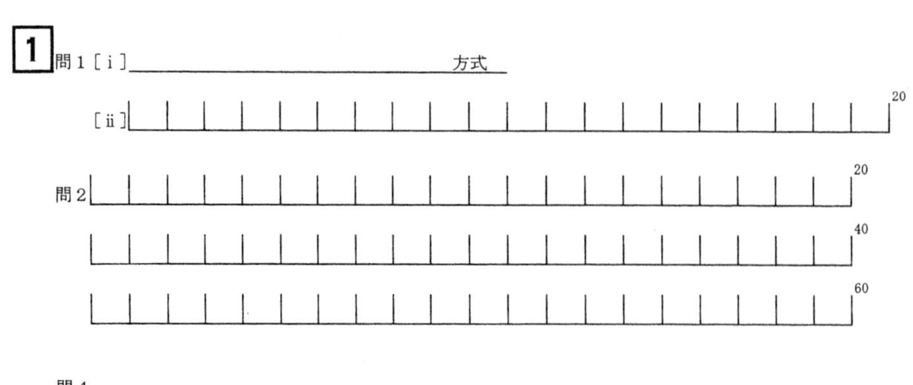

問４

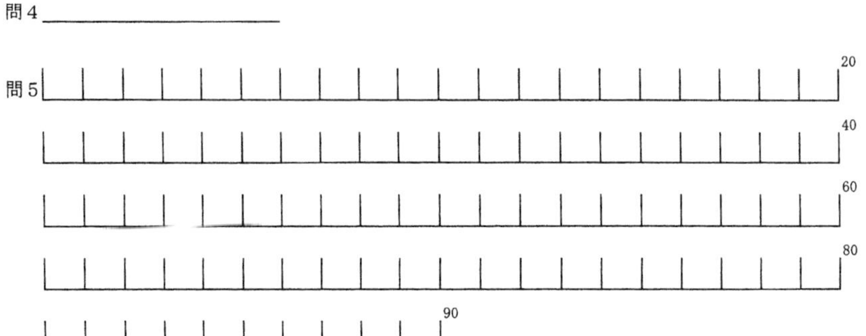

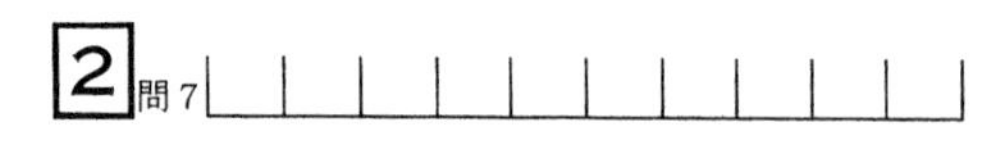

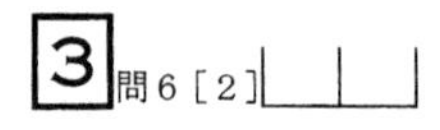

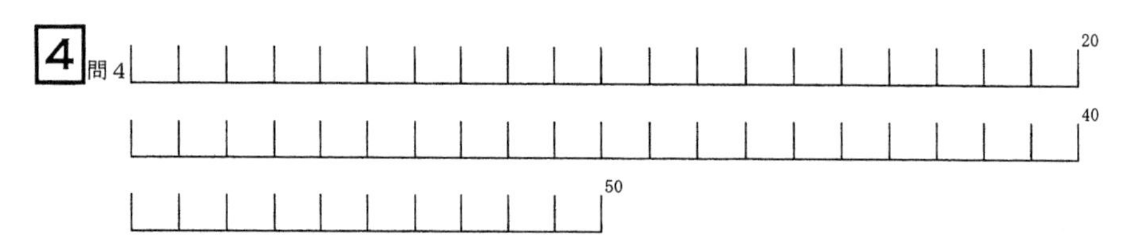

問６　b　d

（注）この解答用紙は実物を縮小してあります。Ａ３用紙に164％拡大コピーすると、ほぼ実物大で使用できます。（タイトルと配点表は含みません）

学校配点		計
	1 問１　各１点×２　問２　３点　問３　２点　問４　１点　問５　３点 2 問１～問５　各１点×５　問６，問７　各２点×２　3 各１点×12 4 問１～問３　各１点×８　問４　２点　問５，問６　各１点×３ 5 各１点×９　6 問１　２点　問２，問３　各１点×２　問４　２点	60点

2022年度 昭和学院秀英高等学校

理科解答用紙

番号		氏名		評点	/60

1

問1	A	
	式	
問2		問3 　mg
問4		
問5		
問6	ア　イ　ウ　エ　オ　カ	
	キ　ク　ケ　コ	

2

1	問1	Ω	問2	I_1	A	I_2	A
	問3	a		b			
2	問1	c		d		e	
	問2	f		g			
3	問1	→ →		問2	→ →		

3

問1								
問2	B		C		D		E	
問3								
問4	a		b					
	c		d					
問5								
問6								
問7								

4

問1	a	岩質	b	岩質	c	岩質		
問2	a		b		c			
問3	(1)		(2)	C		D		F
問4	(1)		(2)					

(注) この解答用紙は実物を縮小してあります。Ａ３用紙に154%拡大コピーすると、ほぼ実物大で使用できます。(タイトルと配点表は含みません)

学校配点
1 問1 A 1点 式 2点 問2～問5 各2点×4 問6 ア～カ 各1点×3 キ～コ 各2点×2
2 〔1〕 1 問1 2点 問2、問3 各1点×4 〔2〕 問1 各1点×3 問2 各2点×2 〔3〕 各1点×2
3 問1 2点 問2～問6 各1点×11 問7 2点
4 各1点×12〔問2は各1点×3〕
計 60点

二〇二二年度　昭和学院秀英高等学校

国語解答用紙

番号　　氏名　　評点 /100

一

1 A　B　C　D　E

2　3　4

5

6　7

8

意義。

二

1 X　Y

2 A　B

3　4

5

6　7

三

1

2 ①　③

3 最初　最後

4　5

6

学校配点

一 1 各2点×5　2～4 各4点×3　5 5点
6、7 各4点×2　8 10点
二 1、2 各3点×4　3、4 各4点×2　5 9点
6、7 各4点×2
三 1、2 各2点×3　3～6 各3点×4

計 100点

(注) この解答用紙は実物を縮小してあります。A３用紙に161%拡大コピーすると、ほぼ実物大で使用できます。(タイトルと配点表は含みません)

２０２１年度　昭和学院秀英高等学校

英語解答用紙　No.１

評点	／100

受験番号			
⓪	⓪	⓪	⓪
①	①	①	①
②	②	②	②
③	③	③	③
④	④	④	④
⑤	⑤	⑤	⑤
⑥	⑥	⑥	⑥
⑦	⑦	⑦	⑦
⑧	⑧	⑧	⑧
⑨	⑨	⑨	⑨

1. 記入欄・マーク欄以外には記入しないでください。
2. 鉛筆で、しっかり濃くマークしてください。
3. 間違った場合には、消しゴムで、きれいに消してください。

マーク例

良い例	●	悪い例	✓ ⊙ ◐

問	解答欄
1	① ② ③ ④ ⑤ ⑥ ⑦ ⑧ ⑨ ⓪
2	① ② ③ ④ ⑤ ⑥ ⑦ ⑧ ⑨ ⓪
3	① ② ③ ④ ⑤ ⑥ ⑦ ⑧ ⑨ ⓪
4	① ② ③ ④ ⑤ ⑥ ⑦ ⑧ ⑨ ⓪
5	① ② ③ ④ ⑤ ⑥ ⑦ ⑧ ⑨ ⓪
6	① ② ③ ④ ⑤ ⑥ ⑦ ⑧ ⑨ ⓪
7	① ② ③ ④ ⑤ ⑥ ⑦ ⑧ ⑨ ⓪
8	① ② ③ ④ ⑤ ⑥ ⑦ ⑧ ⑨ ⓪
9	① ② ③ ④ ⑤ ⑥ ⑦ ⑧ ⑨ ⓪
10	① ② ③ ④ ⑤ ⑥ ⑦ ⑧ ⑨ ⓪
11	① ② ③ ④ ⑤ ⑥ ⑦ ⑧ ⑨ ⓪
12	① ② ③ ④ ⑤ ⑥ ⑦ ⑧ ⑨ ⓪
13	① ② ③ ④ ⑤ ⑥ ⑦ ⑧ ⑨ ⓪
14	① ② ③ ④ ⑤ ⑥ ⑦ ⑧ ⑨ ⓪
15	① ② ③ ④ ⑤ ⑥ ⑦ ⑧ ⑨ ⓪
16	① ② ③ ④ ⑤ ⑥ ⑦ ⑧ ⑨ ⓪
17	① ② ③ ④ ⑤ ⑥ ⑦ ⑧ ⑨ ⓪
18	① ② ③ ④ ⑤ ⑥ ⑦ ⑧ ⑨ ⓪
19	① ② ③ ④ ⑤ ⑥ ⑦ ⑧ ⑨ ⓪
20	① ② ③ ④ ⑤ ⑥ ⑦ ⑧ ⑨ ⓪
21	① ② ③ ④ ⑤ ⑥ ⑦ ⑧ ⑨ ⓪
22	① ② ③ ④ ⑤ ⑥ ⑦ ⑧ ⑨ ⓪
23	① ② ③ ④ ⑤ ⑥ ⑦ ⑧ ⑨ ⓪
24	① ② ③ ④ ⑤ ⑥ ⑦ ⑧ ⑨ ⓪
25	① ② ③ ④ ⑤ ⑥ ⑦ ⑧ ⑨ ⓪

問	解答欄
26	① ② ③ ④ ⑤ ⑥ ⑦ ⑧ ⑨ ⓪
27	① ② ③ ④ ⑤ ⑥ ⑦ ⑧ ⑨ ⓪
28	① ② ③ ④ ⑤ ⑥ ⑦ ⑧ ⑨ ⓪
29	① ② ③ ④ ⑤ ⑥ ⑦ ⑧ ⑨ ⓪
30	① ② ③ ④ ⑤ ⑥ ⑦ ⑧ ⑨ ⓪
31	① ② ③ ④ ⑤ ⑥ ⑦ ⑧ ⑨ ⓪
32	① ② ③ ④ ⑤ ⑥ ⑦ ⑧ ⑨ ⓪
33	① ② ③ ④ ⑤ ⑥ ⑦ ⑧ ⑨ ⓪
34	① ② ③ ④ ⑤ ⑥ ⑦ ⑧ ⑨ ⓪
35	① ② ③ ④ ⑤ ⑥ ⑦ ⑧ ⑨ ⓪
36	① ② ③ ④ ⑤ ⑥ ⑦ ⑧ ⑨ ⓪
37	① ② ③ ④ ⑤ ⑥ ⑦ ⑧ ⑨ ⓪
38	① ② ③ ④ ⑤ ⑥ ⑦ ⑧ ⑨ ⓪
39	① ② ③ ④ ⑤ ⑥ ⑦ ⑧ ⑨ ⓪
40	① ② ③ ④ ⑤ ⑥ ⑦ ⑧ ⑨ ⓪
41	① ② ③ ④ ⑤ ⑥ ⑦ ⑧ ⑨ ⓪
42	① ② ③ ④ ⑤ ⑥ ⑦ ⑧ ⑨ ⓪
43	① ② ③ ④ ⑤ ⑥ ⑦ ⑧ ⑨ ⓪
44	① ② ③ ④ ⑤ ⑥ ⑦ ⑧ ⑨ ⓪
45	① ② ③ ④ ⑤ ⑥ ⑦ ⑧ ⑨ ⓪
46	① ② ③ ④ ⑤ ⑥ ⑦ ⑧ ⑨ ⓪
47	① ② ③ ④ ⑤ ⑥ ⑦ ⑧ ⑨ ⓪
48	① ② ③ ④ ⑤ ⑥ ⑦ ⑧ ⑨ ⓪
49	① ② ③ ④ ⑤ ⑥ ⑦ ⑧ ⑨ ⓪
50	① ② ③ ④ ⑤ ⑥ ⑦ ⑧ ⑨ ⓪

（注）この解答用紙は実物を縮小してあります。Ｂ４用紙に128％拡大コピーすると、ほぼ実物大で使用できます。（タイトルと配点表は含みません）

英語解答用紙　No. 2

1 -問4

3

[1]

[2]

[3]

6 -問3

[a]　[b]　[c]

[d]　[e]

6 -問4

7

Dear Ms. Brown,

[1]

[2]

[3]

Sincerely,
Yuri

（注）この解答用紙は実物を縮小してあります。Ａ３用紙に164％拡大コピーすると、ほぼ実物大で使用できます。（タイトルと配点表は含みません）

学校配点		計
	1 問１，問２　各３点×２　問３　４点　問４　８点　2 各３点×４ 3 各４点×３　4 各３点×６　5 問１　各３点×２　問２　４点 6 問１，問２　各３点×２　問３　各２点×４〔ｄ・ｅは完答〕　問４　４点 7 各３点×４〔[２]は各３点×２〕	100点

２０２１年度　昭和学院秀英高等学校

数学解答用紙

番号		氏名		評点	/100

3

(1)答えのみでよい

(2)答えのみでよい

(3)

(答)

4

(1)答えのみでよい

(2)答えのみでよい

(3)

(答) (p , q) =

（注）この解答用紙は実物を縮小してあります。Ａ３用紙に161％拡大コピーすると、ほぼ実物大で使用できます。（タイトルと配点表は含みません）

1

(1)答えのみでよい

(2)答えのみでよい

(3)答えのみでよい
(a , b) =(　　,　　)

(4)答えのみでよい

(5)答えのみでよい

2

(1) 答えのみでよい
A(　　,　　), B(　　,　　)

(2) 答えのみでよい

(3) 答えのみでよい
C(　　,　　)

(4)

(答)

学校配点	
1 各6点×5 2〜4 各7点×10	
100点	計

2021年度　昭和学院秀英高等学校

社会解答用紙

番号		氏名		評点	／60

1　問1 ＿＿＿＿構造線

問2 Y＿＿＿＿プレート Z＿＿＿＿プレート　問3＿＿＿＿　問4＿＿＿＿

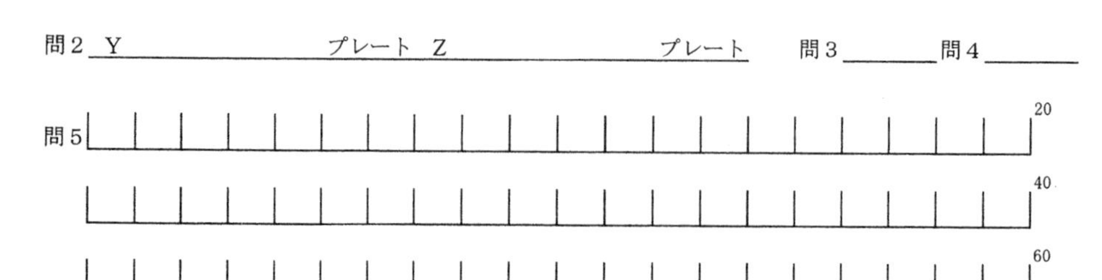

2　問1＿＿＿＿　問2＿＿＿＿

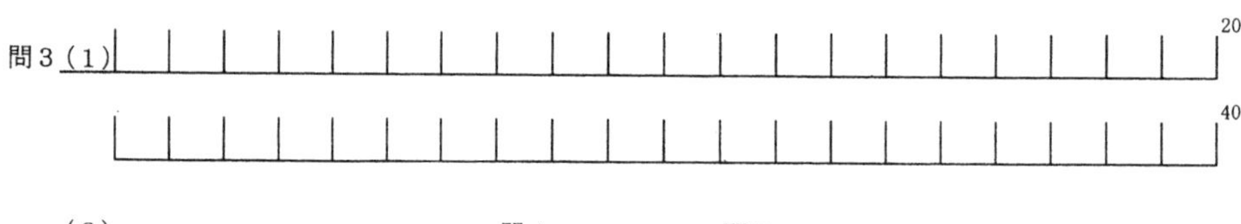

(2)＿＿＿＿　問4＿＿＿＿　問5＿＿＿＿

3　問1 (1)　(2)　(3)　(4)　(5)　(6)

問2 A　B　C　問3＿＿＿＿

問4 ＿＿→＿＿→＿＿→＿＿　問5＿＿＿＿

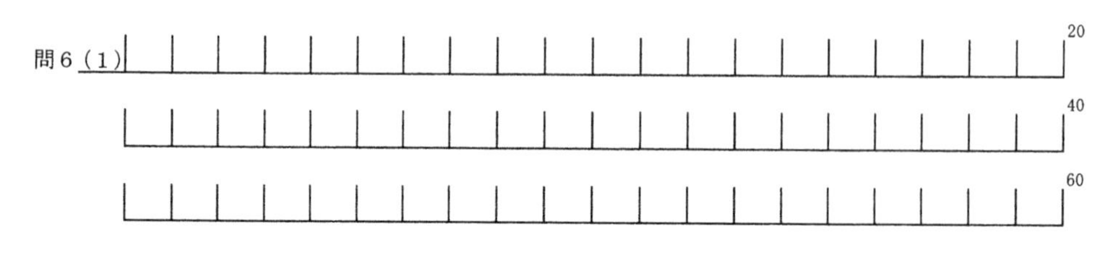

(2)＿＿＿＿　問7 ＿＿→＿＿→＿＿→＿＿

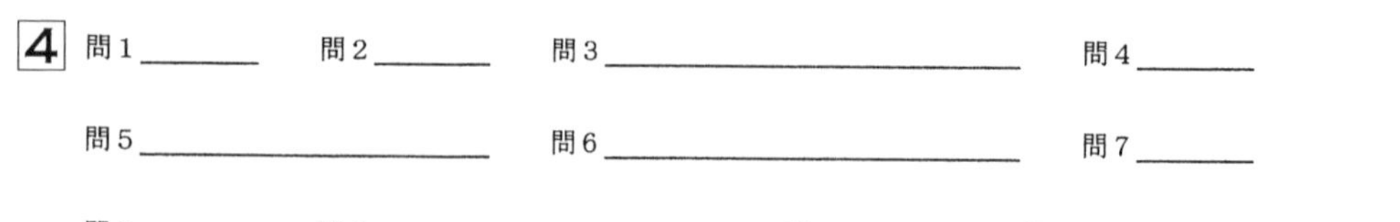

4　問1＿＿＿＿　問2＿＿＿＿　問3＿＿＿＿　問4＿＿＿＿

問5＿＿＿＿　問6＿＿＿＿　問7＿＿＿＿

問8＿＿＿＿　問9＿＿＿＿　問10＿＿＿＿　問11＿＿＿＿

問12＿＿＿＿

（注）この解答用紙は実物を縮小してあります。A3用紙に152%拡大コピーすると、ほぼ実物大で使用できます。（タイトルと配点表は含みません）

学校配点		計
	1 問1，問2　各1点×3　問3～問5　各2点×3 2 問1，問2　各2点×2　問3 (1) 2点 (2) 1点　問4，問5　各2点×2 3 問1　各1点×6　問2～問5　各2点×6　問6 (1) 3点 (2) 2点 問7　2点〔問4，問7はそれぞれ完答〕 4 問1～問3　各1点×3　問4　2点　問5～問7　各1点×3　問8　2点 問9～問11　各1点×3　問12　2点	60点

2021年度 昭和学院秀英高等学校

理科解答用紙

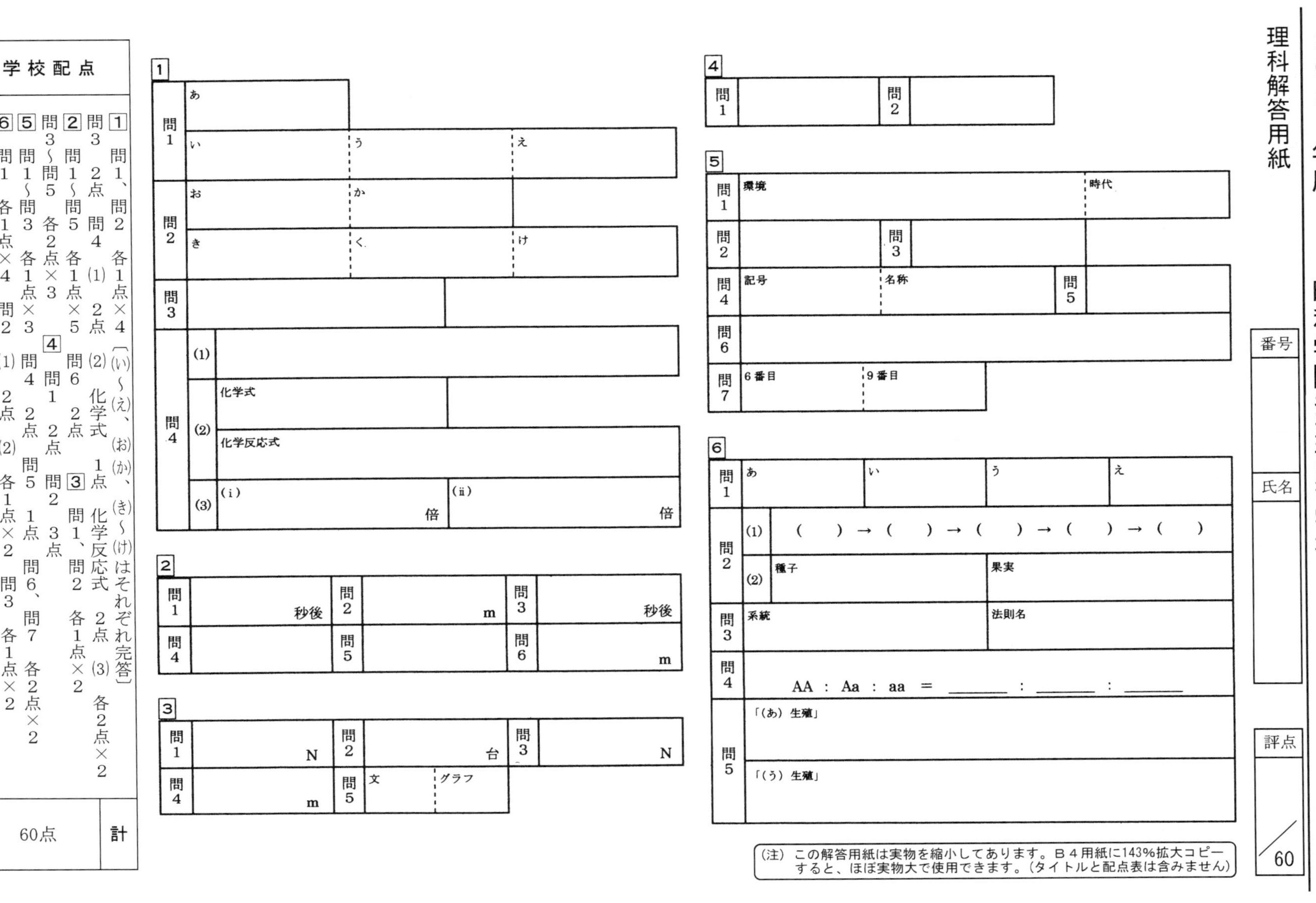

番号 ／ 氏名 ／ 評点 /60

1

問1	あ			
	い	う	え	
問2	お	か		
	き	く	け	
問3				
問4	(1)			
	(2)	化学式		
		化学反応式		
	(3)	(i) 倍	(ii) 倍	

2

問1	秒後	問2	m	問3	秒後
問4		問5		問6	m

3

問1	N	問2	台	問3	N
問4	m	問5	文 ／ グラフ		

4

問1		問2	

5

問1	環境	時代		
問2		問3		
問4	記号	名称	問5	
問6				
問7	6番目	9番目		

6

問1	あ	い	う	え	
問2	(1)	(　)→(　)→(　)→(　)→(　)			
	(2)	種子	果実		
問3	系統	法則名			
問4	AA : Aa : aa = ＿＿ : ＿＿ : ＿＿				
問5	「(あ) 生殖」				
	「(う) 生殖」				

（注）この解答用紙は実物を縮小してあります。B４用紙に143%拡大コピーすると、ほぼ実物大で使用できます。（タイトルと配点表は含みません）

学校配点

1 問1、問2 各1点×4〔(い)～(え)、(お)(か)、(き)～(け)はそれぞれ完答〕 問3 2点 問4 (1) 2点 (2) 化学式 1点 化学反応式 2点 (3) 各2点×2

2 問1～問5 各1点×5 問6 2点

3 問1、問2 各1点×2 問3～問5 各2点×3

4 問1 2点 問2 3点

5 問1～問3 各1点×3 問4 2点 問5 1点 問6、問7 各2点×2

6 問1 各1点×4 問2 (1) 2点 (2) 各1点×2 問3 各1点×2 問4 3点 問5 各1点×2

計 60点

二〇二一年度　昭和学院秀英高等学校

国語解答用紙

番号　　氏名　　評点　/100

一
1 A B C D E
2
3
4
5
6
7

二
1 A B
2
3
4
5
6

三
1
2
3
4
5
6
7

（注）この解答用紙は実物を縮小してあります。A3用紙に156%拡大コピーすると、ほぼ実物大で使用できます。（タイトルと配点表は含みません）

学校配点	計
一 1 各2点×5　2～4 各5点×3　5 10点　6、7 各5点×2 二 1 各2点×2　2～4 各5点×3　5 10点　6 各4点×2 三 1、2 各2点×2　3～6 各3点×4　7 2点	100点

2020年度　　昭和学院秀英高等学校

英語解答用紙　No. 1

評点	／100

受験番号			
⓪	⓪	⓪	⓪
①	①	①	①
②	②	②	②
③	③	③	③
④	④	④	④
⑤	⑤	⑤	⑤
⑥	⑥	⑥	⑥
⑦	⑦	⑦	⑦
⑧	⑧	⑧	⑧
⑨	⑨	⑨	⑨

1. 記入欄・マーク欄以外には記入しないでください。
2. 鉛筆で、しっかり濃くマークしてください。
3. 間違った場合には、消しゴムで、きれいに消してください。

マーク例

良い例	●	悪い例	✓ ⊙ ◐

問	解答欄								
1	①	②	③	④	⑤	⑥	⑦	⑧	⑨	⓪
2	①	②	③	④	⑤	⑥	⑦	⑧	⑨	⓪
3	①	②	③	④	⑤	⑥	⑦	⑧	⑨	⓪
4	①	②	③	④	⑤	⑥	⑦	⑧	⑨	⓪
5	①	②	③	④	⑤	⑥	⑦	⑧	⑨	⓪
6	①	②	③	④	⑤	⑥	⑦	⑧	⑨	⓪
7	①	②	③	④	⑤	⑥	⑦	⑧	⑨	⓪
8	①	②	③	④	⑤	⑥	⑦	⑧	⑨	⓪
9	①	②	③	④	⑤	⑥	⑦	⑧	⑨	⓪
10	①	②	③	④	⑤	⑥	⑦	⑧	⑨	⓪
11	①	②	③	④	⑤	⑥	⑦	⑧	⑨	⓪
12	①	②	③	④	⑤	⑥	⑦	⑧	⑨	⓪
13	①	②	③	④	⑤	⑥	⑦	⑧	⑨	⓪
14	①	②	③	④	⑤	⑥	⑦	⑧	⑨	⓪
15	①	②	③	④	⑤	⑥	⑦	⑧	⑨	⓪
16	①	②	③	④	⑤	⑥	⑦	⑧	⑨	⓪
17	①	②	③	④	⑤	⑥	⑦	⑧	⑨	⓪
18	①	②	③	④	⑤	⑥	⑦	⑧	⑨	⓪
19	①	②	③	④	⑤	⑥	⑦	⑧	⑨	⓪
20	①	②	③	④	⑤	⑥	⑦	⑧	⑨	⓪
21	①	②	③	④	⑤	⑥	⑦	⑧	⑨	⓪
22	①	②	③	④	⑤	⑥	⑦	⑧	⑨	⓪
23	①	②	③	④	⑤	⑥	⑦	⑧	⑨	⓪
24	①	②	③	④	⑤	⑥	⑦	⑧	⑨	⓪
25	①	②	③	④	⑤	⑥	⑦	⑧	⑨	⓪

問	解答欄									
26	①	②	③	④	⑤	⑥	⑦	⑧	⑨	⓪
27	①	②	③	④	⑤	⑥	⑦	⑧	⑨	⓪
28	①	②	③	④	⑤	⑥	⑦	⑧	⑨	⓪
29	①	②	③	④	⑤	⑥	⑦	⑧	⑨	⓪
30	①	②	③	④	⑤	⑥	⑦	⑧	⑨	⓪
31	①	②	③	④	⑤	⑥	⑦	⑧	⑨	⓪
32	①	②	③	④	⑤	⑥	⑦	⑧	⑨	⓪
33	①	②	③	④	⑤	⑥	⑦	⑧	⑨	⓪
34	①	②	③	④	⑤	⑥	⑦	⑧	⑨	⓪
35	①	②	③	④	⑤	⑥	⑦	⑧	⑨	⓪
36	①	②	③	④	⑤	⑥	⑦	⑧	⑨	⓪
37	①	②	③	④	⑤	⑥	⑦	⑧	⑨	⓪
38	①	②	③	④	⑤	⑥	⑦	⑧	⑨	⓪
39	①	②	③	④	⑤	⑥	⑦	⑧	⑨	⓪
40	①	②	③	④	⑤	⑥	⑦	⑧	⑨	⓪
41	①	②	③	④	⑤	⑥	⑦	⑧	⑨	⓪
42	①	②	③	④	⑤	⑥	⑦	⑧	⑨	⓪
43	①	②	③	④	⑤	⑥	⑦	⑧	⑨	⓪
44	①	②	③	④	⑤	⑥	⑦	⑧	⑨	⓪
45	①	②	③	④	⑤	⑥	⑦	⑧	⑨	⓪
46	①	②	③	④	⑤	⑥	⑦	⑧	⑨	⓪
47	①	②	③	④	⑤	⑥	⑦	⑧	⑨	⓪
48	①	②	③	④	⑤	⑥	⑦	⑧	⑨	⓪
49	①	②	③	④	⑤	⑥	⑦	⑧	⑨	⓪
50	①	②	③	④	⑤	⑥	⑦	⑧	⑨	⓪

（注）この解答用紙は実物を縮小してあります。B４用紙に128％拡大コピーすると、ほぼ実物大で使用できます。（タイトルと配点表は含みません）

２０２０年度　昭和学院秀英高等学校

英語解答用紙　No. 2

1　(5)　記入例を参考にすること。符号(, . ? ! など)は語数に含めない。

（記入例）

I　can't　go , sorry . We

（書き始め）□ [A] I would like to try being a weekday vegetarian.

□ [B] I don't think I can give up hamburgers.

10

20

30

3　1)

2)

7　問3

問4

•

•

8

Dear Ms. Michelle Green,

Best regards,
Naomi Suzuki

（注）この解答用紙は実物を縮小してあります。A3用紙に167％拡大コピーすると、ほぼ実物大で使用できます。（タイトルと配点表は含みません）

学校配点		計
	1 (1)～(4) 各３点×４ (5) ８点　2～4 各４点×５　5, 6 各３点×８ 7 問１，問２ 各４点×２ 問３ ６点 問４ 各３点×２　8 16点	100点

2020年度　昭和学院秀英高等学校

数学解答用紙

番号		氏名		評点	/100

1

(1)答えのみでよい

(2)答えのみでよい

(3)答えのみでよい

(4)答えのみでよい　　通り

(5)答えのみでよい

2

(1)　(答)

(2)　(答) C(　　,　　)

(3)　(答) C(　　,　　)

3

(1)　(答)

(2)　(答)

(3)　(答)

4

(1)　(答)

(2)　(答) BC :CE = 　:

(3)　(答)

(4)　(答)

(注) この解答用紙は実物を縮小してあります。Ａ３用紙に161%拡大コピーすると、ほぼ実物大で使用できます。(タイトルと配点表は含みません)

学校配点	
1 各6点×5 2～4 各7点×10	
100点	計

２０２０年度　　昭和学院秀英高等学校

社会解答用紙

番号		氏名	

評点	／60

1　問１（X）　（Y）　（Z）

問２ （20字＋30字まで）

問３　　問４

問５ （60字まで）

2　問１　問２　問３　問４　①　②

3　問１（A）　（B）　（C）　問２　問３

問４　問５　問６

問７　問８　問９

問10　問11

問12　問13

4　問１　問２　問３

問４　問５　問６

5　問１（1）　（2）　問２

問３　問４　合計特殊出生率：　高齢者の割合：

問５

問６　問７　問８

6　問１　問２　問３　問４

（注）この解答用紙は実物を縮小してあります。Ｂ４用紙に143％拡大コピーすると、ほぼ実物大で使用できます。（タイトルと配点表は含みません）

学校配点		計
	1 問１　各１点×３　問２～問４　各２点×３　問５　３点 2 問１　１点　問２，問３　各２点×２　問４　①　１点　②　２点 3 問１～問10　各１点×12　問11，問12　各２点×２　問13　１点 4 問１～問４　各１点×４　問５，問６　各２点×２ 5 問１～問４　各１点×６　問５　２点　問６～問８　各１点×３ 6 各１点×４	60点

２０２０年度　昭和学院秀英高等学校

理科解答用紙

番号		氏名		評点	／60

1

問1		問2	a　　b	問3	
問4	様子				
	理由　アルミニウムが　　反応をするから。				
問5		問6	mg		
問7	記号				

2

問1	(1)　度	(2)　度	(3)　度	(4)　：　：
問2	a	b	c	d

3

問1	a	b	c	d	問2	
問3	C	D				

4

問1		問2	図　理由	問3		問4	
問5	(1)a	b	c	(2)			

5

問1	F_3：(　　)が(　　)を(　　)力				
	F_4：(　　)が(　　)を(　　)力				
問2		問3		問4	
問5		問6	N	問7	N
問8	糸b　N　斜面　N				

（注）この解答用紙は実物を縮小してあります。A４用紙に106％拡大コピーすると，ほぼ実物大で使用できます。（タイトルと配点表は含みません）

学校配点	計
1 問１　２点　問２，問３　各１点×３　問４～問６　各２点×４〔問５は完答〕 問７　記号　１点　化学反応式　２点　2 問１　(1)～(3)　各１点×３　(4)　２点 問２　a　１点　b～d　３点　3 問１　２点　問２，問３　各１点×３ 4 問１，問２　各２点×２　問３　１点　問４　２点　問５　各１点×４ 5 問１～問３　各２点×４〔問１は各２点×２〕　問４　１点 問５～問８　各２点×５〔問５は完答〕	60点

二〇二〇年度　昭和学院秀英高等学校

国語解答用紙

番号　　氏名　　評点　／100

一

1 A B C D E

2　3

4 I II

5　6　7

8

二

1 I II　2 III IV　3

4

5　6　7

8

9

三

1　2　3

4　5　6　7

(注) この解答用紙は実物を縮小してあります。A３用紙に154%拡大コピーすると、ほぼ実物大で使用できます。(タイトルと配点表は含みません)

学校配点	
一 1～3 各2点×7 4 I 各2点×2 II 6点 5 各3点×2 6、7 各4点×2 8 8点 二 1、2 各2点×4 3、4 各4点×2 5 2点 6 4点 7 2点 8 8点 9 4点 三 1、2 各2点×2 3 3点 4 2点 5～7 各3点×3	計 100点